Das Dorf, die Kirche, der Hof und wir

Maria Magdalena Wecker

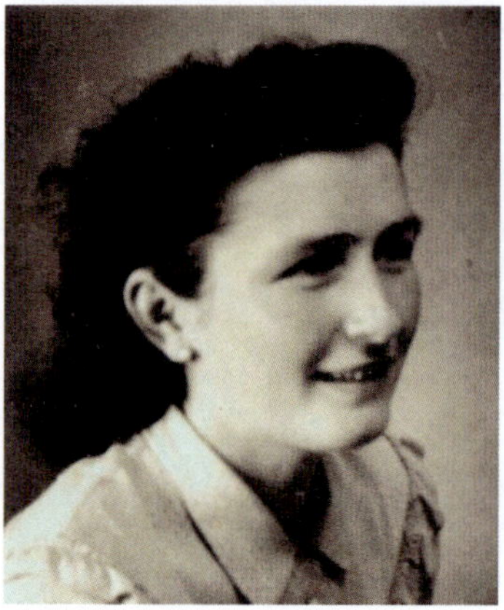

Impressum

Maria Magdalena Wecker
» Das Dorf, die Kirche, der Hof und wir «
1. Auflage im November 2021

Eigenverlag

Gesetzt von Maria Magdalena Wecker, Merching
ISBN 978-3-00-070753-7

Dank

Vorneweg: wer soll sich an die ganzen Details, Jahreszahlen, Namen und Gespräche erinnern? Ohne die Mithilfe von Freunden, Bekannten und Verwandten wäre es mir nicht möglich gewesen, alte Geschichten aufzuwärmen. Mein Bruder hat mit alten Fotos und kernigen Erzählungen mein Gehirnschmalz in Bewegung gebracht. Meine Familie hatte Anekdoten wieder parat, die mir früher präsent waren, die ich jetzt aber nicht mehr einordnen konnte. Es ist wie stille Post im eigenen Gedächtnis. Je öfter man es erzählt, umso mehr bewegt es sich von dem weg, wie es tatsächlich gewesen ist. Die Daten hatten wir bereits in den vergangenen Büchern aufgeschrieben für den Fall, dass jemand von den Nachkommen eine Doktorarbeit über unseren Hof anfertigen möchte. Falls nicht, könnte ich das auch gut verstehen. Danke jedenfalls allen, die meine Erinnerungen wieder auf Trab gebracht haben oder selbst Geschichten, Zusammenhänge und Kurioses beigetragen haben.

Nach der Forschung über unsere Ahnen an der Obermühle und dem Häuserbuch für Merching hatten mich die Kinder auf die Idee gebracht, Begebenheiten und wichtige Schritte in meinem Leben aufzuschreiben. Beim Schreiben wurde mir klar, was für ein reichhaltiges Leben ich bisher hatte, über was wir alles herzlich gelacht haben, und welche schützende Hand oft über uns lag. Zu gut bayerisch: „Glück g'habt".

Nicht alles Gute fällt vom Himmel. Ich zitiere Goethe: „Vom Vater hab' ich die Statur, des Lebens ernstes Führen, vom Mütterchen die Frohnatur und Mut zu fabulieren." Bloß war's bei mir anders verteilt zwischen Vater und Mutter. Oder eigentlich nochmal ganz anders. Denn ich habe bei genauem Hinsehen drei Mütter und drei Väter. Statt dass ich an mir am meisten meinen leiblichen Vater und meine leibliche Mutter wiederentdecke, finde ich da Vieles von meiner Tante Franziska und von ihrem Mann (also meinen Merchinger Adoptiveltern), vom Onkel Toni, von den heimatvertriebenen Tammes und Emil, von meinem Mann und meinen Kindern, besonders meiner Tochter. Nicht, dass es durch die vielen Einflüsse und Prägungen chaotischer geworden wäre. Nein. Vielmehr bin ich immer unterstützt und weiter gefördert worden, habe überall Hilfe erhalten und viel Freiheit genießen dürfen. Und ich war nie allein, auch wenn die Ereignisse in den ersten Tagen meines Lebens das Gegenteil vermuten hatten lassen. Für die immerwährende Zuwendung: vergelt's Gott.

Manchmal klingt ein Satz oder ein Wort vielleicht nach einer Bewertung oder einer Einschätzung nach gut oder schlecht. Genau das will ich eigentlich vermeiden, und es ist auch nicht so gemeint. Denn einiges, was schieflief, hatte im Kern etwas Gutes. Und etwas vermeintlich Gutes konnte sich später als recht schwierig herausstellen. Außerdem: Was für mich gut oder schwierig war, sieht für Euch vielleicht ganz anders aus. Das Glück liegt ja in den Augen des Betrachters.

Viele Umstände waren so typisch, dass sich jeder vom Land sofort wiedererkennen kann: die Herkunft und der Dialekt, die beide viel über unsere innere Haltung und über uns selbst aussagen; der häufige Kirchgang und die Pfarrer am Ort; die schweren Erinnerungen an den Krieg und die Auswirkungen auf die Familie, die zwei Generationen danach noch zu spüren sind; die Aufbau-Jahre und die gesellschaftlichen Änderungen in den 60ern und 70ern, die nicht spurlos an uns vorübergingen; die Reiselust, die die früheren Einschränkungen vergessen ließ; und die Suche nach neuen Aufgaben, die uns nach dem Arbeitsleben weiter fordern sollten. Und dann gab es Begebenheiten, die vermeintlich nur mir allein geschehen sind, und die ich als arg außergewöhnlich erachtet habe. Da habe ich mich oft gefragt, wieso das ausgerechnet mir passiert ist. Da waren nicht immer nur höhere Mächte am Werk. Aber bestimmt haben Engel und Schutzheilige heruntergeschaut, wie ich mich so schlage, haben gefeixt, und haben sich Witze erzählt, wie im Brandner Kasper.

Danke an die Familie, Verwandten, Freunde und Bekannten, die mein und unser Leben so interessant, aufregend und besonders gemacht haben.

Maria Wecker

I. 1929 – 1945

1

Meine Mutter starb vier Tage nach meiner Geburt. Der zweite Kaiserschnitt hatte ihr zu sehr zugesetzt. Und dabei war ihr die ganze Zeit seit der Geburt meines Bruders bewusst gewesen, dass sie eine zweite Schwangerschaft wohl nicht überleben würde.
Jetzt muss ich kurz etwas ausholen. Mein leiblicher Vater Alois Mastaller war von 1916 bis 1918 im Kriegsdienst gewesen und ohne Verwundung heimgekehrt. Er hatte zwei Schwestern, Franziska und Magdalena. Alle drei Geschwister mussten sich die schwere Arbeit auf dem Mastaller-Hof im Unterdorf in Mering teilen, sonst wären die vielen Aufgaben nicht zu bewältigen gewesen. Wie so Viele, hatten auch sie in der Familie einen Verlust zu beklagen. Denn sie betrauerten ihren ältesten Bruder Anton, der in England in der Kriegsgefangenschaft gestorben war. Anton hätte als Ältester den Mastaller-Hof geerbt, wäre er denn aus der Gefangenschaft zurückgekehrt. Mit seinem Tod war aber klar, dass der nächst-älteste Sohn Johann daheim den elterlichen Hof übernehmen würde, und die anderen Mastaller-Geschwister vom Betrieb weichen mussten. Den Anfang mit dem Wegziehen machte Franziska, die 1920 in den Nachbarort Merching in einen bedeutsamen Betrieb einheiratete. Und dann lernte Alois die allesamt recht attraktiven Berger-Mädchen aus Mering kennen und verliebte sich in eine von ihnen, in Maria.
Bis hierher können wir die Namen noch gut auseinanderhalten, denn wir reden erst über eine Generation. Wenn erst einmal mehrere Generationen in das Blickfeld kommen, dann wird es in Bayern schnell verwirrend – mit immer wieder gleichen Namen. So auch bei uns. Jedenfalls gaben sich also der Alois Mastaller und die Maria Berger am 18.5.1926 das Ja-Wort. Es war eine echte Liebesheirat. Mein Bruder, genau wie der Vater Alois genannt, erblickte knapp zwei Jahre später das Licht der Welt. Ich wurde nochmal eineinhalb Jahre später, am 19.12.1929, geboren. Dann starb meine Mutter, und ich wurde als Maria Magdalena Mastaller getauft. Mein Vater war völlig erschüttert, seine Frau

verloren zu haben, und damit überfordert, zuhause einen kleinen Sohn und im Krankenhaus ein Baby versorgen zu müssen.
Nachdem ich einige Wochen im Diakonissenhaus in Augsburg gepeppelt worden und mein Vater laufend hin und her gefahren war und zwischen Trauer und Sorge langsam verzweifelte, gab es eine ganz neue Idee. Meine Tante Franziska, die nach Merching geheiratet hatte, richtete die Bitte an meinen Vater, ihr das wenige Wochen alte Mädchen Maria Magdalena in ihre Obhut zu überlassen. Franziska war nun zehn Jahre in Merching in der Obermühle verheiratet. Ihr Kinderwunsch war bis dahin unerfüllt geblieben. Außerdem stand damit die Hofnachfolge auf dem Spiel, wenn es weiterhin nicht mit Nachwuchs geklappt hätte. Mein Vater war überzeugt und gleichzeitig beruhigt, in ihr eine gute Ziehmutter für mich zu finden. Also willigte er in Franziskas Vorschlag ein. So wurde ich also Anfang des Jahres 1930 in einem dreiviertelstündigen Fußmarsch per Kinderwagen von zwei Angestellten nach Merching zu meiner Tante Franziska in die Obermühle gebracht. Meine Tante Franziska war mit Josef Knoller verheiratet, so hieß der Erbe des Betriebs der Obermühle. Die Mehlsäcke waren hier mit der Aufschrift Obermühle – Josef Knoller bedruckt. Nun könnte man meinen, dass meine Adoption gleich irgendwie dokumentiert und damit amtlich würde; aber das war nicht der Fall. Eigentlich hätte ich den Nachnamen Knoller annehmen müssen, doch dazu sollte es nicht mehr kommen.
Mit zwanzig Milchkühen, ein paar Kälbern, genauso vielen Sauen zur Zucht und Mast, sechs Pferden zur Feld- und Waldarbeit, rund 100 Schafen, 40 Enten, 30 Hühnern war der Hof 1930 einer der größten am Ort. Ein Ochse, ein Hund, ein paar Katzen und einige Hasen rundeten den kleinen Zoo ab. Die rund 60 Hektar Acker und Weide wurden ausschließlich mit Pferden bewirtschaftet. Eine Mühle mit einem Lieferanten- und Kundenkreis bis nach Augsburg, ein Sägewerk und ein Stück Wald machten den Betrieb zu einem ernstzunehmenden Wirtschaftsfaktor mit regionaler Bedeutung.

Die Mägde wohnten mit uns im großen Bauernhaus. Drei teilten sich ein Zimmer. Die Hausmagd hatte eine eigene Kammer. Die Knechte bezogen dagegen ihre Zimmer im Erdgeschoss des Bachstadels gleich neben der Mühle. Und der Melker lebte im ersten Stock im Austragshaus.
Neben dem Ehepaar Knoller, also meiner neuen Mutti und meinem neuen Papi, lebte am Betrieb noch die Großmutter Therese Knoller. Großmutter hatte neben Papi noch zwei weitere Söhne in Merching großgezogen. Anton, oder kurz Toni, war ledig geblieben und lebte mit auf dem Hof von seiner Herde von Schafen. Franz hatte ebenfalls auf dem Hof geholfen, war aber früh verstorben. Also gab es auch in der Familie Knoller diese damals typische Situation früh verstorbener oder gefallener Familienmitglieder. Großmutter hatte sich nicht in der Lage gesehen, vom Arbeitsleben loszulassen, solange kein Hofnachfolger in Sicht war. So blieb sie mit aller Energie dabei, sehnte sich aber Jahr für Jahr mehr danach, den Betrieb endgültig aus den Händen zu geben. Als Großmutter die Betriebsführung endlich an meine Eltern übergab, war sie selbst immerhin schon fast zwei Jahrzehnte lang Witwe. Sie war also die starke Frau auf dem Betrieb, in einer Zeit, die von Krieg, Inflation und einer schweren Krise überschattet war. Nun wurde ich von meinen neuen Eltern und von Großmutter liebenswürdig und voller guter Hoffnungen aufgenommen, obwohl ich ein Mädchen war, und damit kein idealer Hofnachfolger. Aber wo Großmutter schon als starke Frau gegolten hatte, und Mutti, so nenne ich ab jetzt meine Tante Franziska, ebenfalls die Hosen im Betrieb anhatte, da war ja Hoffnung darauf, dass ich einmal ebenfalls in diese großen Fußstapfen treten und den Betrieb führen könnte.
Großmutter meinte, mit mir habe sie endlich einen guten Grund gefunden, sich vor das Haus auf die Sonnenbank zu setzen, um auf das Enkelkind aufzupassen. Auch zu der Zeit war es schon so, dass niemand untätig sein wollte auf dem Hof, auch nicht im Alter. Auf eine Enkelin aufzupassen war also wohl ein probater Grund, um sich zur Ruhe zu setzen. Meine Eltern waren

glücklich, dass ich da war. Nur der Toni, der ja mit seinen Schafen mit am Hof lebte, fühlte sich vom weiblichen Neuankömmling gestört, und hielt mit seiner unnachahmlich direkten Art nicht hinter dem Berg: „Zu was brauchen wir dieses Kind"? Meine neue Mutti schob mich wohl mit dem Kinderwagen ganz leise aus dem Wohnzimmer in die Küche, aus dem Weg – nur zur Sicherheit, wenn sie Toni kommen hörte. Und dann passierte es doch: Sie war nicht rechtzeitig zur Stelle, und der raue Toni traf auf den unbeaufsichtigten Kinderwagen. Die Türe zur Stube war nur angelehnt. Großmutter sah Toni durch den Türschlitz vor dem Kinderwagen stehen. Ihr Herzschlag setzte für einen Moment aus: Das würde wohl wieder eine schlimme Tirade über das nutzlose Kindlein geben. Aber dann konnte sie ihren Augen kaum trauen: Toni schwätzte und scherzte und lachte in den Kinderwagen. Das Eis war gebrochen.
Also so ein Glück muss man haben: Mein neuer Papi hatte seine Freude an mir; meine neue Mami überschüttete mich in jeder freien Minute mit ihrer Zuneigung; aus dem hartherzigen Toni war mein lammfrommer Lieblingsonkel Toni geworden, und die gutmütige Großmutter hatte ihre Bestimmung darin gefunden, auf ihren neuen Schützling aufzupassen.

Bevor ich mehr über das Leben an der Obermühle in Merching erzähle, sollte ich noch erklären, mit wem ich eigentlich in Merching meine ersten Jahre dort verbrachte, Mutti, Papi und Großmutter, und weshalb Mutti eine so beeindruckende, eine starke und gleichzeitig liebenswürdige Frau war, abgesehen davon, dass sie halt meine Mutti war.
Mutti wurde 1894 geboren und wuchs mit ihren Geschwistern auf, von denen aber vier bereits ganz früh verstorben waren. Als Mutti gerade mal 20 Jahre alt war, begann der 1. Weltkrieg. Ihre beiden Brüder wurden einberufen. Der eine verstarb in England im Gefangenenlager – wie es hieß an einer Epidemie. War er der Spanischen Grippe zum Opfer gefallen? Zum Glück war der andere, Johann, aus Rumänien heimgekehrt, um den elterlichen

Betrieb weiterzuführen. Mutti hatte damit bereits viel Leid und Not kennengelernt, die schwere Arbeit am Hof zuhause verrichtet und gleichzeitig im Haushalt mitgeholfen. Als sie im Alter von 26 endlich heiratete, wurde es sicher nicht leichter für sie. Wie sie in die Obermühle einheiratete, kam eher noch mehr Arbeit auf sie zu. Denn neben dem Haushalt und dem Hof gab es hier noch die Mühle und ein Sägewerk. Jetzt mag man denken: Hof, Mühle und Säge; da hat doch der Mann das Sagen; die Frau soll sich auf Familie und Küche konzentrieren. Aber Papi war durch den Einsatz im Krieg und durch einen folgenschweren Unfall eher kränklich, musste sich schonen, und konnte mehr Zeit mit mir im Haus und im Garten verbringen, als für den Hof gut gewesen wäre. Was ich so genoss, nämlich seine uneingeschränkte Aufmerksamkeit, war wohl ein untrügliches Zeichen dafür, dass nicht er den Betrieb leitete, sondern eigentlich Mutti. Hatte sie ihre hauswirtschaftlichen und bäuerlichen Fähigkeiten schon vor der Hochzeit unter Beweis gestellt, so legte sie sich hier auch noch beim Personal, in der Mühle und im Sägewerk ins Zeug. Was ich später hörte war, dass sie überall mit Fleiß, Geschick und wohl einem glücklichen Händchen für die Mitarbeiter, die Mägde, Aushilfen und Hütejungen, ans Werk gegangen war. Und dann wurde Mutti im Alter von 29 schwanger. Das Mädchen kam auf die Welt, verstarb aber nach ein paar Wochen. Sie war 36 Jahre alt, als ich an den Hof kam. Da galt sie als eine stattliche, geachtete Frau, die es weit in ihrem Leben gebracht hatte. Gleichzeitig machte ihre Fürsorge für die Menschen vor nichts und niemandem halt, vor allem nicht vor dem Personal. Ihre Ansagen und Anweisungen waren aber klar und unmissverständlich. Sie wich keinem Problem und keinem Konflikt aus, und sagte selbstverständlich auch den Männern am Hof, wo der Barthel den Most holt. Eine gewisse Distanz zum Personal, ihr Einfordern von Fleiß und Ordnung und ihre modernen Anschauungen zu Gerechtigkeit verfehlten ihre Wirkung nicht. Sie galt auch als eine moralische Instanz auf dem Hof. Wenn die Meinungen zwischen Mutti und Papi auseinanderklafften, dann entschied die Stimme meiner Mutti. Leider zog sie

mit der Verantwortung auch die Arbeit an wie ein Magnet die Kompassnadel. Irgendwann fiel mir für sie das Wort „Märtyrerin“ ein, ohne dass ich wusste, wofür eigentlich. Um das wirklich nachvollziehen zu können, würden bald drei Jahrzehnte ins Land ziehen müssen.
Mein Papi, Josef Knoller, kam 1890 als Sohn des Besitzers der Obermühle und seiner dritten Frau zur Welt. Großvaters erste beiden Ehen hatten mit dem frühen Tod der Ehefrauen geendet; und zwei der Kinder waren noch ganz klein verstorben. Papi war Ministrant geworden und ging regelmäßig zur Schule. Kaum war er mit der Schule fertig, starb Großvater, und er wurde in aller Eile im Alter von 14 in alle Aufgaben im Betrieb eingeführt. Nun war er als Hofnachfolger gesetzt und unabkömmlich. Aber selbst das half ihm nicht und er wurde zum Kriegsdienst eingezogen. Zunächst hatten viele prognostiziert, der Kampf wäre schnell vorbei, und er würde nicht mit einem millionenfachen Blutvergießen enden. Papi hat es doch tatsächlich unverletzt vom Felde zurückgeschafft, was wohl einem Wunder gleichkam. Doch dann erlitt er einen Unfall mit dem Motorrad und musste ein Jahr lang in eine Heilanstalt. Ein ganzes Jahr. So etwas bedeutete für den Hof damals eine Ewigkeit. Noch schlimmer, seine Gesundheit wurde nie mehr so wie früher. Und um noch einen draufzusetzen: er war auch starker Raucher, was auf Dauer gesundheitlich nicht von Vorteil sein konnte. Immer wieder schien er sich zu erholen, bevor er erneut stark nachließ. Zuletzt blieb die Last ganz auf den Schultern von Mutti liegen. Unermüdlich hatte sie gearbeitet, um ihn zu schonen, und um ihm das Leben zu erleichtern.
Während meine Eltern und ich im großen Bauernhaus lebten, wohnten Großmutter und Onkel Toni im zweigeschossigen Austragshaus nebenan. Das Austragshaus war 1922 aus Steinen errichtet worden, die von einem Abbruch in Steinach stammten – so sparsam ging es zu. Das Haus war alles andere als ein Verschiebebahnhof für die Altenteiler, sondern machte einen ganz schmucken Eindruck, wie ein normales Wohnhaus für zwei Familien. Großmutter hatte klar gesagt, dass sie nach der Hochzeit

ihres Sohnes nicht mit im großen Bauernhaus wohnen und im Weg umgehen wollte. Außerdem ging sie bereits auf die 60 zu, und da war der Austrag angemessen, und zudem viel ruhiger. Also überbrückte sie die Zeit zwischen 1920 und 1922 in einer Mietswohnung in Merching, bis das Austragshaus fertig war. Die Versorgung des großen Haushaltes mit vielen Beschäftigten war für sie eine enorme Herausforderung gewesen. Umso schöner, nun die Verantwortung und die viele Arbeit auf ihre Nachfolger am Hof übertragen zu können. Man muss wiederum daran erinnern, dass auch Großmutter in den Betrieb eingeheiratet hatte, wobei sie selbst aus einer Gastwirtschaft stammte. Sie hatte mit Landwirtschaft, Mühle und Sägewerk bis zu ihrer Hochzeit nichts zu schaffen gehabt. Dafür galten die Wirtstöchter – das war jedem auf dem Land bekannt – als beliebte Ehefrauen, weil sie bedienen und bewirten konnten, tüchtig waren und weil sie gut und zur Not auch lautstark mit Leuten aller Couleur umgehen konnten. Großmutter erfüllte dieses Klischee jedenfalls hundertprozentig: Fleiß, Durchsetzungsstärke und ein betriebswirtschaftliches Denken war ihr schon in die Wiege gelegt gewesen. Mit ihrer Hochzeit hatte sie nicht nur die Verantwortung für den großen Haushalt an der Obermühle übernommen, sondern gleich auch für die Kinder ihres Mannes aus den zwei vorherigen Ehen und später für ihre eigenen. Das muss man sich mal vorstellen: wenn sie schimpfte, dann nur ihre leiblichen Kinder. Damit vermied sie den Eindruck, sie würde ihre Stiefkinder schlechter behandeln als die eigenen. Mehrere ihrer Kinder waren kurz nach der Geburt oder nach wenigen Jahren gestorben. Das war zwar schlimm, aber normal zu dieser Zeit. Das Leben ging weiter. Und der Hof wartete nicht. Dann starb ihr Mann. Im Alter von nur vierzig Jahren wurde sie damit Witwe, mit einem minderjährigen Hofnachfolger, und einem Betrieb mit vielen Beschäftigten. Von da weg waren die nächsten zwei Jahrzehnte bis zu ihrem Einzug im Austragshäusl unmenschlich anstrengend, mit der Führung des ganzen Betriebes, mit ihrer Trauer um verlorene Kinder, inmitten der aufgeputschten Kaiserzeit vor dem 1. Weltkrieg, und dann mit der

Sorge um den Sohn im Schützengraben als Unteroffizier in einer Maschinengewehr-Einheit. Wie wenn das nicht genug Sorge gewesen wäre, entwickelte sie ein besonderes Talent darin, Männlein und Weiblein aus der Familie, der Verwandtschaft oder unter den Angestellten zu verkuppeln. Was man hörte war, dass sie nicht nur Vernunftehen stiftete – wie damals weit verbreitet, sondern dass sie Herz und Hand zusammenführen konnte wie kaum eine andere. Sie lud ganz nach ihrem legendären Gespür den zu vermittelnden Aspiranten und ein potenzielles Herzblatt zu einem Essen am Feiertag ein und sorgte umsichtig dafür, dass die Liebe an den richtigen Ort fiel. So passten eine unserer Mägde und ein überfälliger, männlicher Verwandter ihrer Meinung nach gut zusammen. Und tatsächlich heirateten die beiden bald, zogen nach Peiting und führten einen Uhrenladen weiter. Als Großmutter dann auf die sechzig zuging, hatte sie verständlicherweise viel von ihrer Kraft verbraucht, und sehnte sich nur noch nach Ruhe. In ihrem ausgeprägten Pflichtbewusstsein begann sie erst loszulassen, als ich auf den Hof kam und die Hofnachfolge in der übernächsten Generation gesichert schien. Na ja, was heißt hier gesichert? Ich war wenige Wochen alt, und jedes vierte Kind überlebte es zu dieser Zeit nicht. Also war ich genau genommen eher eine wacklige Wette auf die Zukunft als eine gesicherte Nachfolge. Trotzdem musste meiner Großmutter ein riesiger Stein vom Herzen gefallen sein. Denn sie warf schier ihre ganze verbliebene Energie darauf, ein Auge auf mich zu haben, mich zu betüddeln und mir das Leben an der Obermühle schön zu machen. Und das sollte ihr mit gewissen Rückschlägen auch gelingen.

2

Enten und Hühner waren ungefähr das Einzige, was mir von den Tieren auf dem Hof nicht gefährlich werden konnte. Deswegen mochte ich sie sehr – kein Wunder. Außerdem waren es hübsche Tiere. Und essen konnte man sie auch. Aber anscheinend auch nicht mehr, wenn sie steinalt waren. Vater erklärte mir das so: In Mering sind die Enten, wie häufig, vom Hof zur Paar, unserem Bach, abgehauen. Und an der Paar hat die Enten jemand geklaut. Darüber war die Hofherrin verstimmt. Sie lamentierte gegenüber ihrem Mann: „Schrecklich, uns hat jemand die Enten g'schtohlen. Was mach' mer jetzt?" Sagte der Mann: „Sei bloß froh, dass wir die los sind. Die waren schon 5 Jahre alt. Die kannsch eh nimmer essen."

Als ich etwa drei Jahre alt war, waren meine Eltern und unser Personal am Verzweifeln. Ich war nach dem Mittagsschlaf wie vom Erdboden verschluckt. Bis fünf Uhr stellten alle den Hof auf den Kopf und suchten mich wie die Stecknadel im Heuhaufen. Als größte Gefahrenquelle für Kinder galt der Bach. Die Knechte liefen also den Bach hinunter und hinauf, der Stadel wurde durchstöbert, im Dorf die Leute befragt. Meine Mutti war nervlich am Ende. Und dann kam ausgerechnet noch ein Kunde über den Hinterhof in die Mühle. Mutti konnte nicht anders und schüttete ihm ihr Herz aus. Der Kunde erzählte ihr, dass er beim Vorbeilaufen etwas Rotes im Hühnerstall weiter oben im Hinterhof gesehen hätte, und das wäre ihm jetzt aufgefallen. Mutti rannte los zum Stall und riss die Tür auf. Ich saß entzückt am Boden mitten unter den Hühnern, die ihrer Lieblingsbeschäftigung nachgingen – Futter picken. Mutti schloss mich überglücklich in die Arme und wollte wissen, wie ich hineingekommen bin in den Stall. Mit dem Zeigefinger deutete ich auf den engen Hühnerschlupf an der Seitenwand, wo sich keine zwei Hühner gleichzeitig durchdrücken konnten, um hinein- oder hinauszugelangen.

Vom Nachbarort Eresried erzählte man sich, dass der Toni bei Weckers immer die Enten suchen musste, wenn sie aushäusig blieben. Anders als unsere relativ ortsfesten Hühner liefen Enten in alle Richtungen davon. Und das geschah häufig. Die Enten gingen im Steinbach zu Wasser und ließen sich urgemütlich bis Steinach treiben, um dort wieder anzulanden. Ein System war in ihrem Fluchtweg nicht zu erkennen. Die Familie mutmaßte dann, wohin die Reise diesmal wieder gegangen war, und welche

günstigen Winde die Enten getrieben hatten. Toni war nicht umsonst der Beauftragte für die Enten. Er hatte einen Ruf wie ein Wünschelruten-Gänger. Jetzt muss man wissen, dass er in Anlehnung an seinen Namenspatron, dem Heiligen Antonius, prädestiniert war, alles zu suchen, was verlorengegangen war. An die Kraft des Namenspatrons glaubte man zu dieser Zeit noch ganz entschieden. Toni lief also los, in eine für uns nicht nachvollziehbare Richtung, war eine undefinierte Zeit lang weg, und kam dann wie ein siegreicher Feldherr mit vollständiger Enten-Legion wieder auf den Hof eingezogen. Vermutlich hatten sich die Enten zusammengetan, um Toni immer schwerere Aufgaben zu geben sie wiederzufinden, und um ihn damit zum Fährtenleser zu dressieren.
Eine Merchingerin sammelte in der Abenddämmerung ihre Enten an der Paar ein und trieb sie zurück in den Stall. Eins, zwei, drei, vier, viele. Sie hatte nur übersehen, dass außer ihren eigenen Enten auch noch einige von unseren dabei waren. Enten sind wie Hunde; sie brauchen ihren Auslauf. Hatten die Enten untertags am Bach genug freie Wildbahn gehabt, so wurde es den Enten anscheinend im fremden Stall mulmig. Das anfängliche Gequake und Gekeife – bis alle einsortiert waren und ihren Platz gefunden hatten, wollte am Abend einfach nicht aufhören. Die Nachbarin musste also nachsehen gehen, ob nicht ein Räuber um den Stall schlich und die Enten um ihren Hals bringen wollte. Der Blick in den Stall war ungewohnt lebhaft. Ein geübter Landwirt erkennt das eigentlich sofort: Da mussten auch fremde Tiere dabei sein. Und die scheuchte sie jetzt gleich wieder raus. Zielstrebig watschelten unsere Enten aus der einen Stalltür hinaus, 100 Meter weiter in die andere Tür hinein, und legten sich, ohne zu schnattern, auf ihren gewohnten Heimatboden zur Ruhe.

Nicht weit daneben stand auf dem Hof ein Backhäusl, in dem regelmäßig das Bauernbrot für die Leute im Betrieb gebacken wurde. Die Mägde kneteten zuvor den Teig in einem erstaunlich großen Backtrog. Fein säuberlich konnte der Teig dann mit einem großen Tuch abgedeckt bis zum nächsten Morgen gehen. Zwölf Stunden waren auf alle Fälle nötig, dass er ordentlich trieb. Der Trog stand im Hinterhof in der Nähe des Geißenstalls. Eines Morgens schafften es die Geißen die massive Stalltür auszuhebeln und mitsamt dem Bock auszubrechen. Sie stießen auf ihrer Flucht als erstes auf den Trog mit dem Teig, rempelten ihn einfach um und trampelten auf dem Teig herum. Das Ganze sah bereits nach einer Riesen-Sauerei aus, als die erste Magd erschien, schier in Ohnmacht fiel und um Verstärkung schrie, um die Geißen wieder zusammenzutreiben und die Stalltür provisorisch zu flicken. Blöde Viecher.

Das war bei weitem nicht der einzige Zwischenfall. An einem Sonntag im Sommer gingen die Mägde wie immer sonntags herausgeputzt mit weißen Hüten und der damals sehr beliebten Blumendekoration auf dem Hütchen in die Kirche. Die Messe zog sich auch dieses Mal in die Länge. Und mit Länge meine ich nicht zehn Minuten drüber, sondern insgesamt zwei Stunden. Der Pfarrer diente der Gemeinde mit einer Inbrunst und mit einer langen Predigt, ermattenden Ermahnungen und beeindruckenden Vorschlägen zur individuellen Besserung. So brauchte es viel Sitzfleisch, ohne dass sich die Gemeindemitglieder wirklich in dem Maße bessern wollten, wie es dem Pfarrer vorschwebte. Endlich kamen die Mägde nach Hause, entledigten sich ihres Kirchgewandes, legten die Hüte auf dem Bett ab und gingen schnell ihrer sonntäglichen Aufgaben nach. Nach der Messe und der zugeteilten Arbeit wollten alle noch einen schönen langen, freien Sonntag vor sich haben. Darum gab es sonntags das Mittagessen auch schon um elf Uhr, nicht erst um zwölf. In der wuseligen Vorbereitungszeit für das Mittagessen hatte niemand bemerkt, dass von der zutraulichen und berüchtigten Geißenschar fünf Tiere in die Schlafräume der Mägde im ersten Stock geschlichen waren und dort die Blumen von den Hüten der Mädels gefressen hatten, um sich dann wieder scheinheilig im Garten zu versammeln, weil ja das Futter im ersten Stock alle war. Das eine oder andere Blumenteil hing aber noch aus dem Maul.

Im Gegensatz zu den Geißen machten die Schafe von Onkel Toni eigentlich immer einen lammfrommen Eindruck. Aber mit einem Schafbock hatte ich eine eindrucksvolle Begegnung. Die Schafe weideten grade im Garten hinter dem großen Bauernhaus. Bei der Herde war auch ein Schafbock dabei, der sich plötzlich mit mir ein Duell liefern wollte. Ich trieb mich nämlich im Garten in der Nähe des Baumes herum, als er mich zuerst mit seinem Schädel Richtung Baum schob. Erst war es auch für mich ein Spiel, als er mich an den Baum drückte. Bis ich mich versah, wurde für mich daraus bitterer Ernst. Jetzt holte er nämlich ein paar Schritte aus, um Anlauf zu nehmen und zum Angriff überzugehen. Seine ersten eher vorsichtigen Versuche hatten wohl ergeben, dass ich mich zum Opfer eignete. Und nun kam ich kaum mehr einen Schritt vom Baum weg, bevor er mich wieder rammte und an die Rinde quetschte. Zum Glück stand Mutti mit ein paar Beschäftigten in der Nähe, die auch gleich losrannten, den Schafbock wegjagten und mit mir aus der Gefahrenzone flüchteten. Spätestens mit dieser Rempelei war mir klar, welche Gefahren für Kinder auf dem Hof lauern konnten, und dass man den Tieren gegenüber besser einen gesunden Respekt behielt. Wenn es schon hieß „fressen und gefressen werden“, dann wollte ich lieber Tafelspitz essen, als selber zu einem Schnitzel geklopft zu werden.

3

Als ich noch sehr klein war, da bekam ich von Großmutter viele Geschichten erzählt. Sie berichtete mir von dem, was im Dorf vorfiel, was für seltsame Sachen die Leute machten, und auch über mysteriöse Dinge. Und meistens versuchte sie mir zu erklären, weshalb etwas so war, wie es war. Sie war ja Betriebsleiterin gewesen, und da musste es immer sinnvoll, rational, effizient zugehen. Selbst wenn es um die Wunder der Heiligen an den jeweiligen Namenstagen, die märchenhaften Altarbilder in

unserer Kirche, oder um die wechselhaften Naturkreisläufe auf unseren Äckern ging, wirkte sie nüchtern. Aber ein gesundes Mindestmaß an Aberglauben wollte auch sie nicht ablegen. Nun gab es für sie scheinbar verschiedene Kategorien. Das reichte von „könnte schon stimmen“ bis zu „ganz schön hanebüchen“. Und Großmutter war da flexibel. Mal verwies sie eine uralte Weisheit ins Reich der Fabeln, wie so manche Bauernregel. Und ein andermal behauptete sie steif und fest, dass etwas an den Haaren Herbeigezogenes ganz bestimmt wahr war. Natürlich hatten zum Beispiel alte Bauernregeln ihre Berechtigung und man richtete sich selbstverständlich danach. „September in den ersten Tagen will den ganzen Herbst ansagen“. War der September anfangs trocken, dann war tatsächlich der ganze Monat eher zu trocken. Aber manche der gutgemeinten Regeln waren längst in Verruf gekommen, weil sie einfach nie hinzuhauen schienen, z.B. wie streng der nächste Winter werden würde.
Wesentlich klarer lag da für sie der Fall, wenn es um die Kraft und den Segen der Natur ging. Der Vater einer Bekannten aus dem Ort ging jedes Jahr am Karfreitag mit einem Wassergefäß zu einer kleinen Wasserquelle inmitten der Felder, um heilendes Wasser zu schöpfen. Der kleine Wasserlauf schlängelte sich in einer Senke am Hang hinter den Gleisen durch Wiesen und Felder, von West nach Ost, ein Stück weit auch über unsere Felder. Diese Gschwolläcker waren damals recht kleinteilig, wo heute unsere Hangäcker enden und die vom Bergbauern anfangen. Der Vater mischte dann über Ostern dieses Heilwasser in das Futter seiner großen und kleinen Tiere. Er glaubte fest daran, dass es gegen Krankheiten helfen würde. Und das war schon toll. Weil, damals konnten viele Krankheiten einfach nicht behandelt werden. Die Tiere starben schnell, oder blieben Kümmerlinge. Und nun gab es ja das Heilwasser. Auch wir hatten in der Familie lange keine Ahnung von der Kraft dieses kleinen Rinnsals. Denn es sollte so geheim wie möglich bleiben. Die anderen aus dem Dorf sollten sich doch bitte selber was einfallen lassen.

So waren Großmutters Geschichten für mich wie ein kleines Kaleidoskop. Je nachdem wie man hineinschaute, kam ein Schnörksel dazu, eine neue Farbe, wurde die klare Form zu einem bunten Märchen, die Mythen zu etwas Wahrem, und das Wasser zu Medizin.

Eines Tages berichtete Mutti in allem gebotenen Ernst: Heute um Mitternacht stand die Lechhuberin (Name geändert) im Gartenbeet und hat mit dem Spaten ein Loch gegraben. Ungewöhnlich, wo man doch sonst mitternachts im Bett liegt und schläft. Verdächtig. Dann hat sie etwas in das Loch hineingelegt und wieder zugeschaufelt. Auweiah. Was sie vergraben hatte, hatte Mutti nicht sehen können. Jetzt wurde es für mich wirklich beängstigend. Aber fragen wollte ich meine Mutti auch auf keinen Fall, wie man mit so etwas umgeht. Und das Ding wieder ausgraben ging schon gar nicht. Wir versuchten uns zu beruhigen. Möglicherweise war es nur ein lockerer Zahn, der der mitternächtlichen Schauflerin vorher ausgefallen war. Und der Heilige des Tages sollte nun verhindern, dass das wieder passiert. Vielleicht war es aber auch etwas viel Schrecklicheres. Jedenfalls machte ich in den Tagen und Wochen danach einen großen Bogen um das Beet. Und schaute mir alle unauffällig an, ob ihnen etwa ein Zahn fehlte. Insgesamt war mir das Thema sehr heikel. Vielleicht würde etwas auf mich überspringen, oder ich könnte irgendeine gute Schwingung im Erdreich stören. Vielleicht würde sich danach jemand über mich beschweren, wenn wieder was passierte. Jedenfalls hatte die Frau, die mitternachts bei uns im Beet stand, ab jetzt für mich etwas von einer Hexe. Wahrscheinlich war sie eine. Aber ich ahnte schon, dass sie es nicht offen zugeben würde. Und fragen traute ich mich erst recht nicht. Also blieb es erstmal dabei. Ich musste damit rechnen, dass es bei uns Hexen gab. Das war nicht schlimm. Denn die konnten offensichtlich etwas, was andere nicht konnten. Ich verstand nur nicht, was das war. Egal. Ich würde das schon noch rauskriegen.

Nun war damals schon bekannt, dass sich die Landwirtschaft schnell weiterentwickelte, und dass sich die Tiere und Pflanzen bei manchen aus dem Ort besser machten als bei anderen. Über sehr lange Zeit hatte man einfach nicht mehr Ertrag aus dem Boden oder dem Stall holen können. Es wollte einfach nichts vorwärtsgehen. Das Saatgut war, wie es immer war. Als Dünger wurde nur der Mist von den eigenen Tieren verwendet. Und damit war das Düngen eine Plackerei: vom Misthaufen auf den Wagen, und auf dem Feld vom Wagen wieder mit der Gabel auf den Acker. Kunstdünger war gerade erst erfunden worden, und viel zu teuer. Und grade hatte man von ersten Maschinen gehört, aber wer sollte sich das leisten? Also brachten die Böden zumindest im vergangenen Jahrhundert keine nennenswerten Ertragssteigerungen. Und deswegen bekamen die Tiere nicht mehr zu fressen. Und so konnte man auch nicht mehr Tiere halten. Quasi unmöglich, diesen Kreislauf zu durchbrechen. Es sei denn mit Hexerei. Oder mit Hirn. Und in diesem Umfeld beschaffte sich der erste Landwirt in Merching moderne Tränkebecken für die Kühe, so dass sie jederzeit trinken konnten. Ab da gaben seine Kühe auf einmal mehr Milch, und vor allem mehr Milch als die Kühe der Nachbarn. Das konnte nicht mit richtigen Dingen zugehen. Man bezichtigte insgeheim die Bäurin als Hexe, obwohl die Hexerei ja damals schon als finsteres Mittelalter galt. Aber anders konnte man es sich wirklich nicht erklären.

1933 arbeitete eine Magd auf einem Hof in der Nähe, wo sich der Sohn des Hofbesitzers ein Zimmer am Dachboden eingerichtet hatte. Dorthin versuchte er die unerfahrenen weiblichen Beschäftigten zu überreden, um sie dann zu bedrängen. Von dieser Magd hatte er ein Recht der ersten Nacht eingefordert, was ungefähr so rückständig war wie die mittelalterliche Jagd auf Hexen. Und dennoch war er mit seinem Drängen leider erfolgreich gewesen. Die Magd wurde schwanger und musste den Hof verlassen. Und so stand sie bei uns vor der Tür und bat Mutti um Arbeit als Magd. Ihr Kind war unterdessen bei der Großmutter in Obhut; oder bei einer der Frauen, die in Mering und Merching im Auftrag uneheliche Kinder großzogen, damit die alleinstehenden Mütter arbeiten konnten. Für die Magd war jedenfalls alles eine schlimme Demütigung gewesen. Die Schikane ging üblicherweise wieter mit der Taufe des Kindes, weil sich der Pfarrer das Recht herausnahm, selbst den Namen für das uneheliche Kind auszusuchen. Und hinterher konnte jeder im Dorf wie das 12-Uhr-Läuten erkennen, dass es sich bei diesem ungewöhnlichen Vornamen um einen unehelichen Sprössling handeln musste. Diese himmelschreienden Ungerechtigkeiten waren Mutti natürlich bewusst, als die Magd bei uns um Arbeit nachsuchte. Mutti war jedenfalls davon überzeugt, dass man etwas tun musste, um diesen teuflischen Kreislauf zu durchbrechen. Eine Ächtung der jungen Mutter war ja wohl das Letzte. Sie wurde als Magd eingestellt und arbeitete bei uns, bis ihr Mädchen erwachsen war und die beiden auf ein Anwesen ziehen konnten, das ihre Heimat wurde.

Nun war es nicht so, dass bei uns auf dem Hof gar nichts passiert wäre. Während Mutti immer wieder Ordnung am Betrieb einforderte, fiel es doch auf, dass eine Beschäftigte häufiger mit recht roten Wangen von der Stallarbeit zurückkam. Das konnte natürlich auch einfach von der anstrengenden Beschäftigung kommen. In Wirklichkeit kam es aber von ihren heimlichen Zusammenkünften mit dem Knecht. Die Magd wurde jedenfalls schwanger. Sofort knöpfte sich Mutti den werdenden Vater vor und ließ ihm keine Wahl: „Heiraten, und ums Kind kümmern!" Und so heirateten die beiden. An anderen Höfen gingen aber die Nachstellungen, das Drangsalieren, oder auch die freiwilligen Übereinkünfte noch lange nicht so glimpflich und erfreulich aus. Die Leidtragenden waren üblicherweise die Frauen. Mutti meinte aber, dass sie deswegen noch lange nicht zu Opfern werden müssten.

Eine Weile später erinnere ich mich an eine Beschäftigte bei uns am Hof, die ihre drei unehelichen Kinder von drei verschiedenen Männern durch ihre eigene Mutter großziehen ließ. Wir waren zwar der Meinung, dass unsere Angestellte vielleicht etwas blauäugig an die Männerwelt herangegangen war und möglicherweise manchen Versprechen leichtfüßig Glauben geschenkt hatte. Von meiner Mutti kam aber dazu nie ein kränkendes Wort, ein leichtfertiger Witz oder eine schlüpfrige Andeutung. Wer fleißig war, zuverlässig und umgänglich, der war am Hof immer herzlich willkommen. Geschichten von persönlichem Leid und schlimmen Schicksalen gab es viele. Damit war man schon genug gestraft. Und am Hof und bei der Arbeit sollten diese Vorgeschichten keinen Raum mehr einnehmen.

Zur besseren Versorgung des Personals begann der Obstanbau an der Oberen Mühle, als Mutti 1920 in Merching eingeheiratet hatte. Zuvor standen nur ein paar wenige Obstbäume in zwei großen Gärten verloren herum. Gleichzeitig mussten viele Personen am Hof einigermaßen abwechslungsreich mit Essen versorgt werden. Klar hing die Arbeitsleistung und die Gesundheit der Beschäftigten am guten Essen. Skorbut wegen Vitamin-C-Mangels kannten wir nurmehr von den alten Seefahrererzählungen. Diese Krankheit verhinderte man leicht mit Sauerkraut. Oder eben mit Obst. Mehlspeisen machten einen guten Teil unserer schwäbisch-bayrischen Küche aus. Aber die einsamen Obstbäume reichten für den Bedarf an Apfel-Datschi, Zwetschgennudeln und Birnenkuchen bei Weitem nicht aus. Mutti pflanzte also Apfelbäume. Die trugen die ersten Früchte nach fünf Jahren. Sie pflanzte auch einen Birn-, einen Zwetschgen- und einen Quittenbaum. Aber diese Amateur-Plantage funktionierte leider nicht ganz nach den Vorstellungen meiner Mutti. Denn der Gartenboden bestand zum großen Teil aus weißem Fegesand, der kaum Wasser speicherte. Auch das Klima an der Paar machte den Bäumen zu schaffen. Die Temperaturen fielen am Bach oft zwei oder drei Grad kälter aus und damit nicht gerade günstig. Besonders der Quittenbaum litt unter seiner rauen Umgebung. Darum sägten wir ihn nach kurzer, kümmerlicher Lebensdauer wieder um. In unserer Gegend wollten einfach keine edleren Sorten gedeihen wie in den Obstanbau-

gebieten im Breisgau. Wenigstens konnten wir uns über die gute alte Apfelsorte „Transparent" freuen, die mitten im Garten am hinteren Hof goldgelbe Äpfel zum Mosten lieferte. Vielmehr fiel nach einem Jahrzehnt mühevollen Peppelns und Aufpfropfens die Ernte an den insgesamt zwanzig Bäumen dann doch ganz gut aus. Und jetzt wurde aufgeteilt. Einen Teil verspeisten wir direkt, ein Teil wurde für den Winter eingeweckt, ein Teil zu Saft gepresst. Die Anmeldung zum Saften bei Herrn Näßl in Mering verlief ungefähr so unberechenbar, wie es seine Laune gerade hergab. Mal blaffte er einen an und mal war er wieder einigermaßen umgänglich. Mutti war schnell klar geworden, dass seine Stimmung stark von den passenden Mitbringseln abhing. Und wir brachten sicherheitshalber immer gleich Wurstsemmeln und eine Flasche Bier als konventionelle Stimmungsaufheller mit.
Aber vorher mussten die Äpfel und Birnen bei uns im Garten in großer Mannschaft geerntet werden. Dazu durfte der beste Kraxler am Hof auf die Bäume klettern. Er schüttelte den Baum, was das Zeug hielt. Die anderen sammelten alles in Körben ein und brachten das Obst zum Kartoffelwäscher, damit wir es anschliessend sauber zur Mosterei bringen konnten. In Jutesäcke eingepackt wurden die Äpfel und Birnen mit dem Gäuwagerl zum mit Wurstsemmeln besänftigten Herrn Näßl nach Mering gefahren. Dieser betrieb im Haupterwerb zusammen mit seiner Frau eine kleine Landwirtschaft mit zwei Kühen. Zum Nebenverdienst hielt er in einem Raum Nutrias, deren Fell er an einen Pelzhändler in Augsburg so recht und schlecht verscherbelte. Die Säcke mit unseren Äpfeln zirkelten wir mit einer Sackkarre zum Most-Raum, vorbei an den Pelztieren, die sich in einem Betontrog tummelten, mit denen ich aber leider nicht spielen durfte, denn sie bissen einen gerne in den Finger. Im Most-Raum rüttelte nun ein antiquarischer, aber bereits mit Elektromotor betriebener Zerkleinerer los. Der Saft floss in einen Bottich, wo er bis fast zum Kochen erhitzt wurde. Dann wurde er in Flaschen abgefüllt, die am Vortag penibel gewaschen worden waren. Zuletzt verschlossen wir die Flaschen mit den typischen roten Gummikappen luftdicht. Jetzt

fuhren wir wieder nach Hause mit unserem Most mit kontrollierter Qualität, aus garantiert eigenem Anbau von natürlich nicht gedüngten Äpfeln.
Für Familie Näßl hatte es im Betrieb nur ein erklärtes Ziel gegeben: von dem Erlös aus Mosterei, Nutrias und der Landwirtschaft die Scheune mit einem Anbau aufzustocken und den Stall zu erweitern, von zwei Kühen auf ganze vier. Sie waren halt mit Leib und Seele Landwirte.

Das Jahr 1934 stand nach der Machtergreifung Hitlers unter keinem guten Stern. Am 30. Januar 1934 bestimmte die NSDAP in Berlin, dass die Selbstständigkeit Bayerns aufgehoben wird. Fortan bestand nur mehr die Reichsregierung. Das war für uns auf dem Land zwar alles weit weg und lag auch eigentlich außerhalb meines kleinen Universums am Hof. Aber tatsächlich registrierte ich, dass der Geist des NSDAP-Vorsitzenden sehr schnell auch in Merching seine Anhängerschaft fand. Wenn sogar mir die dunklen Gewitterwolken auffielen, die aufgezogen waren, dann kann sich wohl niemand hinter der Ausrede verstecken, er hätte ja lange nichts gewusst. Und dann wäre es eh zu spät gewesen. Mutti hatte mir immer versucht zu vermitteln, dass es zu dem für mich Sichtbaren und Vordergründigen einen Kontext gab, und zu jeder Person eine Geschichte. Aber natürlich konnte ich das nicht verstehen. Ich wusste nur: Die Geschichte war da. Aber eines verstand ich schnell: Je mehr über etwas geschwiegen wurde – also wie es dazu kam und warum oder welche Rolle eine Person spielte, umso verdächtiger war es.
Nun musste Merchings Burschenverein innerhalb kürzester Zeit eine Reihe von Überläufern in die HJ verkraften. Die vorher recht beliebte, etwas anarchistische Burschenhütte mit Schützenheim wurde umfunktioniert zum HJ-Heim. Alle Burschen im Dorf, und ich meine auch wirklich alle - weil man halt Mitglied des Burschenvereins war - mussten sich schnell entscheiden, ob sie beitraten, oder ausgeschlossen blieben.

Auch bei den Erwachsenen im Trachtenverein konnten sich Schwiegervater und -sohn im Vereinsvorstand immer weniger einigen. Der eine schwenkte auf eine stramme Linie mit der braunen Schose (Sache) ein, während der andere dagegenhielt. Das eskalierte so, dass sich der Verein in aller Feindschaft spaltete und es danach zwei Trachtenvereine am Ort gab, die dann ihren jeweiligen Neigungen ungestörter nachgehen konnten. Und diese Trennung blieb bis heute erhalten, auch wenn man den ursprünglichen Grund dafür irgendwann vergessen hatte.

Mutti wurde um 1935 zu einem Kochkurs eingeladen. Das war für sie sehr erfreulich, weil man die anderen Frauen aus dem Dorf nur selten traf und weil man gerne neue Kochrezepte ausprobierte und die Ergebnisse untereinander verglich, bevor sie zuhause auf den Tisch kamen. So konnte man bei einem mürrischen Mann immer noch argumentieren: „Beim Huabar und beim Maier mögen's des ja auch." Organisiert hatte den Kochkurs eine Dame aus Kissing. Erst viel später wurde bekannt, dass die Veranstaltung NSDAP-nah war und die Frauen sich anschließend der Partei verpflichtet fühlen sollten. Man wollte damit Sympathien im weiblichen Teil der Bevölkerung erheischen. Mutti fühlte sich durch dieses Spiel regelrecht ausgenützt und hintergangen. Nochmal etwas später stellte sich heraus, dass die Damen durch ihre Unterschrift zur Teilnahme am Kochkurs bei der NSDAP aufgenommen worden waren und sich durch ihren Beitritt am Ende einer Entnazifizierung unterziehen durften.

Dann sickerte durch, dass im rund 40 Kilometer entfernten Dachau ein erstes Konzentrationslager errichtet worden war, und das wohl sogar schon wenige Wochen nach Hitlers Machtübernahme. Im Dorf gab es jetzt auch einen Begriff dafür, was geschehen konnte, wenn man nicht spurte: Dachau.

4

Mutti und Vati hatten mir nie verschwiegen, dass ich eigentlich aus Mering stammte und dass dort mein leiblicher Vater wohnte. Ganz selbstverständlich fuhren wir in die Bouttevillestraße wie zu einem normalen Verwandtenbesuch. Aber ein bisschen verwirrend war es für mich schon. Ich hatte also zwei Väter. Denn die beiden saßen ja mit mir am Tisch, mein Adoptiv-Papi aus Merching und mein leiblicher Vater aus Mering. Und neben Mutti hatte ich auch einmal eine andere Mutter gehabt, nämlich meine leibliche Mutter. Dann kam etwas noch Verwirrenderes. Aber davon erzähle ich später. Die fremde Umgebung in der Stube und im Hof in Mering, und ein unbekannter Puppenwagen; das sorgte bei mir auf der ganzen Linie für Skepsis. Im Puppenwagen saß leider nicht meine eigene Puppe. Zudem hatte diese Puppe zu viele Haare. Ich vergötterte dagegen meine weiche Babypuppe mit Strampelanzug, ein Baby fast ohne Haare. So gehörte es sich für mich. Da brauchte ich viel Zeit zum Überlegen, ob ich dieses neue Gefährt mit haarigem Inhalt überhaupt behalten wollte. Lieber nicht. Erstmal mochte ich so gerne wieder nach Hause, nach Merching, zu meinen eigenen Puppenkindern.

Genauso ernst ging es für mich zu, als ich zum ersten Mal eine ganze Woche bei meinem leiblichen Vater in Mering verbringen sollte. Da muss ich immerhin schon sieben Jahre alt gewesen sein, denn ich hatte schon mein eigenes Fahrrad. Mein Bruder Alois bemühte sich sehr um mich. Bestimmt hatte er den Auftrag bekommen dafür zu sorgen, dass es mir gut ging. Aber er war ja auch nur zwei Jahre älter als ich. Da weiß man als Junge doch auch nicht, was einem kleinen Mädchen den Aufenthalt schmackhaft machen könnte. Mein Bruder war um seine Verantwortung sicher nicht zu beneiden. Erst recht, als mich unvermittelt ein fürchterliches Heimweh überkam. Und dafür hatte mein leiblicher Vater wenig Verständnis und als Landwirt sicher auch wenig Zeit zum Kümmern. Da gab es mit meiner Heulerei einen Klaps auf den Hintern. Dumm nur, dass ich das von meinen Eltern in

Merching gar nicht gewohnt war. So wurde mein Heimweh erst recht schlimmer. Zum Glück vermisste mich mein Papi in Merching wohl genauso. Er hatte sich nämlich auf sein Rad gesetzt und rollte auf der Bouttevillestraße an uns vorbei, wie wenn er zufällig des Wegs gewesen wäre. Wir fielen uns in die Arme; großes Drama halt. Ich vergoss einige Tränchen wie ein Kleinkind, hielt bis zum Ende der Woche die Trennung aber wenigstens durch. Dabei sind die beiden Höfe keine drei Kilometer auseinander.

Hin und wieder stattete ich danach meinen Leuten in Mering mit dem Fahrrad einen Besuch ab, für einen halben oder ganzen Tag. Mein Bruder war natürlich lieber mit seinen Spezln unterwegs. Deswegen musste extra eine Spielgefährtin aus der Nachbarschaft rekrutiert werden, wenn ich kurzfristig anrückte. Dieses Mal sprang auf die Schnelle Marianne Stemmer aus der Verwandtschaft ein. Ich vermute, sie war auch nicht begeistert, abkommandiert worden zu sein. Und irgendwie spielten wir unsere eigenen Spiele nebeneinander her und blieben uns dabei fremd. Man kann sich seine Verwandtschaft nicht aussuchen, heißt es so schön. Und ich meine nicht, dass ich das damals über meine Spielkameraden oder meine Meringer Familie dachte, sondern die anderen über mich. Das Sprichwort habe ich bei meinem Bruder und meinem Vater leider arg strapaziert, wie das Mädchen im Alter von sieben Jahren oder in der Pubertät manchmal machen.

Dabei war es aus meiner eigenen Sicht immer ganz einfach, was ich mochte: Meine haarlose Puppe mit Kinderwagen, unseren Hund und die ungefährlichen Tiere, unsere Hühner, Enten und Hasen. Hätte mich jemand gefragt, was ich einmal werden will, wenn ich groß bin, hätte ich behauptet „Kleintierzüchter“. Und „Mutter“. Aber wieso hätte mich jemand fragen sollen, wenn eh klar war, was einmal mein Beruf werden würde.

Von den Beschäftigten an unserem Hof – man redete ja noch von Knechten und Mägden – habe ich, bis ich fünf war, leider nur sehr lückenhafte Erinnerungen. Das weibliche Personal stammte weitgehend aus Kissing, also sechs Kilometer oder eine knappe halbe Fahrradstunde von uns entfernt. In Kissing fielen die Verdienstmöglichkeiten sehr knapp aus. Es gab dort kaum Arbeit. Wenn dann Leni, Zenzi oder Scholastika ankündigten „Heute ist ja Feiertag. Wir fahren nach Hause“, dann quietschte ich vor Freude: „Darf ich da mitfahren?“ Das war eigentlich etwas übergriffig von mir; man muss sich vorstellen, dass die Armen jetzt auch noch an ihrem freien Tag die Tochter der Chefin mitschleppen sollten. Aber meine Bettelei fand meistens Gehör. Am Fahrrad gab es weder einen Kindersitz noch irgendeine Polsterung am Gepäckträger. So zuckelten wir auf der holprigen Straße dahin, bis mir der Hintern so weh tat, dass ich kaum noch sitzen konnte und ich bestimmt keine gute Figur machte, als wir bei ihnen zuhause durch die Tür traten. Aber dafür hatte es bei den Mädels daheim Dinge zu entdecken, die es in Merching gar nicht gab. Der Altort Kissing liegt ja ganz eng zusammen gebaut an einem steilen Hang. Da stand ein kleines Kirchlein mit einer Krippe, die Burgstall-Kapelle. Und die Krippe wurde an den wichtigen Feiertagen im Kirchenjahr immer neu ausstaffiert. Das war so aufregend wie ein neuer Kinofilm. Vor Weihnachten wurde die Krippe mit aufwendig geschnitzten Figuren aufgebaut, am 24. kam das Jesuskindlein dazu, dann die Heiligen Drei Könige, Ochs hin, Esel weg, Esel wieder hin. Ich konnte jedenfalls immer etwas Neues entdecken. Aber ich glaube, die Damen waren dann ziemlich froh, wenn sie mich wieder in Merching abliefern konnten. Die Rückfahrt fiel schlimmer aus als die Hinfahrt, weil die Strecke jetzt mit leichtem Anstieg noch länger dauerte und man bergauf unsanfter in die Schlaglöcher fiel. Zum nächsten Feiertag hatte ich den lädierten Hintern aber schon wieder vergessen und war wieder Feuer und Flamme für einen neuerlichen Ausritt. Ich musste ja zum Glück nicht selber treten.

Tatsächlich muss es für Papi und für Mutti schwer gewesen sein herauszufinden, wie sie mit mir umgehen sollten, wie mich erziehen. Einerseits gab es so viele Facetten von Aufgaben und

Verantwortlichkeiten, die sie mir irgendwie beibringen mussten, sollte ich einmal den Hof übernehmen. Andererseits überschütteten sie mich als ihr einziges Kind mit Liebe und mit Aufmerksamkeit, wie es die viele Arbeit am Hof halt zeitlich hergab. Also wollten sie mich nicht streng erziehen. Aber wie konnte man diesem Standard meiner Mutti jemals gerecht werden, diesem Fleiß übers ganze Jahr, dieser Disziplin mit den Beschäftigten, den vielen Gebräuchen, von denen manche ja nicht jeden Tag praktiziert wurden, sondern die vielleicht nur einmal im Kirchenjahr oder nur einmal in vielen Jahren vorkamen. Im Juni 1935 gab es so ein außergewöhnliches Ereignis. Merching feierte Primiz mit Pfarrer Johann Wenzl, dessen Vorfahren aus dem Schuacherl-Anwesen stammten. So eine erste Messe eines frischgebackenen Pfarrers nach jahrelangem Studium und dazu noch im Heimatdorf, das war für alle im Umkreis noch mehr Spektakel als für den Primizianten selbst. Dieser Anlass sorgte im Dorf für Aktivitäten, die dem Programm „Unser Dorf soll schöner werden“ um Jahrzehnte vorausgriff. Rechtzeitig vorher kam die Störnäherin Crescentia Lindmair ins Haus und nähte ein weißes Kleidchen für mich. Denn ich sollte eines der Primiz-Bräutlein sein, so wie es bei Hochzeiten die Blumenkinder gibt. Zu einem solch wichtigen Anlass war es schon angemessen, dass eine gute Näherin ins Haus kam. Schleier, Kränzchen, Schuhe und Strümpfe kauften wir dagegen beim Köllner in Mering. Dieses Geschäftshaus hatte für mich nicht nur wegen der Einkäufe eine ganz besondere Bedeutung. Später sollte es sich für mich noch als lebenswichtig herausstellen. Meine Klassenkameradin Hedwig Kopp wurde zum Hauptbräutlein erkoren und durfte das Krönchen tragen. Und Gitta Aumiller und ich waren die „Neiwabraitla“, die Begleiterinnen und natürliche Nachfolger für eine spätere Aufgabe als Hauptbräutlein, sozusagen. Da war ich sehr froh, dass ich nicht gleich in der ersten Reihe stehen musste. Denn das Hauptbräutlein hatte mit einem Gedicht für den Primizianten und eben dem Ganz-vorne-stehen eine arg große Verantwortung, zumindest aus der Sicht des Hauptbräutleins.

Am Festtag selbst zeigte der Himmel sein schönstes Blau. Die Gäste zogen teils von weit her in unser herausgeputztes Dorf, wie es der Brauch war. Für einen Primizsegen anzureisen war niemandem zu weit und zu beschwerlich. Insofern gab es eine klare Abstufung zwischen der Messe jeden Sonntag und einer Messe zur Primiz. Der Segen jeden Sonntag war anscheinend ein Segen zweiter Klasse, die Primiz dagegen die höhere Weihe. Oder lag es etwa nur daran, dass es bei einer Primiz etwas zu essen und zu trinken gab, wofür man so weit anreiste? Da es 1935 nur ganz vereinzelt Autos auf den Dörfern gab, mussten die Primizteilnehmer stundenlang laufen oder radeln. Wie auch immer: dabei sein war alles.
Der Gottesdienst zur Primiz fand im Freien statt, wie in der Regel bei allen Primizen. Denn für die vielen Menschen, die sich zur Messe einfanden, wäre die Kirche weitaus zu klein gewesen. Und was heißt hier schon „in der Regel“, wenn man nicht wusste, ob einem Dorf diese Ehre je wieder zuteilwerden würde und sich ein weiterer Jungpriester aus den eigenen Reihen fand. Der Klostergarten des Marienheimes gegenüber der Kirche bot gleichzeitig Platz und die idyllische Umgebung für die Festmesse. Nach der fröhlichen Messe setzte sich die Menschenmenge Richtung Gastwirtschaft Sumper in Bewegung. Durch das ganze Dorf konnte man die Blasmusik hören, die den Festzug vom Klostergarten bis zur Ankunft an der Gaststätte begleitete. Im Hinterhof beim Sumper gab es einen großen Garten, der im Sommer für besondere Anlässe geöffnet wurde. Essen und Getränke stellte die Wirtschaft im großen Festsaal und in einer urigen Hütte aus Holzstangen bereit. Und die Wirte, Herr und Frau Sumper, hetzten in fescher Tracht mit ihren drei Bedienungen hin und her, um Hunger und Durst der Gäste Herr zu werden und um Nachschub anzuschleppen. Mitten im Sumperschen Hof stand ein Marktladen mit Süßigkeiten und verschiedenem Kleinkram. Ich hatte mit meinem Bräutchendienst ein paar Fünferl verdient und zog nun los, um an dem Stand etwas zu kaufen. Aber erstens war es etwas viel Auswahl für mich, und zweitens war ich ziemlich geschafft von der

ganzen Aufregung. Für was sollte ich das Geld jetzt ausgeben? Für ein paar Riegel weißer Schokolade, passend zum einmaligen Fest. Natürlich nicht eine ganze Tafel. Nur ein paar Stücke. Das war schon das Höchste an Gefühlen. Ein hübsches weißes Kleid, ein sommerliches Fest, weiße Schokolade. Das hatte sich gleich drei Mal ausgezahlt. Jetzt konnte es nur noch eine Möglichkeit geben das gute Gefühl zu übertrumpfen, nämlich wenn ich selbst einmal das Hauptbräutlein spielen dürfte. Aber dazu hätte es ja einer weiteren Primiz bedurft. Und dass vielleicht alle meine Klassenkameradinnen davon träumten, Hauptbräutlein zu werden, daran mochte ich mit dem Stückchen schmelzender Schokolade auf meiner Zunge gar nicht denken.

Meine Großmutter und ich verstanden uns blind. Wir lagen sozusagen auf einer Wellenlänge. Sie hatte ein unnachahmliches Gespür für meine kleinen Anliegen, Freuden und Wehwehchen. Und selbstredend konnte niemand so schön die Ostereier färben wie meine Großmutter. Um mich bei ihr zu revanchieren, war das Mindeste, was ich tun konnte, ein besonders schönes Nest für Ostern zu bauen.
Also sammelte ich wahllos draußen und drinnen Dinge ein, die man für ein perfektes Nest für den Osterhasen brauchte: ein paar Handvoll Moos, Holzsteckerl zum Einzäunen, ovale, glatte Steinchen für die Dekoration, ein Stück Maschendraht. Hatte ich den Maschendraht richtig ausgelegt? War das Moos gleichmäßig draufgepackt? Passte eine Krippenfigur dazu? Bestimmt dachten meine Klassenkameradinnen genauso wie ich: Ich glaubte jedenfalls fest daran, dass der einzig wahre Osterhase kommt, der Gockel am Hof bunte Eier legt und meine Großmutter zusätzlich ein paar Eier in Konkurrenz zum Gockel färbt. Mir sollte bloß niemand so schnell diese schöne Vorstellung von Ostern klauen. Ich wollte äußerst ungern hergeben, was ich mir erträumte und was ich mir lang und breit in schillernden Farben ausschmückte. Selbst dann nicht, als ich es von Mutti erfuhr: Die Wahrheit über den Osterhasen und den Gockel. Ja Himmel! Mutti war sowieso

eher der nüchterne Typ und erzählte gern die Wahrheit und ungern Märchen. Aber mein hübsches Osternest zu Ehren des Osterhasen freute sie dann doch.
Ostern selbst habe ich als ein fröhliches Fest in Erinnerung, das für uns Kinder schon am Palmsonntag begann, also am Beginn der Karwoche. Die Buben waren dafür verantwortlich, die Palmbüschel zu binden. Die Hauptfrage war hier: Wer hat den größten Stecken mit den meisten Büscheln aufgesteckt? Mit Stolz würde man die dann beim Einzug in die Kirche zur Weihe an den Altar tragen. Im Freien wurde das „Scheit“ angezündet (ein Holzfeuer), im Holzzuber das Wasser geweiht, das für die folgende Zeit in der Kriegergedächtniskapelle an der Kirche aufbewahrt wurde und wiederum dazu diente, die Weihwasserkessel an den Gräbern neben der Kapelle zu füllen. Gründonnerstag war allgemeiner Putztag, damit man sich symbolisch auf das Ostergeschehen vorbereiten konnte. Am Karfreitag besuchten wir das Heilige Grab im Altarraum. Dazu gab es Gebetsstunden. Und die Karfreitag-Liturgie wurde gelesen. Karsamstag galt der Grabesruhe des Herrn und so verhielt man sich auch gedämpft. Im Korb lag bereits das Osterlamm, Ostereier (eines für jede Person), ein Stück Brot und Salz. Letzteres wurde für jedes Stück Vieh aufgeteilt und zum Futter gegeben. So hatten die Rinder auch etwas von Ostern. Am Ostersonntag feierten wir Gottesdienst am Vormittag. Um fünf Uhr morgens hatten in den Dörfern ringsum schon die Kirchenglocken geläutet, um die Gläubigen in die Messe zu rufen. Ostermontag war zuletzt der Tag für die Nachfeier des Osterfestes.
Jetzt könnte man meinen, dass uns Ostern recht streng erschien, mit den ganzen Vorbereitungen, dem Aufräumen und dem frühen Aufstehen, mit vielen Messen und Gebeten. Aber es gab ja keinen Fernseher und kein Radio, auch sonst keine Ablenkung. Und je mehr man sich auf das Feierliche und die Geschichte einließ, umso mehr wurde man auch Teil von ihr. Zugegeben, ohne bunte Eier vom legefreudigen Gockel und ohne Osterlamm mit Puderzucker drauf wäre es nur halb so schön gewesen.

Und dann kam ein weiteres, eigentlich heiteres Fest – Nikolaus. Vorneweg: Ich bin ja unter lauter erwachsenen Menschen aufgewachsen und war einiges gewöhnt. So fürsorgliche weibliche Bedienstete wir hatten, so raue Knechte gab es auf unserem Hof. Und genau so einen rauen Gesellen hatte Mutti als Nikolaus eingespannt. Er trug einen Mantel aus zotteligem, schmutzig aussehendem Schaffell, eine seltsame Ledermütze und ein rotes, halb durchsichtiges Tuch über dem Gesicht. Um den Bauch hatte er eine rostige rasselnde Kette geschlungen, in der Hand einen knorrigen Stecken vom Wald als Hirten-Stab. Und außerdem sprach er mit einer furchterregenden, dunklen Stimme. Ich war so eingeschüchtert und verängstigt, dass ich ausriss und mich in Panik ins Kammerstiagle einschloss, das von der Stube ins Schlafzimmer führte. In aller Eile organisierte meine Mutti stattdessen einen schönen Nikolaus, der auch gleich ankam. Ich konnte ihn durch das Schlüsselloch sehen, war aber um nichts in der Welt mehr zu bewegen, auch nur einen Spalt weit die Türe meines Verstecks zu öffnen. Heute ist mir schon klar, dass selbst der raue Nikolaus es nicht verdient hatte, dass ich mich so vor ihm fürchtete. Aber damals war es mir ein Rätsel, wie Mutti es übers Herz gebracht hatte, mir einen solch furchterregenden Gesellen zu schicken. Ich schwor mir, dass ich das nie jemandem antun würde, zumal nicht eigenen Kindern. Also auch ade, Knecht Ruprecht.

Am 21. April 1936 hatte für mich der sogenannte Ernst des Lebens begonnen. Weil ich Ende 1929 geboren war, waren wir zu fünft zusammen mit dem Jahrgang 1930 nach den Osterferien eingeschult worden. Damals begann das neue Schuljahr noch nach Ostern. Kurz danach wurde es auf die heutige Regelung umgestellt. Klassleiterin Maria Lachenmeir aus Mering war eine Lehrerin, die von vielen eher gefürchtet wurde, weil sie streng und konsequent war. Mit ihr fühlte es sich immer so an, als müsste man etwas beweisen. Man musste schon konzentriert bei der Sache bleiben, sonst rief sie einen wieder zur Ordnung und man geriet ins Hintertreffen. Nichts sollte vom Lernen ablenken.

Erstaunlicherweise kam ich sehr gut mit ihr zurecht. Ich mochte diese klare und – wie ich fand – gerechte Art, zumal ihr meine Mutti zu Hause damit sehr ähnlich war. Auch Mutti war geradlinig in ihren Erziehungsmethoden, fordernd, doch man konnte sich immer sicher sein, von Herzen geliebt zu werden.
Papi hatte mir schon vor meiner Einschulung an unserer Standuhr zuhause beigebracht, wie man Zahlen entziffert und die Uhrzeit richtig abliest. Die Klassenlehrerin bekam mein junges Uhrentalent schnell mit und schickte mich während des Unterrichts immer wieder in den ersten Stock. Denn dort sollte ich durch die Scheibe sehen, die Zeit auf der Kirchturmuhr ablesen und im Klassenzimmer wieder Bericht erstatten. Eine verantwortungsvolle Aufgabe, wenn es sonst im ganzen Schulhaus keine Uhr gab, und wir keine Minute zu lange freiwillig in der Schule verbringen wollten. Obwohl: Eigentlich ging ich sehr gerne zur Schule. Aber das gehörte auch zur Disziplin, dass die Stunde pünktlich anfing und pünktlich endete. Die einzige Abweichung lag für mich darin, beim Ablesen der Uhr die breite Treppe zurück zur Klasse hinunterzuschlurfen. Es sah ja keiner zu, wie ich trödelte. Das eine Mal schoss mir auf dem Weg zurück vom ersten Stock der Gedanke durch den Kopf, dass ich gleich aufs Klo gehen könnte, wenn ich eh schon durch das Haus schlich. Jetzt muss man wissen, dass es zu dieser Zeit nicht erlaubt war, während des Unterrichts aufs Klo zu gehen, außer im absoluten Notfall, also immer dann, wenn grüne Pflaumen einer Klassenkameradin einen flotten Otto beschert hatten und die 45 Minuten beim besten Willen nicht ohne ein Unglück abgegangen wären. Ich ging also auf die Toilette und schon mit einem gewissen Unrechtsgefühl wieder zurück zum Klassenzimmer; aber das war wohl eine oder zwei Minuten zu spät. Dies war das jähe Ende meiner kurzen Uhrleserkarriere. Frau Lachenmeir ließ mich danach nicht mehr während des Unterrichts aus der Klasse. Das empfand ich zwar als ungerecht, aber es war schon okay, denn ich hatte ja etwas ausgefressen und dafür die Quittung bekommen. Jetzt strengte ich mich gleich noch mehr an, um das wieder auszubügeln.

Frau Lachenmeir blieb unsere Klasslehrerin von der 1. bis zur 3. Klasse. Übrigens hat sie die ersten drei Klassenstufen gemeinsam im selben Schulraum im heutigen Merchinger Rathaus unterrichtet, wo wir von der Hauptstraße den Haupteingang hinein und nach oben links in unseren Klassenraum gehen mussten. Unten im Rathausgebäude waren auch noch die Lehrerwohnungen. Im Klassraum saßen wir mit rund 40 Kindern aus den ersten drei Klassenstufen zusammen. Die Stufen vier bis sieben teilten sich den anderen Raum gegenüber. Die Schule ging von Montag bis Samstag an sechs Tagen pro Woche immer von acht bis zwölf Uhr. Der Schulraum selbst bestand im Wesentlichen aus den 2er-Bänken, in denen es noch Aussparungen im Holz für die Tinte gab, und einer Tafel an der Wand. Die Lese- und Rechenbücher wurden von Schuljahr zu Schuljahr weiterverwendet, bis die Verschleißerscheinungen so übel waren, dass man sie gar nicht mehr in die Hand nehmen konnte. Niemand ist auf die Idee gekommen, dass man den Schülern die zerfledderten Bücher nicht zumuten könnte. Aber dann wurden die Bücher doch ausgetauscht, nicht wegen ihres erbarmungswürdigen Gesamtzustands, sondern weil die Lehrmaterialien nun auf Linie getrimmt wurden. Die Texte und die wenigen Bilder sprachen eine neue Sprache; das war wohl der Geist des Naziregimes. Weniger religiöse Gesinnung, dafür aber Hakenkreuz und starke Jugend. Sogar die Singstunden fielen der immer heftigeren Propaganda zum Opfer. Traurig, weil es doch mit den Wander- und Heimatliedern solch ein schönes altes Liedgut gab.

Nach der Schule spielte ich mit Hella, einer Nachbarin, in einem Häuschen, das im Garten zwischen den Brennholzstapeln stand und das wir selbst gezimmert hatten. Wir luden andere Kinder aus der Nachbarschaft ein und instruierten sie, unsere Kinder zu spielen. Im Häuschen haben wir gekocht und gebacken, höchst ernsthaft und ohne Feuer und Herdplatte, die Buden eingerichtet, wieder umgebaut, Schule gespielt, Hochzeit gefeiert, Kinder erzogen. Mutti beobachtete uns manchmal aus dem Augenwinkel während der Gartenarbeit, sicher auch um zu verhindern, dass wir uns mit einem improvisierten Hammer auf den Finger hauten oder das Dach vor lauter Umbau über uns zusammenbrach. Aber sie war sichtlich amüsiert und zufrieden über unsere Kreativität und Einfälle. Für sie schien ja alles in die richtige Richtung zu gehen mit dem Häuschen, dem Kochen und dem Familiespielen. Und mit Kindern, der Puppenküche und dem Miniaturkaufladen waren wir so beschäftigt und am Abend so abgearbeitet, dass ich das Kinder-ins-Bett-bringen nicht mehr zu spielen brauchte, sondern selbst einfach wie ein Kartoffelsack umfiel.

Ein Eldorado für uns Kinder war das Sägewerk und die Mühle. Einen spannenderen Spielplatz gab es weit und breit nicht. Das bestätigten auch die vielen Kinder, die nachmittags immer vor dem Hof auftauchten und darauf hofften, dass sie nicht wieder weggeschickt wurden, weil ich gerade anders eingespannt war. Überhaupt zieht im Vergleich zu einer Landwirtschaft jeder Spielplatz den Kürzeren. Sehr anziehend war an der Sägerei das schwere „Eisenboggerl", wie wir die Art von Lore oder Wägelchen nannten. Das Gleis führte von der Säge zum Lagerplatz für die geschnittenen Bretter, die ein Stück entfernt zum Verkauf gestapelt lagen. Der Startpunkt war das Gebäude mit der eigentlichen Säge, die nur wenige Meter vom Bach entfernt direkt gegenüber der Mühle thronte. Wenn man die Paar hinuntersah, lag also rechts am Bach das Wasserrad für die Mühle und links das Wasserrad für die Säge. Und das Wasser der Paar leiteten meine Eltern mit einem Schieber auf das rechte oder auf das linke Wasserrad, je nachdem, ob gerade die Mühle oder die Sägerei in Betrieb war. Für beides gleichzeitig reichte das Wasser oft nicht. Auf dem leicht abschüssigen Sägerei-Gleis rollte also das Boggerl quietschend mit sanftem Tempo bis zur Endstation. Auf dem Weg in die Säge wurden sonst auf unserem Boggerl dicke Baumstämme transportiert, die dann von zwei Sägern zu Bodenbelag, Möbelholz oder Bohlen für einen Dachstuhl geschnitten wurden. Das war Lohnarbeit, wenn aus dem ganzen Dorf oder aus dem

Umkreis jemand etwas zum Schneiden brachte. Hier wurde also nicht nur eigenes Holz verarbeitet, sondern auch das anderer Waldbesitzer aus Merching. Das Sägewerk war für die Holzlieferanten und Holzhandwerker dadurch genauso wichtig wie der Schmied oder die Baywa. 1937 verpachteten meine Eltern das Sägewerk an Herrn Raißle, dessen Frau in Mering das Café Raißle führte. Mit dem Verpachten fiel für uns schlichtweg weniger Arbeit an. Später siedelte Herr Raißle dorthin, wo heute die Pietschmann-Sägerei ist, also am Gelände der Merchinger Kiesgrube.
Wenn jedenfalls am Samstagnachmittag das Sägewerk aufgeräumt und gekehrt war, schlichen wir Kinder leise um das Gebäude und suchten nach dem Durchschlupf zur Sägerei. Von innen öffneten wir das Tor, sprangen auf das Wägelchen und rasten mit der ganzen Bande hinunter zum Lagerplatz, um es von dort wieder hochzuschieben. Wir hatten uns hoch und heilig geschworen, ganz leise zu sein und nicht aufzufallen, was uns auch dieses Mal wieder nicht gelang. Es war einfach zu lustig und das Ende der Gaudi blieb immer dasselbe: Mit dem Geschrei einer Horde von Barbaren hatten wir alles alarmiert, was sich auf dem Hof bewegte. Kurzer und bündiger Kommentar: „Viel zu gefährlich für Euch Kinder". Das war erst recht Ansporn. Wir wiederholten die Boggerlfahrt, aber von Mal zu Mal generalstabsmäßiger geplant, mit Schmiere stehen, Hand auf dem Mund und geöltem Wägelchen, leider mit dem immer gleichen Ergebnis, nämlich dass wir aufflogen und vom Gelände geworfen wurden.

Ich hatte schnell mitbekommen, dass das liebste Thema von älteren Leuten war, über ihre Jugendzeit zu reden. Und da gab es von Merching viel zu berichten. Denn der Ort war immerhin lange Zeit die drittgrößte Ortschaft im ehemaligen Landkreis Friedberg. Merching war aufgeteilt in Ober- und Unterdorf, in etwa je die Hälfte der Ortschaft. Und die Zuordnung zu Ober- und Unterdorf und der Zusammenhalt in diesen beiden Gruppen unterlag strengen Regeln. Zwar hatten wir im Kindergarten zusammen gespielt, gingen gemeinsam zur Schule, doch in der Freizeit am Nachmittag herrschte eine klare Hierarchie. Auf keinen Fall durften sich die Unterdorfer bei unseren gemeinsamen Klucker- oder Versteckeles-Spielen im Oberdorf beteiligen. Ja nicht einmal über die Straße, die als Grenze zwischen Ober- und Unterdorf galt, durfte man ungestraft laufen. Das konnte nämlich alles Mögliche auslösen, Anschuldigungen, Streitereien, mögliche Reparationsleistungen für den Geschädigten und schwierige Verhandlungen, um den Streit wieder beizulegen. Ohne es zu wissen, spielten wir hier also Politik, selbst wenn es nur um die Grenze auf der Mitte des Schotterweges ging. Und während ich vom Rand des Dorfes kam und man allein wegen der Distanz manches gar nicht mitbekam, hatten die Kinder aus dem Dorf wohl andere Sorgen und einen anderen Umgang miteinander. Einmal schlitzten mir die Buben beim Kluckerspiel das Säckchen mit meinen schönen Glaskugeln auf, sammelten die Murmeln ein, bevor ich reagieren konnte, und stopften sie in ihre Hosentaschen. Die Murmeln waren weg und ich konnte es vergessen, sie wiederzubekommen. Im Dorf gab es also eindeutig andere Regeln als bei uns auf dem Hof und ich musste künftig vorsichtiger sein. Mir war schon klar, dass Kinderspiele auch eine Eigendynamik gewinnen konnten. Und ich hatte bei Spielkameraden zuhause malträtiertes Spielzeug und zugerichtete Puppen gesehen, was ich nur schwer nachvollziehen konnte, weil mir die Sachen viel zu wertvoll und zu echt erschienen. Wenn ich mich vorher schon selten beim Spielen im Dorf oder um den Maibaum aufgehalten hatte, hatte ich jetzt wohl einen guten Grund, mich noch weiter zurückzuziehen. Irgendwo gab's doch Grenzen; und dieses Spiel wollte ich nicht mitspielen. Der Reiz war zwar groß, zur Dorfgesellschaft im Alter von acht Jahren dazuzugehören; aber da machte ich lieber mein eigenes Ding. Zum Glück hatte ich in den Ferien eine Freundin da, Lore aus Augsburg, mit der ich mich gut verstand und mit der ich friedlich spielen konnte, ohne zu streiten. Lore wohnte im August ganz in der Nähe, am Ortsrand, auf einer kleinen Insel, zwischen Paar und Schmiechach. Sie kam jeden Tag zu uns ins

Haus und in den Garten. Wir hatten zu dieser Zeit etwa einhundert Hasen, viele Hühner, Enten und Küken. Der hintere Hof bei uns war himmlisch, so weitläufig. Überhaupt musste der Himmel etwa wie eine Kreuzung aus einem Hasenstall, einer Puppenküche und einem Kaufmannslädchen sein. Wir bauten Häuschen aus Brettern, spielten mit den Nachbarskindern und lernten das Fahrradfahren auf der ungeteerten Straße. Zweihundert Meter ist die Strecke bis zum Bahnhof. Auf dem Weg dorthin war mir ein Alleebaum im Wege. Genau gesagt stand der Baum unbeteiligt rechts neben der Strecke. Wieder und wieder steuerte ich mit Rechtsdrall auf ihn zu, wie magnetisch angezogen, bis zum Aufprall, bis ich endlich die gerade Strecke mit dem Rad bis zum Bahnhof schaffte. Egal: Auf der Bahnhofstraße fuhren ja äußerst selten Fahrzeuge. Und geparkt war nie eines.

5

Unsere Beschäftigten waren gerade dabei, am Rossstallstadel das kaputte Plattendach neu einzudecken. Von der Küche aus hörten wir auf einmal ein Geschrei und Gejammer. Was war jetzt schon wieder passiert? Josef Rauch aus Merching vom Dengg, der 1. Knecht, ist vom Dach heruntergefallen, hat sich mehrere Rippen gebrochen und lag nun in jämmerlichem Zustand im Wohnzimmer, bis der Arzt kam.
Am Tag danach, am 31. Mai 1937, sollte der große Festtag für zwei Brautpaare in Merching stattfinden, beim Metzgerbauer und beim Sumper. Bei Familie Aumiller, also beim Metzgerbauer, wurde ganz einfach und schlicht – von den Dorfbewohnern fast unbemerkt - der Bund fürs Leben geschlossen. Ganz anders sah es für den Gaststättenbesitzer Ulrich Sumper aus, der eine adrette, blonde Bauerstochter aus Eitelsried ehelichte, und standesgemäß eine große Hochzeit feierte. Mein Onkel Toni war als überaus geselliger Unterhalter ebenfalls zu dieser Hochzeit eingeladen. Toni besaß ein eigenes Auto, eines der wenigen Fahrzeuge über-

haupt im Jahr 1937. Denn als Besitzer einer großen Schafherde musste er regelmäßig den Schäfer auf der Wanderschaft durch die Lande besuchen. Das andere der zwei Autos am Ort gehörte übrigens einem Viehhändler. Jedenfalls bewunderten die Hochzeitsgäste Onkel Tonis Auto. Und von den Gastgebern wurde er gleich eingespannt, die Hochzeitsgäste aus den abgelegenen Dörfern hin und her zu karren. Alles verlief in bester Feierlaune. Toni war angeblich gerade mit dem vollbeladenen Auto mit drei Damen unterwegs nach Mittelstetten, um sie nach Hause zu bringen. Bei Steinach rutschte er an einer etwas abschüssigen Stelle von der Fahrbahn ab und landete mit der Entourage im Straßengraben. Eigentlich sah es nicht gefährlich aus. Mein Onkel wurde nach Hause ins Bett verfrachtet. Die Frauen hatten den Unfall ganz gut überstanden. Muttis Reaktion zu den Unfällen von Toni und von Josef Rauch: „Um Toni habe ich keine Sorgen, der wird schon wieder gesund. Aber der Dengg Seppl, ich glaube, der muss sterben.“ Mit beiden Einschätzungen lag sie dann daneben. Schnell stellte sich heraus, dass sich Toni beim Autounfall einen Halswirbel gebrochen hatte. In aller Eile wurde er nach Augsburg ins Krankenhaus gebracht. Vier Tage später war Onkel Toni tot. Der Dengg Seppl dagegen ist von seinem Sturz vom Dach wieder genesen und hat sich bis ins hohe Alter seines Lebens erfreut.
Ich lernte mit Onkel Tonis Tod zum ersten Mal einen wirklichen Verlust kennen. Aber so ein lieber und gutmütiger Onkel, wie Toni mir gewesen war, so ein Tyrann konnte er für die Familie sein. Gerade meiner Mutti hatte er das Leben auf dem Hof schwergemacht; da hatte er sich oft genug aufbrausend gebärdet und sie und andere herablassend behandelt. So war Mutti einmal von Bekannten nach Leipzig zu einer Messe eingeladen worden, eine einmalige Gelegenheit für die 30er Jahre. Muttis Vorfreude währte nur kurz. Denn dann musste jemand dem Toni beibringen, dass er für ein paar Tage am Hof einige Zusatzaufgaben übernehmen sollte, während Mutti weg war. Muttis Aufgabe, jeden Tag die Mägde und Knechte mit Essen zu versorgen, wäre kein Problem gewesen. Das würden die Mägde schon stemmen. Aber

Tonis lapidarer Kommentar zu den Reiseplänen war nur: „Die Hausfrau und der Hund gehören zum Hof". Man mag es nicht glauben, aber Mutti hat sich schweren Herzens wieder von dieser Reise abgemeldet. Und sie erzählte später immer wieder einmal von den Demütigungen durch ihren Schwager Toni und von seinen zwei Gesichtern.

Ich erinnere mich noch gut daran, als wir zwei, meine Großmutter und ich, im Sonnenschein an einem wunderschönen Oktobertag 1938 an der hinteren Haustüre des großen Hauses beim „Hollerabbeerlen" gesessen sind. Auf einmal fielen Großmutters Hände in den Schoß, sie sackte wortlos vom Stuhl auf den Boden und hatte einen Schlaganfall erlitten. Drei Wochen lang wurde sie von einer Krankenschwester und von Mutti in ihrer Wohnung im Austragshäusl gepflegt, bis zu ihrem Todestag. Wieder hatte ich einen lieben Menschen verloren, keine eineinhalb Jahre nach Tonis Unfall.

Mein Papi, der jeden Tag mit mir gelernt und Hausaufgaben gemacht hatte, der mit mir an unserer Standuhr im Schlafzimmer geübt hatte, die Stunden und Minuten zu lesen, wurde gesundheitlich immer schwächer und schwächer. Er war wohl im 1. Weltkrieg so etwas wie ein Held gewesen. Denn laut Meringer Anzeiger vom 18. August 1915 hatte ihn im Ersten Weltkrieg die Ehrung ereilt: „Hohe Auszeichnung! Herrn Kunstmühlbesitzerssohn Josef Knoller von hier, Unteroffizier bei der I. bayer. Maschinengewehr-Abteilung wurde für hervorragende Tapferkeit vor dem Feinde das Eiserne Kreuz II. Klasse verliehen. Wir gratulieren zu dieser hohen Auszeichnung und wünschen Herrn Knoller glückliche und gesunde Wiederkehr aus dem Felde." Kriegsgegner vertraten die Meinung, dass das EK II. Klasse üblicherweise ein Todesurteil besiegelte, da die Empfänger der Auszeichnung im Kampf geopfert wurden - geehrt durch ihre vorherigen Heldentaten. Sicher hatte im Krieg auch seine Gesundheit gelitten. Immerhin kam er an einem Stück und ohne äußere Verletzung wieder zurück. Aber er war auch ein starker Raucher. Obwohl ihm der Arzt schon jahrelang zur Entwöhnung von den Zigaretten geraten hatte, konnte er das Rauchen nicht lassen. Ich glaube, dass meine lebenslange Abneigung gegen die schädlichen Glimmstengel von meinem Papi stammte. Was hat ihm dieses Teufelszeug letztendlich gebracht? Wir waren verzweifelt, weil es ihm ausgerechnet vor Weihnachten immer schlechter ging. So verzagt, fand Mutti es nicht angemessen, und es fühlte sich auch nicht richtig an, feierlich Christbaumkugeln aufzuhängen. Vor Mittag des Heiligabend 1938 liefen unsere Hausmagd Gundi Schwab und ich ganz bedrückt zu unserem Pfarrer und baten um die letzte Ölung für meinen Vater. Später sah Mutti nochmals ins Schlafzimmer zu Papi, kam tränenüberströmt zurück und berichtete, dass Papi in ihren Händen friedlich verstorben sei. Als es auf abends zuging, schmückten unsere Mägde doch noch einen kleinen Christbaum. Sonst hätte es gar keinen gegeben und Weihnachten wäre ganz ausgefallen. Mit welcher Kraft Mutti es schaffte diesen Tag zu überstehen, war mir schleierhaft. Ich würde sie später einmal dazu fragen. Unter dem Baum lagen für mich jedenfalls zwei Geschenke, eine Zither und eine Babypuppe, die ich in den folgenden Jahren kaum mehr aus den Händen geben wollte. Aber an diesem Abend hatten die Geschenke irgendwie keine Bedeutung. Wenn ich künftig an einem besonders feierlichen Heiligabend in der Familie festhalten würde, dann würde ich damit auch gewissermaßen meinem Papi und dem traurigen Fest 1938 gedenken.

Die Zither hatten Papi und Mutti erst zweieinhalb Wochen vorher in Augsburg gekauft. Sie hatten sich gewünscht, dass ich ein Instrument spielen lerne. Denn Musik war etwas, was fest zum Leben gehörte, aber in unserem Betrieb zu kurz kam. Bei jedem Fest spielte obligatorisch Musik, auch in der Messe und bei der Hausmusik in vielen Familien. Während Papi und Mutti nicht dazu gekommen waren, zu musizieren, so sollte wenigstens ich nicht unter diesem Mangel an Gelegenheit leiden müssen. Sie hatten also die beste Absicht dabei gehabt mir ein Instrument zu kaufen. Und Papi durfte nicht einmal mehr erleben, wie ich dieses außergewöhnliche Geschenk unter dem Christbaum hervorholte. In dem traurigen Moment traute ich mich kaum die Saiten zu zupfen und damit die Stille Nacht zu stören.

6

Es wird nicht wundern, dass bei einem Waschtag hauptsächlich die Mägde gefordert waren. Von der Arbeit am Hof gab es eh immer einen Berg Wäsche. Und bis vor kurzem waren noch von Toni jedes Mal eine Menge Hemden dazugekommen. Das war so weit gegangen, dass einmal der Rat der Mädels zusammengetreten war und beschlossen hatte, dem Toni kein gewaschenes Hemd mehr hinzulegen, geschweige denn eines zu bügeln. Der feine Herr hatte in ihren Augen einen zu hohen Verbrauch an Ausgehkleidung gehabt. Überhaupt, dass ein einzelner Mensch so viel Aufwand bescheren konnte. Mit der Mini-Meuterei sollte auch gleich ein vorgezogener Waschtag erzwungen werden, was ja auch den Beschäftigten zugutekam, weil auch sie wieder etwas Frisches zum Anziehen bekamen. Man muss sich vorstellen, dass die Wochentags-Kleidung streng von der Sonntags-Kleidung getrennt blieb. Während die Arbeitskluft bei der körperlichen Arbeit nach dem ersten Tag duftmäßig stark nachließ, musste die Sonntags-Kleidung immer tipptopp bleiben. Tonis Bedarf an frischen Hemden war also bis vor kurzem der Anlass gewesen wieder einen Waschtag anzuberaumen. Inzwischen hatte sich aber der Rhythmus der Waschtage eher vergleichmäßigt. Wenn fast alle am Betrieb begannen zu meckern, dann war es wohl wieder Zeit für einen. Und das war nun alle drei bis vier Wochen der Fall. Hemdkragen waren zum Glück abnehmbar und kamen extra zu einer Wäscherin zum Stärken. Die Beschäftigten hatten zu der Zeit noch keinen Schrank voller Kleidung. Stattdessen war mit der geringen Zahl an Kleidungsstücken leicht verständlich, dass nach einer Woche nichts mehr frisch Gewaschenes übrig war. Und die Bettwäsche der Knechte brauchte dringend einen fri-

schen Duft. Der Berg an schmutziger Wäsche war jedenfalls beeindruckend. Am Tag vor dem Waschtag wurde genau sortiert nach weiß, bunt, dunkel, schwarz. Die weißen Stücke, also helle Bettwäsche und Hemden, wurden schon am Vorabend in einem großen Zuber mit Silwasser eingeweicht.
Am nächsten Morgen verrichteten die Mägde nach dem Frühstück erst ihre übliche Arbeit. Die dritte Magd füllte das Holz für den Ofen auf; die zweite Magd fütterte im Stall die Schweine und schob Stroh nach. Die erste Magd ging durch die Mühle in den Waschraum und schürte den Kessel mit Reisig an. Das Reisig war im Winter mühsam gehackt, in Bündeln gezurrt und in der Holzhütte eingelagert worden. In das Wasser im Kessel kam Persil. Erst wurden die nassen, schweren Wäschestücke aus dem Einweichbottich heraus- und in die noch kalte Persillauge hineingehievt. Die großen triefenden Wäschestücke waren so schwer, dass die drei Mägde, die hier zudem Gummischürzen trugen, die Wäsche gemeinsam hinüberheben mussten. Im Waschkessel wurde die Wäsche öfters mit einem massiven Holzstab umgerührt, bis die Lauge kochte. Dann fischten die Mägde die Wäsche herüber in einen Blechzuber. Jetzt folgte für zwei der Mägde am Waschtisch die eigentliche Prozedur. Die ausgewundenen weißen Leintücher landeten als Erstes auf dem Waschtisch. Hier bearbeiteten die Wäscherinnen die Laken mit einer Wurzelbürste, damit auch die letzten Flecken herausgingen. Die Wurzelbürste war aus den gelblichen Wurzelfasern einer speziellen Grasart und damit recht lange haltbar. Das Ausbürsten war harte Knochenarbeit. Und trotzdem oder vielleicht gerade deswegen sangen die Mägde dabei, erzählten sich Witze oder die neuesten Gerüchte und Wahrheiten über die Ereignisse im Dorf. Dabei spitzten sie die Geschichten gerne so zu wie im Bauerntheater. Nach dem Bürsten kam die Wäsche nochmals in heißes sauberes Wasser, wurde mit den Händen ausgewunden, in ein Blechschaff geworfen und das Ganze durch zwei Mägde auf dem Schubkarren zum Bach transportiert, um dort geschwemmt zu werden. Wir hatten Glück, dass die Paar durch unseren Betrieb fließt und wir deswegen die

Wäsche nicht wie die anderen Merchinger durch das Dorf karren mussten. Denn das ganze Dorf schwemmte die Wäsche an der Paar. Und das gab jedes Mal Schaumkronen auf dem Wasser. Übrigens gefiel der Waschtag den Knechten und Onkel Toni deswegen nicht besonders, weil ihnen den ganzen Tag die Handlanger für ihre Arbeit fehlten.
Aber zurück zur Waschküche: Die Lauge von der Kochwäsche wurde jetzt mit klarem Wasser verdünnt. Dann ging die gleiche Prozedur wieder von vorne los, nur diesmal mit der Arbeitskleidung. Dabei durfte das Wasser nicht mehr kochen.
Vom Schwemmen im Bach transportierten die Mägde die Wäsche hinter in den Garten. Dort hing das ganze Jahr über eine Leine zwischen zwei Bäumen.
Waren die Betttücher vergilbt, legte man sie zuerst auf den Rasen und begoss sie über den Tag ein paar Mal mit sauberem Wasser aus einer Gießkanne und ließ sie in der Sonne ausbleichen. Die Hemden und die Unterwäsche hängte man mit der Vorderseite nach Süden ausgerichtet auf. Die etwas älteren Stücke kamen zum Ausbleichen ebenfalls einfach auf den Rasen. Das ging natürlich nicht, wenn der Rasen frisch mit der Sense gemäht worden war. Und es ging auch nicht an einem Regentag. Die Frage war nun, ob es an einem sonnigen Tag wichtiger war die Wäsche zu waschen oder die Feldarbeit zu verrichten. Natürlich war es besser an schönen Tagen auf dem Feld zu arbeiten. Und so wurden für die regnerischen Waschtage auch Leinen in der Mühle im Giebel gespannt. Die Wäsche konnte dann zwar nicht mehr so gut gebleicht werden und staubte etwas ein. Aber man konnte die Wäsche wenigstens hängenlassen. Übrigens gab es für das Aufhängen der Wäsche eine eigene schwere Halbschürze und Wäscheklammern aus Holz.
Und weiter mit der ganztägigen Plackerei. Die Wäsche wurde auf dem Esstisch im Wohnzimmer mit den gusseisernen Rutscherln gebügelt, die abwechselnd auf dem Kohleherd aufgeheizt wurden. Die Flickarbeiten erledigte ich am Nachmittag mit unserer fußgetriebenen Nähmaschine. Besonders ungern erinnere ich

mich daran, wenn ich Flicken in den Ellbogen der Müllerkittel einsetzen durfte. Auweiah! An jedem weißen Kittel mussten ein- oder sogar zweimal die Ellbogen erneuert werden - die reinste Strafarbeit. Und darüber hinaus gab es an unserer Mühle immer wieder Jutesäcke zu flicken. Den großen Sprung vorwärts sahen wir darin, dass die Flicken endlich auf die Löcher in den Säcken geleimt wurden und nicht mehr genäht. Das ging viel schneller. Aber mit dem nicht gerade haut- und gewässerschonenden Waschvorgang sollte es noch rund 15 Jahre weitergehen, bis wir erstmals eine Wäscheschleuder erstehen konnten, quasi einen Wunderapparat. Wieder ein paar Jahre später kauften wir eine halbautomatische Waschmaschine, die man noch von unten beheizen musste.
Jedenfalls hatte ein Waschtag immer etwas von einem gesellschaftlichen Ereignis; und das gemeinschaftliche Ergebnis konnte man am Ende des Tages zeigen und stolz drauf sein.

Nach der unseligen Zeit 1937/‘38 gab es also wieder mehr Momente auf dem Hof, an denen gelacht und gescherzt wurde. Trotzdem war es eine merkwürdige Übergangszeit. Ich glaube, dass es in den 20er und 30er Jahren recht derbe zugehen konnte und nur eine schmale Grenze zwischen einem lustigen Streich und handfester Gewalt verlief. Über Politik oder die Behörden durfte mittlerweile längst kein Witz mehr gemacht werden, denn das hätte in Dachau enden können. Also gingen die Leute entweder zum Lachen in den Keller oder man suchte sich etwas Unverfängliches aus, um darüber herzuziehen, wie den Adel oder die Touristen. Das klang dann zum Beispiel so:
Frau Geheimrätin wollte ihren Sommeraufenthalt in der Nähe von Berchtesgaden verbringen. Da sie wusste, dass der Andrang sehr groß werden würde, reiste sie schon einige Wochen vor der Saison hin, um sich die Zimmer nach ihrem Geschmack auszusuchen. Und sie fand auch das Gewünschte in einer großen Einrichtung und konnte gleich reservieren. Zu Hause wieder angekommen, fiel ihr ein, dass sie vergessen hatte, zu fragen, ob auch ein

WC im Haus sei. Sie schrieb an den Bürgermeister und bat um Antwort. Dieser zerbrach sich den Kopf, was wohl mit WC gemeint sein könnte. Er ging zum Pfarrer und der sagte ihm, es müsse sich bestimmt um die neu eingeweihte Waldkapelle (WC) handeln. Denn die sei ja die neue Attraktion und der Stolz des Ortes. Der Bürgermeister schrieb nun der Urlauberin diesen Brief:

„Sehr geehrte Frau Geheimrätin!

WC ist vorhanden und liegt etwa 15 Minuten vom Ort entfernt, mitten in einem prächtigen Tannenwald, auf einer Anhöhe mit großartiger Aussicht. Schon wegen der gesunden Lage und des Spazierganges ist der Besuch sehr zu empfehlen. WC ist mittwochs, samstags und sonntags ab 9.OO Uhr geöffnet. Es empfiehlt sich aber schon eine halbe Stunde früher da zu sein, da der Andrang sehr groß ist. Doch können Sie, gnädige Frau, ohne Sorge sein, denn es sind 6O Sitzplätze vorhanden, welche auf Wunsch mit Samtpolsterung belegt sind. Bei schönem Wetter findet die Veranstaltung im Freien statt. Sonntags aber empfiehlt sich der Besuch besonders, weil dann die ganze Sache mit Orgelbegleitung vor sich geht. Sonntags ist übrigens für besonders eilige Besucher ein Omnibus-Verkehr eingerichtet. Die Akustik ist ganz hervorragend und ist von vielen Kennern schon bewundert worden. Selbst der zarteste Ton ist in allen Ecken hörbar und verbreitet sich in tausendfachem Echo. Das Gefühl der Andacht kommt einem dabei, dass man in Demut die Knie beugt. Schwerbeladene Besucher haben uns versichert, dass sie die Stätte mit großer Erleichterung verlassen haben.

Wir hoffen, dass wir mit dieser Auskunft allen ihren Wünschen entsprechen und freuen uns auf ihren Urlaub bei uns.
Der Bürgermeister von Berchtesgaden."

7

So schön hatte ich mir bei der letzten Primiz ein Jahr zuvor ausgemalt, wie ich vom Nebenbräutlein zum Hauptbräutlein aufrücken könnte und bei der folgenden Primiz sozusagen die zweite Hauptrolle neben dem Primizianten spielen würde. Aber die Chance auf eine weitere solch einzigartige Feierlichkeit war ja gering. Und doch: Rudi Besel, Muttis Cousin, sollte Jesuitenpater werden. Und ich wurde als Hauptbräutlein ausgewählt. Nun ereignete sich etwas ganz anderes als das, was ich erwartet hatte. Jedenfalls hatte ich keine Zweifel gehabt, dass ein so wichtiges und festgelegtes Ritual immer gleich ablief, ein großes Fest, ein Gedicht, weiße Schokolade. Und wie anders verlief doch diese Segnung im Vergleich zur vorhergehenden. Hitler hatte zwischenzeitlich immer mehr Macht über das deutsche Volk und über manche Merchinger gewonnen. Es kam zusehends zu Verboten, auch im kirchlichen Bereich. Der feierliche Auszug des Primizianten aus dem Elternhaus war mir nichts, dir nichts unterbunden worden. Der Zug bis zur Kirche durfte nur auf Nebenstraßen stattfinden, wie um die Hoheit der Partei über die Hauptstraßen und Plätze nicht zu beeinträchtigen. Überhaupt grenzte es an ein Wunder, dass die Primiz noch stattfinden durfte. Wir nahmen die Hauptmahlzeit mit der Verwandtschaft in einer spärlich ausgestatteten, sehr einfachen Gaststätte ein. Der Vater des Primizianten war Metzgermeister in München. Er hatte es mit dem Besitzer der unauffälligen Gaststätte so arrangiert, dass man sich nur im kleinen Kreis traf. Wir setzten uns getrennt von dem engen Verwandtenkreis an einen eigenen Tisch, so dass wir nicht als eine größere Versammlung verdächtigt würden. Unter normalen Umständen wären bestimmt zehnmal so viele Gäste dabei gewesen. Und selbst in dieser Gaststätte und in dieser kleinen Runde wurden die Gäste noch kontrolliert. Was hätte dort schon geschehen können, was die Autorität der Machthaber untergraben hätte? Der Heilige Geist hätte dem Gast die Erleuchtung schenken können, dass der Kontrolleur ein Nichtsnutz war? Wohl kaum.

Nun hatte ich ja die Aufgabe als Hauptbräutla. Das war für mich sehr aufregend, durfte ich doch Rudi zu Ehren ein Gedicht aufsagen. Dafür nahm er mich auf seinen Arm, achtete gut darauf, dass er mein weißes, aufwendiges Kleid nicht zerknitterte. Und dann bedankte er sich herzlich bei mir und hörte nicht auf, über das ganze Gesicht zu grinsen. Aber man konnte es nicht verhehlen: Wir lebten in einer Zeit der Verbote. Und das nahm zusehends ein unerträgliches Niveau an. Wir wussten, dass es in München schnell lebensgefährlich werden konnte seine Meinung zu äußern. Und Schlag auf Schlag hatten wir auf dem Dorf die gleichen Verhältnisse. Großherrlichkeit, Missgunst, Neid, Angst. Keiner traute mehr dem anderen.

Bis zum Anfang des Krieges, also während meiner Volksschulzeit, kannte ich in Merching nur den schon ziemlich betagten Pfarrer Hans Huber, der im Kloster der Franziskanerinnen wohnte. Verpflegt haben ihn die Schwestern. Nur seiner verrotzten Schnupftabaktücher wollte sich keine noch so gutmütige Ordensschwester erbarmen. Die musste er also ohne Pardon selbst waschen. So hingen die Rotzfänger der Straßenseite zugewandt an einer langen Leine zum Trocknen vor dem Fenster im 1. Stock. Ein besseres Aushängeschild waren auf jeden Fall seine selbstgemalten Ölbilder gewesen, die er in jede Reli-Stunde für seinen Anschauungsunterricht als Hobbymaler mitbrachte. So liebenswürdig uns dieser Priester in Erinnerung geblieben ist, so grob erlebten Schüler sein zweites Gesicht, wenn jemand seinen Unterricht störte oder die Hausaufgaben vergessen hatte. Da stampfte er mit einem Bein auf den Boden wie das leibhaftige Rumpelstilzchen. Dabei wetterte er: „Feuer soll aus dem Boden kommen und dich verbrennen“. Höllische Sache. So erging es nämlich meiner Klassenkameradin. Ich meine nicht, dass Feuer aus dem Boden schlug und meine Klassenkameradin verkokelte, sondern dass er sie in dieser biblischen Art anschnauzte. Das war ein ziemlicher Schrecken, vom Pfarrer den Blick in die Unterwelt angedroht zu bekommen. Hoffentlich sprang nichts auf mich über.

Pfarrer Hubers liebstes Hobby war das Motorradfahren. Genau gesagt ging es nicht um ein Motorrad, sondern um ein kleines Schnauferl. Er war nicht mehr der Jüngste, als er dieser Leidenschaft frönte. Und obwohl das Moped sehr klein und leicht war, sah man ihm die Mühe beim Aufsteigen und Ankicken an. Wenn am Ende einer Ausfahrt nur nicht dieses verflixte Absteigen stünde, eine Strafe für seine maroden Gelenke! Er erwies sich aber als kreativ und fand eine praktische Lösung. Beim Metzgerbauern lag der stattliche Misthaufen mitten im Hof. Da herum drehte er erst ein paar Ehrenrunden, suchte ein möglichst strohiges Plätzchen aus, kam dort zum Stehen und stieg mit einem Fuß in die weiche Unterlage. Mit diesem sicheren Stand schwang er in Ruhe das Bein über den Gepäckträger und zog das Moped auf den Ständer. Dann wischte er sich die Schuhe ab. Auch Pfarrer waren nur Menschen.

Welche Rolle maß man den Pfarrern auf dem Dorf eigentlich bei? Erstmal hielten sie den Religionsunterricht. In seiner Bedeutung stand das auf einer Stufe mit Rechnen, Lesen und Schreiben. Begegnete ich als Kind dem Herrn Pfarrer im Dorf, so war es auf alle Fälle richtig hinzugehen, die Hand zu geben, einen Knicks zu machen und zu sagen: „Gelobt sei Jesus Christus“. Noch Anfang des 20. Jahrhunderts galt die Missionierung im Dorf als Aufgabe des Pfarrers, wie wenn er im Amazonas-Urwald die Eingeborenen bekehren hätte wollen. Mit wortgewaltigen Predigten von der Kanzel und mit einschüchternden Reden wurde dann die Linie der Kirche gelehrt, verbreitet und auch eingebläut. Unwillkürlich reagierten wir als Kinder und Jugendliche mit großer Furcht auf die donnernden Predigten eines Pfarrers, aber auch mit besonderer Freude, wenn der Pfarrer mit seiner Primiz zufrieden war; und natürlich mit dem Respekt gegenüber einer geistlich-moralischen Instanz, die scheinbar alles wusste und jede Verfehlung entdeckte. Erst viel später durfte man sich als Merchinger offen über den Pfarrer Stiefenhofer ärgern, der die bunten, von Bürgern gestifteten Kirchenfenster verschwinden ließ. Das hatte er vielleicht in

guter Absicht getan, aber wir erfuhren leider nie in welcher. Die bunten Kirchenfenster tauchten auch nicht wieder auf. Heimlich feixten wir über jenen Pfarrer, der eine junge Pfarrköchin mitbrachte, die nicht nur seine Pfarrköchin gewesen sein soll.
Die Pfarrer genossen also in der Dorfgemeinschaft allemal ein hohes Ansehen. Rügte der Pfarrer einen Schüler, dann hieß das unzweifelhaft zweimal Ärger. Neben dem Anpfiff des Pfarrers gab es nämlich nochmal eine Standpauke zuhause bei den Eltern. Es war sicher nicht damit zu rechnen, dass sich Mütter oder Väter schützend vor den Zögling stellten. Der Pfarrer hatte immer Recht. Als höhere Instanz waren seine Meinungen und Standpunkte unanfechtbar. Und in Deckung gehen und Abtauchen ging für einen Schüler in dem Moment auch nicht. Eltern und Pfarrer verfolgten im Zweifelsfall die gleiche Erziehungslinie.
Im Vergleich dazu galt der Bürgermeister für die Merchinger als potenzieller Gegenspieler. Denn der Bürgermeister wollte früher oder später den Bauern Grund und Boden streitig machen, für ein Bauvorhaben oder für die Gebietsreform. Also stand man der Meinung des Bürgermeisters seit jeher kritisch gegenüber. Wo wir schon beim Vergleich sind: Für alle Merchinger galt natürlich, dass die Gunst von beiden, von Pfarrer und Bürgermeister, sehr wichtig war.

Da fragt man sich aus der anderen Perspektive: Und wann galt eigentlich ein bayerisches Kind als gut erzogen? Unabhängig von dem, was die Eltern meinten, merkte man die gute Kinderstube daran wie sich das Kind während des Gottesdienstes benahm. „A bravs Kind“ war, wer neben seiner Mutter saß und nur alle Viertelstunde leise ins Ohr flüsterte: „Mama, wie lang dauert‘s no?“ Noch früher wäre allein die Frage schon ungebührlich gewesen. Aber jetzt kam als Antwort „nimmer lang“, und man blieb die nächste Viertelstunde stillsitzen, zappelte vorsichtig mit den Beinen, schlenkerte die Füße, die auf den viel zu hohen Kirchenbänken in der Luft hingen, und hoffte inständig auf das „Gehet hin in Frieden“. Dann wusste man als Kind: Jetzt erheben

sich gleich alle, machen einen Knicks Richtung Altar, drängen herdenartig den verstopften Hauptgang mit hundert Mal leichtem Kopfnicken zum Grüßen zur Kirchpforte, streicheln einem über den Kopf und sagen: „Bravs Mella“, (braves Mädchen) oder „Sauber durchg’halten“. Ich selbst war der Typ „bravs Mella“. Aber die Kirche war im Kindesalter immer irgendwann zu kalt oder zu warm oder zu langweilig. Oder man verpasste beim „Großer Gott, wir loben Dich“ den Liedschluss und sang kindlich atonal seinen eigenen Ringelreihen zu Ende, bis ein lautes „pschscht“ kam. Etwas chaotisch wurde es beim Verteilen der Hostie, wenn die Erwachsenen vorgingen und in verkehrter Reihenfolge wieder in ihre, den Familien vorbehaltenen Bänke zurückkehrten, sich das Kind dann aber an der falschen Stelle und neben dem falschen Familienmitglied wiederfand, vielleicht sogar neben der falschen Mutter. Dann wurden Kinder nachsortiert, bis alles wieder am rechten Platz war.
In einer Maiandacht ist dann doch etwas passiert. Wir Kommunionkinder trugen unsere weißen Kleider von der Kommunion und waren mit den geweihten Kerzen erschienen. Vor dem Kommunionalter war es nur eine Lilie aus Kunststoff gewesen, die nicht gleich den Kopf hängen ließ. Wir Mädchen sollten diese Lilien an den Stufen vor dem Altar, also vor dem Speisegitter, wo die Kommunion ausgeteilt wurde, deponieren. Das zog sich etwas in die Länge und so fuchtelten wir mit den Lilien herum und lieferten uns Schwertkämpfe, bis sich die Lilien verheddert hatten und nicht mehr so gut aussahen. Die Lilienschlacht konnte jeder in der Kirche genüsslich beobachten. Bloß die Eltern waren hinterher etwas angesäuert.
Jedenfalls war damals oberstes Gebot in der Kirche, sich pietätvoll zu verhalten. Nicht verborgen blieben damit zu lautes Singen, schlimmer noch falsches zu lautes Singen, lautes Schneuzen, und wenn das Gebetbuch mit einem Krach auf den Boden flog, dass auch die letzten übermüdeten Gläubigen wieder aufwachten und hochschreckten, so dass der auf der Bank geparkte Hut auf den Boden fiel. Überhaupt gab jede Abweichung von der Norm An-

lass zu Tratsch an den sonntäglichen Mittagstischen. Damit man das nicht falsch versteht: Ortsbekannt wurde auch, wer zu große Frömmigkeit an den Tag legte, zu intensiv betete oder ein zu dunkles Kleid anhatte. Denn schwarz war ja den Witwen und den Beerdigungen vorbehalten, oder noch zur Jahrhundertwende den Hochzeitern.

Etwas ganz Besonderes stellte die Christmette dar. Ab dem Schulalter durfte ich mit Mutti und unseren Mägden in die Christmette gehen. Die ging um elf Uhr nachts los und zog sich bis weit nach Mitternacht hin. Das war schon eine Tortur für ein Mädel in dem Alter. Zu dieser Zeit lagen nämlich die Geschenke vom Christkind daheim in der Stube. Die Gedanken kreisten viel mehr um das warme Wohnzimmer als um die eiskalte Kirche. Interessant und beeindruckend wurde die Heilige Nacht erst später, als eine der Klosterschwestern von den Franziskanerinnen einen Merchinger Kinderchor gründete. Dann sangen wir nämlich in der Christmette, aber auch an Ostern und an vielen Sonntagen. Plötzlich waren wir in einen straffen Ablauf eingebunden. Die Einsätze mussten stimmen. Der Chor übte regelmäßig. Wir sortierten uns zwanzig Minuten vor der Messe in der Empore und der Eindruck ließ sich nicht von der Hand weisen, dass der Pfarrer für uns schmückendes Beiwerk war, wir aber im Mittelpunkt der ganzen prächtigen Andacht standen. Bis in die Haarspitzen konzentriert blieben wir alle, wenn unser Chor lautstark von der Empore schallte oder noch mehr, wenn wir vor dem Altar standen, die ganze Merchinger Herrlichkeit also direkt auf uns starrte. Die gute Stunde Messe, die sich vorher so zerdehnt hatte, dass ich meinte, das würde nie enden, war mit der Singerei auf einen Schlag zum Bersten voll mit Gute-Figur-Machen, Einsatz nicht verpatzen, richtigen Text singen, rechtzeitig aufhören, um dann nach dem „Gehet hin“ leicht durch den Wind wieder vor der Pforte ausgespuckt zu werden.

Immer, wenn zu einer ungewöhnlichen Zeit eine Glocke vom Kirchturm erklang, wusste man: Es ist das Sterbeglöckchen. Der helle, durchdringende Ton war im Dorf jedem Bewohner eingängig. Sogar an der Länge und am Absetzen des Geläuts konnte man erkennen, ob eine Frau oder ein Mann das Zeitliche gesegnet hatte. Wie ein Lauffeuer ging die Nachricht durch den ganzen Ort, wo früher extra eine Person bestellt war diese Nachricht zu Fuß von Haus zu Haus weiterzutragen. Wenn es läutete, fühlte man den Zusammenhalt in einer Dorfgemeinschaft und war sich sicher, dass zur Beerdigung das ganze Dorf auf den Beinen war, um dem Verstorbenen die letzte Ehre und den Angehörigen die Referenz zu erweisen. In den 1920er Jahren war im Ort ein Leichenhaus gebaut worden. Der Tote wurde trotzdem weiterhin im Flur des Wohnhauses aufgebahrt. Am Sterbetag versammelten sich die Ortsansässigen zum Rosenkranzgebet. Ein paar Meter neben der Menschenmenge lag der Tote im offenen Sarg, so dass man noch einen letzten Blick auf das wächserne Gesicht erheischen konnte. Am nächsten Tag ertönten erneut die Kirchenglocken. Vier starke Männer trugen den Sarg vor dem betenden Volk her zur Beisetzung in die Leichenhalle. Unser Nachbarort Mering verfügte für dieses Ritual schon über einen Leichenwagen, der von zwei Pferden gezogen wurde. In Merching vergossen aber noch die Sargträger ihren Schweiß. Anschließend versammelten sich die Gläubigen zum zweiten Rosenkranzgebet in der Kirche. Am folgenden Tag traten die Friedhofgräber in Aktion, Männer, die sich freiwillig zu diesem Dienst gemeldet hatten. Die hoben in stoischer Ruhe und mit Schaufeln die tiefen Gruben am Familiengrab aus. Die Beerdigung selbst fand meist am dritten Tag nach dem Tod statt. Tief in meine Erinnerung eingebrannt ist, wie meine Mutti nach einem Schwächeanfall bei der Beerdigung ihres Mannes auf einem Stuhl am Grab sitzt und vor Schmerz kaum noch heulen kann.

8

Nach der traurigen Weihnacht 1938, als mein Papi Joseph Knoller am Heiligen Abend verstorben war, folgte eine turbulente Zeit.

Für mich begann als Zehnjährige eine weitere Etappe von dem, was meine Mutti „der Ernst des Lebens“ nannte. Jetzt war zwar Mutti alleinig dafür verantwortlich, den Betrieb zu führen. Aber genau genommen hatte sie das vor Papis Tod auch schon getan. Vielleicht war es sogar eine Erleichterung für sie, dass sie ihren Mann nicht mehr pflegen musste und sich bei dem Auf und Ab seiner Gesundheit nicht mehr ständig Sorgen machen musste. Zumindest war diese praktische Komponente nicht von der Hand zu weisen, wenn man eh schon alle Hände voll zu tun hat. Außerdem hatte sie unter den Beschäftigten tüchtige Leute an ihrer Seite, wie Franz Dosch als landwirtschaftlichen Baumeister. Trotz der ganzen Unterstützung und der fähigen Mannschaft lag aber jede Entscheidung letztendlich in ihren Händen. Und Entscheidungen waren viele zu treffen, nicht nur betriebliche, sondern auch sehr persönliche. Der ganze Druck und die Angst alles zu verlieren, war bestimmt nicht rein theoretischer Natur. Denn als sie über die Konsequenzen aus dem Tod des Hofbesitzers sprachen, musste der Notar meiner Mutti Hoffnung zusprechen: „Keine Macht kann Sie von Ihrem Hof vertreiben.“

Großmutter Mastaller aus dem Nachbardorf wohnte ein halbes Jahr bei uns, damit Mutti einen familiären Ansprechpartner in ichrer Zeit als Witwe hatte. Die Dame war aber auch schon 80 und gar nicht so herzlich und fürsorglich. Ich wurde mit ihr jedenfalls nicht warm. In der Zeit, als sie bei uns wohnte, muss sich ja schon angebahnt haben, dass sich Mutti neu verheiraten würde. Denn 1939 stellte Mutti einen neuen Müller ein, Josef Sonner. Der junge Mann war selbst auf der Suche nach einer Einheirat und eroberte sehr schnell das Herz seiner Chefin. Auf alle Fälle würde es eine Liebesheirat zwischen meiner Mutti und dem zwölf Jahre jüngeren Josef Sonner werden und so heirateten sie bereits ein Jahr später. Nur mir hatten sie vorher nichts davon gesagt. War das, um mich vor der Wahrheit zu schützen, dass das Leben nach Papis Tod einfach weiterging und sich Mutti mir nichts dir nichts mit einem neuen Mann verbandelte? Oder wollten sie mir nach

dem Verlust von dreien meiner engsten Bezugspersonen in nicht mal zwei Jahren keine weitere familiäre Änderung mehr zumuten? Auf alle Fälle war ich vollauf mit mir selbst beschäftigt. Ich hatte noch nicht mal das Gefühl betrogen worden zu sein, nachdem ich einige Wochen später von ihrer Hochzeit erfuhr. Dass aber selbst die Beschäftigten dichtgehalten hatten, vor allem die Magd, die sich in dieser Zeit hauptsächlich um mich gekümmert hatte, war schon ein Zeichen dafür, dass sie sich reiflich überlegt hatten, wie mit mir in dieser Situation umzugehen sei. Man muss sich mal vorstellen, was sie alles vor mir verheimlicht hatten: Mutti und ihr neuer Mann mussten zur Trauung zum Rathaus gehen. Da mussten doch Gäste und Trauzeugen dabei gewesen sein. Und hatten sie kirchlich geheiratet? Ich vermute nicht, denn spätestens da hätte ich doch irgendetwas bemerken müssen. Nach dem Rathaus fuhren sie auf eine kurze Hochzeitsreise nach München mit der Ausrede, dort für ein paar Tage etwas erledigen zu müssen. Als Mutti mir im Nachhinein endlich von der Hochzeit erzählte, nahm ich das gerade mal zur Kenntnis, war aber weder schockiert noch groß erfreut. Sie berichtete, sie seien in München in die Lehar-Operette „Die lustige Witwe“ gegangen, aber die Inszenierung hätte sie empört. Vermutlich hatte die Geschichte der lustigen Witwe so gar nichts mit ihrer eigenen Situation gemein. Eines wurde mir bewusst: Immerhin war mein neuer Stiefvater ja nach meinem leiblichen Vater und meinem verstorbenen Papi Nummer drei in der Reihenfolge meiner Väter. Ich konnte mich im Grunde nicht beschweren: Als Halbwaise hatte ich 1929 angefangen und im Alter von zehn konnte ich bereits mit drei Vätern aufwarten. Das war mehr als bei jedem anderen im Dorf.
Über den Tod meines Onkels, der Großmutter und von Papi kam ich trotzdem lange nicht hinweg. In der Schule fiel ich mit den Leistungen zurück und das würde von der vierten bis zur siebten Klasse so bleiben. Der Zusammenhang zwischen Hosenboden – also der Zeit, die man zum Lernen verwendete – und den guten Noten war mir schon früher klar geworden. Ich hatte keine rechte Ruhe mehr, niemanden, der mit mir lernte und um mich herum

eine seltsame Nervosität. Ich musste mich an einen neuen Vater gewöhnen und die veränderten Umstände verarbeiten, dass Mutti auch einen Teil ihrer freien Zeit mit ihrer neuen Liebe verbringen wollte und nicht nur mit mir. Eifersucht würde ich es zwar nicht nennen, aber ich merkte schon, dass es mit der ungeteilten Aufmerksamkeit vorbei war. Während mein Papi mir gegenüber nie laut geworden war, machte ich bald die Erfahrung, dass mein Stiefvater, so freundlich und hilfsbereit er war, genauso jähzornig werden konnte. Und das lag mir absolut nicht. Darüber hinaus agierte er im Umgang mit einem Mädchen meines Alters nicht immer angemessen. Das alles prägte meine Einstellung zum neuen Familienmitglied und das Verhältnis zwischen uns blieb eher auf Distanz. Wer weiß: Vielleicht wäre es noch schwieriger für mich geworden, hätten meine Mutti und mein Stiefvater noch ein Geschwisterchen für mich bekommen.

Auch bei meinem leiblichen Vater in Mering war das Leben weitergegangen. Bald nach dem Tod meiner leiblichen Mutter hatte er sich damit abgefunden, dass eine neue Frau ins Haus kommen musste. Immerhin hatte er ja noch meinen älteren Bruder zu versorgen. Und neben der Landwirtschaft konnte er den Haushalt nicht zusätzlich führen. Seine Wahl war dann auf Maria Angermayer aus Reiffersbrunn gefallen. Die Hochzeit hatte auch hier ganz pragmatisch bereits gut ein Jahr nach meiner Geburt stattgefunden. Beim Durchzählen wurde mir klar, dass Frau Angermayer mit dieser Wiederheirat zu meiner Mutter Nummer drei wurde, neben meiner leiblichen und meiner Adoptivmutter, die ja meine Tante war. Neue Ehepartner fanden sich leicht, scheint's. Und mit drei Müttern und drei Vätern war ich im Prinzip reichlich gesegnet. Die neue Ehe zwischen meinem leiblichen Vater und Frau Angermayer war dann kinderlos geblieben. Komische Konstellation: Mein Bruder wuchs wie ein Einzelkind in Mering auf, ich als Einzelkind in Merching. Kinder waren eindeutig Mangelware. Diese ganze Geschichte empfand ich wie einen Auftrag. Für mehr Kinder müsste ich selbst einmal sorgen, sagte ich mir im Alter von zehn.

Apropos Lebensweisheiten: Mutti besorgte mir ein quadratisches, in Leinen gebundenes und gefärbtes Poesiealbum mit dickem Papier. Das war jetzt bei Gott nicht außergewöhnlich, denn alle hatten ein Poesiealbum. Aber drei Dinge fand ich bemerkenswert: Erstens, dass freche Sprüche nicht erst viel später erfunden worden sind.

„Zum Geleit.
Ich hätte Dir schon längst geschrieben,
ich hatte kein Papier.
Die Tinte war mir zugefroren,
den Federhalter hatte ich verloren.
4.7.40 gewidmet von Regina Baur"

Oder:
„Ich schreibe in das letzte Blatt,
was das für eine Bedeutung hat,
fängt man hinten zu blättern an,
bin ich beim Lesen als erste dran.
29.6.40 Kinader Hermine"

Zweitens konnte man manche Sprüche auch Jahrzehnte später wieder genauso verwenden und das haben wir auch getan:

„Des Lebens unbescholtene Freuden
sind Unschuld, Liebe, froher Sinn.
Und unter diesen Seligkeiten
Fließe jeder Deiner Tage hin.
gewidmet von Deiner Dich liebenden Mutti
25. Dez. 1939 Fanny Knoller"

„Segle ruhig weiter,
wenn der Mast auch bricht,
Gott ist Dein Begleiter,
er verläßt Dich nicht.
6.61941 Waltraud Nowicki"

„Ich liebe steile Berge,
ja auch mit vollem Recht
Da oben bin ich König,
im Tale nur der Knecht.
Am 15.XI.1940 Babette Grundler“

Und drittens konnte ich im Poesiealbum gut beobachten, wie der Übergang von deutscher Schrift auf die lateinische Schrift vollzogen wurde. 1935 war kurz vor meiner Einschulung die deutsche Volksschrift aus der abgewandelten Sütterlinschrift überhaupt erst Teil des offiziellen Lehrplans geworden. Die Schrift wurde allen Schülern so eingebläut, dass die Verse im Poesiealbum oder auch die Schulhefte gestochen sauber wirkten. Das sah bei allen fast wie gedruckt aus. Das hätten Kinder aus Akademikerhaushalten in Augsburg nicht besser machen können. Aber 1941 ist mit dem Normalschrifterlass der nationalsozialistischen Regierung der deutschen Schreibschrift ein Ende bereitet worden. Die lateinische Schreibschrift wurde damit zur „Normalschrift“, also eigentlich das Schriftbild zum Lateinischen Alphabet. Aber der Sprung war riesig, weil nun die Jüngeren die alten Texte nicht mehr lesen konnten. Ich musste dagegen beides lernen, die alte deutsche und die neue lateinische Schrift. Zu meiner Einschulung am 21. April 1936 ging es mit der deutschen Schrift los und in der 6. Klasse mussten wir auf die lateinische Schrift wechseln. Und so sind die Verse in meinem Poesiealbum ganz durcheinander in deutscher oder in lateinischer Schrift, von meiner Mutti natürlich in der alten, von den Klassenkameradinnen ab 1941 in der neuen.

9

In meinem jungen Leben gab es kaum Erinnerungen, die mich mehr prägten als der große Kreis unserer Angestellten in Haus, Hof, Mühle, Säge und Landwirtschaft. Denn sie waren für mich wie ein Teil der Familie. Wie viele waren es überhaupt? Vor dem Krieg waren eine Magd für das Haus und drei Mägde in der Landwirtschaft angestellt. Die Bezeichnung Mägde und Knechte sollte bald ihre Bedeutung verlieren; aber noch hießen sie so. Unsere Hausangestellte war Julie aus der Blankmühle. Sie war eine sehr ruhige, liebe Person. Jeden Morgen half sie mir, meine langen Zöpfe zu flechten. Dann schickte sie mich mit dem nötigen Nachdruck in die Schule. Wieso erinnert man sich eigentlich so gut daran, wer einem als Mädchen die Zöpfe geflochten hat? Das müsste mal ein Psychologe untersuchen, wieso schöne Zöpfe wichtiger sein sollen als ein gesundes Frühstück und gute Noten. Jedenfalls hatte Julie ein Töchterchen, das sie unter der Woche in die Obhut der Großeltern gegeben hatte und das sie an Sonn- und Feiertagen immer zu sich nahm. Unter der Woche zog Julie stattdessen mich auf. Vom Hörensagen weiß ich, dass ihr Töchterchen einmal zu nah an das Wasserrad gekommen war, mit dem Sog eine Runde mitgedreht hatte und dann wasserspuckend, aber heil aus dem Wasser gezogen wurde. Julie selbst heiratete später in einen Bauernhof in unserer Nähe. Mit ihrer guten Ausbildung bei Mutti – ich übertreibe nicht - galt sie als eine gute Partie für die Einheirat. Und unserer Meinung nach hatte Julie es gut erwischt. Ein paar Ewiggestrige hätten gesagt: „Mit dem unehelichen Kind kriegt die doch keinen mehr ab.“ Aber Mutti gab sich nicht mit solchen Vorurteilen ab, unterstützte Julie, wo sie konnte, und sorgte mit klaren Worten dafür, dass Julie der gleiche Respekt gegenübergebracht wurde. Und mit kleinen finanziellen Hilfen und manchmal einer Stunde zusätzlicher Freizeit brachte Julie ihre Tochter und die Suche nach einem Ehemann auch noch unter einen Hut. Da konnte ich gut draus lernen, dass alles Reden nichts half; man musste schon – wie Mutti – aktiv werden, damit sich die Situation der Frauen zum Besseren änderte.

Dann folgte von 1937 bis 1939 die Gundi. Mit ihr hatte ich ein besonderes Erlebnis geteilt, wenn auch kein schönes. Das war, als es 1938 auf Heiligabend zuging und es um Vaters Gesundheit immer schlechter bestellt war. So bekam Gundi den undankbaren Auftrag unserem Pfarrer Bescheid zu geben. Gundi wollte die Nachricht verständlicherweise auf keinen Fall allein überbringen. Deswegen musste ich mit einspringen. Die traurige Erfahrung brachte uns einander noch näher. Wir beide gingen schweigend nebeneinander her zum Pfarrhof und überbrachten die Botschaft. Gundi war die kommende Zeit immer zum Trösten zur Stelle, wenn ich sie brauchte. Unsere gute Gundi heiratete kurze Zeit später ihren Freund Hans, den Zimmermann, der auch ein guter Geigenspieler im Kirchenchor in Merching war, während sie im Chor sang. So sehr ich mich über ihre Hochzeit freute, so war das leider auch der Grund, weswegen sie von unserem Hof wegging und ich mich wieder einsam fühlte. Wenigstens blieb sie mir im Dorf erhalten.

Unser Hof war ja etwas ganz anderes als eine Wohnung in der Stadt oder eine Arbeit in der Verwaltung. Das Leben ging hier nachts und am Sonntag weiter. Den Begriff Urlaub gab es nicht. Ferien hießen nur so, weil keine Schule war; und man hatte mehr Arbeit, weil ja Erntezeit war. Und die Natur und die Jahreszeiten bestimmten, wie es zuging, wie lange man sich bei Minusgraden draußen aufhalten konnte oder wie lange das Stroh gemacht wurde, weil Gewitter drohten alles einzuregnen.
1936 waren zwei Pferde aus Belgien gekauft worden, die bei der schweren Waldarbeit zum Einsatz kamen. Die Tiere bekamen dann auch eine Sonderstellung mit eigenem Platz im Stall, gutem Futter und einem Rossknecht, der den respektvollen Umgang mit den massigen Tieren beherrschte. Der Ertrag der Äcker fiel noch sehr dürftig aus, obwohl die schweren Böden um Merching recht fruchtbar waren. In Nordbayern war es zu trocken, im Allgäu zu kalt; in Merching hatten wir es dagegen vergleichsweise gut getroffen. Der Misthaufen auf dem Hof sah aus meiner kindlichen Perspektive riesengroß aus. Wenn der Mist auf den Acker gefahren wurde, roch es zwar sehr nach Land und Heimat, aber zum Düngen war es für die großen Flächen immer noch zu wenig Mist. Aus diesem beschränkten Kreislauf gab es kein Ausbrechen. Die Äcker und Weiden lieferten wenig Ertrag. Mit der Ernte fütterten wir das Vieh. Aber zu einer größeren Viehhaltung hat das Futter dann auch wieder nicht gereicht. Kunstdünger war erst kurz vor

1910 mit dem Haber-Bosch-Verfahren erfunden worden und bis dato noch nicht erschwinglich. Die besseren Äcker bewirtschafteten wir im Dreifelder-System. Den Rest konnten wir nur als Wiesen für das Grünfutter nutzen. Bei manchen nassen Böden an Paar und Schmiechach wuchs eh nichts außer Gras. Zum Glück fraßen das Federvieh und die Hasen viel weniger Grünzeug als unser Vieh und unsere Pferde und fielen deswegen nicht ins Gewicht. Die Enten fanden an der Paar ihr eigenes Futter und fraßen den anderen Tier nichts weg. Alle Tiere am Hof galten für uns als Nutztiere, eigentlich sogar der Hund. Nur unsere rund 100 Hasen waren von der Arbeit freigestellt; mir fiel auch nichts ein, wie ich die Langohren für die Ackerarbeit vor den Karren spannen konnte, und so dienten sie später nur als Hasenbraten und für ein Stück warmes Fell. Hühner und Tauben fanden ebenfalls Platz auf unserer Speisekarte. Dass Hühner erst ausgiebig auf dem Misthaufen scharrten, um dann auch mal in den Hausflur zu stolpern und später auf unserem Teller zu landen, war schon zu dieser Zeit hygienisch bedenklich. Eine respektierte „Freizeit"beschäftigung für Jugendliche war es Tauben im Taubenschlag unter dem Dach zu halten. Nur das Wort Freizeit gab es noch nicht. Mit den Tauben trainierten die Jugendlichen ihr Durchhaltevermögen und ihre Verantwortung, denn man musste sie regelmäßig füttern, wollte man verhindern, dass die eigentlich treuen Tiere ausrissen und sich beim besser sortierten Nachbarn niederließen.
Die belgischen Kaltblüter waren für uns ein Traum. Die erleichterten die Waldarbeit ungemein. Damit das hier keinen falschen Eindruck gibt: Selbst mit diesen Arbeitstieren blieb es ein echter Knochenjob. Und genau dieser Traum platzte gleich zu Beginn des Krieges. Noch im Jahr 1939 wurden wir enteignet; die Gäule gingen in den Polenfeldzug. Zugleich musste der Knecht mit einrücken, ein junger fähiger Mann. Das war für den Hof eine Katastrophe. Denn von den Knechten hatte jeder sein ganz bestimmtes Aufgabenfeld und sein Pensum zu erfüllen. Der erste Knecht, mehr als Baumeister bezeichnet, hatte das Sagen über die Knechte und die Landwirtschaftsmägde. Er teilte jeden Morgen

die Arbeit ein, die auf dem Hof anstand. Wir hatten bis dahin großes Glück gehabt und gewiefte und fleißige Leute bekommen. Aber wenn auch nur eine Arbeitskraft fehlte, so blieb sofort etwas auf dem Hof liegen.
Die Getreideernte war eine langwierige Arbeit, die sich über Wochen hinzog. Zudem wurden Gerste, Hafer, Weizen und Roggen ja nicht zur gleichen Zeit reif. Zwei Schnitter gingen zur Ernte mit Sensen voraus, um das Stroh mitsamt den Ähren abzuschneiden. Dahinter banden Erntehelfer Büschel zu Garben zusammen, die mit Jahr für Jahr wiederverwendeten Jutebändern (Klöppelbänder mit Holzstückchen an einem Ende) zusammengehalten und auf dem Feld aufrecht zum weiteren Trocknen aufgestellt wurden. Dort standen sie erstmal drei bis zehn Tage, manchmal auch einige Wochen, je nach Sonnenschein. Unser Fischifahrer Bea (der Fischifahrer ist der Gespannfahrer für Heu und Strohgarben gewesen) fuhr trotz gewisser Einschränkungen durch seine Kinderlähmung feinfühlig, aber bestimmt, mit dem Pferdegespann Heu und Stroh vom Acker in die Scheunen. Im Alter von 13 Jahren hatte er schon als Erntehelfer bei uns angefangen. Jetzt achtete er darauf, dass der Wiesbaum am Fuder richtig saß; sonst mussten die Seile neu gebunden werden. Das war bei unseren Hangäckern eine wichtige Sache, damit das Gespann nicht zu sehr wackelte und die Fuhre nicht verrutschte oder sogar herunterfiel. Was für eine Disziplin und was für ein Geschick das erforderte! Und auf dem Weg zum Acker brachte er Bier und Saft mit und hatte auch ein Wasserfässlein für die Erntemannschaft unter dem Wagen hängen. Die Garben schaffte er also in die Scheune, wo sie erst im Winter gedroschen wurden. Ursprünglich ging das noch mit Dreschschlegeln auf der Tenne, später mit einem Dreschwagen. Dann erst konnte das Getreide gemahlen werden. Das Stroh musste dann noch auf den Boden über das Vieh befördert werden.
Auch die Waldarbeit verlangte gewaltige Kräfte von den Knechten und Mägden. Als wir die Pferde noch hatten, begann man die Tiere schon um zwei Uhr morgens zu füttern. Das Füttern und

Fertigmachen besorgte der Stallbube, der in einem kleinen Zimmer im Stall schlief. Um vier Uhr machte sich der Tross mit Laternen auf den Weg zum Wald. Für den Vormittag waren reichlich Getränke und Essen eingepackt. Mittags kam der Nachschub mit dem Gig, einer kleinen Kutsche. Selbst die Stöcke der Bäume wurden ausgegraben, um sie zu Brennholz zu verarbeiten. Wer schon mal versucht hat einen Wurzelstock auszugraben, wird wissen, worüber ich rede. Zum Glück verwendeten wir schon Dynamit. Damit brachten wir die Stöcke leichter aus dem Boden. Dann konnten wir sie handlicher bewegen und weiter zerkleinern. Übrigens hatte es auf unserem Hof eine Stelle unter einem Kastanienbaum am Bach gegeben, wo schon Onkel Toni das Dynamit in einer Höhle verstaut hatte, sinnigerweise gleich zusammen mit dem Benzin für sein Auto. Wenn dieses Gemisch explodiert wäre, dann hätten wir den Verlauf der Paar großzügig geändert. Um vier Uhr am Nachmittag setzte sich dann das Fuhrwerk von der Waldarbeit wieder heimwärts in Bewegung und es ging mit müden und durchgefrorenen Knochen im Laternenlicht nach Hause, weil es im Winter so schnell finster wird. Waldarbeit ist nämlich Winterarbeit. Die Baumstämme wurden anschließend in unserer Säge verarbeitet und zu Brettern und Latten geschnitten. Das Reisig schleppten die Mägde in den Garten, hackten es klein und bündelten es zum Anschüren. Es gab also auch im Winter genug Arbeit. Langweilig wurde es niemandem.
Mit der Mühle war es eigentlich eine schlaue Sache: Wir bauten das Getreide an, mahlten es gleich selbst zu Mehl, und verkauften das Mehl an die Bäcker. Natürlich mahlten wir nicht nur eigenes Getreide, sondern auch das von anderen Landwirten, also als Lohnvermahlung. Die Paar lieferte meist genügend Wasser für ein großes Mühlrad, um entsprechende Mengen an Getreide verarbeiten zu können. Aber man darf nicht vergessen, dass damals viele Mühlen über den Bachlauf verstreut lagen, auch Hausmühlen und Genossenschaftsmühlen, die zum Beispiel nur für den Eigenbedarf arbeiteten. Die Konkurrenz lag teilweise nur wenige Kilometer entfernt. In unserer Mühle gab es eine erschrek-

kende Vielfalt von Transmissionsriemen und gusseisernen Riemenscheiben. Die verschiedenen Scheiben sorgten für die nötige Drehzahl an Mühle und an den Sieben. Und statt einem satten Stromschlag von einem elektrischen Antrieb fürchteten wir bei dem mechanischen Antrieb stattdessen abspringende Riemen, die durch die Luft peitschten. Diese Gefahr gehörte halt zum Müllerhandwerk dazu. Dann bauten wir statt des Mühlrades eine Francis-Schachtturbine ein. Jetzt ging auch ein größerer Generator in Betrieb, der am Hof eine eigene bescheidene Stromversorgung sicherstellte. Na ja, was man halt als Stromversorgung bezeichnete, wenn außer ein paar funzeligen Glühbirnen bei uns sonst keine elektrischen Gerätschaften vorhanden waren. Und das obwohl schon 1912 mit elektrischen Leitungen im Dorf begonnen worden war.

An eine regelmäßige Urlaubszeit für Mägde und Knechte kann ich mich übrigens nicht erinnern. Gewerkschaftlich geregelter Urlaub war uns damals jedenfalls nicht geläufig. Feiertage hatte es zuvor meist bei kirchlichen Festen oder Namenstagen der Heiligen gegeben. Aber das war weitgehend abgeschafft worden. Dafür bekam das Personal am Samstagnachmittag frei. So konnten die Mädchen ihre Kleider waschen und herrichten. Die Männer trafen sich stattdessen im Wirtshaus. Der Personalwechsel ging am Hof für die Männer an Weihnachten und für die Frauen an Lichtmess am 2. Februar über die Bühne. Damit hatten die männlichen Angestellten bei jedem Betriebswechsel an Weihnachten acht bis vierzehn Tage frei, die Frauen um Lichtmess dagegen die „Schlenkeltage“. Der Wechsel bedeutete auch für uns eine Zäsur im Jahr und galt als Großereignis. Die Schränke der Angestellten mussten nämlich mit Pferdefuhrwerken zum nächsten Brötchengeber gefahren werden. Knechte und Mägde verrichteten dann dort wieder ein oder zwei Jahre ihren Dienst. Auch bei den Angestellten sprach es sich schnell herum, welcher Arbeitgeber für sie der Beste war. Der eine legte bei der Auswahl eher Wert auf gutes Essen, auf Geschenke an Weihnachten. Der andere stellte sich die Frage: Mit wem arbeite ich in Zukunft zusammen und wo stehe ich in der Hierarchie auf dem Hof. Das Buch „Landwirtschaft im Wandel“ von Fritz Bertlwieser beschreibt das eingespielte Vorgehen sehr anschaulich. In jungen Jahren betreute man demnach vielleicht die Kinder des Hofbesitzers, war als Viehhüter tätig oder als Erntebua. Damit war aber der Schulbesuch in den letzten ein oder zwei Schuljahren schon nicht mehr jeden Tag möglich, selbst wenn man direkt an der Heimatpfarre und innerhalb einer Fußstunde vom Elternhaus geblieben war. Aber mit der Anstellung hatten die Eltern, die in bescheidenen Verhältnissen lebten, einen Esser weniger zu versorgen. Etwas älter geworden, war eine Anstellung außerhalb der eigenen Ortschaft eine gute Option. Das hieß vor allen Dingen auch mehr Verantwortung. Denn damit konnte man sich einen guten Leumund über das Wohlverhalten (Gehorsam, Fleiß, Ehrerbietung, Treue) erarbeiten, die Zusage für ein zweites Jahr auf dem Hof und vielleicht ein „Draufgeld“ erhalten, eine Art Prämie. Und dann kristallisierten sich vielleicht schon einige Freundschaften heraus und Ehen wurden gestiftet. Das war nicht so selten, denn die Arbeitsstätte war ja die beste Partnervermittlung. Einige Freundschaften ließen sich sogar bis zu ihren Anfängen zurückverfolgen; die Aspiranten hatten ihre Liebesgrüße mit dem Messer in die Balken im Stadel eingeritzt. Und sogar von der Geburt einiger Babys gab es im Leben auf dem Bauernhof zu berichten.

Übrigens kam meiner Mutti gegenüber den jüngeren Beschäftigten eine Art Erziehungsaufgabe zu; verständlich, wo sie doch so viel Zeit auf dem Hof verbrachten. In der täglichen Routine übernahmen dies aber die erfahrenen Mägde und Knechte mit mehr oder weniger Erfolg. Zu ruppig durfte es nicht zugehen, denn der Ruf „Leuteschinder“ wäre sofort auf den Hof und auf meine Mutti zurückgefallen. Eine schlechte Behandlung mit Schikane, Watschen oder Runterputzen hätte sich spätestens zur nächsten Lichtmess oder an Weihnachten zum Personalwechsel gerächt, den Ruf aber auf Jahre versaut. Im Gegenteil, es hieß, man arbeite in „Merching an der Oberen Mühl“, und das be-

deutete so viel wie: „do lernsch was und do gibt's was g'scheits zum Essen". Man wurde mit der Wahl der Arbeitsstätte schlagartig zu einer „guten Partie".
Noch ein paar Aspekte der Verhältnisse: Die Knechte versahen schon aus Prestigegründen keine Frauenarbeiten. Umgekehrt aber übernahmen Frauen bestimmte Stall- und Feldarbeiten mit, gerade in der Erntezeit oder wenn zu wenig Knechte da waren. Im Sommer lag die Wochenarbeitszeit wohl um die einhundert Stunden. Sonnenauf- und -untergang begrenzten die Arbeitszeit ganz maßgeblich. Daher ging es im Winter beschaulicher zu. Draußen bei minus 15 Grad Viehfutter zu schaufeln oder drinnen bei einem Funzellicht stundenlang im Trüben zu stricken, das hatte beides Nachteile. Frauen verdienten weniger als die Männer. Und der Lohn setzte sich aus Kost, Logis, Kleidung und monatlichem Gehalt zusammen, wobei der Naturalienanteil deutlich über die Hälfte des Lohnes ausmachte. Ordentliche zusammengeschneiderte oder geflickte Kleidung, Schuhe mit annehmbaren Sohlen, ein passables Bett, in dem man nicht gleich erfror, und ein gescheites Essen mit ausreichend Kalorien standen vorne auf der Liste der Prioritäten. Übriges Geld und Wäsche ging in eine Aussteuer, eine Leinwandtruhe oder einen vollen Wäschekasten. Die Männer ließen leider Gottes viel Geld beim Wirtshausbesuch, was Mutti gar nicht guthieß, aber auch nicht verhindern konnte.

Man könnte doch meinen, dass das Leben für Mutti leichter wurde, jetzt wo sie wieder verheiratet war. Wenn ich es genau überlege: Was war denn an Arbeit weggefallen? Sie musste sich um Haus, Hof, Garten, Mühle, Säge und um meine Erziehung kümmern. Gut, um die Mühle kümmerte sich mein Stiefvater. Aber alles andere? Da Mutti bis zum Stehkragen ausgelastet war, durfte jetzt gar nichts mehr dazwischenkommen. Sie hatte ihre Gesundheit eh schon arg aufs Spiel gesetzt. Zu der Zeit bewarb sich Maria Weiß als Hausmagd bei uns. Sie war Merchingerin und hatte im Hotel Vierjahreszeiten in München gearbeitet. München war eine Hochburg für Aufmärsche geworden und die Unruhen in der Großstadt hatten Maria dazu veranlasst wieder zurück aufs Land zu ziehen. Welch ein Glück für uns. Sie tat sich sofort hervor als eine resolute, aber gerechte und ehrliche Persönlichkeit. So schloss sich in unserem Betrieb eine große Lücke beim Allernotwendigsten. Die Zusammenarbeit zwischen Maria und Mutti klappte auf Anhieb reibungslos. Verluden wir am Meringer Bahnhof das Kraut in die Waggons, so war Maria dabei und brachte die dortige Männerwirtschaft mit Chuzpe auf Trab. Aus unserer Sicht hatten sich die Männer nämlich an eine bedächtige Gangart gewöhnt und hielten den Betrieb auf. Gleichzeitig gestalteten sich Verhandlungen mit Ämtern und Behörden immer schwieriger, was uns ebenfalls Zeit und Nerven kostete. Das lag an den verschärften Gesetzen und den drakonischen Strafen. So mussten wir einerseits viele Formalitäten neu regeln, Verträge anpassen und nochmal Genehmigungen einholen. Andererseits traute sich kaum einer die Genehmigung tatsächlich zu unterschreiben. Da gab es wieder mal Streit darüber, was unser Hof an Waren abzuliefern hatte. Schlimmer als die mittelalterlichen Lehnsherrn hätten uns die Beschaffungsämter am liebsten alles weggenommen und uns drei Karotten und fünf Kartoffeln übriggelassen. Dann warfen sie uns Schwarzschlachtungen vor. Aber diesen Vorwurf wollten wir nicht auf uns sitzen lassen. Denn wir hatten alles so gut versteckt, dass wirklich niemand von unseren Schwarzschlachtungen wissen konnte. Und beim nächsten Mal hat irgendwas mit den Lebensmittelmarken wieder nicht gepasst. Jedenfalls schickten wir in all diesen Fällen Maria los. Wie eine Dampfmaschine donnerte sie im Amt den Gang hinunter, riss die Tür des Sachbearbeiters auf und brach ohne ein Grüß Gott ein Donnerwetter vom Zaum: „Wenn des mit den Forderungen von Seiten der Behörden nedd besser werd‘ und wenn Ihr die Strafe nedd z'ruckziagts, dann kimm i mit zwanzig Frauen. Die wer'n Aich die Leviten lesen, dass‘ schaugts. Do werds eis nimmer froh!“ Das war selbst für den erfahrenen Beamten ein unkalkulierbares Risiko: „Um Gottes Willen, nur ja die vielen Weiber nicht!“ In jedem einzelnen Fall handelte sie etwas Gutes für uns

heraus, auch indem sie ihre Drohungen von Mal zu Mal variierte. Andere hätten sich die Zähne ausgebissen. Aber sie kam mit süffisant lächelnder und zufriedener Miene vom Amtsschimmel zum realen Leben auf dem Hof zurück. Wir waren wieder einmal davon überzeugt, die richtige Person losgeschickt zu haben.
Nur einmal hatte mich die sonst so geradlinige Maria mit ihrer unvergleichlich trockenen Art voll erwischt. In der Osterzeit erzählte sie mir beiläufig, dass der Gockel einen Korb bunter Eier im Garten gelegt hatte und gleich wieder abgehauen war, weil er ja bei den Nachbarn auch noch bunte Eier legen musste. Gibt's das? Ich rannte los, und hetzte den ganzen Riesengarten rauf und runter, um das Nest zu finden. Fand ich aber nicht. Ging enttäuscht zurück in die Küche, wo Maria schon von weitem rief: „April, April". Hätte doch sein können, oder? Jetzt war es schon wieder gelungen, mich mit dem Osterhasen reinzulegen. Ich dachte mir: „Herr, lass mich endlich erwachsen werden."
Maria verliebte sich bald in einen unserer Beschäftigten, Martin Wiedemann, heiratete ihn kurze Zeit später und zog auf sein Anwesen.

1940 hatten wir trotz aller Aufregung zum Kriegsbeginn erstaunliches Glück. Wir konnten vom ehemaligen Stierhof in Hochzoll unsere erste Zugmaschine erwerben. Das war bitter nötig als Ersatz für die Pferde, die konfisziert worden waren. Wir waren nun stolze Besitzer eines Lanz-Bulldog mit 20 PS. Dafür mussten wir jetzt um den Treibstoff und um Ersatzteile bangen. Außerdem benötigte der Lanz erstaunlich viel Hege und Pflege. Unter das massive Eisenteil von Glühkerze vorne außen am Motorblock stellte der Fahrer einen Benzinbrenner, pumpte den Brenner auf und zündete das zischende Gemisch an. Damit ließ er die Glühkerze bei kaltem Wetter fünfzehn Minuten bei offener Flamme vorglühen. Danach entriegelte er das Lenkrad vor dem Fahrersitz, steckte es rechts außen an die Kurbelwelle am Motorblock, drehte am Lenkrad explosiv und mit aller Kraft im Uhrzeigersinn. Falls dann der Motor ansprang und das Lenkrad an Drehzahl zulegte, musste er es in Sekundenbruchteilen wieder aus dem Motorblock ziehen. Funktionierte dieses Abziehen nicht, so würde sich das Lenkrad in voller Rotation losreißen und alles in seiner Flugbahn niedermähen. Hatte er den Startvorgang also verletzungsfrei überstanden, dann klinkte der Fahrer das Lenkrad wieder an seinem Platz im Cockpit ein, kuppelte sanft, aber bestimmt ein und fuhr los. Der Fahrersitz thronte über einer überdimensionierten Metallfeder. Nach der ersten Bodenwelle einmal ins Schwingen gebracht, federte der Fahrer ungedämpft „auf und nieder, immer wieder", wie im Bierzelt, und hielt sich gleichzeitig am Lenkrad fest, um nicht vom Bulldog abgeworfen zu werden wie beim Rodeo. Hatten sich Fahrer und Fahrzeug etwas beruhigt, legte man mit Zwischengas den nächsten Gang ein, denn synchronisiert waren die Getriebe noch lange nicht. Aus heutiger Warte kann ich mir nicht mehr vorstellen, dass dieses Vehikel einmal imstande war, die viele Arbeit auf unserem Bauernhof quasi im Alleingang zu bewältigen. Glücklicherweise war der Lanz sonst unkaputtbar. Jetzt hätten wir also den Bulldog Tag und Nacht laufen lassen können und wären der Arbeit nicht Herr geworden. Zwei Pferde waren noch im Stall; aber die waren nur zum Reiten oder für leichte Transporte gut, kaum für den Acker. Wiggl, unser halbblinder Gaul, futterte sein Gnadenbrot. Wir muteten ihm nicht mehr zu, ein Gerät oder einen Wagen zu ziehen. Den Anhänger mit den klobigen Mehlsäcken konnte damit nur mehr der Lanz zu den Bäckern in Augsburg schleppen. Tatsächlich fand sich im Dorf ein Mann mit Führerschein, der sich die fünfzehn Kilometer lange Fahrt mit dem schweren Gespann auch zutraute. Die Bäcker warteten händeringend auf Nachschub und rissen uns sozusagen das Mehl aus der Hand. Denn die Stadtbevölkerung begann bald unter Hunger und Not zu leiden.

Für den Lanz gab es also für diese heiklen Transporte in ganz Merching nur einen einzigen Fahrer. Zum Glück gab es aber auch nur einen weiteren Bulldog im Dorf, sonst hätten wir uns um den Fahrer prügeln müssen. Alle anderen landwirtschaftlichen Hilfskräfte waren noch auf Pferdegespanne eingeschworen.

Aus dem Grund behalfen wir uns mit Ochsen, die sehr mühselig abzurichten waren. Hier muss ich etwas ausholen, weil das Arbeiten mit Ochsen eine ganz eigene Geschichte war. Ein reines Ochsengespann gab es an der Obermühle nie. Da wären schon die Knechte auf die Barrikaden gegangen. Die Knechte waren eben den Umgang mit Pferden gewohnt; und ein Ochsengespann lag unter ihrer Würde. Aus blanker Not wurde also der Ochse eingespannt, nachdem man das eigenwillige Tier langwierig versucht hatte abzurichten. Noch schlimmer: Unsere Stute lag eines Tages nach dem Auslauf tot im Garten und unser halbblinder Wiggl weigerte sich mit jedem anderen außer Ulrich Spitzer das Mehl im Ort auszufahren. Und der Ochse bewegte sich mal gar nicht, mal lief er los und ließ sich um nichts in der Welt dazu bewegen wieder anzuhalten; und mal trabte er vom Acker einfach direkt nach Hause in den Stall. Also mochte keiner gerne mit dem Ochsen umgehen. Dabei ging es dem störrischen Vieh bei uns nicht schlecht, weil er Abfallfutter von der Mühle bekam. Am liebsten wäre er ganz im Stall geblieben und endgültig in Trägheit verfallen. Nur wenn er noch hungrig war, dann fraß er das Saatgetreide auf, wenn wir es nicht tunlichst aus seinem Sichtfeld schafften. Der Ochse des Nachbarn ließ sich nicht einmal von dem Umstand abhalten, dass das Saatgetreide vorher gebeizt worden war. Das bekam dem Ochsen gar nicht gut. Er fiel um und streckte alle Viere von sich.
Wir sprachen uns selbst Mut zu, dass dieser Wahnsinn nur ein paar Monate dauern würde, und dass wir nur irgendwie diese brutale Situation mit der Arbeit und den Behörden überstehen müssten – mit Durchhalteparolen immer hart an der Grenze zum Geht-nicht-mehr. Hier bekam der Spruch „Erstens dauert es immer länger, zweitens als man denkt“ eine neue Dimension.

10

Wir wussten sogar, dass unsere beiden Kaltblüter in den Polenfeldzug geschickt worden waren, zusammen mit einem Landwirt aus Jettingen. Der Landwirt schickte uns nämlich stolz mit der Feldpost ein Foto der Pferde. Das war dann auch das letzte Lebenszeichen. Wir hörten danach nie mehr von den Pferden. Auch nie mehr vom Jettinger Landwirt.
Weitere Schicksalsschläge kamen mit der Musterung und der Einberufung der jungen Arbeiter des Bauernhofs. Einer nach dem anderen wurde zum Kriegsdienst herangezogen. So mussten gezwungenermaßen die weiblichen Arbeitskräfte auch die ganze Arbeit in der Landwirtschaft verrichten. Auf dem Land mangelte es uns zwar nicht an Lebensmitteln. Aber immer mehr hungrige Menschen kamen aus den Städten zu uns und zu den anderen Bauern in Merching. Die Augsburger und Münchner stiegen an der Bahnstation aus dem Zug und liefen die 200 Meter die Bahnhofstraße bis zur Paar. Dort war unsere Mühle die erste Anlaufstelle. Sie fragten also bei uns um Mehl und Butter, oder Kraut und Kartoffeln. Besonders im Herbst, bei der Ernte von Weiß- und Blaukraut, Kartoffeln oder Gemüse vom eigenen Garten, ging es auch für uns leichter, die Taschen der Bittsteller zu füllen. Ich kann mich nicht erinnern, dass je einmal ein einziger von ihnen leer ausging. Auch nicht, dass wir von den Bedürftigen viel Geld verlangten. Man darf sich das nicht als Gelegenheit zur Bereicherung vorstellen. Alles über den Eigenbedarf für die Familie hinaus wäre doch nur auf dem Schwarzmarkt gelandet. Wir achteten sehr drauf, dass beispielsweise am gleichen Tag jeder nur eine Schaufel Mehl bekam und dass niemand mehrmals am Tag etwas bei uns abholen konnte. Wir haben gleichzeitig versucht, es im Dorf so aufzuteilen, dass jeder Landwirt etwas beitrug, ohne selbst hungern zu müssen.

Wir spürten jetzt täglich die Entbehrungen, die Enttäuschungen, das Hoffen und wieder Bangen. Für Kaffee und Lebensmittel, die wir nicht selbst erzeugen konnten, brauchten auch wir die passenden Lebensmittelmarken. Dazu wurden Lebensmittelkarten von der Gemeinde zugeteilt und ausgegeben. Die Merchinger stapften dazu einzeln zur Gemeinde und holten ihre Lebensmittelkarte ab, so wie es die Behörden jeder Person zugestanden. Darauf fanden sich gedruckte Marken für Zucker, Kaffee, Schuhe oder auch Benzin und Zigaretten. Die Marken schnitt man aus und gab sie im Laden oder an der Zapfsäule ab. Natürlich musste man die Waren noch bezahlen; die Marken waren ja lediglich für die bessere Steuerung der Versorgung gedacht. Das Ganze war immer noch keine Garantie dafür, dass es die Dinge auch tatsächlich zu kaufen gab. Aber es sprach sich im Dorf herum, wenn es gerade Schuhe gab. Und dann gingen halt alle mit ihren Schuh-Marken los und kauften sich Schuhe. Für bestimmte Waren benötigte man extra Bezugsscheine. Aber für die war wiederum ein besonderer Anlass oder ein eigener Antrag notwendig, beispielsweise zur Geburt eines Kindes oder, wenn man Schalholz für den Bau eines Gebäudes benötigte.

Für Zucker bauten wir selbst einige Zuckerrüben an. Aus dem Saft der Rüben gewannen wir einen dunklen Rübensirup. Dazu ließen wir das Gebräu wie in einer Hexenküche tagelang dahinköcheln. Hauptsache das Feuer ging nachts nicht aus. Und meist roch der Sirup am Ende doch angebrannt. Aus grünen Tomaten kochten wir Marmelade. Kaffee ersetzten wir durch gerösteten Roggen oder durch Gerste. Den gleichen Kaffeesatz wärmten wir noch nach Wochen in der großen Kaffeekanne immer wieder auf, bis man es nicht mehr Kaffee nennen konnte, sondern nur heißes Wasser mit Getreidegeschmack.

Die Zwangsablieferungen von Lebensmitteln aus der Landwirtschaft führten dazu, dass wir um jedes Gramm kämpfen mussten, das uns selbst bleiben sollte. Wir konnten doch niemanden einstellen, der sich nur darum kümmert, dass wir die Auflagen erfüllten, dass wir Butter, Krautköpfe und Kartoffeln gut versteckten, und die Bittsteller versorgten. Und ständig wurden die Auflagen weiter verschärft. Das Schlachten war eine echte Zwickmühle, denn jedes Stück Vieh war von Kontrolleuren gezählt worden. Die Behörden hatten genaue Ablieferungsquoten für uns festgelegt und die mussten nun eingehalten werden. Wenn wir Butter machen wollten, versteckten wir das Butterfass im Nebenhaus. Dort im Keller kam niemand mal eben vorbei. Bei einer Kontrolle durfte dann aber auch keine Angestellte aus Versehen mit offensichtlichen Schmalzflecken an der Schürze die Kellertreppe hochlaufen. Im Hauptgebäude war das alles viel zu riskant. Dort war die Haustüre nicht abgesperrt und jeden Tag gingen viele Menschen ein und aus.

Eine andere Merchinger Familie hatte sich genau wie wir vorgenommen, ihre Angestellten so gut wie möglich durch die schwere Zeit zu bringen. Irgendwann würde sich das Leben wieder normalisieren. Und dann würden die Angestellten ihren Arbeitgebern einen guten Leumund ausstellen und weiter dort arbeiten wollen. Oben im Dorf machten es die vielen Kontrollen und Spitzeleien aber noch schwerer, sich um ein gutes Essen für die Mitarbeiter zu kümmern. Auf alle Fälle mussten wir uns ernsthaft damit befassen und auch ungewöhnliche Ideen in die Tat umsetzen. Der besagte Arbeitgeber in der Hauptstraße machte das folgendermaßen: Er besorgte sich völlig unerlaubt zwei Ferkel von einem Landwirt. Die steckte er in einen Jutesack, damit sie beim Transport genug Luft bekamen. Den Jutesack packte er locker in eine Kiste mit Stroh. Und die Kiste zog der frischgebackene Ferkelbesitzer mit seinem Leiterwagen unbemerkt zu seiner Wohnstätte. Nun gab es dort am Anwesen leider weder Stall noch Kellerraum. So wurden die zwei Tiere in einen leerstehenden Raum im ersten Stock verfrachtet. Kein anderer Merchinger, kein Missgünstiger oder Neider ahnte etwas von dem kuriosen Aufzuchtsort der zwei künftigen Schnitzellieferanten. Nach einer Weile bildeten sich im Raum darunter leider nasse Flecken an der Wand. Die Flecken rochen auch unangenehm. Dem Amateurmäster mag nicht bewusst gewesen sein, dass weibliche Schweine lieber an eine Wand pinkeln als mitten auf den Boden. Jedenfalls war der Boden gemistet und sauber gehalten, aber über die Wand lief die Brühe langsam nach unten. Die Wand wurde eilig und in aller Heimlichkeit zum Stallboden hin abgedichtet. Das Rinnsal hörte damit auf. Die Ferkel wurden im Herbst im Hinterzimmer geschlachtet. Und die Angestellten wunderten sich zwar über das reichhaltige Essen, hätten aber ihren risikofreudigen Arbeitgeber um nichts in der Welt verpfiffen.

Übrigens war in der Hitlerzeit der Burschenverein von den Nazis letztendlich ganz aufgelöst worden. Vom Hörensagen weiß ich, dass sich die ältere Generation heimlich in einem Lebensmittelgeschäft traf, am Abend den Schwarzsender hörte und über die Lage debattierte. Draußen vor den Fenstern patrouillierten auch in Merching eifrige Lauscher, anfangs verschämt und wie bei einem zufälligen Dorfspaziergang, später ganz offensichtlich. Die Schwarzhörer mussten äußerst vorsichtig sein. Für ihren Weg durch das Dorf hatten sie immer einen guten Grund parat. Aber Im Laden selbst wären sie in flagranti erwischt worden. Wir wohnten keine 500 Meter entfernt am Ortsrand und lagen dadurch zum Glück etwas abseits. So wurde es uns anscheinend nie angekreidet, dass wir keine Partei ergriffen. Wir ließen uns auf diese Dinge überhaupt nicht ein, auf das Schwarzhören nicht, nicht auf das Denunzieren und auf die verkehrte Denke erst recht nicht.

Während der Kriegszeit wurden sogar die Pfarrer in der Kirche bei der Predigt von Spitzeln abgehört. Wenn ein unrechtes Wort fiel, konnten selbst sie ins KZ kommen. Bei manchen Merchingern wusste man ja genau um ihre Gesinnung; aber bei manchen wusste man es nicht genau. Wenn sich jetzt eine linientreue oder eine zwielichtige Gestalt in der Messe aufhielt, warnten aufmerksame Kirchenbesucher den Geistlichen, der daraufhin die Predigt anpasste. Leider wohnten in Merching ein paar Fanatiker. Einer verteilte das berüchtigte Hitlerblatt „Der Stürmer“, andere lauerten hinter angelehnten Fenstern, bis sich ihre Chance zu einer Anzeige bot.

Die Stimmung in Merching und den Nachbardörfern kippte immer mehr. Die Menschen wurden untereinander misstrauischer, der Ton radikaler und der Tonfall schnarrender. Die Zahl der Toten, Vermissten und Gefallenen aus dem Dorf stieg. Außer bei propagandistischen Zusammenkünften gab es unter den Dorfbewohnern nicht mehr viel zu erzählen. Wer ein unrechtes Wort fallen ließ, dem wurde offen mit Dachau gedroht. Immer mehr junge Männer wurden zum Wehrdienst eingezogen, was dazu führte, dass die Stimmung immer noch bedrückter wurde. Die Schüler und viele Eltern unterdrückten die Empörung darüber, dass sich von unseren zwei Lehrkräften der eine Oberlehrer zur NSDAP bekannte und diese Geisteshaltung auch offensichtlich praktizierte. Ihn mochte ich sowieso nicht leiden, weil er unentwegt mit einem Meterstab durch die Bankreihen stolzierte, dann blitzschnell seine aufgestauten Aggressionen auf einem Schülerpult oder auf einem Handrücken ablud, um dann weiterzumachen, wie wenn nichts gewesen wäre. Außerdem gab es für die kleinste Verfehlung für die Buben Hosenspanner und Tatzen mit einem Haselnussstock. Harsche Methoden. Aus uns sollten wohl harte, disziplinierte und dienstbare Jugendliche geformt werden, die leicht zu manipulieren waren. Mir war damals schon fremd geblieben, wie mir die Buben im Dorf die Glasmurmeln klauen hatten können. Genauso wenig hatte ich jetzt die Absicht, mich von der völkischen Erziehung durch Nazis vereinnahmen zu lassen.

In unserem Sägewerk arbeitete ein Mann, der sich auch am Sonntag an der Säge betätigte, während alle Hofbewohner zur Messe in der Kirche waren. Er nutzte die ruhige Zeit, um Holzbrettchen für den Bau seiner Hasenställe passgenau zu fertigen. Dann ließ er die Holzteile direkt dort in der Paar zu Wasser. Auf dem Wasser schwamm das zugeschnittene Holz davon. Ein Stück den Bach hinunter stand seine Frau im Wasser und fischte die Holzteile in aller Seelenruhe wieder heraus. Völlig klar: Niemand würde die Holzdiebe jetzt stören. Und selbst wer nicht in die Messe gegan-

gen war, lief jedenfalls nicht draußen herum. Erst Jahre später berichtete uns ein Bekannter aus dem Nachbarort beiläufig, dass es recht offensichtlich war, wie der Arbeiter und seine Frau das Holz geklaut und verschifft hatten. Unser Bekannter war spazieren gegangen. Aha, nicht in der Kirche um die Zeit? Jedenfalls hatte er das hölzerne Treiben in Ruhe beobachten können, hatte aber auch niemanden verpfeifen wollen. Zu der Zeit hätte das nämlich möglicherweise mit dem KZ geendet.
Übrigens brannte die Säge 1943 ab. Wir vermuteten, dass ein Arbeiter seine Zigarettenkippe unachtsam Richtung Sägemehl geworfen hatte. Das verschärfte meine Aversion gegen Zigaretten weiter. An die Stelle der Säge bauten wir nun eine Lagerhalle für Getreide. Aber erst kostete das Geschachere um das Baumaterial wieder viel Nerven, einige Lebensmittellieferungen und gutes Zureden bei den Ämtern.

11

Ich bekam täglich hautnah mit, wie diskutiert wurde: Wie am besten das Mehl fahren; ob die Ochsen anspannen oder besser den Lanz anwerfen; wie die Quoten einhalten; um wieviel zu wenig abliefern und lieber Strafe zahlen? Dann wünschte ich mir Papi wieder zurück. Aber wenigstens musste er sich das alles nicht mehr ansehen. Er hätte sich im Grab herumgedreht, hätte er diese ganze behördliche Willkür und die Drangsalierung mitbekommen. Auf die kleinen Lichtblicke kam es jetzt an, als klar wurde, dass es nicht damit getan war, die Zähne kurz zusammenzubeißen, denn der Krieg würde nicht so schnell enden. Wir begannen, uns auf etwas Längeres einzustellen. Aber zumindest ein Teil des Lebens musste doch normal weitergehen.
Das einzig Erfreuliche in diesem Jahr war die Firmung, die immerhin noch alle zwei Jahre gefeiert werden durfte. Ich wundere mich, dass die Firmung während des Kriegs nicht ganz verboten worden war. Mein Firmungskleid war natürlich nicht neu. Die

Kleider waren so genäht, dass sie ein paar Jahre „mitwachsen“ konnten. Für das Ändern kam also die Störnäherin wieder ins Haus. Ich kann mich nicht erinnern, dass eine meiner Kameradinnen ein passendes Kleid übernehmen hätte können oder sogar ein Neues bekommen hätte. Das musste viel Arbeit sein, die Kleider des gesamten Jahrgangs für die Firmung anzupassen. Am Ende verschenkten wir höchstens mal ein Kleid, wenn ich endgültig herausgewachsen war. Aber dann war es schon 3- oder 4-mal ausgelassen oder etwas eingesetzt worden. Mutti stellte sich dann bei meiner Firmung als Patin zur Verfügung. Die Firmung selbst fand für alle umliegenden Gemeinden in Mering statt. Nach der Messe bekam ich von Mutti eine Firmungsuhr, wie es Brauch war. Die Uhr präsentierte ich mit einem gewissen Stolz an meinem Handgelenk. Aha. So funktionierte das also mit dem Erwachsenwerden: Man hat Firmung und trägt eine Armbanduhr am Handgelenk. Um die Firmuhr zu bekommen, hatte Mutti Lebensmittel von uns eingetauscht. Zum Mittagessen gingen wir ins Restaurant. Wie feudal, wird man sagen. Aber wir saßen in der Gaststätte von Tante Leni. Bloß das Wetter wollte am Firmungstag nicht mitspielen. Ich kann mich deswegen noch gut an den verregneten Tag erinnern, weil ich mir die weißen Strümpfe mit Schlamm einsaute. Bis zu den Knien gingen die Dreckspritzer, nur weil wir im Garten von Tante Lenis Lokal herumgetobt waren. Was sollte ich denn machen? Den ganzen Tag artig auf dem Stuhl sitzen? Mutti erteilte mir noch eine Moralpredigt für die schmutzigen Strümpfe. Dann wechselten wir zur Kaffeezeit ins Café Raißle. Aber das macht immer einen blöden Eindruck, wenn der Dreck schon am Eingang auf den Boden rieselt und die Spur bis zum Kaffeetisch weitergeht. Einen Ausflug machten wir danach nicht, denn wir hatten ja kein Auto. Außerdem mussten wir uns noch bei Foto Gebhard fotografieren lassen, dem sehr gefragten, weil einzigen Fotografen in der ganzen Umgebung. Für mich war der Firmtag damit rundum Luxus. Übrigens habe ich die Firmungsuhr bis heute aufbewahrt. Und sie läuft, wenn man sie nur aufzieht.

1941 begannen die Kinderlandverschickungen, bei denen meist 10- bis 14-jährige Kinder aus „luftgefährdeten Gebieten“ eine Weile auf dem Land untergebracht werden sollten. In Merching trafen im Mai 1941 zehn Mädchen aus dem Ruhrpott ein. Sie wurden gleich in verschiedenen Familien aufgenommen, damit sie hier eine dreiwöchige Ferienzeit genießen konnten. Uns wurde Waltraud Nowiki zugeteilt. Unmittelbar wurde auch klar, dass diese Mädchen aus der Stadt eine Bereicherung für die Jungs im Dorf waren. Einerseits waren sie ein Stück koketter; und andererseits legten sie diese bestimmte Offenheit an den Tag, mit der sie den Buben gegenüber ganz anders auftreten konnten. Jahrelang hat man danach die jungen Männer in Merching noch von den Ferienschülerinnen schwärmen gehört. Außer Waltraud mussten wir bei uns auch zwei Soldaten einquartieren, den Holzinger und den Zöllner aus Wien. Sobald Waltraud einen Blick auf die beiden erheischen konnte, kokettierte sie gleich mit ihnen. Flirten möchte ich es nicht gerade nennen. Aber ich war ja ein paar Jahre jünger und konnte das wirklich nicht einschätzen. Auf alle Fälle mussten wir gut auf sie aufpassen.
Mit Waltraud hatten wir es jedenfalls gut getroffen. Als Stadtkind auf dem Land lebte sie sich schnell in unsere Gepflogenheiten ein. Meine Hasen, die Katzen und Imo, unseren Hund, verstand sie innerhalb von Tagen zu neuen Freunden zu machen. Das konnte ich schon nachvollziehen, dass die Loyalität von Tieren ganz dem Fressen galt. Ob das Futter von mir oder von Waltraud kam, war den Hasen völlig gleichgültig: Wes Karotte ich ess, des Lied ich sing. Wenigstens Imo blieb noch auf meiner Seite. Wir spielten in unseren Buden im Garten, wälzten uns im Gras, liefen den davonrennenden Hühnern nach und suchten Eier in den Stadeln, wo sie die Hühner „verlegt“ hatten. Wir schaukelten auf dem Holzbock, drückten uns möglichst vor der Arbeit, die wir versprachen, spätestens am nächsten Tag zu erledigen. Dann streunten wir zum Baden am Bach herum und versuchten bei den Buben das selbstgebaute Floß zu entern, das in der Paar seinen Ankerplatz hatte und das die Schwächlinge verzweifelt gegen die anstürmenden

Mädchen verteidigten. Quasi Mädchenalarm vom Feinsten. Und dieses Bild der heranstürmenden Mädchen brannte sich erst in die Netzhaut und dann ins Gedächtnis der jungen Männer. Und genau diese Momentaufnahme blieb erhalten, bis sich Waltraud Jahrzehnte später wieder in unser Dorf verirrte. Aber dazu später.

Meine Zuneigung zu meinem Stiefvater hielt sich weiterhin in Grenzen. Mir fiel es nicht leicht, mich mit der Rolle des Stiefkinds abzufinden. Während ich anfangs sehr damit gehadert hatte, schlich sich eine gewisse Normalität ein, wie ich mich vom Elternhaus löste, und mich eher an den Kameradinnen orientierte. Ein geradliniger Prozess war das aber sicher nicht. Ich war den einen Tag hin-, den anderen Tag hergerissen, mal zickiger, aufmüpfiger, dann empfindlicher und zurückgezogen. Auf einen Nenner gebracht: Es war der Schritt in die Pubertät.
Und ausgerechnet in dieser Phase waren wir gezwungen, unsere Schuhe und Kleidung mit Bezugsscheinen zu kaufen. Das setzte aber voraus, dass überhaupt etwas in den Regalen lag. Daheim trugen wir Hausschuhe aus Seegras, die wir selbst gefertigt hatten. Die Kleidchen nähten wir aus der abgelegten Kleidung von den Erwachsenen, natürlich erst dann, wenn sie völlig verschlissen und unbrauchbar geworden war. In einen umgearbeiteten petrolfarbenen Wintermantel wickelte ich mich besonders gern ein, weil ihn meine leibliche Mutter fünfzehn Jahre zuvor schon getragen hatte. Mutti hatte dazu ein Cape aus einem Lammfell fertigen lassen. Damit war ich gegen die Kälte gewappnet. Denn die Winter hatten viel Schnee und eisige Temperaturen gebracht. Minus zwanzig Grad war keine besondere Ausnahme. Immer wieder fand sich eine kreative Idee, wie aus abgelegter Kleidung etwas Ansehnliches wurde. Das war vor allem für die Jugendlichen nötig, die schnell in die Höhe schossen. Dann nähte unsere Näherin in guter Absicht ein Kleid für mich aus einem abgetragenen, löchrigen, violetten Kleid zusammen. Das konnte ich Mutti lange nicht verzeihen, dass sie wollte, dass ich so etwas anziehe. Ich sah darin nämlich aus wie die Menschen auf alten Fotos.

Gerne würde ich mehr von lustigen Begebenheiten berichten. Aber es war Krieg, trist und nochmals trist. Inzwischen fehlte in fast jedem Haus eine Person, der Familienvater, die hoffnungsvollen jungen Söhne, die kräftigsten Beschäftigten. An vielen Höfen drängte sich eine Kinderschar, die von den überarbeiteten Müttern erzogen und ernährt werden musste. Täglich kamen am Dorf die Meldungen von Soldaten, die gefallen oder verwundet waren, oder vermisst wurden. Mit jedem persönlichen Schicksal im Dorf, mit jeder neuen Lücke in den Kirchenbänken und mit jeder neuen grausamen Nachricht bei den Nachbarn erschien uns die Kriegszeit buchstäblich trostloser; und inzwischen aussichtslos das Warten auf ein Ende des Gemetzels. Wir hießen jetzt schon „die Kriegsgeneration".

12

Das klang so bedrückend, dass ich uns spätestens jetzt eine kleine Pause gönnen muss. Denn einerseits darf ich zum Ort Merching ein paar kleine, aber für die Dorfseele wichtige Anekdoten nicht vergessen. Und andererseits konnte ich mich selbst nicht ewig hinter meiner Trauer, Enttäuschung, und den Schicksalen Anderer verstecken. Schulisch musste wieder etwas vorangehen. Und was sollte ich überhaupt nach der 7. Klasse anfangen, nach der damals die Schulpflicht zu Ende war? Aber schauen wir doch zuerst für einen Moment in die nähere Geschichte Merchings.
Die Entlassschüler waren für Sonntag zur Nachmittagsandacht und Christenlehre aufgerufen worden. Viele der Schüler hingen übermüdet von der schweren Feldarbeit der vergangenen Wochen wie ein Schluck Wasser auf der Kirchbank. Einer nickte ein, kippte leicht zur Seite, fing sich wieder und blieb leicht verdreht in seinem Dämmerzustand hängen. Am Ende der Andacht segnete der Pfarrherr bei seinem Rundgang die Kirchbesucher mit dem Weihwasser und entdeckte dabei den friedlich in der Bank schlummernden Schulkameraden. Spontan packte den Priester

der heilige Zorn. Er holte aus und verpasste dem müden Krieger eine saftige kalte Dusche mit dem Weihwasser. In dem Moment löste sich auch der Kopf der Weihwasserbürste und flog im hohen Bogen hinterher, was eine schöne Sauerei in der Kirche anrichtete. Alle drumherum waren in Deckung gesprungen. Das Metalltrumm flog am Delinquenten vorbei. Nur das Weihwasser floss ihm langsam in die Schuhe. Das wäre für diesen Tag zwar eine schöne Anekdote für zuhause gewesen; aber er erzählte es lieber nicht, sonst hätte ihm der Vater gleich noch eine Trumm Schellen hinterherverabreicht. Genauer betrachtet war es nur der „Schlaf des Gerechten“, wie danach die Merchinger sagten, denn „wer schläft, der sündigt nicht“. Alle anderen haben die Geschichte zuhause erzählt; die Eltern müssen es dann doch erfahren haben. Aber ob der Schüler seine Watschen noch eingefangen hat, blieb sein Geheimnis.

Blicken wir einmal etwas weiter zurück, in das Merching des Jahres 1915 oder 1920. Von einem Mühlen-, Sägewerks- und Hofbesitzer, also von meinen Ahnen, erwartete die Merchinger Gesellschaft, dass man sich regelmäßig gegen Abend mit ausgewählter Dorfprominenz zum Austausch wichtiger Dorfereignisse am Stammtisch einfand. Da war der Bäcker, der Mesner, ab und zu der Pfarrer, der Kaminkehrer, der Kirchenpfleger. Bei fast jedem gab es Gehilfen zu Hause, die die Arbeit fortführten, selbst wenn die Herren absent waren. So konnten sie an einem zünftigen Abend ihren im Hirnkastl aufgestauten Einfällen freien Lauf lassen und schon mal über die Stränge schlagen. Worum ging es dabei? Der Kachelofen beim Sumper in der Wirtschaft machte einen baufälligen Eindruck und war längst marode. Es war höchste Zeit, den Ofen zu renovieren. Das Problem war nicht neu. Aber Zeit und Geld hatten halt die vorhergehenden zehn Jahre gefehlt. Um Mitternacht hatte sich die Stammtischrunde „stark“ getrunken, sich entschlossen dem Sumper endlich zu helfen – zumindest beim Abriss, und sich zusammen auf der einen Seite des Kachelofens aufgestellt: „Hau ruck, hau ruck, und no amoi“.

Der Ofen gab nach, fiel auf die Seite und zerbrach in einen Haufen Staub und Scherben. Als sich der Staub wieder gelegt hatte, waren alle mit sich zufrieden; sie gratulierten dem Sumper, dass er endlich einen neuen Ofen bauen lassen könne. Der Schutthaufen war keine große Affäre. Ein andermal schickten sie den – nennen wir ihn – S. nach Brunnen, um ein Bügeleisen abzuholen. Wir erinnern uns, dass die Rutscherln (weil sie auf dem Herd und dem Bügeltisch herumgerutscht wurden) noch schwere Gusseisenteile waren, die auf der Ofenplatte aufgeheizt wurden, bevor man mit dem Bügeln loslegen konnte, bis sie wieder zu kalt waren. Der S. freute sich enorm, dass er seine Frau mit einem neuen Bügeleisen überraschen konnte. Zu Fuß stapfte er die 3 Kilometer spätabends hin, nahm freudestrahlend einen erstaunlich schweren Rucksack in Empfang und machte sich wieder auf den Weg nach Hause. Voll der guten Erwartung öffneten seine Frau und er den Packen. Was war drin? Drei gut eingepackte Ziegelsteine. Sonst nichts.

Am Stammtisch breiteten sich die Brüder auch darüber aus, wer seine Felder schlampig bewirtschaftete. So war eine Merchingerin zum Hacken aufs Feld marschiert. Doch ein paar neugierige Mitbürger fragten sich, wie das zugehen konnte: Die Frau ging fleißig aufs Feld; aber die Felder sahen immer gleich mitgenommen und zerrupft aus. Also schlich ein kleiner Erkundungstrupp der arglosen Frau hinterher und spionierte aus, was wirklich auf dem Feld geschah. Die Gruppe musste sehr lange in Deckung bleiben – so lange, bis die Frau ihren ausgedehnten Mittagsschlaf zwischen den Strangen auf dem Feld beendet hatte und unverrichteter Dinge wieder nach Hause lief. Auch diese Begebenheit war dann wieder ein Thema am Stammtisch und es wurde gelästert, was das Zeug hielt. Kurze Zeit später fiel aber der ältere Sohn der ausgeruhten Frau im Krieg; und der jüngere Sohn verkaufte das Anwesen und gab die Landwirtschaft auf, um sich stattdessen ein Auto und ein Motorrad anzuschaffen. Dieses Schicksal erregte wiederum ein tiefes Mitleid bei den Stammtischlern; und irgendwie war es ihnen peinlich, dass sie zuvor über so etwas Lapidares

wie einen Nachmittagsschlaf auf dem Acker Witze gerissen hatten.
Aber nun zum Stammtischkrügle: Es war mein Papi gewesen, den es jede Woche zwei- bis dreimal in diese Runde verschlagen hatte. Gegen Abend merkten wir unweigerlich, was anstand, wenn er in eine bessere Joppe schlüpfte und versuchte, sich unauffällig aus dem Staub zu machen. Da warteten sie schon, seine Stammtischler. Zum Anfang waren im Nu die Krügle auf dem Tisch, mit Bier aus der Brauerei Kaltenberg. Jeder bekam ein Bier in seinem persönlichen pracht-herrschaftlichen Krug mit Zinndeckel. Der Bäck, der es faustdick hinter den Ohren hatte und der immer die Ideen für die Faschingsfeiern beisteuerte, hätte nie sein ureigenstes Trinkgefäß mit jemand anderem geteilt. Der Kaminkehrer, der viele geräumige Kamine kehrte, in die er problemlos komplett einsteigen konnte und der die Merchinger Häuser so gut kannte wie seine eigene Westentasche, hätte seinen Zunftkrug nur unter Androhung roher Gewalt oder gegen eine signifikante Geldzuwendung verliehen. Verstarb einer der innigen Brüder, so wurde das jeweilige Krüglein der trauernden Familie zurückgegeben, damit die Nachfahren ein für den Verblichenen essenzielles Erinnerungsstück behalten konnten. Auch das Krüglein, aus dem mein Papi manchen Hektoliter genossen hatte, würde den Weg in unsere Familie zurückfinden.

13

1943 beschlossen meine Eltern, mich zur 8. Klasse in die Klosterschule nach Dießen zu schicken. Die Schulpflicht war erst vor kurzem auf die 8. Klasse erweitert worden. Also heraus aus der Freiheit, die mir der Bauernhof noch bot! Und hinein in die Strenge und Disziplin einer Klosterschule. Mir machte es sehr zu schaffen mich von meinem Stall mit hundert Hasen zu trennen, die im ehemaligen Kükenaufzuchtstall untergebracht waren; und vom Bad vor der Haustüre in der Paar, wo wir auf den Flößen Piratenschlachten geschlagen hatten; auch von den Kindern, die sich täglich bei uns im Hof versammelten, weil da Platz war und weil man immer neue Streiche aushecken konnte. In meinen ersten drei Schuljahren hatte ich ja eine gute Lehrerin gehabt und zuhause hatte Papi viel mit mir gelernt. Da fiel es weniger ins Gewicht, dass auf dem Hof ständig Ablenkung herrschte und dass das kein gutes Umfeld zum Lernen war. Ohne Papi half mir niemand mehr zu lernen. Woher hätten zuletzt die guten Noten kommen sollen? Kinder haben sensible Antennen dafür, wenn sich Erwachsene nicht aufmerksam darum kümmern, ihnen beim Lernen zu helfen; oder wenn sie es einfach nicht können, weil sie keine Zeit haben. Meiner Mutti war es auch klar, dass es bei mir so nicht weitergehen konnte. Also musste etwas geschehen. Nun sollte ich hinein in das Internatsleben, zumindest für ein Jahr.

Was hatte ich am Anfang für ein schlimmes Heimweh. Aber es ließ sich nicht von der Hand weisen, dass es für mich richtig war in eine Schule der Dominikanerinnen zu gehen. Ich kam endlich wieder zur Ruhe und in einen Lernrhythmus und konnte notenmäßig an den Erfolg der ersten Schuljahre in Merching anknüpfen. Das hat mein Selbstbewusstsein im Alter von 14 gerade zur rechten Zeit gestärkt. Und es gab mir für später den nötigen Schub, als ich an die Handelsschule nach Augsburg wechselte.

Das Internatsleben erlebten wir Schülerinnen in einer sehr moderaten Form, wahrscheinlich untypisch locker für damalige Gepflogenheiten. Der große Schlafsaal im Kloster war bis zur Decke mit Möbeln vollgestopft. Die waren zum Schutz vor Bombenangriffen aus München ausgelagert worden. Außerdem durften wir Schülerinnen laut Verbot der Partei eh nicht im Kloster der Dominikanerinnen nächtigen. Wir waren daher auf ganz Dießen verteilt bei Privatfamilien untergebracht. Meine Schulkameradin Hedwig Kopp und ich wohnten beispielsweise bei der Familie Keil in Sankt Georgen. Die Keils betrieben eine Schreinerei. Aber in die Werkstatt verliefen wir uns selten; dafür blieb uns keine Zeit. Auch der Ammersee gewann für uns erst später an Bedeutung, als uns unsere Zimmervermieter immer sonntagabends von der Bahnstation abholten. Dann unternahmen wir zusammen eine

Schifferlfahrt. Dafür revanchierten wir uns mit einer Tüte Mehl, mit Eiern und Butter, was eben während der Kriegszeit als wertvolle Mitbringsel diente. Nach der Bootsfahrt ging es nach Hause in den gepflegten Hausgarten, wo schon die Erdbeeren auf uns warteten. Tatsächlich führten wir bei Keils ein vergleichsweise ungezwungenes, schönes Internatsleben.
Zeitig jeden Morgen besuchten wir im Kloster die Heilige Messe. Danach frühstückten wir im Speisesaal. Um acht Uhr begann der Schulunterricht mit der Schulleiterin Frau Aquinata. Das etwas karge Mittagessen nahmen wir ebenfalls im Kloster ein. Die Hausaufgaben erledigten wir gleich, ganz anders als in den Vorjahren zuhause, wo ich sie schludrig am Abend hingeschmiert hatte. Wir ahnen es: Natürlich war der Rest des Tages keine Freizeit. Denn nach der Schule ging es weiter mit Handarbeiten. Und wenn wir uns nicht „geziemend" benahmen, durften wir die handgestrickten weißen Strümpfe unserer anbetungswürdigen Schwestern stopfen. Diese harte Strafe fürchtete jede der Mädels. Wenn wir ganz brav waren, ging Schwester Alfonsa zu Fuß mit uns drei Kilometer nach St. Alban in ein verstecktes Freibad. Wir waren tatsächlich so brav, dass sie eigentlich jede Woche mit uns hinmarschierte. Einmal verlor ich auf dem Rückweg meinen Badeanzug, der aus Muttis alter Strickweste umfunktioniert worden war. Wie blöd von mir! Es gab ja keinen zu kaufen. Der strengen Aufsicht der Schwestern konnten wir nur entgehen, wenn wir zu den Treffen des BDM erschienen, wie es vorgeschrieben war. Da erlaubten wir uns während unseres Freigangs ein Abenteuer, waren weder beim BDM noch im Kloster, sondern büchsten aus ins Kino. Zwar mit Herzklopfen, doch es gelang uns öfters einfach abzuhauen. Oder wir verschwanden nacheinander unauffällig aus dem Handarbeitssaal, bis die Letzte im Hof zum Völkerball antrabte. Alles nach dem Motto: „A bisserl Schwund gibt's immer".
Meistens wurden wir Übeltäter beim Völkerball doch zu laut und wieder alle in den Nähsaal verbannt. Also lernte ich hier im Alter von 14 das Nähen. Meine Hauptarbeit bestand darin die Müllerkleidung, Joppen, Hosen und Bettwäsche, seltener die Strümpfe

auszubessern. Zum Glück hatte ich bei Schwester Alfonsa einen Stein im Brett. Sie hatte Mitleid mit mir und half mir besonders bei den Ärmeln der Müllerkittel, wenn wieder ein Fleck einzusetzen war.
Wie gesagt litt ich anfangs unter fürchterlichem Heimweh nach Merching, nach Mutti zu Hause, nach meinen Hasen, nach den Katzen, nach unserem Hund Flocki und nach der vielen Bewegung auf dem Bauernhof. Allmählich legte sich aber die Wut, dass mich die Eltern in ein Internat verfrachtet hatten. Es war einfach ein wichtiger Schritt in meinem Leben, dass ich mich vom Elternhaus loslöste und mich langsam emanzipierte. Irgendwann ist es eh unvermeidlich. Aber es macht einen großen Unterschied, ob das im Alter von zehn, vierzehn oder erst mit vierundzwanzig beginnt.

Im Juli 1944 endete meine Schulzeit in Dießen schon wieder. Ich kehrte ins Elternhaus zurück und musste feststellen, dass sich im Alter von vierzehn einiges im Wesen und in den Anschauungen schnell ändert. Ich bin nachdenklicher geworden und sinnierte jetzt über meine Zukunft. Damit man das nicht falsch versteht: Es bedurfte nie einer Überlegung, ob ich einmal den Betrieb übernehme. Ich war gerne zuhause in Merching und die Arbeit machte mir Spaß. 1944 herrschte bei der Ernte ein enormer Mangel an Arbeitskräften. Da durfte ich mit meinem Fliegengewicht beim Abladen der schweren Garben in der Scheune mithelfen. Unglaublich, aber wahr: Kartoffelklauben war zwar eine echte Knochenarbeit, wurde aber zu meiner Lieblingsbeschäftigung, selbst wenn mir – wie fast allen – schier die Bandscheiben flöten gingen. Irgendwie erinnerte mich die Arbeit daran, dass ich als kleines Mädchen diese Leidenschaft zum Kartoffelklauben mit meinem Papi geteilt hatte.
Ab Herbst 1944 besuchte ich in Mering die Berufsschule. Der Unterricht fand nur einmal wöchentlich statt. Da konnten sich leider keine engen Freundschaften entwickeln. Zum Glück blieben mir die Schulkameradinnen trotzdem erhalten. Denn wenn

man sich in Mering beim Einkaufen sah, winkte man sich zu oder hielt ein nettes Schwätzchen. Den Unterricht leitete auch hier eine Ordensschwester mit strenger Disziplin. Wir hatten nämlich kein Material, weder Bücher noch Hefte oder Schreibzeug zur Verfügung. Da wir es aber für einen reibungslosen Unterrichtsablauf benötigten, wurde wild improvisiert und wir lernten mit primitiven Mitteln umzugehen und zurechtzukommen.

14

Auf dem Hof waren 1944 von der vorherigen Mannschaft nur noch Rosi Heiserer, Anni Ernst, Vitus Steininger, Ulrich Spitzer und der Müllerlehrling Ulrich Sedlmeier übrig. Den Betrieb hätten wir auf diese Art unmöglich aufrechterhalten können. Wie sollten wir Frauen die schweren Mehlsäcke auf den Hänger laden, mit dem 20-PS Lanz nach Augsburg bringen und dort wieder abladen? Wie sollten wir im Wald Bäume absägen und entasten, Ochsenkarren führen oder die Viecher auf die Weide bringen, ohne dass sie ausrissen?
Wir waren uns natürlich bewusst, dass der Betrieb ohne die zugeteilten Arbeitskräfte viel weniger Lebensmittel liefern hätte können und dass Kaputtes einfach liegengeblieben wäre. So etwas kann nicht lange gut gehen. Über die Jahre würde man für die nachfolgende Generation eine Hypothek aufbauen, die einfach nicht mehr zu stemmen ist: Dächer und Tore reparieren, Geräte und Maschinen erneuern, Gebäude um- oder neu bauen. Viele Betriebe würden unweigerlich im Dorf allein schon deshalb zugrunde gehen, weil sie über diese schwere Zeit so verfallen waren, dass nichts mehr zu retten war. Wir hatten jedenfalls „unsere“ Gefangenen mit dem gleichen Respekt und der gleichen Achtung behandelt wie jeden anderen Beschäftigten. Vielleicht begegneten wir den Polen Maria und Stanislaus und dem Russen Serge mit einer gewissen Distanz und Vorsicht, aber immer freundlich. Und für die Gefangenen war die Situation, dass sie bei uns arbei-

teten, vermutlich eine der besten Alternativen. Die anderen Alternativen wären das KZ oder die Zwangsarbeit in Rüstungsbetrieben oder der Industrie gewesen, mit der ständigen Gefahr ausgebombt zu werden. Jedenfalls wohnten sie bei uns in den Zimmern für die Beschäftigten, saßen mit uns am Tisch und arbeiteten jeden Tag Schulter an Schulter mit uns. Die polnischen Arbeiter sprachen etwas Deutsch. Die Sprachkenntnisse genügten für unseren Gebrauch völlig, denn tiefschürfende philosophische Gespräche fanden woanders statt, jedenfalls selten bei uns. Und mit der Verständigung ging es jeden Tag besser. Die Polen hatten sogar Verwandte und Bekannte in der Umgebung und damit gute Anlaufpunkte für die Sonn- und Feiertage. Nur Serge, unser Russe, musste abends immer beim ehemaligen Feuerwehrhaus hinter der Kirche einpassieren, denn die Russen schätzte man offensichtlich bei den Behörden als gefährlich ein. Am nächsten Morgen stand er dann wieder zur Arbeit vor unserer Tür. Wie froh waren wir, dass wir mit ihm und einem der Polen zwei Leute gefunden hatten, die den Ochsenkarren anspannen und führen konnten. Sie hatten noch gelernt, wie man ganz passabel mit den stoischen Viechern umgeht.
Eine Sache hatten wir im Familienkreis diskutiert: Was würde geschehen, wenn der Krieg zu Ende geht? Wie würden unsere Gefangenen über uns urteilen? Uns war völlig klar, dass alle nach Hause zurückkehren würden, sofern das möglich war. Würde uns später jemand besuchen, mit uns Kaffee trinken und Kuchen essen, während wir über die alten Zeiten und die guten und schwierigen Erinnerungen sprächen? Sicher nicht, wenn sie bei uns gehungert und gefroren hätten und wenn wir sie ausgebeutet hätten.

Wegen eines Lichtscheins an einem Fenster warf 1944 ein Flieger eine Bombe auf die Steindorfer Straße. Sie traf nicht den Ort, sondern landete dahinter auf freiem Feld, ohne zu explodieren. Selbst als Blindgänger hinterließ die Bombe einen Krater mit beachtlicher Größe. Nun wurden Sträflinge angekarrt, um die Bombe freizulegen und abzutransportieren.

Feindliche Flieger warfen jetzt immer wieder große Benzintanks, kleine Sprengkörper, falsches Geld oder Lebensmittelmarken ab. Die zerbeulten Benzintanks waren bei der Dorfjugend heiß begehrt. Mit viel Geschick bastelten die Merchinger kleine Boote daraus. Die waren nach den zusammengezimmerten Holzflößen die nächsthöhere Entwicklungsstufe in unserer Paar-Armada. Einmal war ich zu mutig und bin quasi mit Anlauf in eines dieser Blechboote gehüpft. Das Blech war am Rand aber nicht umgebogen worden, sondern richtig scharfkantig. Ich riss mir die Wade auf, dass ich heute noch die Narbe davon sehen kann. In der nächsten Version bogen die Bootsbauer den Blechrand schon sorgfältig um. Damit kamen wir zu unserer Mädchen-Version: gut handhabbar, gut steuerbar, ungefährlich. Sollten die Jungs doch auf ihren grob zusammengezimmerten Flößen versauern.

Von Anfang ´44 bis Mai ´45 kamen die Einschläge buchstäblich immer näher. Ich müsste damit beginnen von einem Erlebnis aus meiner Dießener Zeit zu erzählen. Vom 25. auf den 26. Februar 1944 hatten wir in Dießen vom Garten unserer Gasteltern den verheerenden Bombenangriff auf Augsburg mitverfolgt. Ein Lichterinferno am Horizont wies auf das ganze Ausmaß des über der Stadt wütenden Krieges hin, bei dem große Teile der Augsburger Innenstadt zerstört wurden. Der Angriff hatte den Messerschmitt-Werken und dem Hauptbahnhof als süddeutschem Eisenbahnknotenpunkt gegolten. Die Bombardierung mit 594 englischen und amerikanischen Bombern sahen wir uns viel später in der VHS als Dokumentation mit einem erfahrenen Fluglehrer noch einmal an. In der Innenstadt Augsburgs fiel die belebte Einkaufsmeile mit dem herrlichen Goldenen Saal im Rathaus und den schönen Patrizierhäusern zum Opfer. Ausgespart blieben erstaunlicherweise der Dom, einige Kirchen und die Fuggerei, die älteste noch bestehende Sozialsiedlung der Welt, 1521 gestiftet von Jakob Fugger dem Reichen, für arme, unverschuldet in Not geratene Bürger der Stadt. Nun könnte man vermuten, dass die Flieger so genau bombardierten, dass diese Einrichtungen stehenbleiben sollten. Aber so präzise waren die Angriffe zu der Zeit gar nicht möglich und man sprach von einem Wunder, zumindest von einem „Glück im Unglück“, das Kirchen und Sozialeinrichtungen verschonte, Rüstungsfabriken dagegen nicht.

Insgesamt 10 Mal wurde Augsburg bombardiert, je nachdem was man als Bombardierung zählen will. Nun schrieben wir 1945 und irgendwann würde uns in Merching die Welle überrollen. Noch war aber unsere Region nicht von den Alliierten eingenommen worden. Am 22./23. Februar 1945, also knapp drei Monate vor Kriegsende, wurde die Stadt erneut bombardiert. Ziele waren diesmal unter anderem MAN, Messerschmidt und die Lechbrükke in Hochzoll, um die Industrie und sämtliche Verkehrsmittel lahm zu legen. Dabei gab es circa tausend Tote. Unsere Familie half unmittelbar danach einem Bäckerkunden mit Knechten, Mägden und Wagen aus. Dächer waren teils kaputt. Darunter liegende Räume mussten vom Schutt befreit werden, der Schaden durch die Brandbomben wieder behoben und die Räume als brauchbare Wohnungen hergerichtet werden.
Eine spätere Klassenkameradin, die Schlosserwirt Frieda, wurde von einem Tiefflieger ins Visier genommen, als sie sich am Waldrand ein Versteck suchen wollte. Ihr wurde bei dem Luftangriff ins Bein geschossen. Das Bein musste ihr abgenommen werden. Auch mein späterer Ehemann Gottfried, der mit einem Bekannten mit dem Radl von der Musterung in Fürstenfeldbruck nach Hause fuhr, wurde bei Althegnenberg von einem Flugzeug aus attakkiert. Gottfried flüchtete in den Straßengraben, sein Bekannter auf den Baum am Straßenrand. Gott sei Dank kamen beide mit dem Schrecken davon.
Ein Flugzeugabsturz 15 Kilometer weiter südlich auf dem Lechfeld brachte viele Einwohner Merchings auf die Beine. Die drei Kilometer vom Dorf bis zur Absturzstelle am Verlorenen Bach legten selbst die langsamsten in einer halben Stunde hin, die schnellsten mit dem Fahrrad innerhalb von zehn Minuten. Ich hätte mir meine Neugier besser sparen und zuhause bleiben sol-

len. Mir bot sich ein grausiger Anblick. Die zerbeulte und zerbrochene Maschine war in Flammen aufgegangen. Und im Cockpit schmorte der Pilot noch, verbrannt bis zur Unkenntlichkeit. Niemand, absolut niemand, hatte so etwas verdient.

Auch unsere Dießener Gastfamilie ereilte ein trauriges Schicksal. Der einzige Sohn war im Krieg gefallen. Hedi und ich waren zum Trauergottesdienst eingeladen. Hier konnten wir hautnah miterleben, wie eine Welt zusammengebrochen war. Wir litten mit den Eltern. Sie hatten das einzige Kind für den grausamen Krieg und ihren hoffnungsvollen Nachfolger für die Schreinerei hergeben müssen. Viel später erfuhren wir, dass sie ihr Haus und die Schreinerei verkauft hatten und aus Dießen weggezogen waren.

Viele andere Städte waren bereits durch die Bombenangriffe zerstört und ihrer historischen Gebäude, ihrer Denkmäler und Kirchen beraubt. Spätestens 1944 konnte die Merchinger Bevölkerung ahnen, dass es keinen deutschen Sieg geben würde. In der letzten Phase des Krieges blieben unsere Dörfer endgültig nicht mehr von Bomben- und Tieffliegerangriffen verschont.
Die 7. Armee unter Generalleutnant Alexander M. Patch hatte im März 1945 den Rhein überschritten, besetzte aus Aschaffenburg und Nürnberg kommend das westliche und südliche Bayern, also auch den Raum Augsburg. Sie hatte die Heeresgruppe G mit der 1. und 19. Armee in unserer Region zum Gegner, wo noch junge Männer des Jahrganges 1929 überhastet eingezogen worden waren, also 16- und 17-Jährige. Die Dillinger Donaubrücke überquerten die Amerikaner am 22. April, Landsberg wurde am 26. und Augsburg am 28. April eingenommen.
Noch am 24. April 1945 ließ ein Fliegerangriff auf unseren Nachbarort Mering auch den letzten Bewohner die ganze Härte des Krieges spüren. Im späten Winter hatte der Straßenzug Boutte-villestraße in Mering mit dem Hof meines leiblichen Vaters völlig unversehrt ausgesehen. Um halb sieben abends an dem behaglichen Frühjahrs-Tag hielten sich auch wegen des schönen Wetters

relativ viele Menschen im Ortszentrum von Mering auf. Es gab gerade Schuhe gegen Marken der Kleiderkarte zu kaufen. Aus diesem Grund stand eine Schlange vor Köllners, dem Schuhgeschäft. Ich war zur selben Zeit mit dem Fahrrad zwei Häuser von meinem Meringer Elternhaus entfernt. Der Alarm ging los. Und ich rannte in Richtung des Luftschutzkellers des Schuhhauses. Nur wenige Minuten dauerte der Luftangriff. Eine Bombe schlug um 18.35 genau im Hof meines Vaters ein und hinterließ einen Trichter, in den die Holzhütte und der Stadel einbrach. Wir wurden durch die Druckwelle die außenliegende Kellertreppe beim Köllner hinunterkatapultiert. Mein Meringer Elternhaus gegenüber der Baywa war durch den Bombenangriff zur Hälfte zerstört. Der 24-jährige Henryk Gosorkiwicz und der 26-jährige Josef Slominsky, beide polnische Arbeiter, starben, weil sie sich im vermeintlichen Schutz der Scheunenwand in Sicherheit glaubten. Meinem Vater und seiner Frau war zum Glück nichts geschehen. Mering aber verlor einige weitere Bewohner und Häuser, so auch beim Greifhans und beim Katzenberger. Nur fünf Tage nach der Bombardierung kamen die Amerikaner mit 300 bis 400 Fahrzeugen auf ihrem „Race into Munich“ nach Mering. Das war nun auf ihrem Marsch durch halb Europa ein eher unbedeutender Fleck auf der Landkarte. Trotzdem mussten sie bis zur Minute der endgültigen Aufgabe damit rechnen, auf deutschen Widerstand zu stoßen. In Sichtweite von Mering stand eine amerikanische Streitmacht, die nur schnell weiterziehen wollte. Und in Mering meinten ein paar SS-ler, diese Streitmacht aufhalten zu müssen. Josef Scherer entschloss sich, den Amerikanern entgegenzugehen und zu versuchen, das Schlimmste für die Ortschaft zu verhindern. Beinahe wäre er von den SS-lern dafür erschossen worden. Nun machte er sich auf den Weg, zusammen mit einer Meringerin, die aus England stammte und hierher geheiratet hatte. Am Kopf der Truppe sprach ein Kommandant sehr passabel deutsch, so dass die folgende kurze Unterhaltung nicht übersetzt werden musste. Die Amerikaner setzten ein Ultimatum, laut dem innerhalb von dreißig Minuten die deutschen Soldaten abziehen, die Sperren

beseitigt und Mering übergeben werden sollten. Sie würden andernfalls Mering dem Erdboden gleichmachen. Die beiden Unterhändler schafften es wieder in den Ort hinein, ohne von dort als Verräter eingestuft und unter Feuer genommen zu werden. Josef Scherer begann bei tickender Uhr mit SS und Soldaten zu verhandeln, die Meringer Bürger anzuweisen, die Panzersperre zu demontieren und einen Eisenbahnwaggon zur Seite zu schaffen. In den letzten Minuten des Ultimatums flüchteten Soldaten und SS endlich aus dem Ort. Dann rannte er mit der weißen Fahne wieder hinaus zu den Amerikanern.
Der ganze Tross bewegte sich ohne einen einzigen Schuss nach Mering hinein. Die Amerikaner errichteten einerseits einen Stützpunkt, andererseits nahmen sie gleich den weiteren Vormarsch Richtung München in Angriff. Auf diesem Weg liegt keine drei Kilometer weiter unser Ort Merching. Interessant, was die Chronik der 3. US-Division knapp beschreibt, was hier geschah: „An der Straße zwischen Mering und Merching hatten wir es mit leichtem Feuer von feindlichen Maschinengewehren und Panzerabwehrwaffen zu tun.“ Resultat: Drei deutsche Soldaten wurden dabei getötet. Sie hatten sich wohl einem Befehl verpflichtet gefühlt und versucht, tausende von Soldaten und hunderte von Fahrzeugen, inklusive Panzern, aufzuhalten. Und das war ihnen vielleicht eine einzige Minute gelungen – für die Dauer eines kurzen Schusswechsels.

Während der Großteil der amerikanischen Soldaten östlich vorbei Richtung München weiterzog, kam ein kleinerer Trupp auch in Merching an. In unserem Haus erschien ein amerikanischer Soldat. Man konnte die hochgradige Nervosität schon spüren, als er durch die Haustür trat. Er durchsuchte die ganze Wohnung nach Bildern von Adolf Hitler und wurde leider sogar fündig. In einem alten Kalender war innen ein ganz kleines Hitlerbild abgedruckt. Wir hatten wohl vorher nicht sorgfältig genug Papiere vernichtet, die Anstoß hätten geben können. Die ganze Familie wurde rüde im Wohnzimmer zusammengetrommelt. Als alle am großen

Tisch saßen, zog der Soldat seine Pistole und drohte uns zu erschießen. Er fuchtelte mit seiner Waffe umher und gab uns zu verstehen, dass wir seiner Ansicht nach wohl Hitleranhänger gewesen wären. Eine ganze Stunde, seit er durch die Tür getreten war, hingen wir zwischen Hoffen und Bangen. Wir hatten uns nicht getraut, auch nur eine unbedachte Bewegung zu machen und hatten uns bemüht, keine Kurzschlussreaktion zu provozieren. Der Soldat beruhigte sich langsam wieder. Endlich nahm diese letzte lebensgefährliche Konfrontation ein friedliches Ende. Und ich zitterte am ganzen Leib.
Tatsächlich wurde auf diese Weise quasi jedes Dorf einzeln befreit. In Merching waren die Amerikaner durch Bürgermeister Schwab willkommen geheißen und die Einquartierung von Mannschaften organisiert worden. Bis alle Soldaten ihre Posten bezogen hatten, galt in unserem Ort für einige Tage Ausgangssperre. Am Ortsrand bekamen wir von der Belegung Merchings sonst nicht viel mit. Nur das Gerücht besagte, dass auf dem Schulhof wertvolle Bücher verbrannt worden waren, die bei der Einrichtung unseres Archivs von Bedeutung gewesen wären.

II. 1946 – 1966

15

Der Krieg war vorbei. Ich war nun 15, war lange genug überwiegend mit mir selbst beschäftigt gewesen, nahm mein Umfeld aber jetzt mehr und mehr wie ein Erwachsener wahr. Zum Beispiel unsere Beschäftigten. Man kann nicht sagen, dass sie für uns „einfach nur" Angestellte waren oder dass sie – wie es heute die Bezeichnung Knecht oder Magd vermuten lässt – in völliger Abhängigkeit zum Betrieb standen. Wir waren eher so etwas wie eine Schicksalsgemeinschaft, aßen jeden Tag unser Essen am gleichen Tisch und arbeiteten alle auf das gleiche Ziel hin. Zugegeben: Unsere Schulden trugen doch nur meine Eltern. Was das Privatleben betraf, so durchlebten unsere Beschäftigten ihre eigenen Schicksale. Und wir bekamen hautnah und täglich mit, was sie bewegte. Außerdem war uns klar, dass sich in den folgenden Tagen und Wochen auch bei ihnen große Entscheidungen anbahnen würden.

Aber der Reihe nach: Die Belegschaft der Oberen Mühle war 1940 stark geschrumpft, dann mit Kriegsgefangenen wieder aufgestockt worden und drohte nun fast alle wieder zu verlieren. Rosi, unsere Hausmamsell und Nachfolgerin von Maria, agierte als Vertretung von Mutti. Rosi war ein geselliger Typ und immer zu Späßen aufgelegt. Von 1941 bis nach dem Krieg kümmerte sie sich zusammen mit Mutti um das tägliche Essen. Besonders in der Erntezeit half bei der harten Arbeit jeder mit, der noch stehen und laufen konnte. Über Wochen mussten gut und gerne 20 Leute zumindest mittags mit Suppen, Mehlspeisen, Brot oder Fleisch versorgt werden. Die immer heitere Rosi machte sich diese Aufgabe zu eigen und in Stoßzeiten langte sie im Außenbereich mit hin, obwohl das Kochen und Backen auf dem Holzherd jeden Tag eine Unternehmung für sich darstellte. Nur manchmal bemerkten wir, dass sie sich tief bedrückt in einen stillen Winkel zurückzog. Rosi hatte sich 1944 in einen Burschen aus der Nachbarschaft verliebt. Es geriet zu einer dieser schwierigen Kriegsbeziehungen. Nur beim Heimaturlaub sah man sich. Aber Heimaturlaube gab es wenige. 1945 kam ihr Hans mit einer schweren Hirnverletzung in die Heimat zurück. Ich glaube, sie hätte ihn trotz aller Schwierigkeit gerne geheiratet. Doch bei seiner Rückkehr wartete auch schon eine Kriegswitwe mit drei Kindern auf den vermeintlichen Bräutigam. Diese andere Leidenschaft war wohl stärker gewesen und die Witwe siegte in dem Wettbewerb. Was schloss ich nun daraus? Erstens: Eine solch tragische Liebesgeschichte war sehr den Wirren und Umständen des Krieges zuzuschreiben. Und der Krieg erzeugte selbst Jahre und Jahrzehnte später immer noch viel Kummer und Herzschmerz. Zweitens: Zum Glück war ich noch so jung, dass das noch alles etwas an mir vorbeiging und ich hoffte, dass es bei mir zu besseren Zeiten käme und die Gefühlswelt in ruhigeren Bahnen verliefe. Letztendlich zog Rosi in ihre Heimat zurück, versorgte ihren behinderten Bruder zuhause und fand Arbeit im Kloster St. Ottilien als Versorgungshilfe für die Schulklassen. Als ich sie als Rentnerin einmal besuchte, strahlte sie als glücklicher Single dasselbe fröhliche Charisma aus wie in früheren Zeiten.

Anni war im „Außendienst“ tätig, also im landwirtschaftlichen Bereich. Sie heiratete in ein Anwesen ein und gründete eine Familie. Stanislaus, unser Pole, war ein sehr angenehmer Bursche, fleißig und beliebt, geschickt im Umgang mit den Pferden und überhaupt gut bei jeder Arbeit in der Landwirtschaft einsetzbar. In der Mühle füllten Vitus Steininger als Müller und Ulrich Sedlmeier als Müllerlehrling ihre Stellung zur vollsten Zufriedenheit aus – ihrer und unserer. Nicht zu vergessen: Wir hatten ja auch große Gemüsegärten, um die Angestellten zu versorgen, und hatten gleichzeitig versucht, den Merchinger Krautanbau zu erweitern.

Und nun dauerte es nur wenige Wochen und die Mannschaft lief auseinander. Eigentlich blieb nicht mal genügend Zeit, um stolz zu sein. Stolz darüber, dass alle unbehelligt, friedlich und ordentlich genährt weiterziehen konnten. Unsere Polin Maria bemühte sich um die Rückkehr in ihre Heimat. Serge, der Russe, kehrte mit anderen Kriegsgefangenen nach Russland zurück. Unser Melkerehepaar Frömmer zog nach Niederbayern. Die Flakhelferinnen Annemie aus Nürnberg und Alma aus der Nähe von Stuttgart wurden nach Kriegsende zu Hause sehnlichst erwartet. Und Spitzer Ulrich, ein treuer Knecht, schied aus Altersgründen und wegen Krankheit aus dem Dienst.

Bei unseren Mitarbeitern Käthi und Josef hatte ich miterleben dürfen, wie sich eine große Liebe anbahnte. So wie Beziehungen unter den Beschäftigten ein gewisses Risiko darstellten – was tun, wenn es auseinanderlief, oder wenn unehelicher Nachwuchs unterwegs war, so vertraute Mutti wie gesagt viel auf ihre Vermittlungskünste und auf Glück. Von einem Heiratsmarkt sollte auf keinen Fall die Rede sein. Verkuppeln war ja verboten. Käthi und Josef hatten sich bei uns hochgearbeitet bis zur 1. Magd und zum 1. Knecht. Und sie hatten ihre Hochzeit feiern wollen. Das hatte alles noch zum Anfang des Krieges stattgefunden. Josef war dann zum Polenfeldzug einberufen worden. Ein paar seiner Heimaturlaube durften sie zusammen genießen. Dann kam die traurige Nachricht, er hätte im Krieg sein Leben gelassen. Käthi heiratete nach dem Krieg stattdessen einen Polen, der in Merching beschäftigt war. Sie lebte dann mit ihrer Familie weiterhin in Merching.

Und wer die schwere Arbeit auf dem Hof erledigen sollte, nun, wo alle weitergezogen waren, dafür gab es keinen Plan B. Und damit hatten wir das gleiche Problem wie jeder andere Betrieb am Ort auch.

Einziger Trost für uns bei all diesen Abschieden: Fridolin, ein Cousin meiner Mutti, fragte bei uns nach, ob er sein Muli am Hof unterstellen darf. Fridolin war bei den Gebirgsjägern gewesen und hatte in seiner Truppe ein Muli zu betreuen gehabt. Beide, Fridolin und das Muli, waren jetzt nicht mehr gefragt bei den Gebirgsjägern. Unter dem ganzen Vieh und Trubel auf dem Hof fiel ein Muli auch nicht mehr ins Gewicht. Es zeichnete sich eh die meiste Zeit durch gute Manieren aus, war etwas eigenwillig, bemühte sich aber redlich. Für die Mädels am Hof wurde es eingespannt, wenn die Zeit zum Himbeerpflücken kam. Mit zwei 20-Liter-Milchkannen auf dem Gäuwagerl und einigem Pflück-

gerät ging es die sechs Kilometer zu unserem Wald. Hier mussten wir sehr aufpassen, dass das Muli nicht auf dumme Gedanken kam und nach einer Weile einfach heimtrottete. Diese Idee hatte es schon mal auf dem Feld gehabt und niemand hatte es aufhalten können. Jedenfalls pflückten wir die kleinen Waldhimbeeren sehr lange in unsere kleinen Gefäße, die wir uns mit einem Lederriemen um den Bauch gebunden hatten. Zur Sicherheit blieben wir untereinander immer in Rufnähe. Unser Wald gab am Ende rund eineinhalb Milchkannen an Himbeeren her. Wieder zuhause verarbeiteten wir die Früchte zu Marmelade. Gelierzucker gab es noch nicht und den Zucker nur gegen Marken. Mit dem Dampfentsafter gewannen wir auch Himbeersaft, eine Delikatesse ausschließlich für feierliche Anlässe.
Aber zurück zu unserem Muli. Das Muli wurde jetzt mangels zweitem Ochsen auch zur Feldarbeit eingespannt. Dieses absurde Gespann aus einem Ochsen und einem Muli gab ein Bild ab wie eine Fata Morgana. Nur eine Person aus unserer Mannschaft beherrschte dieses Gespann und brachte es dazu annähernd geradeaus zu laufen. Etliche Wochen nach dem Krieg holte Fridolin sein Muli wieder ab und nahm es mit nach München. Ich hatte den leisen Verdacht, dass es beim Pferdemetzger landete.

Bis die allgemeine Ordnung wieder hergestellt war, und jeder seinen richtigen Weg fand, war es noch eine sehr aufregende Zeit. Ehemalige Kriegsgefangene aus Polen und Russland sorgten in unserer Gegend für Unruhe. Die Läden waren leer und es gab fast nichts zu kaufen oder nur mit Lebensmittelmarken und Bezugsscheinen. In dieser Zeit machte sich eine Frau aus Mering mit dem Fahrrad auf den Weg zum Leitenberg, um Futter fürs Vieh zu mähen. Diesen Moment nutzte ein Mann und entriss ihr das Fahrrad. Den Hilferuf vernahm ein Merchinger, der in der Nähe arbeitete. Er eilte zu Hilfe und wurde sofort hart angegangen, während sich die Frau davonmachen konnte. Drei Tage später fand man den hilfreichen Samariter im nahen Getreidefeld tot auf, erschlagen. Dieser Vorfall sorgte im Ort für Angst und Schrecken. Und alles

wurde totgeschwiegen, teils weil man nicht wahrhaben wollte, dass so etwas überhaupt passieren konnte und kein Einzelfall geblieben war, teils weil man dem verhinderten Dieb den Totschlag nicht ungerechtfertigt nachsagen wollte. Der Verdächtige wurde jedenfalls nicht verurteilt; es gab keine Beweise.
Jedenfalls versperrten wir nun Tür und Tor und räumten beiseite, was man leicht wegtragen hätte können. Aber bei so einem offenen Betrieb half dann doch nur Wachsamkeit und Glück.
Eine andere Gefahr bestand in der Munition und den Sprengkörpern, die noch in Äckern und manchmal auch in Schrankschubladen lauerten. Ich hatte ja von unserer resoluten Beschäftigten Maria Weiß gesprochen, die Martin Wiedemann geheiratet hatte. Er war nach ihrer Heirat bald zum Kriegsdienst einberufen worden, so dass sie den Hof alleine führen musste, während ihr Mann kämpfte. Er kam wenigstens heil wieder. Aber als wäre die Zeit nicht schlimm genug gewesen, hantierte ihr Mann kurz nach Kriegsende im Wohnzimmer mit einer übriggebliebenen Handgranate. In der Stube saßen auch Opa und Enkelin auf dem Sofa hinter ihm. Die Handgranate zündete in seiner Hand. Martin wurde regelrecht zerrissen bei der Detonation und starb sofort. Mit seinem Körper schirmte er aber die beiden auf dem Sofa zufällig genau so ab, dass sie wie durch ein Wunder fast unverletzt blieben.
Ab Mai 1945 kamen auch gleich die ersten Heimkehrer vom Krieg zurück, wie der Johann Schmid vom Maüma in der Strassengabelung gegenüber vom Storch. Plötzlich schlurfte er auf dem Weg zu seinem Heimathaus durch unseren Hof.
Und sehr bald setzte der Zustrom der Heimatvertriebenen aus dem Osten ein. In dem Zuge ergab sich, dass mehrere gerade heimatlos gewordene aus dem Sudetenland und Schlesien bei uns um Arbeit nachfragten. Das war unsere Rettung.

16

Meine Stimmung schwankte beträchtlich, auch wenn ich dazu gar keine Zeit hatte. Ich blickte auf mein bisheriges junges Leben zurück. Meine Ferienzeit hatte der Aufenthalt in der Fischerhütte gekrönt, die auf einer kleinen Insel in der Paar stand und die nur über einen Holzsteg erreichbar war. Das war fast wie in Onkel Toms Hütte. Lore, meine liebste Ferienfreundin aus Augsburg, wohnte dort immer am Wochenende. Wir warfen Steine ins Wasser, ließen die Beine baumeln und bauten kleine Hüttchen aus dürrem Holz und Gras. Irgendwann kam Lore immer seltener nach Merching, dann gar nicht mehr. Ich trauerte dem eine Weile nach, dieser ganz kleinen heilen Welt. Und alleine machte es weniger Spaß. Ein neuer Abschnitt bahnte sich bei mir an: Ich kam ins Teenageralter.

Aber das hatte wenig Glorreiches an sich. Meine Erwartungen blieben gedämpft. Ich hatte meinen Papi, Onkel Toni und Großmutter verloren. Meine leibliche Mutter, die gleich nach meiner Geburt gestorben war, kannte ich nur von Fotos. Die neue Frau meines leiblichen Vaters war zwar nett, aber etwas distanziert. Mein neuer Stiefvater war nicht meine Vertrauensperson geworden. Dann hatte ich noch die Bilder vom toten Piloten am Lechfeld, vom bombardierten Hof meines Vaters in Mering und von der Mündung der Pistole des amerikanischen Soldaten am Kopf in unserer Stube. Ich fand, für eine 15-Jährige war das genug der Zumutung.

Irgendwann musste man sich auch mal ausruhen und etwas abschalten. Das bedeutete nicht, nichts zu tun, sondern vielmehr etwas Entspannendes zu arbeiten und an nichts anderes zu denken. Nach einem arbeitsreichen Jahr freuten sich unsere Angestellten auf eine verdiente, ruhige, stade (stille) Zeit an den langen Winterabenden. In der großen Stube war der Kachelofen angeheizt. Wo während der Kriegszeit der arbeitsaufwendige Sägemehlofen gestanden hatte, diente später ein richtiger Kachelofen

als wohliger Wärmespender. Die Mädels scharten sich um den großen Tisch, mit ihrem Strickzeug in der Hand. An diesen langen Handarbeitsabenden entstanden dann Pullover, Westen, Mützen und Handschuhe, aber vor allen Dingen eine Reihe von Socken. Die Socken fanden das ganze folgende Jahr hindurch reißenden Absatz, zumal bei der verschleißträchtigen Männerwelt. Maria hatte besonders fleißig an Socken gearbeitet, die sie ihrem Vater zu Weihnachten schenken wollte. Und das ging schnell bei ihr; wir wunderten uns bloß darüber, dass sie ohne abzusetzen einen runden Schlauch von ca. 50 cm Länge strickte, durchgehend mit den obligatorischen Maschen 2 links, 2 rechts. Bis zur Hälfte; dann glatt weitergestrickt und abgeschlossen. Tempomäßig war daran absolut nichts auszusetzen. Aber Maria gefragt, wo denn die Ferse hingekommen wäre, antwortete souverän: „Ach, die tritt sich schon ´nei".
Später, als die Heimatvertriebenen die Stellen einheimischer Arbeitskräfte übernahmen, gelangte auch bei uns das Ritual des Federschleißens in die Stuben. Federschleißen heißt, die Federn der Länge nach am Kiel zu teilen und dann den Kiel herauszuschneiden, damit man gleichmäßige weiche Daunen bekam. Es gab dazu überall genügend Federvieh. Die Gänse wurden irgendwann gerupft. Und dann waren es die langen Winterabende, an denen Federn geschlissen wurden, um Füllmaterial für Bettdecken zu gewinnen. In manchen Ortschaften galt Federschleißen als gute Gelegenheit, eine kleine Feier auszurichten, zu musizieren und zu singen. Diese Art, in Eigenregie Betten herzustellen, währte bei uns ein paar Jahre. Noch wäre es nämlich nicht in Frage gekommen, etwas im Laden zu kaufen. Da gab es ja auch nichts; oder sagen wir: sehr wenig.

Es wäre nicht gerecht, nur von schlechten Zeiten zu sprechen. Von dem niedrigen Niveau ist jede noch so kleine Verbesserung ein Stück vom Himmel. Und darüber freute ich mich wie auf den Geschmack weißer Schokolade damals auf der Primiz. Wir Glücklichen, und so nenne ich jetzt mal uns 16-Jährige oder

jünger, durften uns allmählich an bessere Zeiten gewöhnen. Vereinzelt konnten die Mädchen sogar schon wieder Kleider kaufen. Man trug Schuhe mit Keilabsatz, die auch viel später wieder topschick waren. Ich bekam hochmoderne Treter mit Kreppsohle. Die Haare wurden etwas kürzer getragen. Ein Ausbruch von Freiheit lag in der Luft – fast, wie wenn Christrosen durch den letzten Schnee durchbrechen, auch wenn ich noch mitten in der Berufsschulausbildung steckte.
Mit 16 durfte ich zum ersten Mal auf eine Hochzeit in Augsburg gehen. Hans Reich aus Augsburg und Maria Lang aus Mering hatten den Bund fürs Leben geschlossen und in eine Gaststätte in der Stadt eingeladen. Weil es eine geschlossene Gesellschaft war, hatte ich keine Polizeikontrolle zu befürchten. Das war sonst schon ein Problem, weil ich ja noch nicht volljährig war. Am Vormittag büffelte ich noch in der Handelsschule und nachmittags tauchte ich in der Annastraße in Augsburg vor dem Hochzeitslokal auf, bewaffnet mit meiner Schulmappe der Handelsschule. Eine Bedienung eilte vorbei und rief in den Raum: „Da steht ein Schulmädel draußen und will herein.“ Schulmädel? Was für eine Diskriminierung. Das traf meinen Nerv einer Wirtschaftsschülerin aber verheerend. Als ob ich noch im Volksschulalter wäre, und mich nicht längst als junge Dame fühlte. Einmal im Saal, verrauchte mein Ärger schnell. Die Feier weckte jedenfalls meine Leidenschaft fürs Tanzen. Und das Tanzen würde zu einem der wichtigen Türöffner in meinem Leben.

Der Besuch der Frenzel'schen Handelsschule in Augsburg war wieder ein großer Schritt für mich. Die Schule war zwar 1944 vollständig ausgebombt worden, konnte aber 1946 den Lehrbetrieb in Ausweichräumen in St. Stephan fortsetzen, wo ich auch anfing. Im gleichen Jahr wechselten wir in Räume in der Bürgermeister-Fischer-Straße vom Kö Richtung Moritzplatz im ersten Stock. Hier wurden wir Jugendlichen vom Land, man könnte auch sagen Land-Eier, aufgeschlossener, vielseitiger interessiert, lernfreudig und selbstständig. Es hieß landläufig, dass die Schülerinnen der Handelsschule recht schlau wären. Zumindest redeten wir uns das ein. Manche waren bestimmt sehr schlau. Andere wurden nur von ihren Eltern dorthin verfrachtet, um eine höhere Bildung zu genießen. Die meisten stammten ja aus einem Betrieb oder einem Geschäft, und die Eltern konnten sich das Schulgeld leisten. Welche Schule die Schülerinnen besuchen sollten, wurde noch von den Eltern entschieden. Was wir jungen Damen für richtig hielten, hatte noch kaum einen Stellenwert. Und dann musste man halt hin, ob man wollte oder nicht. Der Unterrichtsablauf war so ohne Lehrmaterial für uns Schüler eher beschwerlich. Denn das ganze Lehrmaterial aus der Hitlerzeit durfte nicht mehr verwendet werden. Und neue Bücher waren noch nicht gedruckt. Auch die Lehrer hatten mit dem wenigen eine schöne Herausforderung. So waren sie gezwungen, den Unterrichtsstoff komplett auf die Tafel aufzuschreiben. In ihren Augen war das zwar eine mühsame, aber bestimmt langanhaltende Methode, das Lernpensum in unsere Köpfe zu hämmern. Morgens bei der Zugfahrt nach Augsburg standen wir im Freien zwischen zwei Waggons und klopften noch das große Einmaleins durch, damit die Grundlagen saßen. Also eigentlich standen wir draußen, weil innen jeder mithören konnte und weil draußen der Zug einen solchen Lärm verursachte, dass wir uns nur dort ungestört gegenseitig abfragen konnten.

Eine große Bereicherung war es schon, das neue Schulleben und der Austausch mit den Schulkameradinnen und Kameraden. Die einen konzentrierten sich ganz aufs Lernen. Die anderen fingen schon an, sich kokett zu kleiden oder sogar zu schminken. Unzweifelhaft: Wir wurden flügge mit 17. Jetzt war es nicht verwunderlich, dass ein älterer Lehrer, ein eingefleischter Junggeselle, das Klassenzimmer betrat, eine knallrot geschminkte Klassenkameradin anpeilte und anfing zu schreien: „Ihr dummen Kälber! Fällt euch nichts anderes ein?“ Das war zwar völlig legitim, dass die Lehrkraft spontan einen Zornausbruch hatte. Aber nun folgte eine tumultartige Szene, bei der die Mädels auf den Lehrer losgingen und auf ihn einschimpften und sich lautstark über seine

Ignoranz beschwerten. Die Unruhe ebbte genauso schnell wieder ab. Der Unterricht lief nach ein paar Minuten weiter wie üblich. Natürlich gab es danach weder einen Verweis für die Schülerin, noch Ärger für den Lehrer. Es war ja nur als ein gutgemeinter Hinweis gedacht, den Schmarrn endlich sein zu lassen und sich auf die wichtigen Dinge im Leben zu konzentrieren. Und da gingen halt die Meinungen auseinander, was die wichtigen Dinge jetzt genau waren. Wir waren jedenfalls zu dieser Zeit von Lehrern durchaus eine härtere Gangart gewohnt. Deswegen wurden wir leicht mit so einer Situation fertig. Wir parierten in dieser Stunde und schminkten uns natürlich in den nächsten Stunden so, dass sich die Lehrer langsam an das Leid gewöhnen konnten und letztendlich resignierten. Nach dem Motto: Hauptsache schön. Und was in der Birne.

17

Ich hatte schon erzählt, dass unsere Beschäftigten im Alltag eine ähnlich bedeutende Rolle in meinem Leben spielten wie meine Eltern und meine Freundinnen. Zum dritten Mal innerhalb von weniger als zehn Jahren hatten wir es um 1946 im Betrieb mit einer komplett neuen Mannschaft zu tun. Ich habe die Eltern nicht darum beneidet: Personalsuche und -zuteilung; herausfinden, ob die Aspiranten ihr Metier beherrschen; Vereinbarungen treffen; einarbeiten; hoffen, dass die Mannschaft zusammenpasst. Wie sagt man: So wie man in den Wald hineinruft, so schallt es zurück. Mutti schien wirklich ein gutes Händchen dafür zu haben. Die Heimatvertriebenen aus Böhmen und Schlesien suchten Arbeit in der Landwirtschaft oder wie in unserem Fall auch in der Mühle. Die neue Mannschaft setzte sich also 1946 zusammen aus der 1. Magd Maria Ernst, der Angestellten für die Hausarbeiten Adelheid Wurmser, der 2. Magd, Anni Ernst, dem Johann Schmaus, einem Müller aus dem Sudetenland und dem Knecht Bartholomäus Keller aus Merching. Leo Hartl aus Schlesien arbeitete als

2. Knecht. Und Johann Sedlmeir versorgte als „der Bua“ die Pferde. Langsam ging es damit zu Ende, dass die Bezeichnungen Knecht und Magd verwendet wurden. Jetzt redeten wir eher von unseren Beschäftigten oder von unseren Angestellten.

Wie schnell das alles ging: Gerade waren wir Anfang Mai 1945 vom Krieg erlöst worden, schon war halb Europa, so schien es mir, auf dem Rückweg oder auf der Flucht. Wir Bayern hatten offensichtlich noch großes Glück, dass unsere Heimat von den amerikanischen Streitkräften besetzt wurde und nicht vom russischen Heer. Letzteres erwarb sich seinen schlechten Ruf mit Grausamkeiten und Attacken auf die Bewohner, vor allen Dingen auf die Frauen. Die deutschstämmigen Menschen wurden aus Tschechien nach Deutschland vertrieben, nur um dort eine oft dürftige Bleibe zu finden. Die Benesch-Regierung hatte per Dekret verfügt, drei Millionen Sudetendeutsche ersatzlos zu enteignen und des Landes zu verweisen, was dann teils über Nacht umgesetzt wurde, teils mit ein paar Monaten Vorlauf, so dass im Koffer wenigstens etwas Kleidung, Schmuck und die Familien-Andenken in die neue Heimat mitkamen. Andere Heimatvertriebene wurden nur mit den Kleidern am Leib verjagt.
Was die Bevölkerung tagtäglich unter der russischen Besetzung erdulden hat müssen, überschritt die Grenze des Menschlichen. Ich zitiere aus Frau Schulze-Kroihers Familienchronik „Aus Böhmens Wäldern“: „Sämtliche Betriebe, [...,] wurden beschlagnahmt und verstaatlicht. Ein Kommissar leitete den Betrieb. Wir durften zwar arbeiten wie zuvor, bekamen aber keine Entschädigung dafür. [...] Es gab mutwillig Kontrollen bei Tag und auch bei Nacht. Die Haustüren durften auch nachts nicht abgeschlossen werden, damit die Besetzer jederzeit eintreten konnten. Es gab Sperrstunde bei Einbruch der Dunkelheit, so dass abends und nachts kein Deutscher auf der Straße war. Es gab ferner eine Lebensmittelkarte, wie sie während des Dritten Reiches die Juden bekommen hatten. Es gab kein Salz, keinen Zucker und auch kein Weizenmehl. Die Bauern mussten Eier, Milch und Butter ablie-

fern, bekamen aber kein Geld dafür. Man lebte ständig in Angst.“ Die vielen schlaflosen Nächte, die ihnen die russischen und tschechischen Soldaten beschert hatten, sei es auf Raubzügen oder auf der Suche nach jungen Frauen, war alles eine totale Katastrophe.

In jeder größeren Ortschaft richteten die Behörden Sammelstellen für den gewaltigen Flüchtlingsstrom ein, so dass die Menschen zumindest für ein paar Tage Unterkunft fanden. Zwar bemühten sich die amtierenden Gemeindeväter darum, dass Familien nicht getrennt von ihren Kindern untergebracht wurden. Doch es mangelte an großen Wohnungen; der Zuschnitt der Häuser passte nicht; unsere Häuser waren jedenfalls nicht für Mietwohnungen gebaut worden.

Die Sammelstelle für die Vertriebenen war in Merching die Kegelbahn in der Gastwirtschaft Kopp. Dort wurden die Neuankömmlinge verköstigt. Die Räume waren mit Feldbetten und Matratzen zu einem provisorischen Nachtquartier umfunktioniert worden. Die Einwohner Merchings liefen in diesen Tagen mit ihrer behördlichen Aufforderung zur Aufnahme der Heimatvertriebenen dorthin und kamen mit den einzelnen Personen ins Gespräch. Hier war sicherlich Fingerspitzengefühl gefragt. Denn viele waren unweigerlich schlimm vom Schicksal gezeichnet. Doch wie es ihnen wirklich ging, das wollten sie auch nicht einfach zeigen; denn es war ja wie bei einer Bewerbung und da will man einen möglichst guten Eindruck hinterlassen. Für die Merchinger gab es zwei Möglichkeiten: entweder man nahm eine aktive Rolle ein und wählte selbst, welche Familie, welches Alter und wie viele Personen man aufnahm. Oder es wurde einfach zugeteilt. Mein Stiefvater hatte jedenfalls von seinem Gang ein Ehepaar im Alter von etwa 60 und ihre 30-jährige Tochter mitgebracht, die Familie Tamme. Es stellte sich gleich heraus, dass die Wahl goldrichtig war. Die Leute passten genau zu unseren Verhältnissen am Betrieb und in der Mannschaft. Wir schätzten uns gegenseitig, hatten Respekt vor dem Können und dem Fleiß des anderen und erfuhren viel von ihrem Leid.

Vater Franz Tamme beschäftigte sich am Hof mit Aufräum- und Ausbesserungsarbeiten. Tochter Anni arbeitete mit unseren landwirtschaftlichen Angestellten zusammen. Und Mutter Emilie Tamme war mit meiner Mutti überall in Haus, Hof und Garten zu finden. Ich erinnere mich an ihre amüsierten und freudestrahlenden Gesichter bei einer ihrer Lieblingsbeschäftigungen. Sie standen mitten unter der Hühnerschar, Mutti mit dem Kochtopf in der Hand. Beide verfütterten die Essensreste an das hungrige Federvieh.
Mutter Emilie wurde später von meinen Kinder neben den leiblichen Omas einfach zur weiteren Oma gekürt, ohne dass sie sich darum scherten, wie noch eine Großmutter in den Stammbaum passte. Um einmal genau zu sein, handelte es sich in meiner Familien-Geschichte um die vierte Oma, oder sogar die fünfte, neben der Mutter meiner leiblichen Mutter und Stiefmutter, weil die ja Schwestern waren, der Mutter meines leiblichen Vaters, und der Mutter meines Stiefvaters sowie der Mutter der neuen Frau meines leiblichen Vaters. Kommt Ihr noch mit beim Lesen? Die Kinder schwärmen jedenfalls heute noch von ihrer fürsorglichen Oma aus Röhrsdorf in Tschechien. Tochter Anni beschäftigten wir auf dem Hof als landwirtschaftliche Angestellte. Die Arbeit teilte sie sich mit Mina und Gretl, die ebenfalls aus der Tschechei vertrieben worden waren. Sie alle erhielten volle Verpflegung, Unterkunft und den in der Landwirtschaft üblichen Lohn. Dasselbe galt auch bei den männlichen Beschäftigten aus dem Osten, Emil, Bruno, Leo, Franz, als Arbeiter in der Landwirtschaft, Rudi und Hans als Müller. Über Emil werde ich noch etwas mehr berichten, denn er sollte unserem Betrieb bis zu seinem Lebensende treu bleiben. Insgesamt sorgte also unsere Familie für elf Heimatvertriebene aus den tschechischen und schlesischen Ausweisgebieten. Aber vielleicht war das falsch ausgedrückt, wenn ich sage, wir sorgten für sie. Denn eigentlich sorgten sie für uns. Und ganz bestimmt sorgten sie für mich, nicht nur, weil sie mir viel Arbeit abnahmen. Ich wäre jedenfalls gar nicht mehr vom Hof heruntergekommen, so viel gab es zu tun. Die

Arbeit darf man sich nicht so regelmäßig vorstellen wie in einer Fabrik. Je nach Jahreszeit, Länge des Tageslichts, akuten Problemchen und Materialverschleiß änderte sich mein Tagesablauf:

7:00 Aufstehen. Das Personal wurde zuerst mit Frühstück versorgt, dann die Familie. Ich aß Brot mit Butter und Marmelade, vielleicht eine Dampfnudel vom Vortag und trank Kakao.
8:00 Küche aufräumen, Kleinwäsche, Bügeln. Bei den Arbeiten ist mir aufgefallen, dass ich nie im Leben ein Korsett anziehen wollte. Denn das, das Mutti trug, sah nicht gerade bequem aus. Alternativ musste ich die Buchführung für die Mühle machen.
9:30 Hühner und Hasen füttern. Für die Hühner hatten wir schon eine Art Futterautomaten, eine Tonne mit einem Metallgefäß drumherum. Aber die Hasen waren im ehemaligen Kükenaufzuchtstall in einzelnen Boxen etwas aufwendiger zu versorgen.
10:00 Gartenarbeit oder Aufräumen. Mit Frau Tamme habe ich viel im großen Gemüsegarten gearbeitet und geerntet. Sonst gab es immer etwas zum Aufräumen und Saubermachen auf dem Hof.
10:30 Küchenarbeit. Mutti hat gerne gekocht und ich habe sozusagen die Hilfstätigkeiten in der Küche verrichtet.
11:00/12:00 Ehemals Essenszeit; später wurde das wegen der Handwerker auf 12 Uhr umgestellt. Dann habe ich das Geschirr in die Küche geräumt und abgetrocknet, während Tamme Oma gerne gespült hat. Dann hat jemand, respektive ich, jeden Tag Küche und Hausgang putzen dürfen, weil alle mit Stiefeln am Tisch gesessen waren.
13:30 Verschiedenste Tätigkeiten: Säcke flicken oder kleben eher bei Regenwetter; Grab richten; Einwecken; dem Metzger helfen; Besorgungen mit dem Auto machen (in Augsburg holte ich öfter eine Autoladung Kälberfutter beim Großhändler); Kartoffelklauben; Steine vom Acker am Lechfeld sammeln.
17:30 Abendessen. Für die Beschäftigten und die Familie habe ich das Essen mit hergerichtet. Das war im Sommer einfach, weil es Wurstbrot gab. Aber im Winter wurde auf alle Fälle etwas Warmes gekocht.

18:00 Küchenarbeit.
18:30 Handarbeiten, Stricken, Nähen, Wäscheflicken. Im Winter sind wir abends zum Schlittenfahren gegangen. An den Hügeln im Dorf mussten dazu die Schneemenge und das Licht von den Nachbarn genügen. Im Sommer gingen wir eine Runde Baden. Zusammen mit den Vertriebenen war der Winter auch die Zeit für das Federschleißen für die Daunendecken. Und sonntags gab es wieder Tanz, zuerst am Abend, später auch schon ab 15 Uhr. Vom Tanzen bin ich dann heimgegangen, wenn Hedi Kopp auch losmusste. Sie trat ab 23 Uhr in ihrer Wirtschaft die Schicht an.
21:00 bis 22:00 Schlafengehen.

Nicht bei jedem im Dorf ging die Integration so reibungslos vonstatten wie bei uns. Die Stimmung war bei der Platznot schnell gereizt. Die Neuankömmlinge teilten vom ersten Tag an auch die Küche mit den Bewohnern, was für einige Merchinger ungewohnt und hart war. Manche mussten sich über die Zeit regelrecht zusammenraufen. Unter den Flüchtlingen bildeten sich je nach Herkunftsort schnell wieder Grüppchen, die einander regelmäßig besuchten. Anfangs sprachen sie viel über ihr schweres Schicksal, redeten sich alles von der Seele. Später stand das Häuslebauen im Vordergrund und es blieb wenig Zeit übrig zum Grübeln. Nach einiger Zeit habe ich jedenfalls von keinem mehr gehört, der ernsthaft wieder zurück wollte in die „alte Heimat“ unter den jetzt herrschenden Umständen. Mancherorts hätte die Rückkehr gar nichts mehr gebracht. Denn ganze Ortschaften waren wegen der Grenznähe dem Erdboden gleichgemacht worden, so zum Beispiel Reichenbach an der österreichischen Grenze, wo selbst die Kirche bis auf die Grundmauern geschleift wurde.

Emil stammte aus einem großen Hof im Sudetenland. Ich finde es wichtig zu wissen, aus welchem kulturell und gesellschaftlich reichen Umfeld Emil und unsere anderen Heimatvertriebenen stammten und welche große Historie sie hinter sich lassen mussten. Von den drei historischen Ländern Tschechiens, nämlich

Mähren, Böhmen und Österreichisch-Schlesien, war das Gebiet in den westlichen zwei Dritteln Tschechiens eines der Länder der böhmischen Krone. Durch seine Lage am Rande der eiszeitlichen Zonen fanden sich Spuren von Ansiedlungen schon im Paläolithikum und bäuerliche Kulturen bereits ab ca. 5000 v. Chr. Die Gletscher der Eiszeit hatten offensichtlich an ihren Endmoränen für die Ablagerung von fruchtbarem Boden gesorgt.
Slawen besiedelten im 6. Jahrhundert die Region. Dann versuchte Karl der Große sie zu erobern. Im 9. Jahrhundert wurde das Christentum dort eingeführt und im 13. Jahrhundert begann eine intensive Besiedlung durch deutsche Bauern und Bergleute. Nach dem Dreißigjährigen Krieg wurden entvölkerte Landstriche wieder durch Siedler aus den deutschsprachigen Teilen des Habsburgerreiches urbar gemacht. Nach dem 1. Weltkrieg floss Böhmen in die Tschechoslowakei ein, mit circa einem Drittel deutschsprachiger Bevölkerung.
Jestrebice in der Nähe von Böhmisch Leipa war ein bäuerlich geprägter Ort mit vielleicht 50 Häusern, großen Scheunen und gefüllten Ställen. Am einen Ende der Nebenstraße führen vom Platz mit Linde und Kapelle kreisförmig imposante Durchfahrtsbögen auf die Grundstücke. Hinter den Höfen erstreckt sich ein sanft hügeliges Ackerland mit schweren Böden. Das macht einen ähnlichen Eindruck, wie wenn man in Merching hinter dem Bahnhof links abbiegt und den Hang entlang Richtung Fahrsilo und Berger Feld wandert. Emil war aber bereits während des Krieges durch seine Einberufung aus seinem Hof in Jestrebice gerissen worden. Nach seiner Entlassung aus der Truppe führte Emil die gute Zugverbindung von Frankreich direkt nach Augsburg. Seiner Erzählung nach sah er in Deutschland die besten Chancen für einen Neubeginn in seinem Leben. Er war vorher mit Leib und Seele Landwirt, konnte hervorragend mit störrischem Vieh, abgehalfterten Maschinen und klapprigen Gerätschaften umgehen und wollte hier an sein vorheriges Leben als Landwirt anknüpfen. Aber vor allem wollte er nicht in der Stadt arbeiten. An unserer Gegend reizten ihn besonders die großen Bauernhöfe und die

reich bestellten Felder. Er setzte sich in Augsburg wieder in den Zug und stieg aufs Geratewohl in Mering aus, unserem Nachbarort. Sein Ziel war jetzt, einen Betrieb zu finden, bei dem er direkt Familienanschluss bekam und trotzdem so selbstständig wie möglich arbeiten konnte. Nachdem er in verschiedenen Betrieben Gespräche geführt hatte, war ihm seinem Eindruck nach bei uns genau das in den Schoß gefallen, was er sich erträumte. Und es sah alles so ähnlich aus wie in seiner tschechischen Heimat, die weiß gestrichenen Bauernhäuser mit dunklen Holzbohlen, die offene und großzügige Hofaufteilung und die fetten Böden in hügeliger Landschaft. Selbst das Wetter ähnelte sich sehr, etwas kontinentaler und schneidiger in Jestrebice und etwas föhniger und feuchter in Merching. Die Betriebe suchten händeringend nach Personal und die landwirtschaftliche Arbeit musste um jeden Preis weiterlaufen. Gute handwerkliche Fähigkeiten waren noch durch keine Maschine ersetzbar. Emil entschied sich zum Glück für uns und ging in dieser schwierigen Lage klug und einsatzfreudig ans Werk; und vor allem mit Herzblut.

18

Bereits im Herbst 1945 hielt die Kirchweihmusik wieder Einzug in unserem Hausgang. Für private Zusammenkünfte sprang öfter der Musiker David Bernhard ein. Und von den Heimkehrern lernten wir Mädels das Tanzen. Von wegen Tanzschule besuchen; daran dachte keiner im Dorf. Die erste Tanzschule sollte mich erst 40 Jahre später kennenlernen. Wir tanzfreudigen jungen Damen entwickelten schnell ein Gespür dafür, wer die besten Tänzer waren und schnappten sie uns gegenseitig weg, egal ob sie in unserem Alter waren, von der Elterngeneration oder unter den Großvätern. So ging das zumindest in der Theorie. Denn bei den wenigen Männern und vielen Frauen konnten wir bei manchem Tanz doch nicht so wählerisch sein wie erhofft. In der Faschingszeit

1947 gingen auch die ersten Bälle im Gasthaus Siebenhütter wieder los. Bis dahin hatten wir schon eine ausgefeilte Technik entwickelt, was das Tanzen und die Auswahl talentierter Tanzpartner betraf. Eine echte Bereicherung stellten jetzt die Heimatvertriebenen dar. So bildeten wir eine Clique, die so gut harmonierte, als wären wir schon zusammen in die Grundschule gegangen. Wir fieberten dem entgegen, wenn am Sonntag ab 15 Uhr zum Tanz beim Bräu geladen wurde. Damit die Musik ordentlich klang, wurde eine Dreimann-Kapelle mit Johann Lachenmair, Hans Schmied und Bertl Wolferstetter engagiert. Selbst bei den Musikern wurden wir immer anspruchsvoller; dann holten wir auch mal aus Mering den Steinbrecher Schorschl zu unseren Merchinger Tanzveranstaltungen.

Zur gleichen Zeit waren gerade die Häuser am Ortsrand noch bevorzugte Zielobjekte für Leute, die ohne Bezahlung mitnahmen, was sie sich krallen konnten. So sahen sich die Merchinger zur Selbsthilfe gezwungen und legten sich zum Schutz vor Einbrechern einen pensionierten Polizeihund zu, der ihr Hab und Gut schützen sollte. Offenbar gelangte die Nachricht über den Hund auch an die falschen Ohren, nämlich an die Mitbürger, die gerade die Streiche für die nächste Freinacht ausheckten. Dann kam die Freinacht. Am nächsten Morgen war nicht nur die Hundehütte verschwunden, sondern auch der Hund. Die Hütte fand man mitten am Dorfplatz wieder. Der Eingang war mit einem Brett zugenagelt. Den ehemaligen Polizeihund hatten sie ein paar Meter neben der Hütte an eine lange Stange gebunden. Das nichtsnutzige Tier hatte weder in der Nacht die Besitzer rausgebellt noch am Dorfplatz einen Ton von sich gegeben.
Der gleiche Dorfplatz war auch das Ziel eines jungen Merchingers, der im Morgengrauen mit einem Bett auf den Schultern durch das Dorf schlich. Er war der Meinung, dass den Passanten das Federbett eines Freundes mitsamt Kissen auf dem Dorfplatz gut gefallen würde. Er deponierte alles so hoch im Baum, wie er mit dem unhandlichen Zeug eben hochklettern konnte. Aber di-

rekt zuvor hatten seine Freunde die Betten vertauscht, und der junge Merchinger trug in Wirklichkeit seine eigene Heia hoch in die Baumkrone. Die ersten Kirchgänger fanden die Idee vom Bett im Baum recht ansprechend. Zur Begutachtung des Hochbetts kamen dann immer mehr Merchinger zusammen: So etwas sah man wirklich nicht alle Tage. Später steckten ihm die Freunde, dass es sich – leider, leider – um sein eigenes Bett handelte. Unter dem Beifall der letzten, die zur Besichtigung vorbeikamen, stieg er wieder auf den Baum und rettete sein Bett.
Ich hoffe, dass ich das richtig in Erinnerung habe: Freinächte waren eine Nacht vor Ostern, eine Nacht vor dem 1. Mai, und eine Nacht vor Pfingsten. Und irgendwie war es keine gescheite Freinacht, wenn nicht mindestens ein Anhänger im Dorf verzogen war, ein alter Zaun abfackelte, mehrere Gartentürl fehlten oder ein Teil der Burschen sturzbesoffen war. Ich hatte den Eindruck, dass die Burschen die Mutproben nicht mal mehr machten, um die Mädels zu beeindrucken, sondern einfach nur zum Spaß. Einige Heranwachsende plünderten das Alkohollager der Meringer Brauerei. Der hochprozentige Alkohol hatte eine gute Qualität, vor allen Dingen beim Trinken. Wie die „Buam“ da torkelnd und lallend durch die Straßen zogen, war schon eine Gaudi für uns. Hauptsache, wir Mädels mussten nicht mittrinken.

1898 war etwas Wegweisendes für die Dorfgeschichte geschehen. Merching hatte eine Haltestelle der Eisenbahn bekommen, auf der neuen Verbindung von Augsburg nach Weilheim. Also besser gesagt: Es war die Strecke für die Städter aus Augsburg, die zu den Badeorten am Ammersee wollten. Der Zug schaffte Tag für Tag die Leute nach Schondorf, Utting und Dießen. Denn diese Orte lockten mit den Attraktionen der Jahrhundertwende, wie einer Dampferfahrt über den See, den Sprungtürmen im Wasser, mit Tretbootfahren und dem Segeln. Wir Merchinger tummelten uns nur ein oder zweimal pro Jahr am See, meistens in Utting. Dahin gelangten wir allerdings mit dem Fahrrad, nicht mit dem Zug. Denn der war uns zu kostspielig. Und außerdem gab es

ja bei uns die Paar, in der wir uns nach Herzenslust austoben konnten. Kalt war das Wasser an der Paar schon. Wir strampelten uns halt warm, lernten dabei das Schwimmen, passten aufeinander auf, dass keiner absoff. Im Winter gingen wir auf einem stillgelegten Arm der Paar sogar zum Schlittschuhlaufen, weil der Bach dort zufror.
Eigentlich wollte ich von Graf Dux erzählen. Er war es nämlich, der Merching zu seiner Eisenbahnstation verholfen hatte. Merching liegt ja in und am Rand einer Torfmulde, nicht gerade optimal für eine Gleisanlage. Daher war die Gleistrasse ursprünglich von Mering Richtung Süden anders, nämlich über Hofhegnenberg vorgesehen gewesen. Das hätte aber zur Folge gehabt, dass die Gleise mitten durch den Wald des Baron Gebsattel in Hofhegnenberg und damit durch das Jagdrevier des Pächters Graf Dux verlaufen wären. Und weil der Graf nicht goutierte, dass in seinem idyllischen Jagdgebiet fauchende Lokomotiven und ratternde Waggons das letzte Rehlein verjagten, stellte er den Antrag, die Trasse anders zu legen. Auf seiner Jagd sollte absolute Ruhe herrschen, vielleicht hie und da unterbrochen durch einen finalen Schuss. Eine adlige Eingabe hatte zu Kaisers Zeiten noch Gewicht. Daher war der Antrag bei den Behörden von Erfolg gekrönt. Die Gleisstrecke wurde über Merching berichtigt und das Dorf verkehrstechnisch besser mit dem Rest von Bayern verbunden. Die Straße vor unserem Hof wurde sinnigerweise zur Bahnhofstraße umbenannt. Und Graf Dux konnte weiter ungestört seinen Jagdfreuden nachgehen.

Mutti hatte erzählt, dass zu Omas Zeiten viele sehr gläubige Menschen in Merching gewohnt hatten. Die Pfarrer organisierten mal kleinere, mal größere Wallfahrten, passend zur Jahreszeit. Zum Beispiel, wenn die Ernte eingebracht war oder wenn sich Feiertage besonders anboten. Um für eine gute Ernte zu beten, diente die Bittwoche im Mai. Die fand auf den Fluren und Feldern statt, und in den Kirchen der umliegenden Orte. Zum Abschluss der Bittwoche machten die Merchinger eine Wallfahrt nach Andechs auf den heiligen Berg, sozusagen als Krönung der Bitten um eine gute Ernte. Für die Fußwallfahrt auf der Andechsroute kalkulierten die Merchinger im 19. Jahrhundert drei Tage ein. Am ersten Tag marschierte der gläubige Wallfahrer hin. Am zweiten Tag hielt er sich in Andechs auf, sorgte sich um geistige Gebete und Getränke. Am dritten Tag ging es zurück in die Heimat. Die zwei Nächte hatte man in den Stadeln der umliegenden Dörfer verbracht.

Mit der neuen Eisenbahn, also nach 1900, hat sich die Andechswallfahrt für die Merchinger gravierend geändert. Die Wallfahrer liefen zwar noch immer nach Andechs. Dann transportierte das Schiff die Gläubigen von Herrsching nach Schondorf. Und von Schondorf nahm der Zug die Wallfahrer wieder nach Merching zurück. Und so schrumpfte die beliebte Wallfahrt auf einen einzigen Tag zusammen. Die segnende Wirkung der Wallfahrt reduzierte sich damit rein rechnerisch auf nurmehr ein Drittel. Die Jugend reagierte mit einem lachenden und einem weinenden Auge. Ein lachendes, weil nur gut 25 statt der nahezu 80 Kilometer zu laufen waren; da litten die Füße wesentlich weniger. Ein weinendes, denn die Übernachtungen auf dem Heuboden waren wie die Übernachtungspartys heute: eine große Sause mit Erinnerungswert. Während der Nazizeit war die Andechsfahrt von Hitler verboten worden. Aber bereits 1946 hatte Pfarrer Stegmann die Wallfahrt wiederbelebt und ich nahm zum ersten Mal teil. Wir stiegen bequem in Merching in den Zug nach Dießen. Zu Fuß marschierten wir dann am südlichen Ammerseeufer entlang bis zum Ziel in Andechs. Als ich später fragte, konnte sich leider niemand mehr genau an die Route südlich um den Ammersee erinnern. Einige waren der Meinung, es wäre oben herum gewesen. Andere waren nur mitgetrottet und hatten so inbrünstig gebetet, dass sie sich gar nicht mehr an die Strecke erinnern konnten. War ich auf dem Holzweg nach Andechs unterwegs gewesen? Egal: Die übliche Route war wohl um das Nordende des Sees und am Ostufer hinunter bis zum Kloster, oder gleich mit dem Dampfer nach Herrsching und zu Fuß die knappe Stunde den Berg hoch.

Die Tradition des Wallfahrens behielten die Merchinger glücklicherweise bei. Heutzutage ist jedenfalls am Ende der Bittwoche um Mitternacht eine heilige Messe in unserer Kirche. Dann wird aufgestellt und nach Stegen am Ammersee marschiert. Am Ende gesellen sich noch einige Fußkranke oder mit Glaubensschwächen geschlagene dazu, die mit dem Auto zumindest den halben Weg angekarrt werden. Über den See kontempliert die ganze betende Gesellschaft mit dem Ammerseedampfer. Die Verschnaufpause ist in dem Moment dringend nötig fürs Fußgewölbe. Denn nun geht es über das Kiental zu Fuß bergaufwärts eben eine Stunde bis zum Heiligen Berg. Dort angekommen steht für einen Teil der müden Wanderer das Bräustüberl im Vordergrund und dann erst die Messe in der Kirche. Hier wie da treffen die Wallfahrer auf die Münchner Ausflügler, die in Scharen wegen des hervorragenden Bieres, der guten Schweinshaxe und des reinen Gewissens am Kloster einfallen. Nach einer feierlichen Messe in der Klosterkirche am Vormittag und einer Maiandacht am Nachmittag rüsten sich die Wallfahrer für die bevorstehende Heimreise. Neulich war sogar so viel Zeit eingeplant, dass die Kinder der Teilnehmer noch eine kleine Segeltour auf dem Ammersee mitmachen durften. Der Zug wartet dann am gegenüberliegenden Ufer und es geht ab nach Hause. In Merching angekommen, empfängt die Dorfgemeinschaft die Expedition mit Leckereien und der Pfarrherr vermittelt einem ein Gefühl, als wäre der verlorene Sohn heimgekehrt.

In unserer Familie gibt es übrigens immer noch ein Rätsel zur Wallfahrtsgeschichte zu klären. Wir besitzen ein kleines Weihnachtsglöckchen, das an Heiligabend bei uns das Christkind einläutet. Mutti erzählte, dass es ein Andenken von Großmutters Wallfahrt nach Israel sei und von dort stamme. War es möglich, dass meine Oma Theresia Knoller bereits kurz nach dem Jahr 1900 ins Gelobte Land gereist war? Wer's glaubt wird selig. Da glaube ich es doch gern.

19

Das war praktisch, dass mein Stiefvater einen Bekannten in den Bergen hatte; und noch besser, weil der in Hammersbach an der Zugspitze wohnte. Herr Mader war Angestellter bei der Zugspitz-Zahnradbahn. Regelmäßig war er zu Kriegszeiten nach Merching zum Besuch und zum Hamstern gekommen. Vollgepackt mit Tüten von Mehl, Grieß und Gemüse fuhr er dann wieder Richtung Süden und versorgte seine Familie unten an der Höllentalschlucht mit Lebensmitteln. Als Dank dafür erhielten wir einen Strauß Alpenrosen und eine Einladung zu ersten Brettl-Versuchen auf der Skipiste gleich westlich von Garmisch. Meine Skikleidung bestand aus einer Keilhose, die die Schneiderin extra genäht hatte, und einer Jacke, die sie als Anorakersatz aus zwei Stoffresten zusammengestückelt hatte. Die Skier vom Wanger ohne Stahlkanten und ohne vernünftige Bindung, vor allem ohne brauchbare Skischuhe, so fielen meine ersten Schritte auf Skiern wackelig und dürftig aus. Immerhin besser als mit zwei Holzscheiten an den Füßen. Das übertraf jedenfalls meine Erwartungen; die hatte ich sicherheitshalber so niedrig geschraubt, dass ich insgesamt zufrieden war, überhaupt ein paar Spuren in den Schnee ziehen zu können. Weitere Details lasse ich aus. Das kennt jeder von seinen ersten Stunden auf Skiern, wo einem die Piste leidtun kann, bei dem was man ihr da zumutet. Der Kurzurlaub bescherte mir auch eine schöne Gelegenheit zum Schlittschuhlaufen. Im Gegensatz zum Skifahren hatten wir auf dem flachen Land das Schlittschuhlaufen nämlich auf dem Untermüllerweiher in Merching gelernt. Und nun drehten wir unsere Runden auf Kufen in der Eisarena in Garmisch. Die aufgemotzte Halle, das geputzte Eis und die eleganten Roben mancher angestrengter Schlittschuh-Laien vermittelten mir einen Geschmack von großer weiter Welt. Zwischen Lachen und Staunen war ich ja selber streng bemüht, eine einigermaßen gute Figur abzugeben und nicht ständig auf die eigenen Schuhe zu starren. Sollte bloß keiner denken, der Merchinger Weiher wäre keine adäquate Schule gewesen. Aber es sah nochmal deutlich besser aus, als abends die Eishockeyspieler ihre professionellen Runden drehten. Das war die Krönung der Ferien. Welche der beiden Mannschaften mussten wir anfeuern? Welches sind jetzt gleich die Lokalmatadoren? Was man da alles falschmachen kann! Also feuerten wir einfach die gleiche Mannschaft an wie die Zuschauer um uns herum. Wer konnte schon genau wissen, mit welcher Ernsthaftigkeit die lokalen Fans ihre Mannschaft verteidigen würden? Nachdem diese Reise ohne besondere Katastrophen verlaufen war, nahmen wir uns gleich den nächsten Ausflug vor.

Denn ich kam über eine Verwandtschaft in Oberammergau an eine Eintrittskarte für ein besonderes Schauspiel, nämlich für die erste Aufführung der Oberammergauer Festspiele nach dem Krieg. Noch nie zuvor saß ich unter so vielen Zuschauern. Noch nie hatte ich so viele Darsteller auf einer Bühne gesehen, so aufwendige Kostüme und so lange Bärte. Die Bärte waren ja nicht angeklebt; die Darsteller ließen sie ein Jahr lang bis zu den Festspielen wachsen. Was da die Ehefrauen und die Arbeitgeber davon hielten? Mitspielen, mitleiden. Jedenfalls bewegte mich die Leidensgeschichte Jesu in dieser überwältigenden Inszenierung zutiefst. Während der Pestzeit im 30-jährigen Krieg hatten die Oberammergauer Bürger doch ein Gelübde abgelegt, um von der Pest erlöst zu werden. Das mit der Pest hatte dann auch geklappt. Daraufhin fanden die Vorstellungen seit 1634 im 10-Jahres-Rhythmus mit nur zwei kurzen Unterbrechungen statt. Und nach 1946 konnte ich fast alle Spiele einmal besuchen. Der Begriff Schauspiel trifft vielleicht nicht ganz, was mir Oberammergau bedeutete. Vielmehr waren die Passionsspiele für mich neben Andechs eine weitere Art von Wallfahrt.
Was meine Ausbildung betraf, so ging mittlerweile die Handelsschule zu Ende. Jetzt konnte die große Freiheit kommen. Aber Hedis und meine Eltern hatten nur auf unseren Abschluss gewartet und uns längst fest eingeplant. Hedi war als Bedienung in der Gastwirtschaft ihrer Eltern vorgesehen und ich für den Betrieb.

Was war eigentlich meine korrekte Berufsbezeichnung? Später würde ich mich manchmal darüber amüsieren, wenn ich kaum mehr verstand, was die Menschen in der Industrie so arbeiteten, noch schlimmer, wenn es deren Berufsbezeichnungen nur noch in englischer Sprache gab. Aber zurück zu mir: Im Haushalt ging es unverändert um Nähen, Kochen, Backen, Wäsche schrankfertig aufbereiten, Säcke flicken. In unseren großen Gärten blieb außer im Winter immer genug zu tun. Die Buchführung sollte ich erledigen. In Stoßzeiten bei der Ernte helfen. Daneben musste die Entenschar versorgt werden, die Küken und die Hühner. Jeden Tag mochte ein Haushalt mit fünfzehn Personen versorgt sein. Also die Berufsbezeichnung „Hausfrau / Gärtner / Betriebswirt / Landwirt / Dompteur / Psychologin“ oder statt Dompteur besser Tierpfleger? Zum ersten Mal kam mir in den Sinn: wie gut, dass Mutti zu dieser Zeit noch einigermaßen gesund war und ich das nicht allein bewältigen musste. Später würde sie nämlich Probleme mit ihren Knien und ihrem Herzen bekommen. Und dann lastete schon ein anderer Druck auf mir.
Zum Glück hatte sich langsam herumgesprochen – und ich meine wirklich sehr langsam, dass die Ferienzeit nicht nur zum Arbeiten da war. Es musste mindestens für eine kleine, verschämte Ausflugsrunde im nächsten Umkreis reichen, oder sogar dafür, einmal richtig wegzufahren. Der Begriff „Urlaub“ war als solcher immer noch unbekannt. Aber ein oder zwei Wochen konnte man schon in den Bergen bei Verwandten oder Bekannten verbringen, ohne gleich zum Faultier oder zum Stadtkind abgestempelt zu werden. Für Hedi und mich war Urlaub Neuland. Wir ließen uns von den Festspielen inspirieren und planten mit Akribie einen ersten einwöchigen Urlaub mit dem Zug und dem Fahrrad nach Oberammergau. Mein Miele war ein hübsches weinrotes Vorkriegsfahrrad. Eigentlich war es Muttis Damenrad, stabil zwar, aber vor allem geeignet für die obligatorischen Röcke. Mit dem Zug fuhren wir ein Stück Richtung Süden, dann radelten wir weiter nach Oberammergau. Mein Stiefvater hatte eine Bekannte angerufen, die uns im Pfarrhof kostenlos unterbringen konnte. So

kurbelten wir zwei Damen jeden Tag von Oberammergau los, an den Walchensee, nach Garmisch oder zum Schloss Linderhof, schlossen die Räder mit einem mickrigen Schloss vor unserem jeweiligen Ziel ab, gingen untertags unseren kulturellen Bedürfnissen nach und schliefen abends wieder im Pfarrhof, wohlbehütet unter Gottes schützendem Dach. Auf einer dieser Ausfahrten war ich einen Moment unaufmerksam, stürzte und landete prompt auf dem Knie. Weit und breit waren keine Fahrzeuge in Sicht. Ich hatte wohl einfach nur geträumt oder dem feschen Kerl am Straßenrand zu lange nachgeschaut. Natürlich ging ich nicht gleich zum Arzt deswegen. Doch die Schmerzen wurden von Tag zu Tag heftiger und nach zwei Wochen musste das Knie punktiert werden. Unvorstellbar, was für eine Riesenampulle mit gestocktem Blut und Eiter mir der Arzt da abzapfte. Ja Mahlzeit. Hauptsache, es hilft. Tatsächlich befreite er mich treffsicher von den höllischen Qualen. Das merkte ich mir: Reise und Arztbesuch ist keine gute Kombination.

Im gleichen Jahr kann ich mich an eine Tragödie erinnern. Ein Klassenkamerad aus unserer Parallelklasse war in den Ferien mit Freunden im Watzmanngebiet zum Klettern und Wandern. Ein Fehltritt, und er stürzte ab. Sein Platz in der Schule blieb leer. Es fühlte sich an, als hätten wir unsere neue Freiheit zu reisen, zu radeln, zu klettern, nicht verdient. Und mit solch einem Unfall würden wir wieder auf unsere angestammten Plätze zurückverwiesen: „Schuster, bleibe bei Deinen Leisten!“ Sagte noch einer: „Do siehsch, was passieren kann, wennsch sowas machsch.“ So betreten wir auf den leeren Platz dreinsahen, meiner Reise-Leidenschaft sollte selbst das keinen Abbruch mehr tun: „Wer nichts wagt, der nichts gewinnt.“

20

Die katholische Kirche hatten sich die Nazis vielleicht als ein schönes Anhängsel oder eine Sonntags- und Feiertagsfolklore vorgestellt, die sich besser nicht in die Politik einmischte. Aber das Dorf ist kein Dorf ohne Pfarrherrn und Messe, ohne Kirchenglocken, genauso undenkbar wie ohne ein Wirtshaus. Sagen wir mal rein theoretisch, es hätte jemand die Kirchenglocken geklaut oder den Pfarrherrn entführt und das Wirtshaus zugesperrt: Das wäre irgendetwas gewesen, bloß kein bayrisches Dorf mehr. Eines dieser Dramen ist in der Kriegszeit aber tatsächlich geschehen. Und jetzt kommt wieder eine besondere Eigenschaft bayrischer Dörfer ins Spiel: Sie verteidigen das, was das Dorf ausmacht und kämpfen so lange darum, bis es wieder recht ist. Ich komme gleich darauf zu sprechen, was in Merching passiert war. Vorweg noch eine Anekdote darüber, wie niemand im Dorf dem Pfarrer entkommen konnte. Es war einmal, so begannen früher Märchen. Oder alte Geschichten aus der Kriegszeit. So war es auch für uns an einem schönen, aber kalten Wintertag gewesen, als wir uns beim Kraumer und Spicker trafen, um gemeinsam Schlitten zu fahren. Plötzlich ein Warnruf: „Dr‘ Pfarr‘ kimmt“. Wir schwangen uns auf die Schlitten und ab gings, den Lefinberg hinunter. Von oben bekam Pfarrer Stegmann offenbar unsere Flucht über den verschneiten Hang noch mit. Es hieß, er hätte die Anweisung gegeben: „Komm Vilax, hole sie zurück“. Vilax war sein deutscher Schäferhund, der aber niemanden je ein Haar gekrümmt hätte, nicht mal dem Postler. Der Hund sprintete los, holte uns ein und apportierte seine schlittenfahrende Herde nach oben. Denn, so der Brauch, jetzt konnten alle nacheinander brav zum Pfarrherrn tappen, ihre obligatorische Kniebeuge machen und „Grüß Gott, Herr Pfarrer“ sagen. In Merching erschien die Welt für uns in religiöser Ordnung, wenn das einzige Vergehen darin bestand, vor dem Pfarrherrn Reißaus zu nehmen.

Pfarrer Josef Stegmann, ein junger, dynamischer Geistlicher, war zuvor aus Augsburg gekommen, hatte in Merching die Pfarramtsstelle übernommen und wohnte mit seiner jungen Köchin im Pfarrhof schräg gegenüber der Kirche. Seine Hobbys: eben sein Hund und ein schickes Moped. Beides passte nicht ganz in unser typisches Bild eines Pfarrers. Wenn Herr Pfarrer sich auf den Weg machte, um die Jugend zu kontrollieren und zu maßregeln, stellte er den Motor seines Gefährtes noch im Rollen ein Stück vor den vermeintlichen Delinquenten entfernt ab und schwebte gewissermaßen die letzten Meter heran. Dann schickte er den Hund los, der die Rotzbuam in Schach halten sollte. Zuletzt traf seine Herrlichkeit höchstpersönlich an dem vermuteten Tatort ein. Nicht ein einziger geheimer Treffpunkt war verschont geblieben, keiner unentdeckt, wie wenn er hier aufgewachsen wäre und jeden Busch aus dem Effeff gekannt hätte. Ein Grund also, weshalb er bei der Jugend eher als unbeliebt galt. Zwanzig Jahre lang blieb uns dieser Pfarrherr mit seiner robusten Art erhalten. Ob er Disziplin in das Chaos gebracht hat? Bei manchen Buben war's schon hilfreich. Sein Abgang war aber eher bedauernswürdig. Da gab es eine bekannt aufmüpfige Merchingerin, die ihm zum Abschied einen Rucksack an die Haustür gehängt hatte. Das sollte als deutlicher Hinweis verstanden werden, dass es nun für ihn Zeit war weiterzuziehen.

Lassen wir die Kindergeschichten mit dem Pfarrherrn aber jetzt hinter uns. Am Ostermontag 1947 stand tatsächlich eine dritte Primiz an, die Primiz von Leonhard Aumiller. Wir haben ja schon gehört, dass eine Primiz für sich genommen jedes Mal ein freudiges Ereignis für ganz Merching war. Ein zweites war, dass an diesem Tag die neuen Merchinger Kirchenglocken zum ersten Mal läuteten. Das Unsagbare war tatsächlich passiert: Die schweren Kirchenglocken unserer Barockkirche St. Martin waren uns nämlich während der Kriegszeit weggenommen worden und sollten in Hamburg eingeschmolzen werden. Aus dem Material waren natürlich Waffen hergestellt worden.
Jetzt muss ich sogar noch weiter ausholen, um zu erklären, was Kirchenglocken für uns am Land genau bedeuteten. Jede Glocke

wurde anfangs geweiht. Sie wurde mit Chrisam gesalbt und man gab ihr einen Namen, selbst in den kleineren Kirchen, zumindest einen Spitznamen. Das galt als ein Symbol dafür zu sagen: „Du bist einzigartig, besonders und kostbar. Und du hast einen heiligen Auftrag“. Seit jeher repräsentierten Glocken das Fließen der Zeit, das Vergehen alles Weltlichen. Das Memento mori „denke daran, dass du sterben musst“ ruft zur Besinnung und bekräftigt das Bekenntnis zu Christus, dem Herrn über Leben und Tod, und darum auch über die Zeit. Im Fränkischen sprach man in einigen Gemeinden beim Läuten um 11 Uhr von „Klößglockn“, deren Geläut daran erinnerte, dass es jetzt Zeit war, das Mittagessen zu richten. In anderen Orten ließ das Läuten wissen, dass nun die Stadttore geschlossen wurden, woraufhin es eine gehörige „Torschlusspanik“ gab. Und wenn es früher auf dem Land zur Wandlung läutete, standen die Bauern auf dem Feld still und ließen ihre Arbeit ruhen. Die wichtigsten Ereignisse im Leben eines jeden Merchingers wurden durch das Glockenläuten begleitet, die Taufe, die Heirat und das Sterben. Und dann hatte man uns plötzlich die Glocken konfisziert.

Gleich nach dem Krieg schlug uns eine Glockengießerei vor, dass die Merchinger Bürger Lebensmittel sammeln sollten, um damit eine neue Eisenware zu finanzieren. In einer gemeinsamen Anstrengung zwackte jeder Haushalt Nahrungsmittel oder Lebensmittelmarken zugunsten des Geschäfts ab. Erstaunliches Resultat dieses Kraftaktes waren Lebensmittelmarken für 50 kg Butter, die in der örtlichen Metzgerei einbehalten wurden und dann der Glockengießerei zugingen. Das nötige Buntmetall für die Glokken, wie Messing und Kupfer, konnte aber nur auf illegale Weise beschafft werden. Darüber breiten wir den Mantel des Schweigens. Aber unser Pfarrer Stegmann fuhr mit seinem 100 ccm Leichtmotorrad so oft es ging zur 100 Kilometer entfernten Glockengießerei nach Lauingen und verfolgte aufmerksam den Guss für das neue Merchinger Geläute. In dieser Spezialfirma handelte es sich mit unserem Projekt um den ersten Glockenguss nach dem Krieg. Dann erst folgten die Arbeiten für den Dom in

Augsburg. Unter dem Neid der Augsburger gingen unsere Kirchenglocken als Butter- oder auch Schmalzglocken in die Erzählung ein. Auch die Meringer, mit denen wir immer etwas in Konkurrenz standen, durften ihren Glocken einen Namen geben: die Sauglocken. Bei der Namensgebung hatten zwei Schweinchen eine gewichtige Rolle gespielt.

Die dritte Primiz, der ich beiwohnen durfte, stellte aus mehreren Gründen wieder etwas Besonderes dar. Deswegen will ich es kurz erzählen. Wir wissen schon, dass eine Primiz für die betreffende Familie die größte Ehre war. Leonhard, der jüngste Sohn von sieben Aumiller-Kindern vom Metzgerbauernhof, wurde Priester. Zwölf Jahre nach der Primiz von H.H. Pfarrer Johann Wenzl wurde also erneut der ganze Ort auf Hochglanz poliert. Die Häuser bekamen frische Farbe. Es wurde wieder geputzt, gestrichen, gepflanzt, gezupft und gewerkelt, bis das letzte Fleckchen glänzte. Die Schul- und Kindergartenkinder studierten wieder ihre Verse ein. So, bis hierher war das nichts Neues mehr für mich. Aber nun läuteten die Kirchenglocken, für die die Merchinger so hart gearbeitet hatten, zum ersten Mal, unsere Butterglocken. Und das fühlte sich an, wie wenn wir endgültig einen bösen Traum hinter uns gelassen hatten und nun eine neue Zeit anbrach.
Bei aller Ernsthaftigkeit des Anlasses: Zur neuen Zeit passte, dass sich die Frauen und Männer mit Anzügen und Kleidern ausstaffiert hatten. Es gab endlich wieder etwas zu kaufen. Die Primiz war der feierliche Grund das „Neue“ auszuführen. Ich erinnere mich heute noch an das elegante graue Kostüm mit rosaroter Bluse, das unsere Hausschneiderin Frau Schmaus für mich angefertigt hatte, und an die vielen farbenfrohen Kleider bei strahlendem Sonnenschein im Schuacherlgarten. Der Wendepunkt in der Nachkriegszeit war mit Händen zu greifen.

21

Wie ich nun annahm, dass sich auch die wirtschaftliche Situation in unserem Betrieb schnell verbessern würde, hatte ich mich gründlich getäuscht. Noch eine ganze Weile beherrschten Improvisation, die Verwaltung des Mangels und eine marode Infrastruktur den Alltag.
Ein Beispiel für kreative Lösungen gab der Mann ab, der mitten in der Nacht mit dem Zug in Mering ankam. Er hatte nur einen Wunsch: So schnell wie möglich zu seiner Familie in die nahe Ortschaft Prittriching zu kommen. Aber um diese Zeit war weit und breit kein Auto oder sonst geeignetes Fahrzeug zu sehen. „Not macht erfinderisch", und so machte er sich auf den Weg zum ortsansässigen Arzt, der als einziger ein motorisiertes Fahrzeug besaß. Dort läutete er Sturm. Auf die Frage, was ihm denn fehle, meinte er, dass es seiner Frau sehr schlecht gehe, und er bitte ihn, dass er gleich mitkommen möge. Kurz vor Prittriching fragte er den Arzt, was die Fahrt wohl koste. So 25 Mark, oder wieviel? Was der Arzt bejahte. „Do hosch 3O Mark, meine liebe Frau isch gsund, blos i bin krank. I hob so Zeitlang nach ihr, i halts fascht nimmer aus und bei dr Nacht isch mir zu Fuß doch zu weit zum loffa." Der Arzt brachte ihn nach ganzen neun Kilometern Weg trotzdem noch zum Ziel. Aber es gab wieder einmal eine Riesen-Standpauke: „Wenn des jeder so macht, brauch ich nimmer ins Bett gehen". Egal: Die Familie war glücklich vereint.

Dann brannte im August mitten im Ort ein großer Stadel. Der Brand war ausgelöst worden durch einen heiß gelaufenen Heuaufzug. Die Feuerwehr rückte aus. Aus der Ferne hörte man das übliche Getöse. Die Sirenen heulten. Die Menschen versammelten sich um das Gebäude zum Helfen oder nur zum Schauen. Der Spritzenwagen wurde zum Brandort gezogen, die Schläuche wurden ausgelegt. Wo war jetzt die Spritze? Im Wagen fand sich alles außer einer Spritze. In der Aufregung meldete sich der Kommandant: „Die ist in der Werkstatt in Mering zur Reparatur.

Das habe ich vergessen zu melden.“ Nach kurzer Zeit war die Scheune bis auf die Grundmauern abgebrannt. Und die Moral von der Geschichte: Es hilft alles nichts, wenn nur ein einziges wichtiges Teil fehlt. Alle hatten sich mächtig ins Zeug gelegt; und der arme Tropf hat es dann versaubeutelt. An dem Riesen-Aschehaufen konnten die auswärtigen Feuerwehren auch nichts mehr ändern. Sie waren zwar schnell zu Hilfe geeilt; aber schnell war damals noch ein dehnbarer Begriff.

Die Ortsentwicklung war geprägt von kreativem Wildwuchs, improvisierten Verschlimmbesserungen und ungewöhnlichen Verzweiflungstaten. Zu Deutsch: Man probierte halt herum. In einer Ortschronik verwies Johann Neßl, Gemeindeschreiber in Merching, gleich auf den Bau des Feuer- und Leichenhauses mit Friedhoferweiterung sowie einer ersten Stromversorgung im Jahr 1912. Deren Einweihungsfeiern wurden erst einige Jahre nach dem 1. Weltkrieg begangen. Deswegen prangt an der Kriegerkapelle fälschlicherweise die Jahreszahl 1922, am Leichenhaus die 1923. 1922 war eine Wasserleitung im Ort dazugekommen und schon 1933 folgte die Ortsumgehung in Richtung München mit dem ersten Straßenversuchsstück in Eisenbeton, einem erfolgreichen Test dafür, wie man künftig Autobahnen bauen sollte. In dieser Chronik stand auch, dass durch den persönlichen Einsatz des damaligen Bürgermeisters Josef Schwab die Kruzifixe während der Nazizeit in den Schulräumen hängenbleiben durften. Von 1939 bis 1947 war die Einwohnerzahl unseres beschaulichen Ortes durch den Zuzug von Kriegsflüchtlingen und Heimatvertriebenen um vierzig Prozent angestiegen. In der kurzen Zeit war es nicht möglich, mit dem Bau von Wohnraum hinterherzukommen. Ein Rückzugsort blieb da keinem mehr. In der Versorgung war man zwar nicht verwöhnt, aber jetzt musste auch noch der letzte verfügbare Quadratmeter genutzt werden. Auch wir stellten bei uns auf dem Acker direkt an der Bahnhofstraße Parzellen zur Verfügung. Die neuen Mitbürger im Dorf bauten dort Gemüse an. Hungern musste keiner. Dick wurde aber auch niemand dabei.

Im ganzen Dorf hatte man zum Kriegsende erst drei Zugmaschinen gezählt. Alle drei waren in den Jahren 1939 bis 1942 beschafft worden. In den ersten drei Jahren nach dem Krieg sollten im gesamten Dorf nur drei weitere Traktoren dazukommen. Die Feldarbeit blieb in den meisten Betrieben auch über viele weitere Jahre hinweg eine endlose körperliche Arbeit, genau wie sie es vor dem Krieg auch schon gewesen war. Deswegen ließ sich die Produktion in der Landwirtschaft leider nicht so sprunghaft steigern, wie es nötig gewesen wäre. Wir warteten auf ein unbestimmtes Ereignis, so etwas wie einen Startschuss. Und das ließ bis 1948 auf sich warten.

22

Ich kann schon verstehen, dass sich ältere Leute gesorgt haben, als der Euro kam, oder sich zusehends sorgen, dass die Inflation zurückkehrt. Denn sie haben vielleicht die Erfahrungen von der Währungsreform 1948 noch im Gedächtnis. 1948 unterlag das Geld immer mehr der galoppierenden Inflation. Es wurde praktisch wertlos. Eine Währungsreform schien unausweichlich. Jeder Bürger mit etwas Weitblick ahnte es und sprach von der Notlage, die auf uns zukommen würde. Doch keiner hatte die geringste Vorstellung davon, wann das stattfinden sollte und was überhaupt auf uns zukam. Immer wieder sickerten handfeste Hinweise durch, dass eine Währungsumstellung in Vorbereitung sei. Dann passierte wieder eine Weile nichts. Plötzlich, ohne wietere Vorwarnung, standen wir am 20. Juni vor vollendeten Tatsachen. Die 40 DM „Kopfgeld“ pro Person seien in der Gemeindekanzlei am selben Tage abzuholen. Mit Mutti, Stiefvater und mir ergab sich die Summe von 120 DM, wohlgemerkt die Barschaft für unseren gesamten Betrieb.
Die Barbestände von Reichsmark und Rentenmark mussten auf ein „Reichsmarkkonto“ eingezahlt und die Umstellung beantragt werden. Einen Tag später, also am 21. Juni, galt die DM als

alleingültiges Zahlungsmittel. Am 18. August kamen pro Person weitere 20 DM dazu, um den Geldfluss wieder in Gang zu bringen und die Wirtschaft und den Handel anzukurbeln. Jedem Unternehmen wurden 60 DM pro Arbeitnehmer auf Antrag gutgeschrieben. Nur die Münzen zu 10 und 50 Pfennig sowie die 1 RM Banknoten blieben zu einem Zehntel ihres Nennwertes gültig, bis die neuen Münzen da waren.

Bei uns stand an dem 21. Juni im abgelassenen Bach der Bagger bereit, um Schlamm auszuräumen und Unrat zu beseitigen, der angespült worden war. Die Firma wollte auch prompt ihre Rechnung beglichen haben. Sie brauchte schnell Geld, wie alle anderen auch. Aber mit 120 Mark Barvermögen am Hof konnten wir diese Rechnung beim besten Willen nicht bezahlen. Und mit zwei weiteren solchen Rechnungen waren wir, praktisch gesagt, am Rande der Insolvenz. Auf der Bank hatten wir nur Schulden, kein Guthaben. Ich weiß leider nicht mehr, wie wir das Problem mit dem Bagger genau gelöst haben; aber es war so wie viele Bastellösungen in Deutschland in diesen Tagen: Bezahlung 20 DM heute, 2 Sack Mehl und ein lebendes Huhn morgen, nochmal 20 DM kommenden Montag, eine geschlachtete Ente am Dienstag und so weiter. Wer in Naturalien bezahlen konnte, kam besser weg. Blöd nur, dass es schwierig war einzuschätzen, welchen Wert in DM eine Baggerstunde hatte und welchen Gegenwert ein Huhn, eine Ente oder ein Sack Mehl. Verfolgen wir die Geschichte und das Problem etwas weiter: Wir bezahlten den Bagger mit einem Huhn. Die Baggerfirma versuchte nun den Sprit für den Bagger mit unserem Huhn zu bezahlen. Und der Tankwart fragte sich am Ende des Tages, was er mit den ganzen Hühnern von seinen Kunden in der Tankstelle anfangen sollte. Als der Tankwagen am nächsten Morgen mit frischem Sprit kam, nahm der Fahrer als Bezahlung die ganzen Hühner mit zur Raffinerie, von der er den Sprit bezog. Die Raffinerie hatte in weiser Voraussicht zwischen den großen Tanks bereits einen riesigen Hühnerstall eingerichtet. Und so weiter. Unbeabsichtigt hatten wir also in Deutschland eine weitere Währung eingeführt, die HM (Hühner-

Mark). Aber die Hühner-Mark hat sich als Währung am Ende doch nicht durchgesetzt.
Auf jeden Fall hatte es in unserer Baggeraffäre großen Aufruhr gegeben. Und das ging jetzt dauernd so weiter: „Wahas? Wieviel Mark koschtet des bissla…?“ Das Feilschen und Schachern ging munter weiter, bis sich alle an die neue Währung gewöhnt hatten. Dagegen waren die Schaufenster von einem Tag auf den anderen wieder gefüllt, als wäre alles im Keller gelegen und jetzt binnen eines Tages nur die Treppe hochgeschleppt worden.

Mich zog es raus aus dem Elternhaus: Ausschwirren, so hieß das. Mein Monatslohn von 100 DM machte es möglich. So viel verdiente ich jetzt für die Arbeit auf unserem Hof. Hedi und ich, Theaterfans seit unserer Augsburger Schulzeit, gönnten uns im Gögginger Kurhaustheater Aufführungen der Stücke „Im Weißen Rößl“, „Die Blume von Hawaii“ oder „Der Vogelhändler“. Manchen Sonntag vergnügten wir uns beim Tanztee im Café Eykmann in Augsburg, besuchten Fußballspiele in Augsburg und Nürnberg (ja, wirklich mit dem Club!) oder verbrachten einfach sonnige Nachmittage am Uttinger Badestrand, wo wir uns ungezwungen bei einer Schar von Jungs einklinkten. Im Fasching verpassten wir keinen der ausgelassenen Bälle. Nur ein Jahr zuvor war ich noch wegen einer Lungenentzündung im Krankenhaus gelegen, wo mich eine erfahrene Krankenschwester mit warmen Wickeln auskurierte, nachdem leider das moderne Penicillin bei mir keinerlei Wirkung gezeigt hatte. Aber darüber war ich ja nun hinweg. Und stattdessen meldete sich bei mir eine Blinddarmentzündung. Und schon wieder musste ich ins Krankenhaus. Dieses ständige Kränkeln und die zwei Krankenhausaufenthalte nervten enorm. Nur allmählich konnte ich das Ausgezehrte und den Schongang hinter mich bringen.

Urplötzlich fand ich mich im heiratsfähigen Alter wieder. Die ersten Versuche gingen los, mich zu vermitteln und zu verkuppeln. So bekamen wir Besuch aus Habach, wo mein Stiefvater herstammte. Der alte Sonner-Opa beehrte uns mit seinem Neffen Ulrich. Opa wollte sehen, wie es seinem Sohn in Merching erging. Und Neffe Ulis Gedanke war in einem anderen Revier zu pirschen und sich die Mädchen anzusehen. Da saß nun der Sonner-Opa in unserem Garten ausgerechnet in einem Stuhl aus Birkenholz, den mir ein Verehrer aus Traunwalchen samt Tisch und Bank geschenkt hatte. Der hatte als Holzfachmann alles selbst angefertigt: eine große Geste. Der Verehrer aus Traunwalchen war trotz des üppigen Geschenks nicht mein Typ gewesen. Und bei Uli begnügte ich mich mit einem kleinen Flirt bei meinem Gegenbesuch an Silvester in Habach. Doch Ulis Mutter war gegen eine Verbindung. Vielleicht war ich ihr zu modern erzogen worden. Wie wäre es für Uli stattdessen mit Lilli als Freundin? Aus meiner Sicht gaben die zwei ein hübsches Paar ab. Doch Lilli hatte insgeheim nur ihren schneidigen Hans aus Eurasburg im Sinn, der später auch ihr Ehemann wurde. So sah er jedenfalls aus, der etwas chaotische Anfang einer schönen Zeit im Leben, der Zeit der jungen Liebe.

Trotz meines erneuten Krankenhausaufenthaltes 1950 war ich voller Hoffnung, dass es endlich vorbei war mit den andauernden Wehwehchen. Ich wollte erstmal ausgiebig den traditionellen Maimarkt in Mering besuchen. Überhaupt wollte ich keinen einzigen Markt mehr versäumen in diesem Jahr.
Wie sich herauskristallisierte, war es genau dieser Marktbesuch, an dem ich meine erste große Liebe kennenlernte. Eine kleine Phalanx von vier Mädels schlenderte ungezwungen mitten auf Merings Einkaufsstraße, holte sich vorbei flanierende Jungs in die Mädchenschar, um Arme unterzuhaken, vereinbarte ein Treffen im Café Loder zum Tanz und hatte eine Freude den ganzen lieben Nachmittag. Dass genau Gottfried, den ich hier beim Unterhaken kennenlernte, vier Jahre später mein Mann werden würde, konnte ich damals in keiner Weise erahnen. Ich wusste noch nicht mal seinen Namen, seinen Heimatort oder Sonstiges. Bis zum Treffen am Abend waren es ja nur noch ein paar Stunden. Leider blieb

beim ersten Beisammensein viel zu wenig Zeit, denn Gottfried musste rechtzeitig im Internat einpassieren, wo es noch sehr streng zuging. Er besuchte nämlich seit 1948 die Agraringenieurschule in Landsberg.

Mir imponierte auf Anhieb das schnieke Outfit dieses netten Jungen. Gut gekleidet, gepflegte Hände, Fingernägel ohne Trauerränder, Schuhe, die poliert waren; das hinterließ schon mal einen guten Eindruck bei mir. Alles Pluspunkte, mit denen bei weitem nicht jeder aufwarten konnte. Und, dass er obendrein so gut tanzen konnte, was sich gleich beim ersten Ausgehen erwies. Scheinbar beruhte der gute erste Eindruck auf Gegenseitigkeit. Da erzählte er später, was ihm an mir so gefallen hatte: meinen Satz „Komm doch in unsere Mitte“ hatte er beim Marktbummel als ansprechende Geste und warmherzige Einladung empfunden. Als ich in den folgenden Tagen zu Besuch in meinem Meringer Elternhaus war, setzte Gottfried dem ganzen noch die Krone auf. Ich stand gerade mit meinem leiblichen Vater in der Haustüre. Wer fuhr da vorbei? Schorsch und Gottfried Wecker aus Eresried, in einem nagelneuen Mercedes Cabriolet. Mir hat es jedenfalls das Herz höherschlagen lassen. Und ich meine nicht das Cabrio. Gut, das Cabrio war auch schön.

Etliche Sonntage vergingen, ohne dass wir voneinander hörten. Hedi, einige Jungen, die schon ein Motorrad besaßen, und ich waren jeden Sonntag auf Achse, meist in Richtung Süden zum Ammersee, zum Starnberger See oder gar zum Kesselberg am Walchensee, wo man sich in dieser Zeit noch winkend in die Kurven legen konnte. Ein Eldorado für Motorradfahrer, ein Nervenkitzel. Der Weg dahin führte vorbei an Gottfrieds Heimathaus in Eresried. Einmal erwischten wir es zeitlich genau richtig. Denn Gottfried stand dort im Garten und blickte den Motorrädern nach, die vorbeiknatterten. Auf jeden Fall war es für ihn wohl ein kleiner Schock gewesen, als ich als Sozia auf dem Motorrad von Hansl saß. Prompt erreichte mich mit der nächsten Post ein liebes Briefchen, in der mir Gottfried die Bitte um ein erneutes Stelldichein zum Tanz in Mering unterbreitete.

23

Ich muss ja noch erzählen, wie das nach meinem Sturz vom Rad in Oberammergau mit dem Reisen weitergegangen war. Denn das Knie war nach der Punktion wieder in Ordnung, der Unfall schnell wieder vergessen. Also machten Hedi Kopp und ich neue Pläne für Ausfahrten mit dem Rad. Dann starteten wir zu unserer ersten größeren Runde, zum Königssee. Das war zwar kaum wieter als unsere Radreise nach Oberammergau, aber weitaus aufregender. Erstens waren wir nicht im Pfarrhof unter quasi pfarrherrschaftlicher Aufsicht untergebracht, sondern privat. Und zweitens organisierten wir hier alles selbst nach dem Motto „Wird schon schief gehen". Bis zum Chiemsee waren wir mit dem Zug unterwegs. Weiter ging es auch dieses Mal mit meinem weinroten Miele-Fahrrad. Das Gepäck für eine Woche fand auf dem Gepäckträger Platz. Einen Rucksack benötigten wir nicht. Der hätte auch so unschöne Schwitzflecken auf dem Rücken gemacht; und eine schlechte Figur wollten wir beim Radeln auf keinen Fall abgeben. Fast unnötig zu erwähnen, dass wir nichts an Gepäck vergessen hatten und nichts nachkaufen mussten. Da wäre unser Geld viel zu schnell zu Ende gewesen. Uns fehlte jedenfalls gar nichts. Und das war Freiheit pur.

Schloss Herrenchiemsee wählten wir als erstes Ziel. Dort bewunderten wir den berühmten Spiegelsaal im Kerzenschein. Mit den tausend Spiegelungen sich leicht wiegender Kerzenflammen traten uns vor lauter Rührung schier Tränen in die Augen – ein Bild von Ewigkeitswert.

Uns war klar, dass unsere Freiheiten, zu reisen, Schlösser anzusehen, Eis zu essen und über Gott und die Welt zu reden, kein Naturgesetz waren. Ein gewisses historisches Bewusstsein hatten uns die Nazis ja versucht einzubläuen, wenn auch mit einem propagandistisch verzerrten Geschichtsbild. Da war gleichzeitig jegliche Freiheit gebeugt und unterdrückt worden. Wo blieb diese Freiheit, wenn alles gleichgeschaltet war? Und in die Wiege hatten wir sie auch nicht gerade gelegt bekommen. Denn wer in einer

Landwirtschaft auf dem Land aufwächst, der ist gut beschäftigt, bis er dort alles einigermaßen durchblickt; und als nächstes soll man den Hof in eigener Verantwortung am Laufen halten und zuletzt noch in gutem Zustand an die nächste Generation übergeben. Das ließ nicht viel Bewegungsmöglichkeit zu. Also gut: Sagen wir, man hatte andere Freiheiten. Dazu gehörten unsere Reisen. Dazu gehörte auch meine Entscheidung, in wen ich mich verliebte. Außerdem konnte ich meine eigenen Schlussfolgerungen aus unserer Geschichte für meine Zukunft ziehen. Als da waren: bloß nie wieder Krieg und nie wieder Diktatur; wirtschaftlich und finanziell möglichst unabhängig sein; Reisen nicht verschieben; Feiern mitnehmen, wie sie fallen; Recht tun und niemanden scheuen. Und nebenbei radeln, was das Zeug hält.
Nach diesem Exkurs wieder zurück zu unserer Tour: Wir strampelten weiter Richtung Bad Reichenhall. Nicht die Saline oder das Gradierwerk zogen uns in Bann, sondern das Salzbergwerk mit der furchterregenden Einfahrt, die abenteuerliche Rutsche hinunter zum Salzsee, die atemberaubende Schifferlfahrt auf dem See, wie zuletzt auch die zünftige Rückkehr aus der Unterwelt. Auch dazu wird es gut 20 Jahre später wieder etwas zu erzählen geben.

Na ja. Vielleicht fehlte nach unserer Fahrrad-Runde doch etwas. Auf dem Land war ein Auto nicht nur höchst praktisch, sondern auch ein einfaches Arbeitsmittel. Was man damit alles transportieren konnte: das Personal, Mehl, Hühner, Kinder. So kam es mir nur logisch vor, den Führerschein zu machen. Ich meldete mich also bei der Fahrschule Ziegler in Augsburg an. Das war im Sommer 1949, dass ich mit noch zwei Frauen und rund zwanzig Männern zur ersten Theoriestunde startete. Führerschein ja, aber ein Auto selbst zu besitzen, war dagegen reine Utopie. Was wir auf dem Dorf bemerkt hatten war, dass die ersten Beschäftigten aus der Landwirtschaft hin zur Industrie abwanderten. Und bald waren in der Früh die Arbeiterzüge nach Augsburg und München proppenvoll. Wie man es erwarten konnte, wollten manche Berufspendler schnell ein eigenes Fahrzeug besitzen. Aus welchem

Grund auch immer: Man entschloss sich also vorausschauend, den Führerschein zu machen. Anfangs wurden die wenigen Autos hauptsächlich durch den „Geldbeschaffer" in der Familie genutzt. Damit stand das Fahrzeug den anderen Familienmitgliedern den ganzen Tag über nicht zur Verfügung. Und abends herumzufahren und dafür mobil sein zu wollen, konnte sich unsere Generation beim besten Willen nicht vorstellen. Was für einen Sinn hätte also ein Führerschein für die Frauen ergeben? Wir drei waren hier also die ersten mutigen Frauen zwischen den vielen Männern, die um den grauen Lappen kämpften.
Am Morgen des 10. November 1949 war es so weit. Die erste Prüfungsfahrt absolvierte die Gärtnerin. Sie brauchte den Führerschein für ihre Fahrten von der Gärtnerei am Stadtrand zum Stadtmarkt. Die zweite war Bäckerin. Die hätte den Führerschein auch dringend für Geschäftsfahrten gebraucht, war aber am Prüfungstag wegen Krankheit nicht erschienen. Ich kutschierte als nächste durch die Stadt, quasi ohne Verkehr, ohne geparkte Fahrzeuge und noch mit sehr wenigen Verkehrsschildern. In dem Fall würde ich sagen: „Die Gnade der frühen Geburt". Nach mir konnten die Prüfungen eigentlich nur noch schwerer werden. Jedenfalls nahm ich den Führerschein nach einer recht kurzen und konzentrierten Runde freudig in Empfang. Ich glaube, dass ich damit die zweite Frau im ganzen Landkreis mit Führerschein war. Auf jeden Fall war ich mit meinen 19 Jahren noch nicht volljährig.

Meine Eltern und ich hatten unverschämtes Glück und konnten 1948 den Fiat eines älteren Pfarrers aus Habach erwerben. Neu und teuer wäre es jederzeit gegangen; aber gut und günstig schloss sich aus. Bis 1953 verrichtete der Fiat brav seine Dienste. Dann lösten wir ihn durch einen Opel ab, den wir in Rüsselsheim am Werk selbst abholten. Das war fast wie Ostern und Weihnachten zusammen, als wir mit staunenden Augen die Fabrik besichtigten und mit einer kleinen Gruppe von stolzen Neubesitzern bei einer Führung die Firma Opel erklärt bekamen. Später brachte der Kreuzer bei Hochzeitsfeiern im Dorf die größte Ehre. Denn wir putzten das Auto heraus und legten weiße Tücher aus, fuhren feierlich den Weg zum Heimathaus der Braut oder des Bräutigams. Ich holte zum Beispiel in Prittriching Fanni Walcher, die Frau vom Lefin Sepp, in Dasing Xaver Rohrmair und in Todtenweis Alois Escher jeweils im Elternhaus ab. Bei diesen Gelegenheiten war ich selbstverständlich nicht nur Fahrer, sondern auch gleich Gast bei den Hochzeitsfeiern beim Bräu in Merching. Mit Brautverziehen und allem Drum und Dran steckte ich mitten im Geschehen. Gleichzeitig war ich heilfroh darüber, mich auf das Chauffieren berufen zu können, wenn der Hochzeitslader zum wievielten Mal dazu aufforderte, das Glas zu füllen und leerzutrinken. Und meistens hatte die ausgelassene Feier um Mitternacht ihr Ende. Am nächsten Morgen war nämlich auch noch ein Tag.

Hedi und ich waren nach dem kerzenbeleuchteten Schloss Herrenchiemsee unverändert unternehmungslustig. Zumal uns inzwischen unser Fiat hin und wieder für Ausflüge zur Verfügung stand. Am Sonntag brausten wir nach Herrsching ins Hotel Seespitz von Rudi Schurike, einem beliebten Sänger. Rosi Eckstein aus Burgau, eine Schulfreundin der Frenzelschule, begleitete uns und hielt die Unternehmungen mit der Kamera fest. Wenn wir dann die Fotos anschauten, drehte sich das Gespräch nur um die nächsten Ausfahrten. Die Sehnsucht nach immer größeren Reisen führte uns in die Schweiz. So gondelten wir zum Vierwaldstättersee, mit Brunnen, Luzern und Interlaken, und führten die Expedition in die Gletscherwelt am Furka-, Grimsel- und Rhonegletscher fort. Wir bewegten uns zum ersten Mal im „Ausland“, und gleich in einem Land, in dem Milch und Honig flossen. Fast unbeleckt von der Kriegszeit lebten die Eidgenossen für uns wie im Schlaraffenland. So glänzend erschienen uns die Prachtbauten der Kurhäuser im Kurort Interlaken. Und daneben erstreckte sich die überdimensionale Bergwelt mit Eiger und Jungfrau und legendären Namen wie Grindelwald.

Hoppla: Italien, wir kommen. Jetzt genossen Lilli und ich voller Begeisterung die Fahrt über Innsbruck mit dem goldenem Dachl zum Kurzentrum von Meran. Wir konnten nurmehr den Kopf schütteln, wie mondän es in dem Nobelkurort zuging. Wir staunten auch über den geschichtsträchtigen Boden, wo wir auf den Spuren von Kaiserin Sisi und Kaiser Franz Joseph wandelten. Wir mussten die ganze Zeit die Köpfe nach oben recken, um die aufwändig gebauten Herrschaftshäuser und Hotels zu begutachten. Und diese Pracht lag auch noch eingebettet in die liebliche Berglandschaft hinter Schenna und die üppigen Gärten am Schloss Trauttmansdorff.
Die Krönung unserer Reise war aber Venedig, die Stadt im Wasser, ganz auf Pfählen gebaut. Und diese Paläste am Canale Grande. Ich brauche wohl nicht mehr über Venedig erzählen. Aber wenn ich hier schwelge, darf man nicht vergessen, dass es sich zu dieser Zeit um eine einzige Woche Urlaub im Jahr handelte. Längere Reisen sollten wir erst viel später kennenlernen. Hedi, Lilli und ich waren außergewöhnlich zwanglos herangewachsen. Wir konnten viel selbst entscheiden, hatten einen ansehnlichen Lohn und kamen ganz gut zurecht im Leben. Die eine war Gastwirtstochter, eh den Umgang mit vielen Menschen gewohnt, die andere eine robuste Metzgermeisterstochter und ich als Müllerstochter auch kein Kind von Traurigkeit. Wenn ich das sage, schwingt immer etwas Stolz über unsere Herkunft und die Dankbarkeit gegenüber unseren Eltern mit. Andere Klassenkameradinnen hatten viele dieser Möglichkeiten nämlich nicht. Übrigens waren wir bei unseren Ausflügen nie schlecht gekleidet. Nur die Frisur hielt manchmal nicht lange, was sie versprach.

24

Nach diesem ersten Bild davon, wie meine Reisekarriere losging, wird es Zeit, dass ich wieder über den Betrieb berichte. Sonst bekommt man den Eindruck, dass wir außer Kirchweih, Kleider,

Frisuren und Ausflügen nichts anderes im Kopf hatten. Ich habe mich mehr und mehr damit auseinandergesetzt, was eigentlich meine Eltern angetrieben hat. Wieso hatten sie bestimmte Entscheidungen getroffen? Und wie blickten sie auf ihr Leben zurück? Irgendwann wurde mir bewusst, dass auch die Eltern älter werden und dass sie sich mit solchen Dingen wie dem Ruhestand und der Hofnachfolge befassen. Zu diesem Zeitpunkt konnten sie mit ihrer langen Erfahrung gute und schlechte Entscheidungen bewerten. Und für mich war es schwer einzuschätzen: Das Eine wollten sie unbedingt so-und-so haben, das Andere rieten sie mir auf gar keinen Fall. Bloß beruhte das ja auf ganz anderen Erfahrungen als die, die ich für mich verbucht hatte. Ganz banal: Zwischen ihnen und mir lag nicht nur eine Generation. Dazwischen lagen auch: ein Krieg, Monarchie und Demokratie, Gehorsamkeit und Freiheit, Alle-gleich und Individualität, Pferdegespanne und Pferdestärken, Rock und Keilhose. Das klingt recht schwülstig und wieder so, als wäre alles zwischen meinen Eltern und mir anders gewesen. Das durfte ich mir auch wieder nicht einbilden. Denn mit einem Bein stand ich selbst noch in der Vorkriegszeit, mit dem anderen Bein in meiner künftigen Verantwortung für den Betrieb. Und da muss man es erst mal selbst besser hinbekommen; also „bloß die Klappe nicht zu sehr aufreißen".
Worüber dachten meine Eltern also in dem Moment nach, in den frühen 50er Jahren? In den landwirtschaftlichen Betrieben war es ein ungeschriebenes Gesetz, dass sich jede Generation ein Denkmal setzen wollte, wenigstens ein kleines. Das meine ich gar nicht negativ. Jeder Landwirt wollte den Betrieb erhalten und verbessern, bis der Hof an den Nachfolger übergeben wurde. Über eine Generation hatten sich aber auch Rahmenbedingungen und die Ertragssituation geändert, so dass man an-, umbauen und erweitern musste, nur um mit den anderen Landwirten und den wirtschaftlichen Anforderungen Schritt zu halten. Und dann gab es meist noch ein besonderes Projekt, das vielleicht sehr weit in die Zukunft weisen sollte oder die ehemalige Struktur des Betriebes stark verändern und weiterentwickeln sollte. Die Kriegszeit, der

Tod dreier Familienangehöriger und die Inflation hatten uns davon abgehalten, solche Vorhaben wunschgemäß zu verwirklichen. Erst nach dem Krieg und der Währungsreform bekamen die Vorhaben einen neuen Impuls. Jetzt wollten wir endlich an die Umsetzung gehen. Die Vorbereitungen für einen Stallbau führte meine Eltern an den Sonntagen öfter ins Allgäu. Dort verbanden sie das Nützliche mit dem Angenehmen, sahen sich Ställe an und besichtigten Sehenswürdigkeiten im Voralpenland. Trotz der guten Vorbereitung bedachten die beiden bei der Auslegung des Stallbaues nicht, dass es einen großen Unterschied in der Viehhaltung zwischen dem ruhigen, weidegeeigneten Braunvieh und unserem Fleckvieh gibt. Das Braunvieh wurde den Sommer über jeden Tag auf die Weide getrieben oder ganz dort gehalten. Es stand genügsam und friedlich bis zur Melkzeit am Abend herum, umzäunt von einem mickrigen Draht auf zwölf Volt. Das Futter brauchte ein halbes Jahr lang also nicht in den Stall gebracht werden. Im Winter ersetzte Heu das Frischfutter. Das Heu hatten wir auf dem Boden über dem Stall gelagert. Über die Luken landete das Heu direkt zum Futtern vor den Tieren. Beim Fleckvieh verhielt sich alles etwas anders. Praktischerweise hätte man hier einen breiten Futtertisch gebaut, den man mit der Zugmaschine mit Futteranhänger befahren kann. Denn weidegeeignet ist das temperamentvolle Fleckvieh eher nicht. Später erlebten wir deshalb auch ungeahnte Abenteuer.
Jedenfalls war eine unglaubliche Menge an Helfern bei uns auf dem Hof zum Bau des Stalles auf Allgäuer Art. Sogar eine Schulklasse hatten wir eingespannt, um auszuhelfen. Zum Dachdecken rückten über ein paar Tage jeweils am Nachmittag rund 40 Schuljungen und -mädchen an. Das Dach war rasend schnell eingedeckt, die Brotzeit für die Riesengruppe eine gewisse Herausforderung. Das war wie einen Sack Flöhe hüten. Aber jede und jeder konnte anschließend mit Fug und Recht behaupten vom Dachdekken etwas zu verstehen. Bald würden wir damit beginnen können Jungvieh und Bullen für die Versteigerung am Markt zu striegeln und zu biegeln und herzurichten.

Als meine Mutti 1920 am Hof eingeheiratet hatte, kochte sie mehr Fleischspeisen als die Nachbarinnen und als es gemeinhin im Dorf als Normalität erachtet wurde. Das konnte sie sich auf dem Hof erlauben, wo selbst genug Fleisch gemacht wurde, während für viele in der Stadt das Fleisch im Einkauf zu teuer war. 1929 war das Durchschnittsgehalt eines Arbeiters rund 170 RM; ein Kilo Fleich kostete 2,35 RM, fünf Kilo Kartoffeln dagegen nur 0,62 RM. Für das tägliche Fleischgericht rügten deswegen die Berufskolleginnen von anderen großen Höfen Mutti sogar. Auf dem Weg zur Kirche war sie einmal aufgehalten worden mit der Ansage: „Was fangsch denn Du Neues an!“ Denn sie setzte damit einen Standard, den andere nicht gerne erfüllen wollten. Ich denke, sie sah die Ernährung als etwas an, was das Personal bei Laune und bei Kräften hielt. Die anderen Hausfrauen befürchteten damit eine Art Wettbewerbsverzerrung. Denn die Knechte und Mägde gingen bekanntermaßen dahin zum Arbeiten, wo es gescheites Essen gab und wo Chancen zum Aufstieg winkten. Jedenfalls verfolgte Mutti streng ihren eigenen Weg. Und daran wollten weder unsere Hausmägde rütteln noch ich selbst, als ich die Verantwortung für die Essensversorgung übernahm. 1950 kauften wir endlich eine große Küchenmaschine und eine Teigknetmaschine für den Hefeteig. Und da wir fast jeden zweiten Tag Hefeteig ansetzten, kann man sich vorstellen, dass die Knetmaschine uns ungefähr so eine Erleichterung brachte wie vorher die Eisenbahn, die die Pferdekutsche ablöste. So produzierten wir wie in einer kleinen Backfabrik Küchle, Krapfen, Dampfnudeln, Datschi und für vormittags auch Kleingebäck.
Immer wenn ein großes Bauprojekt anstand oder auch die Ernte, strömten Leute auf den Hof; Handwerker, Erntehelfer, Nachbarn, Freiwillige, Verwandte, Hinz und Kunz und alle, die bei Drei nicht auf den Bäumen waren. Was im Gedächtnis bleibt, ist das Essen. Das musste passen.
Zum Glück bot die Küche reichlich Platz, etwa 30 qm. Jede der Mägde übernahm eine bestimmte Aufgabe. Die Hausmagd half beim Kochen. Die zweite Magd hielt die Küche sauber. Und die

dritte Magd schaffte das Holz für den Holzherd herbei. Jede von ihnen hatte eine Unmenge von Zusatzaufgaben. So bekam eine von ihnen zum Beispiel die Zusatzaufgabe, jeden Samstag das Wohnzimmer zu pflegen; und pflegen ist vielleicht bei einem Holzboden oder Steinboden der richtige Ausdruck, wenn gebohnert, gewachst oder geölt werden musste. Natürlich hatten alle auch ihre Arbeiten in der Landwirtschaft zu erledigen. Denn wir butterten selbst, stellten Butterschmalz her, die Marmeladen und Eingewecktes, bewirtschafteten die großen Gärten und mästeten zudem die Kleintiere. Den Boden im Haus reinigten wir mit Besen und Schaufel, bei uns „Schaufele und Besele" genannt, sowie Schrubber und Putzlumpen; und zwar jeden Tag, so viel Dreck trugen die vielen Leute ins Haus. Denn mit manchmal 15 Erwachsenen am Tisch sind Küche und Tisch ein eigener Betrieb.
Um sieben Uhr an fast jedem Morgen gab es gemeinsam Kaffee mit Zopf, Brot, Bacherle (das sind selbstgebackene Semmeln) und übriggebliebenen Nudeln (keine Pasta, sondern Rohrnudeln) oder Küachla. Um neun folgte die erste Brotzeit mit einem Stück Butterbrot und einem kleinen Bier. Um die gleiche Zeit fing die Hausmagd mit den Vorbereitungen zum Mittagessen-Kochen an. Dazu ging sie zum Garten und holte Salat, Erbsen, Tomaten, Rettiche und was die Jahreszeit hergab. Im Winter waren dann Weiß- oder Blaukraut dran. Kürbis süß-sauer, selbst gestampftes Sauerkraut oder Blaukraut wurde auch eingeweckt. Manchmal holte die Magd aus der Apfelstellage Äpfel oder Birnen, indem sie immer das Obst heraussuchte, das die ersten „Datscher" zeigte und das wohl nicht mehr lange halten würde.
Fünf Mal im Jahr schlachteten wir. Das musste für die Fleisch- und Wurstversorgung für das ganze Jahr reichen. Der Hausmetzger Spicker stellte Dosenwurst in Blechdosen, Leberkäse, Blut- und Leberwurst her. Daneben räucherten wir auch selbst. Auch Fleisch wurde in Weckgläsern haltbar gemacht. An einem Tag gab es zum Mittagessen Fleisch mit Beilagen und abends Mehlspeisen, am nächsten Tag umgekehrt. Typische Mehlspeisen waren Dampfnudeln, ausgezogene Küchle, Apfelstrudel oder

Grießauflauf, was für sich schon oft stundenlange Küchenarbeit bedeutete. Das Backrohr im Holzofen blieb ein Quell für Überraschungen: die Backtemperatur änderte sich nämlich quasi beliebig, je nach Holz, Holzfeuchte, Wetterlage, Stimmung der Köchin und Mondphase. Wenigstens, wenn man daran glaubte.
Bis 1954 war der Treffpunkt für die Angestellten der große Tisch im Wohnzimmer, während die Familie am kleinen Tisch daneben Platz fand. Dann trennten wir beim Umbau eine Essnische zwischen Wohnzimmer und Küche ab, so dass alle an einem Tisch Platz fanden. Zwischen 11 und 12 Uhr saßen jedenfalls alle am Mittagstisch. Das Gespräch drehte sich um den Tagesablauf und was an dem Tag noch zu tun war. Am Nachmittag um 15 Uhr stand dann eine Brotzeit auf dem Tisch mit einem Bierkrug für die Mannsbilder – einer dieser hübschen blau-grauen Steingutkrüge, die man heute noch kennt. Während also im Winter um halb sechs Feierabend war, ging es im Sommer oft bis 20 Uhr oder länger. Ich darf nicht vergessen zu sagen, dass dann alle noch ein Abendessen brauchten, sofern sie auf dem Hof wohnten. Das Essen war insgesamt gehaltvoll und kräftig, weil die Leute doch schwere körperliche Arbeit verrichteten. Trotz der geballten Kohlenhydrate und des Fetts wurde keiner dick. Und angedünstetes, leichtes Gemüse hätte unser Personal mit Sicherheit als Kündigungsgrund erachtet.

25

Mit meinem schneidigen Freund Gottfried hatte sich schnell eingespielt, dass wir am Sonntag gemeinsame Ausflüge unternahmen. Für uns beide blieb unter der Woche keine Zeit, uns zu treffen. Und bei ihm oder mir zuhause wäre ein Gefühl von Zweisamkeit nie aufgekommen. Bei der sonntäglichen Ausfahrt drehten wir die verschiedensten Schleifen, die aber alle über Fürstenfeldbruck führten. Denn das Café Brameshuber lud zum Tanz und so versank „bei Capri die rote Sonne im Meer“. Und auf die alte

Ballmelodie „Himmelblau und rosa möcht' ich sie" war genauso Verlass wie auf den Aufruf „Pack die Badehose ein". Mehr brauchte es nicht zum Träumen.
Obwohl ich weiß, dass es längst auf dem Plan stand, mich bei Gottfrieds Mutter vorzustellen, hatte ich schon etwas Bammel davor. Natürlich verliebte man sich auch schon zu dieser Zeit bis über beide Ohren und träumte von einer Liebesheirat. Aber wenn die Eltern ihr Veto einlegten gegen den oder die Auserwählte, konnte man rein praktisch gesehen einpacken. Noch dazu: Wie sollte das gehen, wenn man auf einem Hof eng aufeinandersaß und sich nicht ausweichen konnte? Außerdem waren die früher typischen Vernunft-Heiraten noch nicht zur Ausnahme geworden. Manche Eltern hielten sich immer noch zugute, dass sie eifrig nach „guten Partien" Ausschau hielten, Geld und Fleiß vor Liebreiz stellten und vorrangig die künftige Eignung für den elterlichen Betrieb abwägten. Also bumperte mein Herz vor Aufregung, als wir von einem Ausflug mit Gottfrieds Bruder Schorsch auf dem Heimweg von einem Fest ohne weitere Vorwarnung auf deren elterlichen Hof einbogen. Jetzt muss man wissen, dass Gottfried schon mal eine Freundin gehabt hatte. Nur war die Mama mit seiner vorherigen Freundin nicht einverstanden gewesen. Ich wollte nicht mutmaßen, woran es gehapert hatte. Hoffentlich nur, dass die Dame Ochs und Rind nicht unterscheiden konnte oder nicht wusste, wie man Unkraut hackt. Dann wären meine Chancen nicht so schlecht. Ach, guter Gott: Lass das bloß bei mir besser laufen! Und kaum waren wir miteinander bekanntgemacht und hatten die ersten Worte gewechselt, merkte ich, dass die Sympathien ganz auf Gegenseitigkeit beruhten. Uff. Ich glaube Gottfried war auch erleichtert.

Bei Gottfried und mir festigte sich die Freundschaft immer mehr. Seit 1951 war er auf Gut Roggenstein als Verwalteranwärter beschäftigt. Im Frühjahr 1953 verließ er diesen Posten, denn bei meinem ehrgeizigen Freund standen nun folgerichtig weitere Pläne an. Sollte sich das mit unserer Beziehung weiter wie bisher

entwickeln, dann hätte er es vielleicht künftig auf unserem Hof nicht nur mit der Landwirtschaft zu tun, sondern auch mit dem Betrieb einer Mühle. Also begann er eine Müllerlehre bei Familie Metzger in St. Franzisk bei Dasing, um letztendlich auch dieses Handwerk zu beherrschen.
Ich erbrachte einen echten Liebesbeweis und finanzierte uns einen anständigen Fotoapparat. Wie das oft bei Paaren ist: Der eine kauft was für sich; und der andere reißt es sich unter den Nagel. So war es in diesem Fall. Gottfried war aus dem Häuschen und dokumentierte alles; und ich durfte auch mal ein Foto machen, solange er drauf zu sehen war.
Im selben Jahr wagten wir uns vor und holten im Opelwerk in Rüsselsheim ein erstes eigenes Auto höchstpersönlich ab, obwohl wir noch gar nicht verheiratet waren. Mit der weiten Anfahrt und der kurzweiligen Werksführung war es ein fast schon erhabenes Gefühl, endlich in das höchst schicke und moderne Fahrzeug einzusteigen und mit größter Vorsicht vom Hof zu manövrieren. Jahrelang sollte ich noch eine Erinnerung von dem Ereignis behalten: ein Foto in meiner Brieftasche, mit meinem gut gebauten Freund vor dem glänzenden Auto.
Nach heutigen Maßstäben kann ich es kaum mehr glauben, dass Muttis Ehe mit meinem Stiefvater schon auf das 13. Ehejahr zuging, als wir endlich zu einer Beglaubigung zum Notar nach Friedberg gingen. Mit quasi dreizehn Jahren Verspätung und als erwachsene junge Frau wurde ich 1953 von meinem Stiefvater nun auch offiziell „an Kindes statt“ angenommen. Fortan musste ich als Familiennamen den Namen Sonner tragen. Das war aber gar nicht unbedingt zu meiner Freude. Denn meine Beziehung zu ihm hatte sich auch in letzter Zeit kaum gebessert. Eher andersherum: unser Verhältnis trübte sich noch einen Schritt mehr ein, als ich entdeckt hatte, dass mein Stiefvater die Liebesbriefe von Gottfried an mich geöffnet oder gar versteckt hatte. Kein Vertrauen; keine Freude am neuen Familiennamen. Aber einen Vorteil hatte es: Ich war nie auf den Gedanken gekommen, mich auf meinen Stiefvater zu verlassen oder mich in irgendeiner Weise

von seiner Meinung lenken oder einschüchtern zu lassen. Er hatte es mir, genau genommen, leicht gemacht, selbständig zu werden. Die Adoption hatte auch einen rein praktischen Grund. Denn damit wurde die Übergabe des halben Hofes an uns konkret vorbereitet. Die Übergabe sollte ja bald stattfinden.
Meine eigenen Pläne gingen derweil dahin, mich möglichst gut um die ordentliche Versorgung der vielen Angestellten zu kümmern und das auch unter professioneller Anleitung weiter zu erlernen. So führte mich der Zufall in die bekannte Hasenbräugaststätte der Familie Gretzinger in der Annastraße in Augsburg. Dort arbeitete ich in der Hotelküche mit und bekam Einblick in den Gastbetrieb. Die Gastronomie hätte in diesem enormen Umfang nicht lehrreicher sein können. Was es hier in einem halben Jahr zu lernen gab, hätte ich in den besten Kursen nie bis ins Detail vermittelt bekommen können. Seither habe ich jedenfalls den höchsten Respekt vor der Hotelgastronomie. Bei uns zuhause wurde schließlich gegessen, was auf den Tisch kam. Sagen Sie das mal einem Restaurantgast: Der wird Ihnen zurecht den Vogel zeigen. Jeden Tag kommen Unmengen an Nahrungsmitteln in die Küche und das musste in der Qualität passen, sonst konnte man es nicht verkaufen. Zuhause aßen wir dagegen natürlich auch das „schepse" Gemüse, Fleisch vom kränklichen Schwein oder die krebsigen Äpfel und zwar ohne die Stirn zu runzeln. Na ja, und am Ende musste man auch noch freundlich zu den Gästen sein, egal wie nervig, überkandidelt oder widersinnig sie sich verhielten. Meine Theorie ist: Mancher Mann hatte zuhause sicher nicht die Hosen an, und hätte ein Riesen-Donnerwetter erlebt, wenn er in der heimischen Essnische nur ein Meckern angedeutet hätte: „Des mog I nedd", oder „Des schmeggd fei nedd", oder nur „Is' des Essen no nedd fertig?" Und dann geht er halt in die Wirtschaft und lebt dort aus, was er zuhause nicht darf. Nämlich ungeduldig sein, rumkritteln und anzügliche Bemerkungen machen. Ich lernte wieder viel über die Menschen und nicht nur Gutes.
Hier muss ich aus besonderem Anlass über die Chefköchin in dem Hotel berichten. Diese Frau war die Jähzornigkeit in Person.

Wenn sie ihren Rappel bekam, flogen die Pfannen tief und sonstige Teile durch die Küche. Die, die ihr nahe standen, verzogen sich vorübergehend fluchtartig mit geducktem Kopf in einen Nebenraum, den man getrost als Luftschutzkeller bezeichnen hätte können. Als ich mal wieder das Opfer einer ihrer legendären cholerischen Anfälle war und mit weichen Knien hinüberrannte in den Nebenraum, ertappte ich dort ungewollt einen Koch grade beim Grapschen mit einem weiblichen Lehrling. Also war an den Gerüchten doch etwas dran, dass so etwas in der besten Gastronomie vorkommen kann. Und als mein Lehrhalbjahr zu Ende ging, erlebte ich eben noch die fristlose Kündigung der Chefköchin mit. Zugehen tat's wie auf dem Jahrmarkt der Eitelkeiten.
Anschließend versuchte ich, für ein Vierteljahr bei Herrn Kränzle unterzukommen. Er war einer der Konditoren, die das Mehl aus unserer Mühle bezogen. Dass meine Mutti eine ausgezeichnete Köchin war, konnte man häufig von unseren Angestellten hören. Sie zehrte mit ihren Kochkünsten von den Zeiten, die sie wiederum bei ihrer Tante Magdalena in einem Münchner Kloster als Küchengehilfin absolviert hatte. In dem Kloster hatte sie das Kochen noch von der Pieke auf gelernt. In Muttis Abschlussprüfung hatte es geheißen: „Sie haben alles richtig gemacht, bis auf einen großen Fehler. Sie haben den Braten angestochen." Aha. Und wenn man die Herkunft von den Ehefrauen der Knollerdynastie an der Obermühle im Stammbaum zurückverfolgt, so waren es meist gut ausgebildete Bauers- oder Wirtstöchter gewesen, die in die Obermühle eingeheiratet hatten. So war es auch mein Ziel, mit den beiden Angestellten-, oder besser Lehrverhältnissen, in die Fußstapfen meiner Vorgängerinnen als Köchinnen und Bäckerinnen zu treten: „A guad's Essen hält Leib und Seele z'samma", und die Angestellten blieben gerne am Hof. Und auch in einem ganz anderen Bereich wollte ich nichts anbrennen lassen: Wenn „Liebe durch den Magen geht", dann auch durch Gottfrieds.

Unaufhaltsam schritten die Vorbereitungen für unsere Hochzeit voran. Eigentlich wollten wir uns im Wonnemonat Mai das Ja-

wort geben. Welche Gründe für die Verschiebung auf den Herbst verantwortlich waren, kann ich nicht mehr genau sagen. Aber am 15.9.1954 fand der Notartermin statt. Von Notar Dr. Bruno Breitenbach in Fürstenfeldbruck wurde ein Ehe- und Erbvertrag zwischen Gottfried Wecker und Maria Magdalena Sonner ausgestellt. Am Samstagabend vor der Hochzeitsfeierlichkeit gestaltete der Trachtenverein Merching unseren Polterabend mit Gesang und Tänzen wie „das Mühlradl". Geschirr zerschmissen wir keines, denn das wäre zu schade gewesen; aber das Schnapseln ließ sich der Großteil der Gäste nicht nehmen. „Tradition ist Tradition, sagte der Alkohol, und stürzt sich den Schlund hinunter."
Die standesamtliche Trauung vollzog der damals amtierende Bürgermeister Grill. Am Montagmorgen, den 27.9.1954, begann zeitig der Weckruf mit den Merchinger Musikern. Ich hatte mir immer schon gedacht: Die armen Brautleute! Quasi im Morgengrauen schon mit Blasmusik aus dem Bett gejagt werden. Aber wenn man selbst dran ist, dann reicht die Aufregung völlig, um die letzte Schlafanwandlung in Sekundenschnelle zu vertreiben. Die Blaskapelle saß prominent platziert auf einem Wagen. Und der wurde von einer Zugmaschine kreuz und quer durch den Heimatort gezogen. Sogar in Eresried, dem Heimatort des Bräutigams, stattete das Gespann einen Besuch mit schneidiger Musik ab. Eresried liegt immerhin gut 7 Kilometer weg und der Bulldog fuhr so langsam hin und her, dass es keinem der Musikanten das Toupet vom Haupte reißen konnte.
Unser Hochzeitslader Martin Teifelhard, ein „griabiger" Vertreter seiner Zunft, bürgte für den reibungslosen Ablauf seiner traditionellen Aufgabe. Neben den „griabigen" (angenehm, urgemütlich) Typen hatte es bei manchen Hochzeiten auch „ausg'schamte" (unverschämte) Hochzeitslader gegeben; aber so einen wollten wir bei unserer Hochzeit nicht haben. Bei der offiziellen Einladung der Gäste war er bereits Wochen vorher von Haus zu Haus gegangen und hatte sein eingeübtes Verslein gesprochen. Keine leichte Aufgabe, denn zu unserem Hochzeitsfest waren etwa 150 Personen eingeladen.

Die Heilige Messe war für halb elf vorgesehen. Pünktlich um 10.00 setzte sich der Hochzeitszug vor der Haustür in Bewegung. Wie der Auszug an der Haustüre an der Obermühle gerade losging, fielen die ersten Regentropfen. Die Blaskapelle ließ sich von dem tristen Wetter jedenfalls nicht einschüchtern und machte routiniert gute Laune beim Auszug aus dem Elternhaus.
Die Etikette oder Reihenfolge bei einem Hochzeitszug verlangte zu dieser Zeit, dass der Bräutigam vorneweg ging, begleitet vom Herrn Pfarrer als Ersatz für Gottfrieds schon verstorbenen Vater. Dann kamen der Bruder und nacheinander alle Männer. Anschließend folgte die Braut, geführt vom Brautvater, die Bräutchen oder Blumenkinder mit der Schneiderin, die dafür sorgen sollte, dass bei Brautkleid und Schleier alles in Ordnung blieb. Übrigens war sie auch für die Myrtensträußchen am Revers der Gäste zuständig. Wir wussten, dass wir uns auf Else Gebhard verlassen konnten. Auf sie kam noch reichlich Arbeit zu, doch davon erzähle ich später. Die fast endlose Reihe weiblicher Hochzeitsgäste begann mit den Müttern von Braut und Bräutigam, Tanten, Geschwistern, Angestellten auf dem Hof, Cousinen, Schwägerinnen, weiter entfernten Verwandten, Kunden der Mühle und vielen Gästen aus dem Dorf und von außerhalb. Die Trauungsmesse zelebrierte dann unser Pfarrer Stegmann sehr würdig. Dann gab es am Grab noch die Gedenkminute für unsere Verstorbenen. Bei inzwischen strömendem Regen zog der ganze Tross zum Bräu zu den weltlichen Feierlichkeiten. Das warme, reichhaltige Mittagessen wartete schon auf die etwas vom Regen derangierte Gesellschaft. Wir konnten auch die nächsten Stunden vor lauter Regen fast keinen Fuß vor die Türe setzen. Und doch durften wir den Termin beim Fotografen in Mering nicht verpassen. Leider hatte das Brautkleid zwischenzeitlich gelitten. Bei der Prozession von der Kirche zur Wirtschaft war ich am Oberkörper gut geschützt durch den Regenschirm. Aber von den Drecklachen auf der Straße gingen die Spritzer am Kleid hoch bis zu den Knien. So stellten sie mich beim Bräu kurzerhand in die Badewanne auf einen Schemel. Frau Gebhard befreite mein Kleid von den

Flecken und trocknete es fachmännisch mit einem Fön. Dann stand schon ein Auto vor der Haustüre parat. Gottfried und ich flüchteten eilends in das festlich geschmückte Gefährt und ab ging's mitsamt dem Kinderbrautpaar Bernd Aumiller und Lieselotte Gebhard nach Mering zum Fotografieren. Im Saal vom Siebenhütter lief die Stimmung derweil auf Hochtouren. Drinnen deutete nichts auf Missmut und schlechte Laune wegen dem Mistwetter hin. Die Menschen feierten ausgelassen, fröhlich, so wie man es eben beim Bräu immer tat. Eine kleine Regenpause reichte, um zum Brautverziehen zu schreiten. Dazu ging es angeführt von Burschen aus Nassenhausen nur zwei Häuser weiter zum nächsten Wirt. In dem Trubel ereilte uns die Nachricht, dass unsere Wirtin, die Bräuin, einen Herzanfall hatte und schnellstens eine Spritze vom Arzt bekommen musste. Bald hörten wir, die Aufregung wäre für die Wirtin zu groß gewesen, weil die Burschen beim Brautverziehen die alkoholischen Getränke in der Konkurrenzwirtschaft zu gut konsumierten. Und die Einnahmen vom Weinkonsum fehlten nun dem Bräu. Nicht auszudenken, wenn Frau Siebenhütter jetzt wegen uns im Krankenhaus landen würde. Erstens: die arme Frau. Zweitens: Wir hatten doch die Abendmahlzeit noch vor uns. Und das ohne die geschäftstüchtige Wirtin.
Alles ging gut aus. Die Wirtin kam wieder auf die Beine. Und der Braten war tadellos, der Abend gerettet, die Feier wie aus einem bayerischen Märchen. Ein Wermutstropfen: Es regnete weiter, auch am Abend. Nur gut, dass es für dieses Malheur einen versöhnlichen Spruch gab: „Wenn es am Hochzeitstag regnet, wird die Brautleute ein reiches Leben erwarten". So konnten wir uns leicht hinwegtrösten über den „Schütttag".

Eigentlich hat mir mein leiblicher Vater unser Heim gleich zur Hochzeit versüßt, weil er uns eine neue Küche aus Lärchenholz schenkte, die vom Teifelhard-Schreiner maßgearbeitet wurde. Die Küche war riesengroß und für ehemals zehn Bedienstete und unsere Familie ausgelegt, die Laufwege also erheblich. Außerdem schenkte uns mein Vater noch Vorhänge für das ganze Haus aus der Meringer Gardinenfabrik, quasi regionale 1A-Ware. Aber bevor wir das richtig genießen konnten und es in die heiße Phase im Herbst mit der Kartoffel- und Krauternte ging, genehmigten wir uns noch eine sagenhafte Hochzeitsreise. Wir hielten bis zum Schluss dicht mit unserem Vorhaben, sonst wären unsere Eltern in Ohnmacht gefallen. Wir hatten alles heimlich geplant. Es sollte eine kombinierte Zug-, Bus- und Schiffsreise werden. Jeder von uns hatte 700 DM gespart und angezahlt. Der Rest kam aus der kleinen Reisekasse, die wir längst angelegt hatten. Bei mir stammte das Geld von meinem Monatsverdienst von 100 Mark. Und Gottfried verausgabte sich vermutlich auch mit seiner ganzen Barschaft des vergangenen Jahres. Was brauchte ein frisch vermähltes junges Ehepaar an Extras? Außer sich selbst… kaum ein paar Pfennige. Die Reise führte uns zunächst mit dem Bus über den Brenner nach Genua. Dort stießen wir auf eine kleine Gruppe von Leuten aus ganz Deutschland. Der Hafen von Genua wirkte nicht besonders einladend mit seinen Betonlandschaften und rostigen Pötten. Doch die Schiffe im Wasser versetzten uns in Staunen. Wer hätte im Dorf schon behaupten können, er habe einen leibhaftigen Flugzeugträger mit eigenen Augen gesehen. Neben dem Flugzeugträger lagen einige weitere Militärschiffe, Frachter und das Schiff mit dem berühmten Namen „Andrea Doria“ im Hafen. Die nächste Etappe führte uns mit dem Schiff von Genua nach Rom. Dort besichtigten wir die pulsierende Stadt mit ihren kulturellen Schätzen, den Petersdom, das Colosseum, den Trevibrunnen, die Engelsburg und die Spanische Treppe. Am nächsten Tag ging es vom gerade neu erbauten Bahnhof Tivoli, einem Kleinod in schwarzem Marmor, weiter mit dem Zug Richtung Sizilien. In Amalfi war ein Aufenthalt eingeplant. Denn das gehörte zu dem Schönsten, was der Süden Italiens bot. Die ersten Worte des Busfahrers, der uns die Steilküste hinunterkutschierte: „Wir haben 1000 Kurven vor dem Mittagessen und 1000 Kurven nach dem Mittagessen“. Wir amüsierten uns über das endlose lärmende Gehupe, das ja bei den Italienern sowieso gang und gä-

be war, aber hier halt überlebensnotwendig, denn um diese Spitzkurven wären wir niemals ohne großes Getöse und bei Gegenverkehr herumgekommen. In jeder Hinsicht hielten wir den Atem an, wenn unter uns wieder nur das Meer zu sehen war. Der nächste Tag führte uns zur Insel Capri mit der Blauen Grotte. Wir schipperten mit winzigen Schiffchen für vier Personen zur Einfahrt in die Grotte. Für unsere Begleiter im Bötchen, ein amerikanisches Ehepaar, kramte Gottfried die letzten Englischkenntnisse aus dem Hirnkastl. Mit Händen und Füßen bemühten wir uns um eine Unterhaltung, bis wir erwähnten, wir kämen aus Deutschland. Wir mussten bei dem Gezappel und dem Radebrechen einen lustigen Eindruck gemacht haben und die beiden dankten uns für unsere interkulturellen Bemühungen – auf Deutsch. Beide sprachen gut Deutsch. Sie waren mit der amerikanischen Truppe nach dem Krieg in unserem Land gewesen. So ließ sich eine schöne Unterhaltung etwas leichter führen.
Über die Straße von Messina erreichten wir bei Enna Sizilien. Wir bewunderten das Odeon auf der Insel in Taormina und stiegen auf den Ätna. Das waren 1954 alles einmalige Erlebnisse für uns, an die in unserem Bekanntenkreis zuhause noch niemand gedacht hatte. Wir waren hier einfach glücklich, die große weite Welt erleben zu dürfen. Weiter ging es mit dem Zug, vorbei an üppigen Orangen- und Zitronenhainen, nach Palermo, der Hauptstadt Siziliens. Und wieder verschlug es uns den Atem. Die morbide Schönheit dieser Stadt, die südländischen Farben, die monumentale Architektur, diese einmalige Lage in der hügeligen Landschaft. Hier ließe es sich gut ein paar Tage verweilen. Doch am nächsten Tag hieß es schon wieder Abschied nehmen. Weiter ging es nämlich mit dem Kreuzfahrtschiff Vulcania. Bei Nacht glitten wir vorbei an der Insel Stromboli mit dem aktiven Vulkan, der von der Ferne aussah wie ein Leuchtfeuer, das einen Wackelkontakt hat und ganz unregelmäßige und unverständliche Lichtsignale aussendet. Unser Schiff nahm nun Kurs auf Genua, vorbei an Rom, Korsika, Elba. Die früheren Kreuzfahrtschiffe sind kein Vergleich zu den heutigen. Die obligatorische Klassentrennung

war eindrucksvoll. Wir durften nämlich im unteren Deck in der Touristenklasse mit Bierzeltgarnituren vorliebnehmen. Uns brannte es natürlich unter den Nägeln: „Wie wird es in den oberen Decks zugehen?“. Am späten Abend schlichen Gottfried und ich los, auf Entdeckungstour. Wir wurden auch fündig. Betont unauffällig, aber mit Herzklopfen, eingemummt in Schals, kletterten wir eine steile Außentreppe hoch, dann noch durch eine Türe. Und schon waren wir mitten im Geschehen in der zweiten Klasse. Das schien ganz nach unserem Geschmack zu sein: lustig, solide, nicht übertrieben. Da könnten wir uns genauso wohlfühlen, zumindest für einen Abend. Aber die Neugier trieb uns noch weiter. Wir wollten unbedingt einen Blick in die First Class werfen und sehen, wie es sich anfühlt. Und es gelang uns auch. Allein der Eindruck von den dunklen, teuren Mahagonimöbeln schreckte uns ein bisschen ab. Abgesehen von der gespreizten Gesellschaft, der wir gar nichts abgewinnen konnten. Aber wenigstens gefiel es uns, diese Unterschiede einmal hautnah zu erleben. Wenn wir daraus Schlüsse zogen, dann wohl: „Wähle nach Möglichkeit den goldenen Mittelweg“. Für diese Erfahrung, besser gesagt, um dieses kleine Stück Lebensweisheit zu gewinnen, mussten wir uns erstmal unerlaubt auf dem ganzen Schiff herumschleichen und uns diese merkwürdig entrückte Welt der ersten Klasse zu Gemüte führen. Ich glaube, dass uns solche kleinen Erfahrungen spätere Entscheidungen leichter gemacht haben und dass wir mit mancher Entscheidung leichter unseren Frieden schließen konnten. Auf alle Fälle hatte es uns gelehrt, extremen Positionen im Leben und in der Arbeit zu misstrauen und stattdessen einen Goldenen Mittelweg zu wählen.
Am letzten Tag unserer traumhaften Hochzeitsreise gingen wir in Genua wieder vom Schiff, mit einem traurigen Blick zurück und einem leisen „Arrivederci Italia“. Wir kommen bestimmt wieder! Dann brachte uns der Bus zurück in die Heimat.

Eine wunderbare Überraschung ließ in den folgenden Monaten nicht auf sich warten. Am Faschingsdienstag 1955 hatte ich einen

Termin beim Frauenarzt. Hier bekam ich die freudige Nachricht: Ich war schwanger. Die Begeisterung war riesengroß. Gottfried teilte mit mir das Glück. Von da an nahm er sich fast jeden Abend Zeit für einen kleinen gemeinsamen Spaziergang. Wir erzählten uns über unsere Freude auf unser erstes Kind. Ich berichtete über meine alltäglichen Dinge, er über seine zukünftigen Vorhaben und Pläne und wie er sie im Betrieb umsetzen wollte. Neben der üblichen Arbeit machte ich bis zum Schluss der Schwangerschaft kleine Gymnastikübungen. Die taten mir richtig gut zur Vorbereitung auf die Geburt. Am 5. Oktober war es endlich so weit. Gottfried brachte mich mitten in der Nacht ins Frischheim nach Augsburg. Zu dieser Zeit war die Anwesenheit der Männer bei der Geburt keinesfalls erwünscht. Das Personal schickte Gottfried also kurzerhand nach Hause. Ich selbst bin wieder seelenruhig eingeschlafen und schlief durch bis zum Morgen. Doch dann herrschte plötzlich große Aufregung im Kreißsaal. Die Hebamme, die mich betreute, rief eilig nach einem Arzt. Als bei mir heftige Wehen einsetzten, stellte man fest, dass das Kind die Nabelschnur um den Hals hatte und drohte zu ersticken. Blitzschnell griff der Arzt ein und konnte das Kind ohne Kaiserschnitt retten. Um 9:15 Uhr hielt ich ein süßes kleines Mädchen im Arm, das wir auf den Namen Maria taufen lassen würden.

Gar nicht lange darauf starteten wir einen ersten mutigen Versuch: Klein-Maria sollte für eine Woche bei den beiden Omas bleiben. Und die freuten sich aufrichtig über ihre Verantwortung. Zumindest hatten sie das beteuert. Und Gottfried und ich fieberten einem gemeinsamen Urlaub in Oberstdorf entgegen. Meinen sportbegeisterten Mann zog es zum Skifahren. Und ich sollte mich im Eisstadion auf den Kufen vergnügen. Aber so hatten wir nicht gewettet, dass er seine geschmeidigen Abfahrtskurven zur Schau stellt und ich allein unten in der Ortschaft versauere. Ich begleitete also meinen Liebsten zur Anmeldung zu einem Saison-Aufwärm-Kurs ins Skibüro. Dort buchte ich mich kurzerhand selbst zu einem Skikurs ein. Unsere Gruppe blutiger Anfänger und Flachlandtiroler bestand aus sieben Teilnehmern. Ich war mit 26 die Älteste. Unser Skilehrer Herr Brutscher brachte uns zum Übungshang am Fuße der Söllereckbahn. Höher hinauf würde es zwar am Fellhorn gehen. Aber da gab es weder einen Baby- noch Bügel- geschweige denn Sessellift. Wir mussten unsere Skier am Söllereck selbst ein Stück den Hang hochtragen. Dann übten wir auf den wenigen Metern Abfahrt ein paar Schwünge, wohldosiert von 10 – 12 und 14 – 16 Uhr. Ich fand, das Skifahren ging gut, aber das Skischleppen machte nur bedingt Sinn. Das Ziel konnte nur lauten: schnell so gut Skifahren lernen, dass man es mit jeder Bahn und mit jeder buckligen Abfahrt aufnehmen konnte. Wer weiß, was sich aus dem Thema Skifahren noch über die Jahre entwickeln würde, und welche professionellen Fertigkeiten dann nötig sein würden. Als die mühselige Woche fast vorbei war, gab es zum Abschluss einen Torlauf mit Bewertung und am Abend in einer Gaststätte eine große Siegerehrung für alle Skikurse. Da staunte Gottfried nicht schlecht: Ich wurde nämlich für meinen Husarenritt in der Neulingsliga mit dem 1. Preis belohnt und bekam einen kleinen silbern-glänzenden Ski in Form einer Anstecknadel überreicht. Und ich muss dazu sagen: Ich habe den ersten Preis nicht deswegen bekommen, weil die sechs anderen aus meinem Kurs vorzeitig abgereist waren und leider nicht mehr für die Preisverleihung zur Verfügung gestanden hätten. Ich erinnere mich ganz bestimmt daran, dass in meiner Klasse auch noch ein zweiter und ein dritter Preis verliehen wurde, und ich nicht ganz allein auf dem Podest stand. Die Nadel habe ich noch heute.

Nochmal ein Jahr später war ich bereits wieder dort, wo ich mit Klein-Maria angefangen hatte. Am 3. Dezember 1957 nachts um 2 Uhr empfing mich die übermüdete Hebamme in Augsburg mit den Worten: „Kommt schon wieder so ein Nachtlichtlein." Für mich wirkte das nicht gerade vertrauenserweckend, wenn die Hebamme die Augenlider auf halb acht trug und sich zur Begrüßung erstmal über die Uhrzeit mokierte. Aber im Ernst: Die Hebammen leisten schier Unglaubliches und bleiben in den hektischsten Situationen ruhig. Ich hielt um 4 Uhr morgens ein quicklebendiges Brüderchen für Maria im Arm. Wir tauften den Jungen auf den Namen Gottfried. Mein Traum war immer gewesen, viele Kinder in einer quirligen Familie großzuziehen. Mit dem zweiten Kind ging also ein weiterer großer Wunsch in Erfüllung und später sollten ja noch zwei Buben dazukommen. Die Freude war unsagbar. Alles ist gut verlaufen. Man muss dazu wissen, dass sich zu dieser Zeit Vorsorgeuntersuchungen noch sehr in Grenzen hielten. Ich kann mich eigentlich gar nicht erinnern, während der Schwangerschaft je einmal beim Arzt gewesen zu sein.

26

Gottfried war gerade mit den beiden Pferden mit der Herbstsaat beschäftigt. Weswegen Bobbi und Fritzi scheuten, ließ sich später nicht mehr nachvollziehen. Aber Gottfried fiel auf den Acker und die Sämaschine holperte über seinen Rücken hinweg. Einige Zeit lang konnte man die Abdrücke der Sämaschinenpfeifen (die das Saatgut in die Erde bringen) auf seinem Rücken sehen. Nicht auszudenken, was gewesen wäre, wenn er ein paar Zentimeter weiter eine Verletzung am Kopf erlitten hätte. Gottfried war übrigens schon immer mit gemischten Gefühlen mit den Pferden ans Werk gegangen. Das lag wohl unter anderem an seinen Erlebnissen in der Jugendzeit. Während des Krieges hatte es ja an kräftigen Knechten gefehlt. Und so war auch in seiner Familie der Bub mit 15 Jahren mit dem Gaul zur nächsten Ortschaft in die Schmiede zum Beschlagen geschickt worden. Der Schmied war für seine Zornesausbrüche bekannt und er war keinesfalls erfreut gewesen über die Zusammenarbeit mit dem schmächtigen Lausbuben, der kaum den Pferdehuf in die Höhe halten konnte. Deshalb gab es meistens schon Tränen und Zoff, wenn es nur hieß: „Geh' zum Schmied nach Steinbach, Seppl braucht ein neues Hufeisen“. Und was war Gottfrieds Verletzung am Rücken nun? Ein großes Pech, dass die Pferde gescheut hatten. Oder Glück im Unglück, weil

ihm bei dem Unfall nichts Schlimmeres passiert war? Aber es gab immer noch so viele andere Unfallgefahren auf dem Hof und so viele Unwägbarkeiten, dass man seinen Schutzengel immer wieder bemühen musste, und dass man mit einer gewissen Demut besser eine belastbare Beziehung zum Allmächtigen aufbaute. Zu Deutsch: Manchmal half bloß ein Stoßgebet und der Schutzengel.
Mein Mann wollte unbedingt Erfahrungen damit sammeln, wie sich unser Fleckvieh den Sommer über auf der Weide machen würde. Gottfried und Emil legten mit ein paar fleißigen Leuten Hand an und gossen mehrere hundert Betonsäulen, pflockten sie ein und versahen das Ganze mit vier Stacheldrahtreihen übereinander. Nachdem der Futtertisch im Stall eigentlich für das Fleckvieh und für spätere Zeiten, als der Traktor mehr zum Einsatz kam, unglücklich gestaltet war, war der massive Zaun auf der Weide ganz gut gelungen. Er hielt die eigensinnigen Tiere in Schach. So stolz wir auf den Zaun waren: Niemand konnte zu dieser Zeit ahnen, dass nur 20 Jahre später die Milchviehhaltung wieder aufgelöst und das Vieh versteigert würde. Und wie sieht es 50 Jahre später aus? Im Jahr 2020 existiert in ganz Merching von ehemals 103 Milchviehbetrieben kein einziger mehr.
Kaum legte Gottfried 1954 auf unserem Hof los, strebte er gleich an, eine Zuchtviehherde erfolgreich aufzubauen. Unser Schweizer-Ehepaar (gemeint sind die Melker und nicht irgendwelche Eidgenossen) war gerade dabei, ihren Arbeitgeber zu wechseln und sich von unserem Hof zu verabschieden. Wir wollten sehen, ob Annelies und Frau Reichelt, die Ehefrauen unserer Angestellten Bruno und Emil, Interesse daran hatten, die Aufgabe zu übernehmen. Es kam ein klares „Ja, wir probieren es“. Daraus entwickelte sich eine reibungslose und schöne Zusammenarbeit. Mehr als fünf Jahre lang gedieh die Rinderzucht. Annelies und Bruno bauten in der Zeit ein Häuschen in Merching und gründeten eine Familie. Bruno wechselte später beruflich zur Firma Götzewerk in Friedberg. Im Anschluss kam für rund fünf Jahre Melker Michael Breitsameter auf unseren Hof. Und Emil baute in unserer Nähe ein Haus und würde unserem Betrieb solange treu

bleiben, bis unser Sohn Gottfried seine umfangreiche Ausbildung abgeschlossen hatte.

Wir rätselten einige Zeit verbissen, woher die nächtliche Unruhe in unserem Stall kam. Es war fast schon zur Gewohnheit geworden. Um Mitternacht fing es immer wieder an mit einem verhaltenen Muhen. Das nahm dann in der Lautstärke zu und klang eine Weile später erst wieder ab. Jedenfalls ungewöhnlich für die Kühe, die sich nächtens ungern aus der Ruhe bringen lassen. Mein Mann schlich sich also eines Nachts in den Stall. Er konnte aber beim besten Willen nichts entdecken, was diesen mysteriösen Rindviehtumult ausgelöst hatte. Schließlich legten wir eine Leitung, die uns alarmieren sollte, wenn sich Unbefugte Zutritt zum Stall verschafften. Jetzt rein hypothetisch: Was sollte jemand Fremder in unserem Stall wollen? Eine Kuh klauen? Das ist schwerer als man denkt, vor allem, wenn die Kuh nicht freiwillig mitgehen will. Aber immer wieder gab es diese seltsame Unruhe im Stall und wir kamen einfach nicht drauf, warum. Dann eines Nachts im Winter, als Gottfried von einer Versammlung zurückkam und die Seitentüre des Stalles kontrollierte, huschte ein verliebtes Pärchen verschämt in die Kälte hinaus und stand nun schlotternd vor meinem Mann, in der Erwartung der größten Standpauke, die man sich vorstellen kann. Gottfried musste sich enorm zusammenreißen, der Situation mit dem angemessenen Ernst zu begegnen, wo er am liebsten lauthals losgelacht hätte. Zum Glück konnte das ertappte Pärchen die zuckenden Mundwinkel meines Mannes in der Dunkelheit nicht erkennen und war heilfroh, dass sie dem Wutanfall eines aufgebrachten Landwirtes irgendwie entgangen waren. Das Rätsel über die geheimnisvolle Unruhe im Stall war damit endlich gelöst und es kam nie mehr zu weiteren Vorkommnissen dieser Art. Wenigstens nicht im wohltemperierten Kuhstall.

Gottfried und mein Stiefvater waren sich weniger einig in den Anschauungen. Mutti dagegen blieb für uns weiterhin die Respektsperson. Ihre Fürsorge für die Familie, das Personal und den Betrieb war bewundernswert und der Anerkennung bestimmt würdig. Josef Sonner aber, ihr zweiter Ehemann und damit mein Stiefvater, verstand es, sich von der vielen Arbeit fernzuhalten. Die vielen Posten, die er im Dorf innehatte, lenkten ihn von dem Notwendigen auf dem Hof ab. Natürlich musste man sich in der dörflichen Gemeinschaft auch engagieren. Aber das Engagement fand doch immer dort eine Grenze, wo zu Hause die Arbeit liegenblieb und der eigene Betrieb litt. Gerade hatte Merching eine aus unserer Sicht ungerechte Flurbereinigung hinter sich gebracht, schon war zum ersten Mal die Rede vom großen Mühlensterben. Aber bis dahin hatte sich mein Stiefvater als gelernter Müller mit der Arbeit in der Mühle befasst und sich eher darauf konzentriert; und Gottfried, Landwirt mit Leib und Seele, ging zielstrebig und dynamisch daran, den Hof weiterzuentwickeln. Diese Aufteilung klang auf den ersten Blick eigentlich nach einem Idealfall und völlig unproblematisch. Die beiden konnten sich kaum in die Quere kommen. Trotzdem kam es wegen der vielen Umstellungs- und Aufholarbeiten zu Reibereien. Heute würde man vielleicht von „Generationskonflikten" sprechen. Zum Glück hatte mein Mann den fleißigen Emil Reichelt zur Seite, der ihn bei all seinen Plänen unterstützte. „Es ist erst fertig, wenn's fertig ist. Und kein anderer wird's für uns erledigen", so könnte man es zusammenfassen, wie sie ans Werk gingen. Dann waren da auch noch unsere fleißigen Frauen aus der Batschka und Banat, einem Gebiet, das sich heute über Ungarn, Rumänien und Serbien erstreckt. Sie hatten sich nach dem Krieg in St. Afra bei Mering angesiedelt und packten immer an, wenn Not am Mann war. Jedes Jahr holten wir sie über viele Wochen täglich mit dem Auto ab und brachten sie nach der Arbeit nach Hause zurück. Das Auto war dabei proppenvoll. Ohne Anschnallpflicht hatten wir die Kinder auf dem Schoß. Der kurze Weg hin und her hat immer locker für ein Lied oder für eine lustige Geschichte ausgereicht.

Unter den vielen Umbauplänen rangierte ganz oben, den Schweinestall zu vergrößern. Als nächstes kam die Umstellung vom tra-

ditionellen Kraut hin zum Anbau von Zuckerrüben. Die Entwicklung des Rübenbaus ging dann bei uns in Riesenschritten voran, was zum Beispiel das optimierte Saatgut, die bessere Bodenbearbeitung und den Ertrag betraf. Auf den Äckern standen Mais zur Silage und Futtergewinnung und Raps für die Ölversorgung. Roggen, früher bedeutsam als Brotgetreide, wurde bei uns nur spärlich angebaut. Gerste fand zum Bierbrauen eine gewisse Verbreitung, doch auch nur bestimmte Sorten. Wenn hier eng definierte Kriterien nicht erfüllt wurden, konnte man die Gerste ausschließlich für Futterzwecke verwenden, was einem herben Verdienstausfall gleichkam. Weizen war immer noch Grundnahrungsmittel und ebenso für Futterzwecke gedacht.
Am Muttertag kam ich mit unseren Umbauvorhaben zu meiner Mutti und zum Stiefvater geschlichen. Gottfried und ich waren nicht lange verheiratet, und schon hatten wir die Planung fertig, wie wir den Milchviehstall in einen Herdebuchzuchtbetrieb ummünzen wollten. Diesen Plan wollten wir mit meinen Eltern besprechen. Der Plan bedeutete aber, dass wir den ganzen Stolz der Eltern, also den Stall, den sie selbst gebaut hatten, nun schon wieder grundlegend umgestalten mussten. Gottfried und ich wollten nebenbei darauf aufmerksam machen, dass es uns mit unseren Plänen ernst war und dass wir jetzt Tempo dabei aufnehmen mussten, den Hof zu modernisieren. Aber meine Eltern nahmen das als groben Undank wahr und sahen ihre größten Errungenschaften bedroht. Ihr ganzes Leben lang hatten sie geschuftet, um dann von uns nur kritisiert zu werden. Mutti hat das sehr persönlich aufgefasst und war sichtlich mitgenommen. Am meisten tat mir hinterher leid, dass wir uns nicht einen anderen Tag ausgesucht hatten. Ausgerechnet Muttertag.
Es war uns auch klar, dass wir die Viehweiden um einiges vergrößern mussten. Die Weiden waren unter anderem wegen der nahen Eisenbahn mit vierfachem Stacheldraht gesichert worden. Und trotzdem brach eines Nachts die ganze Herde aus. Die halbe Nacht waren alle Leute von unserem Hof mit dem Auto, auf dem Fahrrad und zu Fuß unterwegs, um das Jungvieh zu finden. Wir

waren etwas übernächtigt, nachdem wir jeden versteckten Winkel im Umkreis abgegrast hatten. Endlich kam ein Anruf aus Brunnen, dass sich die Tiere in dem drei Kilometer entfernten, zu Merching gehörenden Weiler befanden. Es sei eilig. Man wolle bald wieder ins Bett kommen. Und was eigentlich mit unserem glumpigen Zaun los wäre? Jetzt ist es ja nicht so, dass man hinradelt, den Viechern eine Landkarte in die Hand drückt und sagt: Ab nach Hause! Also: erstmal überlegen, wen man zur Nachtzeit als Helfer anrufen kann, wer einem noch einen großen Gefallen schuldet und wer unerschrocken genug ist, das Vieh zurückzutreiben. Also setzten wir uns mitten in der Nacht ans Telefon. Die Reaktionen schwankten von ungläubigem Staunen, über „Haha, 1. April?“, zu „Ein Wunder, dass die Viecher nicht schon lang ausg'rissen sind.“ Jedenfalls war es ein idyllisches Bild in der nächtlichen Landschaft mit den sanften Hügeln, wie eine verwirrte Viehherde mit Treibern rechts, links und hinterher über die Wiesen und Feldwege stolperte und versuchte, sich in allen Himmelsrichtungen erneut vom Acker zu machen. Ich glaube mich erinnern zu können, dass man solche Spezialaufträge später mit einem Fass Bier und einer ordentlichen Brotzeit honorierte.

Gottfried und ich interpretierten Zwischenfälle mit den Rindern so, dass sie nur bestätigten, was wir alles verbessern und erneuern wollten. Gleichzeitig waren meine Eltern der Meinung, alles besser im Griff zu haben, je weniger sich änderte. Ich glaube, dass Gottfried und ich auf dem Hof unbedingt umsetzen mussten, was wir in der Lehre und im Job in den vorhergehenden Jahren gelernt hatten. Das konnte uns gar nicht schnell genug gehen, sogar noch mehr dadurch, dass sich unsere finanzielle Situation verbesserte und wir endlich investieren konnten.

Erst auf ihrer Kur fand Mutti Zeit uns auf unsere Vorwürfe zu antworten und schrieb den folgenden Brief:

Ottobeuren, 23.1.1957

Lieber Gottfried und Marie!

Vor mir liegt das Buch von Sauerbruch: Das war mein Leben!

Nun will ich Euch erzählen: Das war mein Leben!

Nach einer fast sorglosen Jugendzeit, der schönsten meines ganzen Lebens, haben Vater selig und ich am 27. April 1920 Hochzeit gefeiert. Wir übernahmen die Obermühle mit 80.000 Mark fester Schulden, Handwerkerrechnungen, Protokollkosten etc., wie sie bei jeder Hochzeit anfallen. Nebenbei voller Eifer fingen wir in Gottes Namen an. Als I. (erstes) warfen wir den alten, einfachen Gatter raus und ersetzten ihn durch einen Vollgatter. 1921 bauten wir das Nebenhaus. Mutter war glücklich, als selbes fertig und wir sie heimholen konnten, war inzwischen beim Storch in der Wohnung, wo jetzt Streichers sind. Dann schafften wir uns 1 Schwadenrechen, 2 Grasmäher und 1 Bindemäher an; den Saustallstadel mussten wir erhöhen, daß er Platz hatte, später die erste Zugmaschine Hanomag. Unterdessen kam die Inflation. Als die meisten Schulden bezahlt, wurden selbe 1925 gerichtlich aufgewertet zu 50 Prozent. Inzwischen hatten wir mit einer lieben kleinen Tochter große Freude. Doch nach 7 Wochen nahm sie der liebe Gott wieder zu sich in den Himmel. 1927 verunglückte Vater mit dem Motorrad schwer, hatte doppelten Schädelbruch, Schlüsselbein- und Armbruch, bekam, weil er so unruhig war, doppelte Lungen- und Brustfellentzündung, und bis er endlich genaß, mussten wir zum größten Schrecken feststellen – ja wie soll ich's Euch sagen – Vater war irrsinnig geworden. Auf Anraten Dr. Sanitätsrats Scheglmann brachten wir ihn nach langem Zureden nach Neufriedenheim bei München. Fast alle 8 bis 14 Tage besuchte ich ihn – es war furchtbar – beim Weggehen hängte er sich jedes Mal an meinen Hals und heulte herzzerbrechend: Nimm mich mit – abgesehen von den hohen Kosten. 16 Mark Tagesgeld, Kuranwendungen, dann jede Kleinigkeit, Limonaden, Rasieren etc. und bezahlte es trotzdem gerne, weil endlich dann Besserung eintrat. Für 2000 Mark v. Asam musste ich 14 Prozent Zins bezahlen, das war untragbar. Wie sollten wir da vorwärtskommen.

Endlich konnte ich Vater heimholen – hatte aber seine Energie eingebüßt, und 11 Jahre leidend. Auf Beraten eines Onkels Deiner Mama und von Meringer Oma nahmen wir dann Dich liebe Maria mit 8 Wochen an, zu meiner, Vaters und Großmutters Freude. Vater wog und maß Dich alle 8 Tag. Das stand im Kalender. Maria Mastaller bekommen mit 8 Wochen mit 8 Pfund und 150 g schwer u.s.f.
Weil ganz veraltet, waren wir gezwungen, 1930 die Mühle umzubauen 2000 M. (Mark), hatten wir Monate die Mühlenbauer. Die Schulden wurden immer mehr, statt weniger, mussten erst 12, dann 10, dann 8 Prozent Zins bezahlen. Im heißen Sommer 1934 glaube ich kam fast kein Wasser mehr, bauten einen 35 PS Dieselmotor ein, dass wir weiter mahlen und schneiden konnten. Wie oft bin ich sonntags am Schreibtisch gesessen bis 12 h. Alle hatten Ruhe – nur ich nicht. Wie oft habe ich da zum Herrn Jesu aufgeschaut und gefleht: Hilf doch Du mir! Da konnte Toni noch sagen: Beim Sitzen kannst Du ja ausruhen, wenn ich v. (von) Gottes Gnaden Hoferbe wäre, würde ich mich kümmern, aber so geht's mich ja gar nichts an. Od. (Oder) das Weib und der Hund gehören z. (zum) Hof. Bin auch fast nie fortgekommen, da zehrte ich jahrelang. Es kam das Unglücksjahr 1937. An Sumpers Hochzeit 24. Mai hat sich Toni bei einem Autounglück den Halswirbel gebrochen. Der erste und dritte Knecht fiel unterdessen beim Umdecken vom Rossstalldach. Ersten durchbohrte der Lixen v. (vom) Leiterwagen die Brust, wurde versehen, und lag bis Ernte im Krankenhaus, der dritte war zwei Tage bewusstlos. Toni starb vier Tage darauf im Augsburger Krankenhaus, wo er durchleuchtet wurde. Er ruhe in Frieden!
Das Heumahd stand bevor und Vater krank im Bett. Im Herbst verunglückte das Hausmädel Resi von Abensberg tödlich. Die Eltern verlangten durch Rechtsanwalt 10.000 M. (Mark) Schadenersatz. Frau Grill Thomas hat sich beim Kartoffelklauben bei uns den Fuß gebrochen. Was ich da alles mitgemacht habe, ist nicht zu sagen. Da sagte eine Frau mal zu mir: Ihr müsst's Nerven wie Stricke haben sonst könntet's das nicht aushalten. Der lieben

guten Schwiegermutter, mit der ich mich so gut verstanden, wir hatten immer alles miteinander geplant und ausgesprochen, traf Anfangs Oktober 1938 der Schlag und starb drei Wochen darauf in unserem Haus, damit ich Vater und sie mitsammen pflegen konnte. Am Hlg. Abend folgte ihr dann der herzensgute Vater im Tode nach. Herr gib ihnen die Ewige Ruhe! Unter Vaters Regie hatten wir noch den Hühnerstall, das Silo, die Holzhütte, sein Steckenpferd das Bienenhaus gebaut, Gebläsehäcksler gekauft. Jetzt stand ich allein, verlassen da, mit Dir, der 9-jährigen Maria. Wir hatten einen verheirateten Müllermeister, da hätten wir bald das ganze Geschäft eingebüßt. 153 Sack Mehl brachte uns die „Egdebia" wieder zurück, weil das Mehl angeblich totgemahlen war. Als ich Obermeister Wagner um Rat fragte, was ich denn um Himmelswillen damit tun solle, haute er auf den Tisch und sagte – wie kann man nur – holen Sie den Obermüller wieder, den Sie gehen ließen, der hat was los, und heiraten Sie ihn, dann wird's wieder recht werden – das ist der Rat Ihres väterlichen Freundes und befolgen Sie ihn aber auch. Wie oft sagte da meine Mutter, die ich zu mir genommen, als ich so allein war: wenn Du durchkommen willst, bleibt Dir nichts anderes übrig, als wieder zu heiraten. Also heiratete ich 1940 das zweite Mal. Vater war unermüdlich tätig, mahlte bei Nacht, sogar fast alle Sonntage, was mir gar nicht so recht war, kamen aber so nicht mehr durch und arbeitete bei Tag in Hof und Feld. Als 1. (erstes) bauten wir das Werk neu ein in der Mühle, einen Tetacheur, damit man das zurückgelieferte Mehl beimischen und verkaufen konnte, eine Griesputzmaschine, die Sodermühle, einen Walzenstuhl, kauften für die Landw. (Landwirtschaft) die Strohpresse. Das Wasserrad war total kaputt, sowie der Ablass, mussten die Turbine einbauen; es war Krieg und keine aufzutreiben. Was Vater sich da bemühte und rumgefahren ist um Eisenschienen und Zementzuteilung, fast umsonst. Ja wenn wir Holz zum Kompensieren gehabt hätten, dafür hätte man alles haben können. So haben wir z. Beisp. für Mehl Eisenbahnschienen, für diese wieder Zement eingetauscht, u. (und) was noch alles. Die 2 Wasserbauten fraßen so viel Zement, Zeit und Geld, und bis wir den Turbinenregler herbrachten? 1943 brannte die Säge nieder, bekamen keine Materialzuteilung und durften sie nicht mehr bauen, weil's ursprünglich eine Kundensäge war und nur 100 Kubikmeter Holzkontingent für Handel hatte und unsere Nachbarssäger hintertrieben, weil wir keine Nazi waren. 1945 erst konnten wir mit Mühe und Not den Neubau ausführen, brachten nur Zementplatten her, paar Jahre später mussten sie wieder durch Ziegelplatten ersetzt werden, weil's einregnete doppelte Ausgaben! Mit welchem Aufwand konnten wir den Lanz Bulldog erstehen! Später die Dachplatten v. (vom) Rossstallstadel und hinten Saustallstadel, die Mistgrube und dann den Kuhstall. Wir haben dazu das Bauholz, wie früher das Brennholz, größtenteils gekauft und den Wald geschont. Beim Bachausbaggern wurden wir nach vier Tagen von der Währungsumstellung überrascht und mussten 10 Tg. (Tage) pro Tag 160 Mark bezahlen bei einem Kopfgeld von 40 DM. Für 1 Waggon 300 Zentner Kraut konnten wir nicht mal für 1 Monat die Krankenkasse begleichen, und der Stallbau musste sein. Da war ich vor lauter Sorge so fertig, bis ich in Wörishofen Heilung fand. 1951 bauten wir dann den Kuhstall mit einem Aufwand von über 80.000 Mark. Dann kam die Maul- und Klauenseuche. Man sagte, sie hätten falschen Impfstoff eingeimpft; nach und nach mußten wir doch ein Dutzend Kühe zum Schaden hergeben; dazu noch aufheben – im neuen Stall war Platz für 10 Stück mehr wie im alten. Und wir haben, wenn ich mich recht erinnere, mit 53 Stück u. (und) schlachtreifen Schweinen übergeben. Unser Haus war sehr feucht, ein Doktor von Vater selig sagte einmal sein Magenleiden käme von der Feuchtigkeit, ständig fiel der Mörtel ab, so ließen wir es abschneiden und isolieren vor dem Spritzwurf, was sich sehr gut bewährte. Im Haus richteten wir das Büro u. (und) die Kühlanlage u. (und) die beiden Küchenmaschinen ein. Mistbagger und Auto. Wir haben immer das Beste getan, um den Betrieb zu verbessern, für uns selber gespart und getrachtet die Schulden zuerst abzuzahlen, weil wir die hohen Zinsen fürchteten. Weil Vater strebsam war und in der Mühle aufholte, bekom-

In der Zeit um den 1. Weltkrieg posieren unsere Müller, Landwirte und Hausmägde vor Wohnhaus und Mühlgebäude der Obermühle in Merching.

Der Vier-Gespänner ist mit Mehlsäcken beladen bereit für die Fahrt nach Augsburg.

Im Wald bei Eresried rückt die Mannschaft unser Holz mit dem Pferdefuhrwerk.

Meine leibliche Mutter Maria Berger aus Mering war die große Liebe im Leben meines Vaters. Sie heirateten 1927. Zuerst kam mein Bruder Alois auf die Welt, dann am 19.12.1929 ich. Vier Tage nach meiner Geburt starb meine Mutter.

Die Bayerwaldler Rosl führt einen Bullen fest am Nasenring über den Hof in Eresried. Die Bayerwaldler waren im Zuge der Einheirat von Therese Wirkert in den Weckerschen Hof nach Eresried gekommen.

Mein Papi Josef Knoller brachte für mich viel Zeit auf. Das konnte er nur machen, weil er gesundheitlich vom Krieg, von den Zigaretten und von einem Motorradunfall angeschlagen war.

1936 bin ich Hauptbräutchen bei der Primiz von Rudi Besel und darf mein Gedicht aufsagen.

Hedi Kopp, Gitta Aumiller und ich beehrten Pfarrer Johann Wenzl 1935 als Primizbräutchen.

Emil hatte den Dreschwagen auf das Feld mitgenommen, so dass direkt vor Ort gedroschen werden konnte. Vor dem Krieg war das Getreide erst im Winter gedroschen worden, also einige Monate nach der Ernte.

Meine Mutti Franziska Sonner (vormals Knoller, Mädchenname Mastaller) war mit ihrem neuen Ehemann Josef Sonner sehr glücklich. Ich behielt dennoch meinen Geburtsnamen Mastaller bis zu meiner Adoption 1953 bei, hieß dann ein Jahr lang Sonner und ab 1954 mit meiner Heirat Wecker.

Unsere neue Mannschaft 1946 mit drei unserer insgesamt elf Heimatvertriebenen aus Böhmen und Schlesien füllte die Lücken aus, die uns auf dem Hof zum Ende des Krieges geblieben waren. Denn die Kriegsgefangenen aus Polen und Russland waren direkt nach Kriegsende wieder nach Hause zurückgekehrt.

Dies war Gottfrieds Lieblingsbild von mir. Hier hatte ich alles aufgefahren, um ihn zu beeindrucken, eine neue Frisur, ein moosgrünes Kleid und meine Firmuhr.

Mit dem zuverlässigen roten Miele-Fahrrad und Hedi Kopp bin ich vom Chiemsee 1948 mit Zwischenstopp in Herrenchiemsee an den Königssee geradelt.

Unser Betrieb Mitte der 50er: zwischen den Heimgärten für die Heimatvertriebenen (oben links) und dem Köchelschen Betrieb (rechts unten). Das Wohn- und Mühlgebäude liegt zentral. Der neugebaute Bullenstall findet sich oben rechts, das Austragshäusl unten links, der Saustall links. Die Paar fließt hinter dem Hauptgebäude vorbei unter der Brücke am Bachstadel durch.

1951 bauten wir einen Rinderstall mit einer großen Mannschaft von Handwerkern (rechts) und einer Schulklasse als Gehilfen (links). Sand und Holz wurden mit dem Pferdegespann angekarrt. Das Foto entstand wahrscheinlich bei einer Brotzeitpause.

Anni und ihre Mutter Emilie Tamme stehen im Gemüse- und Blumengarten vor dem neuen Bullenstall. Hier wurden auch die Krautpflanzen gezogen, bevor sie auf das Feld kamen.

Mein Bruder Alois entdeckte mich beim Stelldichein mit Gottfried am Lech. Zum Glück war sein Motorrad bereits von Weitem zu hören gewesen.

Gottfried (links) neben zwei seiner Geschwister, Georg und Olga, und seiner Mutter Therese in Eresried.

1954 heirateten Gottfried und ich. Der Saum am Kleid troff noch vom unaufhörlichen Regen.

1953 holten wir unseren Opel Rekord stolz im Werk in Rüsselsheim ab. Unser erstes Fahrzeug, ein Fiat, hatte ausgedient. Wir brauchten dann auch keine Traupaare mehr zur Kirche kutschieren, da es genügend Fahrzeuge im Dorf gab. Zu unserer eigenen Trauung sind wir 1954 aber selbst zur Kirche gelaufen.

Bis zu unserer Hochzeit hatten wir die Reisepläne geheim gehalten. Die Eltern wären sonst in Ohnmacht gefallen. Auf unserer Hochzeitsreise fuhren wir mit dem Bus die vielen Kurven die Amalfi-Küste hinunter. Nach der blauen Grotte in Capri und dem Ätna besichtigten wir auch Taormina. Dann brachte uns das Kreuzfahrtschiff Vulcania wieder von Palermo nach Genua zurück. In unserer Schiffsklasse mussten wir unter Deck noch mit Bierbänken vorliebnehmen. An der ordentlichen Kleidung ließen wir es aber nie missen. Nur die Frisur litt.

Emil Reichelt und meine Eltern hielten unterdessen den Betrieb aufrecht. Emil führte vor unserer Haustüre sein eigenes Pferd Maharani vor. Er beherrschte auch das Fahren mit der Kutsche und die Feldarbeit mit den Tieren.

In Oberstdorf absolvierte ich 1956 einen ersten Skikurs am Söllereck.

Kurz danach wagten wir die weite Reise bis Davos zur Skifahrt.

Die Dreschmaschinen verkörperten einen gravierenden Fortschritt in der Landwirtschaft.

Zum Setzen der Pflanzen lag man noch auf dem Bauch und hielt Kopf und Hände ungemütlich, bis einem alles wehtat.

Die Krauternte gestaltete sich sehr arbeitsintensiv. Die Krautköpfe wurden einzeln per Hand geschnitten und auf den Anhänger gehievt.

Wenn die Krautköpfe in einer Pyramide auf den Wagen geladen waren, dann blieb die Ladung beim Transport vom Feld bis zum Hof einigermaßen stabil.

Das Kraut wurde durch Zuckerrüben abgelöst. Anfangs lagerten wir die Rüben noch im Hof ab. Anschließend wurden sie am Meringer Bahnhof verladen.

Zum Ausflug wird am Sonntag Anzug getragen. Die Kinder Mitte der 70er.

Ein extra Kapitel ist in jedem bayrischen Haushalt der Speisekammer gewidmet. Weckgläser, Kuchenbleche und eine orangefarbene elektrische Brotschneidemaschine gehörten selbstverständlich zum ständigen Inventar, genauso wie Bier und Limo.

Mein Mann hatte das Ohr am Markt. Mit Rindern und Schweinen fuhr er regelmäßig nach Günzburg. Die Tiere waren zuhause auf den Trubel in der Markthalle vorbereitet und vor Ort herausgeputzt worden. Mit der Auktion ließ sich am besten Geld verdienen.

Emil demonstriert den Unterschied zwischen dem 20-PS-Lanz aus der Vorkriegszeit und einem Deutz. Am Lanz wurde unter der Glühkerze, das runde Eisenteil vorn am Motorblock, vor dem Starten mit einem Benzinbrenner vorgeglüht.

In unserer Barockkirche Sankt Martin galt besonderes Augenmerk darauf, zum Erntedank farbenfroh zu dekorieren. Pflanzenschmuck und Kirchenchor machten die Messen zu einem bewegenden Ereignis.

Zum hundertsten Gründungsjubiläum des Schützenvereins weihte Pfarrer Graf 1989 eine neue Vereinsfahne. Es war mir eine Ehre, als Fahnenmutter mitwirken zu dürfen.

Ich kann meinen Mann nicht allein lassen, wenn er gefährlichen Hobbys nachgeht. Deswegen buchte ich mich 1992 in Ampfing zum Tandemsprung ein und hüpfte auf 2500 m aus einem Flugzeug.

Ein runder Geburtstag wird auf dem Dorf gerne im Trachtenheim in einem würdigen Rahmen begangen. Zum 50. von Gottfried Junior handelte es sich hierbei um einen geliehenen goldfarbenen Gemälderahmen.

Wenn es um meine Leidenschaft für das Reisen geht, so habe ich eine typische Karriere durchlaufen. Das begann mit Radtouren nach Oberammergau und Berchtesgaden, reichte beim Skifahren vom Söllereck in Oberstdorf bis zu den drei Tälern von Méribel, bei den Fernreisen von den USA über Namibia nach Thailand, China und Indien. Besonders ans Herz gewachsen sind mir die deutschen Städte wegen ihrer reichhaltigen Kultur, der üppigen Architektur und der schönen Cafés mit ihrem Kuchenangebot. Am wichtigsten waren meine Reisepartner.

Die Goldene Hochzeit feierten wir 2004 mit Kutschfahrt, einer Messe in unserer wunderschönen Barockkirche St. Martin und einem Festzug zum Trachtenheim der D`Paartaler.

Die Generation meiner Enkelinnen und Enkel ist längst am Start. Meine Kinder, Enkel, eine Urenkelin und zwei Urenkel sind mein ganzer Stolz. Und ich bete im Alter von 91 dafür, dass ich weiterhin viele Gründe zum Feiern habe.

men wir den hohen Lastenausgleich, so eine Enttäuschung. ´s wär besser gewesen, wir wären gleich Kundenmüller geblieben, wir hatten gehofft, die Heirat noch hinauszuschieben u. (und) uns finanziell erholen zu können – ein Halbjahr später hätte die Übernahme bedeutend günstiger ausgesehen.
Weißt Du noch Marie, wie Du an meinem Bett gestanden (ich war nicht gut beisammen) und mir sagtest: ich gehe jetzt fort, dass ich noch was lerne, wir kommen so auch fort – Gottfried macht dann einen Verwalter – also das war der Erfolg meines Lebens für Dich – daß Du uns verlassen wolltest – und es war Muttertag! Warum ich Ende das alles schreibe: weil ich so viel freie Zeit habe, weil ich Gottfried eine Antwort schuldig bin, und weil ich mich rechtfertigen möchte. Ich hatte nicht die geringste Absicht, Euch einen Vorwurf machen zu wollen, und bin erschrocken, daß Ihr's falsch ausgelegt habt. Ich hatte gefürchtet und gebangt – es könnte ein Unglück geschehen, wenn Vater in der Aufregung nicht mehr weiß, was er tut oder es könnte soweit kommen, wie bei Vater selig. Lieber Gottfried, Deine offene Mitteilung ist auch eine offene Antwort wert: in der besten Zeit der Landwirtschaft und Mühlen ist es soweit gekommen. Das hat bitter weh getan – das eben haben wir die ganze Zeit gefühlt und hat Vater gekränkt. Wir waren auf die Seite gestellt, als ob wir gar keinen Wert gehabt hätten. Die Geringschätzung unserer Leistung und wir haben doch immer das menschenmöglichste getan. Wenn Du eine Ahnung hättest, in der Zeit, der Zeit der Zwangswirtschaft aufholen zu müssen, dann würdest Du anders denken! Dann der Gebäude wegen: das verrückte Protokoll haben nicht wir, sondern Dr. Breitenbach ausgeknofelt. Das ist doch selbstverständlich, daß die mal Euch gehören, was sollten wir schon mit ihnen machen. Ich bin soo müde geworden von den Enttäuschungen im Kampf des Lebens und sehne mich nur nach Ruhe und Frieden. Die Worte haben Wunder gewirkt, seitdem bin ich ruhiger geworden. Bitte faßt nicht wieder etwas falsch auf, ich habe es gut gemeint.
Wenn ich nächsten Samstag heimkomme, dann fahrt doch Ihr beide mal fort, vielleicht zum Skifahren, damit Ihr Euch auch er-

holt. Die Gesundheit ist der größte Reichtum! Nun noch beste Grüße an Euch alle und die liebe kleine Maria und Vater,
Mutti

Was meine Mutti im Leben alles mitgemacht und an Härten erlebt hatte, fußte nicht nur auf den Verhältnissen in der ersten Hälfte des Jahrhunderts mit zwei Kriegen, dem Crash, der politisch verheerenden Jahre, der Inflation und der Währungsreform, sondern auch der begrenzten medizinischen und technischen Möglichkeiten vor dem Wirtschaftswunder. Mein Mann und ich steckten jetzt selbst so viel Energie hinein, unsere familiäre und berufliche Existenz aufzubauen. Da passierte es leicht, dass wir vergaßen, der vorherigen Generation Anerkennung zu zollen für deren harte Arbeit und für das, was sie erreicht hatten. Aber wir sahen im Betrieb nur lauter Baustellen und den Berg unerledigter Aufgaben. Wir konnten es uns nicht leisten, Zeit zu verlieren: „Alles zu seiner Zeit“, sagte mein Mann, und meinte damit eigentlich: „von jetzt auf gleich“. Wir hatten damit ziemlich Druck auf meine Eltern aufgebaut, allen Änderungen zuzustimmen und die Entscheidungen dazu uns zu überlassen. Erst als sie sich nach einer Weile wieder gefasst hatte, konnte Mutti ihre ganze Enttäuschung und Erschöpfung in ihrem Brief an uns ausdrücken.

27

Die sprichwörtliche Sonderstellung der Merchinger, ich würde sagen eine gewisse Sturheit und ein gesunder Eigensinn, scheint ihre Wurzeln in der wechselhaften und leidvollen Geschichte des Ortes zu haben. Die Vorfahren aus der bajuwarischen Besiedlung im 6. Jahrhundert nannten sich und ihr Dorf stolz „bei den Leuten des Mandicho“, also nicht so schnöde einfallslos wie beispielsweise drüben am Lech das Lagerlechfeld. Nachdem man um 1250 den Zehnt an die Grafen von Dießen-Andechs abgeliefert hatte, gehörte ein Teil des Dorfes, inklusive unseres Hofes, um 1400 dem Augsburger Kloster St. Ulrich und Afra, dem Kloster Ettal, dem Kloster Beuren, dem jeweiligen Kurfürsten und der Kirche Merchings. Der Dreißigjährige Krieg dezimierte auch in Merching nahezu alles, was die Vorfahren aufgebaut hatten. Aber schon drei Jahre nach dem Kirchenbrand von 1704 bauten die Merchinger den Kirchturm nach eigenen Plänen im Barockstil wieder auf. Sie entrichteten sogar freiwillig Strafgebühren, weil sich die Erbauer nicht an die Gepflogenheiten der geistlichen Architektur halten wollten und den Kirchturm dreikuppelig ausgeführt hatten. Das kam einem Eklat gleich, ähnlich wie wenn man im Augsburger Dom für die sonntäglichen Kirchgänger eine Bierkneipe eingerichtet hätte. Für einen Merchinger Eigensinn spricht auch, dass sich schnell Widerstand gegen die Flurbereinigung formiert hat, die mit dem Flurbereinigungsgesetz zum 1. Januar 1954 in Kraft gegangen war. Die zu kleinen und schief geschnittenen Parzellen im Lechfeld und um den Ort herum waren jetzt schon sehr unpraktisch mit neueren Traktoren und Maschinen zu bewirtschaften. Aber kaum einer der gut 110 landwirtschaftlichen Betriebe wollte auch nur einen Quadratmeter Boden verlieren oder etwa länger fahren müssen, um zum Beispiel zum Verlorenen Bach beim Lech zu gelangen. So wurde prozessiert. Und am Ende fiel die Neuverteilung trotzdem ungerecht aus. Auch wir fühlten uns um ein paar Stücke Bodens betrogen. Der Knackpunkt lag darin, dass wir bei den Böden eher magere bekommen hatten, ungünstigere Wege in Kauf nehmen mussten und teils seltsam dreieckige Grundstücke bewirtschaften durften, was für uns alles keine Verbesserung darstellte. Und wer ab 1961 die Abenteuer von Asterix und Obelix mitverfolgt hat, der konnte sich als Merchinger gut mit dem kleinen gallischen Dorf identifizieren, das auch unter einer Fremdherrschaft litt, und in dem sich der Häuptling Majestix (bei uns halt der jeweilige Dorf-Bürgermeister) und der Druide Miraculix (etwas weit hergeholt der ortsansässige Pfarrherr) zusammen mit den Bürgern zur Wehr gesetzt hatte. Selbst aus der Verwaltungsgemeinschaft Mering von

1978 traten wir Merchinger nur zwei Jahre nach der Zusammenlegung der Verwaltung wieder aus.
Die bayrischen Schwaben zeichnen sich nicht nur durch eine gewisse Sturheit aus, sondern auch durch eine eigenwillige Gelassenheit. Das kommt wohl von ihrer Fähigkeit zur Ent-Dramatisierung. Rannte in der Stadt ein Haufen kopfloser Hühner herum, natürlich nur im übertragenen Sinn, so krähte in Merching noch lange kein Hahn danach. Die Probleme werden einfach wegverniedlicht. Das äußert sich in der Sprache durch die schwäbische Verkleinerungsform. Mit der Endung „-le“ oder Merchingerisch „-la“ wird das Drama zu etwas Unbedeutendem dezimiert oder zumindest etwas weniger Feindseligem heruntergestuft. So wird der Sturm zum Stürmla, und der Wind zum Lüftla. Überhaupt wird die Verkleinerungsform gerne verwendet:

„Die Loas vom leisen Luis hod a Laus“
(das Schwein vom leisen Luis hat eine Laus)

wird auf schwäbisch zu
„des Leasla vom leisen Luisla hod a Leisla“
(das Schweinchen vom leisen Luis-lein hat ein Läuschen, und heißt genau genommen das gleiche wie vorher).

Und in der Mehrzahl heißt es
„dei Leaslan vom leisen Luisla ham Leislan“
(die Schweinchen vom leisen Luis-lein haben Läuslein).

Diese schwäbische Verkleinerungsform ist bei fast allem möglich, vorzugsweise bei einsilbigen Wörtern wie beim Baimüa (Bäumla = Baum, aber das „l“ wird Merchingerisch fast wie ein „ü“ ausgesprochen), Weigla (Weg) oder Züagla (Zug), unabhängig von der Größe oder der PS-Zahl. Wir trinken ein „Mäßla“ aus dem „Fäßla“ auf dem „Oktober-Fäischdla“. Dann gehen wir in die Kirche und beten zum Allmächtigen: „Mei-Goddla“. Mit etwas Übung findet man schnell hinein ins schwäbisch Niedliche.

Die Verkleinerungsform sollte man dagegen nicht beim Pfarrer oder beim Bürgermeister verwenden. Das Drama kann sich sprachlich aber doch entfalten, wenn sich zum Beispiel der bayrische Schwabe von der Technik verlassen fühlt. Dann wird „das Glump“ (Gerät mit Defekt) vergrößert zum „Huara Glump“, einem Gerät mit Defekt, das ums Verrecken nicht funktioniert.

Wenn man in Bayern vom Bauernhof stammt, dann hat man automatisch mehrere Namen. Die verschiedenen Namen für die gleiche Person haben auf den ersten Blick nichts miteinander zu tun. Am Mittagstisch kreisten immer lange Gespräche darum, den verschiedenen Namen die richtigen Gesichter und vor allem die Geschichten und Vorkommnisse zuzuordnen. In meinem Führerschein steht zum Beispiel mein Ehename Wecker. Meine Heirat war der eigentliche Grund dafür, warum der graue Lappen nicht noch älter ist. Im Führerschein davor stand noch Mastaller. Aber ich wollte nicht 50 Jahre lang erklären müssen, dass das mein Mädchenname ist, was nun mein Familienname und was der Adoptionsname und ob es sich um ein und dieselbe Person handelt. Mein Mädchenname Mastaller, Adoptivname Sonner und Heiratsname Wecker sind dennoch nur ein Teil meiner Identität, denn auf dem Land ist der entscheidende Name zum Wiedererkennen der Hofname, also das Anwesen, von dem man stammt.
Im Jahr 1175 ist an unserem Ort eine Mühle mit Hof dokumentiert worden, die zum Kloster Sankt Ulrich und Afra gehörte. Wir sind die Obermühle, weil wir einen halben Kilometer weiter oben an der Paar liegen als die zweite Mühle am Ort. Die Obermühle gehörte den jeweiligen Fürsten des Landes und ab 1538 bis zur Stilllegung der Mühle sind die Besitzer lückenlos aufgelistet. Da in der kurzen Zeitspanne zwischen 1930 und 1960 immerhin drei Mal die Besitzernamen von Knoller über Sonner auf Wecker gewechselt haben, und oh je, Sonner sowie Wecker in den Hof eingeheiratet haben, haben wir es den Leuten im Dorf nicht gerade leicht gemacht. Über 800 Jahre hat man den Bewohnern durch Verwechselung oder absichtlich Ereignisse und Gerüchte

angedichtet. Um möglichst keinen Fehler zu begehen, sprach man also von der Obermühle. Den Hofherrn bezeichnete man als den Obermüller oder Merchingerisch „der Obermühar“ (mit stummem h oder wenn man möchte mit 2 ü: der Obermüüar), und die Hofbesitzerin folgerichtig als „Obermüharin“ (wieder mit stummem h). Korrekt wäre es auch, den Hofnamen mit dem Beruf zu verbinden, also vom „Obermüha-Baura“ zu reden. Ich war dann nicht die „Obermüha-Hausfrau“, sondern natürlich die „Obermüha-Bairin“.

Die Namen der Anwesen hängen oft mit den Berufen der Vorfahren zusammen: Deswegen gibt es auch in Merching den „Außarn Schmied“, also den Äußeren Schmied. Dorthin ging man, wenn man Pflugschare repariert haben wollte. Leider beschlug er ungern die Eisen der Rösser. Der Untere Schmied war dagegen vis-à-vis vom Metzgerbauern in der Bahnhofstraße. Der Familienname Bader auf dem Saler-Betrieb war ursprünglich der Sattler. Der Schuaschter namens Abold Richard wurde vom Oberen Bäck übernommen. Ja Himmel. Hält sich hier keiner an eine einfache Namensgebung? Beim Wanger Hansel im früheren Haus Kuttelschneider sind in den 30er Jahren unsere Skier gebaut und Schlitten repariert worden. Jedenfalls hat er meinem Schlitten repariert, als ich ihn kaputtgefahren habe. Der Mutti habe ich nichts davon erzählt. Und sie hat am Ende des Jahres gar nicht bemerkt, dass auf der Jahresrechnung 1 Mal Schlittenreparatur enthalten war und hat's einfach bezahlt. Das blieb das Geheimnis vom Wanger Hansl und mir. Es war also höchst wichtig zu wissen, wer wo wohnte und wer was reparieren konnte. Aber noch ein Beispiel und dann höre ich wieder auf: Beim Kirchenbauer weiß jeder, wo der Hof liegt. Der Hof liegt so unterhalb des Friedhofs, dass die Burschen zum Fensterln direkt zwischen den Gräbern durch die Friedhofsmauer schleichen und in das entsprechende Fenster beim Kirchenbauern hinüberspringen konnten.

Ein anderes wichtiges Thema bei der Namensgebung: Nicht nur bei uns, sondern in ganz Bayern, wurde erst der Nach- und dann der Vorname genannt. Das hat den Vorteil, dass man sofort weiß,

von welcher Familie die Rede ist. Dann wird mit dem Vornamen klar, wen in der Familie man meint, also zum Beispiel die Wecker Maria. Schwierig wird's erst, wenn in alter Tradition der Vater Gottfried heißt und der Sohn auch Gottfried und dann in beiden Fällen vom „Wecker Gopfried“ oder vom „Obermühar Gopfried“ die Rede war. Welcher von beiden hat gestern Abend zu tief ins Bierglas geschaut? Ja klar: Das war der Senior; also um unmissverständlich zu sein: das war der „Obermühar Gopfried, der Gopfried Senior“. Wer jetzt? „Ja, der Wecker Gopfried“. Und welcher jetzt genau? „Ja der Wecker Gopfried Senior“. Aha.
Da war es schon viel praktischer, wenn zwischen der Mutter Maria und der Tochter Maria eine klare Unterscheidung getroffen wurde, nämlich „d'Wecker Mari“ für die Seniorin und „d'Wecker Maria“ für die Jüngere.
Ein anderes Problem ergibt sich aus den Kosenamen oder Spitznamen. „Seppi“ Josef Scherer aus Mering war zum Beispiel ein gestandenes Mannsbild mit rund 1 Meter 95 und ich glaube im Maximum 120 Kilo Lebendgewicht geworden. Ist das noch angemessen, wenn man Josef zum 60. Geburtstag so gratuliert: „Alles herzlich Gute und bleib g'sund, Seppi“? Ab einem bestimmten Alter würden wir ja auch nicht mehr vom „Gopfriedi“ reden, dem kleinen Gottfried.
Über die ganzen Spitznamen am Dorf möchte ich mich nicht wieter auslassen. Nur soweit: Da wurde manchem Merchinger etwas angedichtet, was Zeit seines Lebens nicht mehr geradezubiegen war.
Außerdem finde ich es interessant, welch enorm wichtige Rolle der Vorname in den christlich geprägten Haushalten bei uns spielte. Denn der Vorname spiegelt ja nicht nur die Familientradition wider, nach der der erstgeborene Sohn den Vornamen des Vaters und des Großvaters und Urgroßvaters bekam, sondern es wurde auch darauf geachtet, dass es zu dem ausgewählten Namen einen passenden Heiligen gab. Deshalb war auch in unserer Familie der Namenstag wichtiger und feiernswerter als der Geburtstag. Nur runde Geburtstage, goldene Hochzeiten, Fünfzigjährige Mitglied-

schaften in der freiwilligen Feuerwehr, dem Schützenverein, Kegelclub, Krieger- und Soldatenverein oder Sportverein waren noch bedeutsamer. Der Vorname repräsentiert also einen echten Heiligen und macht einen selbst damit zum Teil von etwas Höherem, stellt aber gewissermaßen auch eine Verpflichtung dar. Die Lebensgeschichte des Heiligen Martin ist so bekannt, die musste nicht mal unter der Rubrik „Namenstage" in der Zeitung stehen. Der Heilige Martin ist darüber hinaus unser Kirchenpatron. Tatsächlich stand lange in der Zeitung abgedruckt, wer am jeweiligen Tag Namenstag hat, wann der Namenspatron gelebt hat, und was seine Hauptwohltaten und seine Hauptwunder waren. Jetzt muss man aus lauter Selbstverpflichtung nicht gleich losrennen und den eigenen schönen Wintermantel mit dem Schwert zerteilen und dem nächsten frierenden Passanten in die Hand drücken. Aber man konnte sich auch nicht mehr zum ausgemachten Egoisten mit überdimensioniertem Kleiderschrank entwickeln, sofern man Martin hieß. Überhaupt stärkt der Namenspatron den jungen Menschen ungemein den Rücken, wenn man beispielsweise so heißt wie meine Enkel, nämlich Thomas, Hanna, Martin, Stefanie, Michael, Justus und Philipp. Mit einer frommen Lebensgeschichte des eigenen Schutzpatrons treten alltägliche Wehwehchen in den Hintergrund, zum Beispiel, wenn der Bulldog nicht anspringt, die Sau mitten in der Nacht ferkelt, oder kein Stammtischler mein Bier bezahlen will, wo ich doch meinen Geldbeutel vergessen habe. Man lebt gewissermaßen unter der schützenden Hand eines Heiligen. Und bei der Heiligen Maria wusste auch jeder im Dorf sofort Bescheid, selbst wenn er nicht sämtliche Lebensgeschichten aller ca. 6.600 Heiligen und Seligen auswendig kennt. Bei so vielen Heiligen war mir nur Folgendes schleierhaft: Weshalb mussten wir in einem so kleinen Dorf in der Grundschule drei Marias in der gleichen Klasse sitzen haben? Das gab ständig Verwirrung. Die Buben waren namens- und heiligenmäßig besser verteilt. Jedenfalls musste man bei denen nicht raten, wer den Einser und wer eins auf die Pratzen bekommen hatte. Ein anderes Mysterium war für mich übrigens,

warum der Name Ulrich so gut wie gar nicht vorkam. Denn der erste durch eine formelle Kanonisierung bestätigte Heilige stammte ganz aus unserer Nähe, nämlich Bischof Ulrich von Augsburg. Der schlug sich im Jahre 955 wenige Kilometer von uns entfernt in der Schlacht auf dem Lechfeld mit den Hunnen und ging als Sieger aus dem historischen Gemetzel hervor.
Für uns Eltern war die praktische Frage nach den Geschenken zum Namenstag oder Geburtstag der Kinder immer schwerer zu beantworten. Früher hatte es nur am Namenstag Geschenke gegeben, und zwar aus der Not heraus auch nur Kleinigkeiten. Denn man musste sich die Investition noch aus den Rippen schneiden. Oder es war mit langer Bastelarbeit verbunden. Dann bestand eine Zeit lang Unsicherheit darüber, wie groß das Geschenk zum Namenstag und das zum Geburtstag sein sollte. Ich glaube, dass in den fünfziger Jahren der Namenstag noch im Vordergrund stand, ab den sechziger Jahren der Geburtstag. Ich kannte die Problematik aus eigener Erfahrung. Für mich war die Geschenksituation immer schon undankbar gewesen, weil mein Geburtstag fünf Tage vor Weihnachten liegt und die Eltern nach dem Motto „aus zwei mach eins“ schenkten. Als Kind hatte ich mich auf zweimal im Jahr Geschenke gefreut. Aber die Eltern wollten mir eh nur einmal was schenken und dann nicht zu viel. Außerdem sollte das Geschenk ewig halten und nicht nach fünf Minuten Umeinanderhauen gleich in seine Einzelteile zerfallen. Bei der schwierigen Entscheidung, ob und welche Geschenke zum Namenstag, zum Geburtstag und zu Weihnachten, kehrte erst wieder Ruhe ein, als man den Namenstag langsam vergaß und stattdessen nurmehr zum Geburtstag beschenkt wurde. Später stand der Namenstag nicht mal mehr im Kalender.

Merching erfuhr in dieser Zeit ein erschütterndes Ereignis. Als sich am 10.11.1957 vier junge Leute auf dem Heimweg von einem Kinobesuch nach Merching befanden, kam ein Autofahrer aus Mering und fuhr in diese Gruppe Fußgänger. Drei der jungen Menschen waren auf der Stelle tot (Gag Maria, Waitzmann Ernst,

Geiger (Schmid Emil). Als einzige überlebte Finni Bernhard dieses schreckliche Unglück dank guter ärztlicher Betreuung. Wir hatten alle von ihnen gut gekannt. Das gleiche Los hätte jedem widerfahren können. Im gewohnten Ablauf und im festen Gefüge einer Dorfgemeinschaft ging jeder seinen Aufgaben nach, jeder hat eine gewisse Vorstellung vom Platz im Leben und von dem, wie es heute zuging und was wohl morgen geschehen würde. Diese Gewissheiten waren auf einen Schlag erschüttert. Bei den Verunfallten, bei denen alle Pläne unwiederbringlich zerstört waren. Genauso stellte sich jeder einzelne Merchinger vor, was es bedeuten würde, wenn er so aus dem Leben gerissen werden würde. Plötzlich bestimmte eine Kraft von außen, wie es weitergeht, oder ob überhaupt. Die persönlichen Schicksale bewegten uns sehr. Denn die Merchinger Jugendlichen und jungen Männer hatten sich unter anderem auch um die Mädchen der Heimatvertriebenen gekümmert. So hatten sie die Aufgabe, die jungen Damen ins Kino auszuführen. Und sicherlich machte sich mancher über die Aufgabe und vielleicht Freundschaft hinaus weitergehende Hoffnungen. Die jungen Damen hatten einen frischen Wind und frische Ideen ins Dorf gebracht. Der Unfalltod einer dieser attraktiven Neuankömmlinge hieß gewissermaßen, einen Schützling zu verlieren, für manche Merchinger Jungmänner vielleicht sogar eine Hoffnung für die Zukunft zu begraben. Zumindest für eine gewisse Zeit legte sich ein träger Schleier über die Gemüter. Den Einzelnen verließ auf Dauer das Gefühl des Verlusts und die Sorge um weitere Schicksalsschläge nicht mehr. Eine Zeit vorher, in den späten Kriegsjahren, hatte man doch nur schlechte Nachrichten oder Ereignisse erwartet. Aber nun, 1957, war Aufbruch, war Verbesserung angesagt. Nichts sollte dieses Aufwärtsstreben jäh wieder bremsen. Der Unfall war deswegen für viele im Dorf ein schlimmer Rückschlag.

Die größte Gefahrenquelle auf dem Hof war die Paar, die unter der Mühle durchfloss und die neben dem Haus, den Gärten und am Hof offen zugänglich ist. Den Bach hätte man auch schlecht einzäunen können. Er war besonders für unsere Buben ein Eldorado zum Spielen, später zum Floß fahren, Baden und Steine suchen. Aber wenn eines der Kinder nicht mehr in Sichtweite war, war höchste Alarmstufe angesagt. Dann sind gleich ein paar Erwachsene zu Fuß los, mit den Fahrrädern oder mit dem Auto. Außer der Gefahr durch den Bach wird auf dem Hof ständig mit Maschinen rangiert, wobei man kaum eine Chance hat, jeden toten Winkel zu erkennen. Bis die Kinder aus dem Gröbsten heraus waren und auf sich selbst aufpassen konnten, mussten wir mit den Gefahrenquellen irgendwie zurechtkommen. Das hat uns viele Ängste gekostet.

Auf der anderen Seite ist aber auch ständig etwas neues lustiges passiert. Dem Hof und dem Bauernhaus wurde fröhliches Leben eingehaucht. So hatten wir einen neugierigen Bigockel (Truthahn), der den Schulweg unserer Kinder mitmachte. Na gut, manchmal haben wir ihn auch getragen, wenn wir woanders langgingen und der Truthahn verwirrt schien. Aber von der Schule ist er selbständig wieder bis vor unsere Haustür gelaufen. Wenn dann Tamme-Oma mit dem Kinderwagen loszog, durfte unser Hund Arno auf keinen Fall fehlen. Dieses Gespann war im ganzen Dorf bekannt. Ich finde eh, dass kein Tier Freud und Leid mit den Menschen so innig teilen kann wie ein Hund. Lumpi war jeden Tag oben am Berg gesessen und hatte auf mich gewartet, bis ich von der Schule heimkam. Flocki hatte wie ein Fuchs mit einem buschigen Schwanz ausgeschaut. Er war unser Neugieriger, überall dabei, wo es etwas zu entdecken oder zu toben gab. Unser Schäferhund Arno war der treue Bewacher von Haus und Hof gewesen. Und Imo erwies sich eben als unser bester Rattenfänger für die lästigen Wanderratten in der Mühle und im Stall. Imo schlich uns an einem Sonntag beim Kirchgang hinterher und niemand hatte es bemerkt. Die Kirche war bereits gut voll. Einen Moment, bevor der Gottesdienst begann, trottete Imo von der Pforte durch das ganze Kirchenschiff bis zum Seitenaltar und legte sich auf die Stufen. Ich traute mich gar nicht recht hinzuschauen und wäre am liebsten im Boden versunken. Aber es gab keinen Zweifel, woher der gottesfürchtige Hund stammte: Imo und ich waren im ganzen Dorf als Gespann bekannt. Doch Imo benahm sich wie ein echter Gentleman, ließ die Predigt und den ganzen Gottesdienst unkommentiert und ohne jedes Winseln über sich ergehen. Sogar bei der Heiligen Kommunion bewahrte er Disziplin. Wir haben ihn hinterher schon geschimpft. Heute weiß ich, dass das hinterher schimpfen beim Hund nichts bringt, weil er gar nicht weiß, wofür er jetzt genau geschimpft wird. Insgeheim lobte ich ihn natürlich, dass er so brav durchgehalten und mir keine Schande gemacht hatte.

28

Wieder und wieder waren mir Mutti und Tamme-Oma eine große Hilfe für unsere Kleinen. Ich strickte Mutti mal wieder ein Kleid auf unserer Knittax-Strickmaschine und den Kindern hübsche Kleidchen, Pullis, Jäckchen und Hosen. Gottfrieds Halbschwester Marie aus Neu-Ulm sorgte für Strickmuster aus dem Handarbeitsladen. Sie nähte für ihre Nichten Maria, Margot und Annemie die hübschesten Kleidchen selbst. Ihre Sachen fanden aber auch in der ganzen restlichen Verwandtschaft reißenden Absatz. Die Kleidchen wurden immer wieder an die Kleineren weitergereicht, bis irgendwann nichts mehr zum Flicken übrigblieb. Nur die warmen Strumpfhosen gerieten zum Zankapfel. Ich meinte: „Damit unser Mädchen nicht friert“, und sie meinte: „Die kratzen furchtbar an den Beinen“.

Eines Tages kamen wir auf die Idee, dass es angebracht wäre, für den Garten etwas Gutes zu tun. Wir wollten moderne Obstsorten anschaffen. Mein Mann meinte zu mir: „Fahr Du nach Augsburg und erkundige Dich“ bei unserem Bekannten, der im Außendienst als Vertreter bei einer Gartenbaufirma arbeitete. Alles sollte sehr schnell gehen, denn es war Herbst und gerade die richtige Zeit zum Anpflanzen. Ich schwang mich ins Auto und versuchte, diesen Herrn in der Filiale der Firma zu erreichen. Ein Mitarbeiter schickte mich in einen Raum im ersten Stock. Da saß doch mein gesuchtes Subjekt lustig und fidel mit einem Lehrmädchen auf dem Schoß mitten im Raum. Dieser vorherige Abstellraum war von der Firma in ein Brotzeitstüberl für Angestellte umgewandelt worden. Er diente sozusagen als „Mehrzweckraum". Was man halt unter Mehrzweck typischerweise verstand. Der Schreck saß uns Zweien tief, zumal seine Frau für mich keine Unbekannte war. Die eigentlich geplante Beratung verschoben wir wegen offensichtlicher, hausinterner Prioritäten auf einen späteren Vertreterbesuch bei uns zu Hause. Ich zog also in Augsburg unverrichteter Dinge ab und kam ohne eine Ahnung von passenden Obstbaumsorten wieder nach Hause zurück. Stattdessen nahm ich diese überraschende Begegnung in meinen persönlichen Katalog von Erzgeheimnissen auf und hüllte mich dazu bis nach dem Tod des Ehepaares in den Mantel des Schweigens. Wir haben unseren ursprünglichen Plan kurz nach meiner Fahrt nach Augsburg schon noch umgesetzt; der Kauf von sechs neuen Bäumen für unseren Garten hat sich dann bewährt. Bei der Obsternte im Herbst muss ich immer an die peinlichen Umstände der Baumbeschaffung denken.

Neben den Heimatvertriebenen, die nach dem Krieg zu uns kamen, nahmen wir in den Sechzigern auch Türken in die Wohnung im Austragshaus auf. Eine Arbeiterwohnung war frei geworden und wir vermieteten sie an eine türkische Familie, die als Gastarbeiter nach Deutschland gekommen waren. Das waren sehr anständige und fleißige Leute, die es vom Angestelltenleben später zur Selbständigkeit schafften und deren Kinder heute in einem schönen Mehrfamilienhaus leben, das sie selbst gebaut hatten. Die Eltern wurden im Alter von ihren Kindern gut versorgt und lebten bis zu ihrem Tod in Merching. Wir durften erleben, wie die drei Jungen auf dem Hof heranwuchsen. Neschard musste im heiratsfähigen Alter in der Urlaubszeit in die Türkei fahren, um seine

Partnerin kennenzulernen, die von den Eltern ausgesucht worden war. Beim Urlaub im darauffolgenden Jahr war alles für eine traditionelle Hochzeit vorbereitet. Und schon brachte er die angeheiratete Frau nach Merching mit. Das Paar wohnte nun bei den Eltern in unserem Haus. Neschard grüßte ich einmal herzlich, als er gerade sein Auto reparierte. Die Ehegemahlin saß auf der Steintreppe des Austraghauses und sah ihm bewundernd bei der tüfteligen Arbeit zu. Jetzt fand er den passenden Schraubenzieher nicht auf Anhieb beim Werkzeug. Da packte ihn der Zorn und er wetterte los: „Bl… Wei, hosch Du mir mei Warkzeig wekkraumt, i könnt di glei auf an Mond nauf'schiaßa.“ Seine Frau lächelte immer noch, denn sie verstand ja kein Wort auf Deutsch. Erst recht nicht in Marchingarisch. Vor Kurzem habe ich Neschards Sohn bei einer Theateraufführung erlebt, in der er seine Rolle auch mit diesem astreinen Merchinger Dialekt spielte, den heute kaum mehr ein echter Merchinger beherrscht. Eine Tochter von Neschard lernte ich zufällig in unserer Hausarztpraxis kennen. Ich sprach die Sprechstundenhilfe an, sie sähe unserem ehemaligen türkischen Mitbewohner verblüffend ähnlich. Ja kein Wunder, sagte sie, sie wäre ja auch seine Tochter. So führten wir ein interessantes Gespräch und ich erzählte, wie die Eltern und Großeltern bei uns untergekommen waren. Alles in allem war ich der Überzeugung, dass unsere Türken im Herzen typische Merchinger sind.

Der zweite Sohn Mustafa erlebte das gleiche Vorgehen der Eltern bei der Auswahl seiner zukünftigen Ehefrau mit. Obwohl: Er hatte mich heimlich eingeweiht, dass er niemals eine Landsmännin mit zu uns bringen würde. Er würde nur ein deutsches Mädel heiraten wollen, so waren seine festen Vorstellungen. Doch diese kulturell wenig kompatiblen Flausen waren ihm schnell ausgetrieben worden. Die Eltern blieben am Ende stärker als der Sohnemann.

Nicht zu vergessen, gab es noch den jüngsten Sohn Errol. Unserer Familie Aydin stellten wir ein Gartenstück zur Verfügung. Dort betrieben sie Gemüsebau. Wenn eines unserer Kinder bei Aydins zum Essen eingeladen war, dann schwärmte es anschließend von der guten Küche und von dem enorm großen, scharfen, selbst gezogenen Knoblauch. Ich kann mich erinnern, dass die Frauen in den Anfangsjahren selbst noch keiner Erwerbsarbeit nachgingen und nur für ihre Männer und Kinder sorgten. Das war die Zeit, in der zwar die Industrie in Deutschland händeringend Arbeitskräfte suchte. Aber Frauen sollten leider noch lange nicht zum Zielpublikum für Personalabteilungen werden, egal ob wir über deutsche, türkische oder italienische Frauen sprechen.

29

1960 war die größte Freude die Geburt unseres dritten Kindes Walter am 22. November. Walterle, wie er liebevoll von allen genannt wurde, wog bei der Geburt stattliche 8 ½ Pfund. Es war keine leichte Entbindung. Dr. Kratzer war es zu verdanken, dass alles gut ablief. Selbst gezeichnet von einer schweren Krankheit, wich er über zwei Stunden keine Minute von meiner Seite. Die routinierte Hebamme Frau König aus Mering kümmerte sich in derselben Nacht gleichzeitig um zwei Schützlinge im Krankenhaus Mering. Unser pflegeleichtes Kind entwickelte einen ordentlichen Hunger. Schon den ganzen Gang hinunter konnte ich im Krankenhaus seine kräftige Stimme identifizieren, wenn er nicht gleich gestillt werden konnte. Zur damaligen Zeit gab es nämlich noch kein Mutter-Kind-Zimmer, sondern separate Babyräume. Die Kinderschwester brachte schnell das anscheinend innerhalb weniger Minuten halbverhungerte Kerlchen zum Stillen herüber. Und schon lag es wieder friedlich in seinem Bettchen, als ob es nie ein Lamento gegeben hätte. In dieser Zeit durfte man sich nach einer schweren Geburt noch ganze 14 Tage im Krankenhaus erholen. Da gab es ja frischgebackene Mütter, die gerne schon eher nach Hause gegangen wären. Ich muss aber zugeben, dass das Krankenhaus für mich etwas von einer Kur hatte. Alles drehte sich um Mutter und Kind. Das Essen wurde im Zimmer serviert, das Kind vorbeigebracht und abgeholt. Ich hätte jedenfalls keinen Tag früher aus dem Krankenhaus raus gewollt. Leider gab es keine Option zur Verlängerung; ich hätte noch eine Woche drangehängt. Aber dann ist ein mysteriöses Ereignis passiert. Eines Nachts öffnete sich zaghaft meine Zimmertüre. Herein kam eine Gestalt, die tastete mit den beiden Händen nach dem Bettrahmen und setzte sich an meinen Bettrand. Dann fing sie an, leise vor sich hin zu sprechen. Als ich schlaftrunken doch einigermaßen zur Besinnung kam, stellte sich heraus, dass es die Zimmernachbarin war, die in derselben Nacht ein Mädchen entbunden hatte. Sie hatte eine Psychose von der Entbindung bekommen. Ich kann nicht sagen, dass ich für solche Fälle eine Spezialistin gewesen wäre. Da war ich jetzt auch höchst unbedarft und unsicher, was ich tun sollte. Jedenfalls war ich heilfroh, dass sich die Krankenschwestern und der Arzt routiniert um diesen Fall von Wochenbettpsychose kümmerten, die, wie ich gelernt habe, immerhin ein oder zwei Prozent aller Gebärenden betrifft. Überhaupt wurde mir damit wieder bewusst, wie gut die medizinische Betreuung rund um die Geburt inzwischen geworden war, und dass es keine dreißig Jahre her war, dass das Risiko für Mutter und Kind um Welten höher ausfiel. Die Kindersterblichkeit hatte in der Generation meiner Großmutter noch bei über 20 Prozent gelegen; also wurde jedes fünfte Kind keine fünf Jahre alt. Bei meiner Mutti lag die Kindersterblichkeit immer noch um die 10 Prozent, während sie in meiner Zeit unter 3 Prozent fiel. Wieder zwei Generationen weiter, also bei meinen Enkeln, liegt der Wert unter 0,5 Prozent. Ich bekam also zu einer Zeit Nachwuchs, in der zumindest auf dem Dorf die Geburtsvorbereitungen oder Voruntersuchungen noch nahezu null waren, ich aber trotzdem nicht mehr groß darüber nachdenken musste, was alles schieflaufen kann.

Noch jung verheiratet, waren wir also in kurzer Zeit mit drei unserer vier Kinder gesegnet. In diesem Jahr wünschten wir uns nach längerer Pause mal wieder Silvester feiern zu können. Ein Mitglied unserer Keglerclique lud die ganze Gruppe zu sich ein. Um zehn abends waren wir so weit, uns endlich von den Kindern unbemerkt aus dem Haus schleichen zu können. Im Prinzip kein Problem, denn Mutti und Tamme-Oma waren ja auch noch da. Für den Notfall gab es das Telefon und wir hätten im Nu wieder zur Stelle sein können. Die Feier bei Doris und Erika lief längst auf vollen Touren. Erika, eine waschechte Rheinländerin, verstand es, wie im Rheinland zu feiern. Also in Verkleidung durch die Luftschlangen ran an die Kellerbar, dem Nachbarn bei lauter Tanzmusik in die Ohren geplärrt, leider nur Saft getrunken, weil ich ja noch stillen musste, getanzt wie der Lumpi, die neuesten Witze und die ältesten Schlager gehört. Und kurz nach Mitternacht und damit rechtzeitig vor einem zu erwartenden Absturz, konnten wir uns ohne schlechtes Gewissen und mit viel Verständnis auf unser Pflichtbewusstsein berufen. Jedenfalls galt unsere Rasselbande als legitime Ausrede und wir machten uns davon von der Feier. Dann versuchten wir wieder möglichst unbemerkt in unser Haus zu kommen und schlichen uns in unser weiches Bett. Quasi: schleichende Familienorganisation.

Dass meinem Mann nicht viel Zeit für die Erziehung der Kinder blieb, konnte jeder ahnen. Doch zu dieser Zeit war es eh wenig ausgeprägt, die Kinder so zu umsorgen, wie man das vielleicht heute tun würde. Da kümmerte sich kein Mann um den Haushalt, geschweige denn um den schulischen Werdegang der Sprösslinge oder gar um die Erziehung. Der Vater sprach nur ein Machtwort, wenn es mit den Noten nicht so klappte wie er es sich vorstellte. Dafür geradestehen musste dann die Mutter, denn sie war ja schließlich für die Kinder verantwortlich. Erst mit dem schulischen Druck der Kinder lernte ich, dass es in der Ehe ernsthaft Differenzen geben kann und wie ich mit solchen Differenzen umgehen sollte. Vorher hatte es kaum Zwist zwischen uns gegeben. Und hier stand es für meinen Mann 1:0, weil er aus einer Großfamilie mit vier Kindern kam, nämlich drei Buben und einem Mädchen. Und so hatte er das Streiten von Kindesbeinen an unter den Geschwistern gelernt. Weil die Jungs in der Überzahl waren, hatte die Mutter viel mehr zum Mädchen gehalten. Das wiederum brachte die Brüder auf die Barrikaden. So zwickten sie ihr beim Rausgehen den Rock in die Türe, sperrten schnell das Schloss zu und liefen davon. Man stumpfte in den Großfamilien gewissermaßen dabei ab, wenn man sich jeden Tag blaue Flecken, eine blutige Nase oder einen Riss in der Kleidung einfing, weil man versehentlich irgendwo hängengeblieben war, zum Beispiel an einer Faust oder in einem Türrahmen. Ich dagegen war als Einzelkind nicht gut darauf vorbereitet, einen Streit auszutragen, konnte weder gut einstecken noch ordentlich austeilen, um anschließend den Ärger hoffentlich auch wieder zu vergessen. Jedenfalls meinte mein Mann in dieser Zeit öfters: „Mit dir kann ich nicht mal richtig streiten“. Er stellte es sich so vor, dass wir den Streit „hier und jetzt“ austragen sollten. Und das durfte auch weit über Zimmerlautstärke geschehen. Und mir fiel in dem Moment gar nichts mehr ein; ich war eingeschnappt und blieb stumm wie ein Karpfen. Dafür ging mir die Konfrontation tagelang nicht mehr aus dem Kopf. Ich musste endlich lernen, mich durchzusetzen, quasi in Erwachsenenbildung. Es hat hingehauen und blieb dabei zum Glück immer fair. Wir begannen uns also nach achtjähriger Ehe von einer Auseinandersetzung zur anderen zusammenzuraufen.

30

Auf den Feldern gab es inzwischen keine Arbeit mehr für Huftiere. Der Einsatz von Maschinen hatte sich kolossal geändert und unser landwirtschaftlicher Gerätepark hatte sich massiv erweitert. Viele Arbeiten gingen schneller und weniger anstrengend vonstatten. Mit den notwendigen Investitionen und der besseren Maschinenauslastung bei größeren Höfen beschleunigte sich der Effekt, dass die kleinen Anwesen und Gehöfte nicht mehr in der Lage waren, mitzuhalten und eine ganze Familie oder gar Angestellte zu versorgen. Manche Landwirte versuchten aufs Äußerste zu sparen und so bis zum Generationswechsel durchzuhalten. Die

Spaltung war immer leichter zu erkennen zwischen den Betrieben, die investierten, erneuerten, erweiterten und denen, die zu wenig zum Leben erwirtschaften konnten. Mancher potenzielle Nachfolger suchte dann eine Vollzeit- oder Teilzeitbeschäftigung in Industrie und Gewerbe. Und bei einigen bekamen wir den Eindruck, dass es sich eher lohnte, den Umstieg früh zu wagen, um sich dann in der Fabrik, dem Büro oder im Handwerk eine neue Existenz aufbauen zu können.

Und wieder gab es bei uns ein Malheur mit den Rindern. Wie wir die Herde auf die Weide trieben, löste sich ein Rind von der Gruppe und setzte mutig zum Sprung über einen Wassergraben an. Die Folge: ein gebrochenes Hinterbein. Es blieb nichts anderes übrig, als das Tier an Ort und Stelle notzuschlachten.
Eine Zeit später: Im Winter wachten Gottfried und ich in der Nacht um zwei Uhr auf, weil ein lautes Gekrache und Getrampel vom Hof in unser Schlafzimmer hochschallte. Es hörte sich an, wie wenn eine Menge von Kindern auf zugefrorene Pfützen springt, das Eis hier und da einkracht und das Wasser hochspritzt. Wir trauten unseren Augen nicht. Unter unserem Schlafzimmerfenster trampelten 20 Bullen verängstigt auf dem gefrorenen Boden herum und suchten offensichtlich den kürzesten Weg, um aus unserem Hof abzuhauen. Aus unserem Stall waren sie jedenfalls erfolgreich ausgebrochen. So schnell wie wir in die Klamotten sprangen, so schnell waren sie wie vom Erdboden verschluckt. Auf dem harten Untergrund war im Dunkeln schwer zu erkennen, wohin sie sich abgesetzt hatten. Also: jetzt welche Richtung? Mit dem Auto klapperten wir die Umgebung ab. So weit können sie nicht gekommen sein. Und tatsächlich: Auf einem Platz gleich in der Nähe standen sie gemütlich unter einer Trauerweide. Diesmal konnten wir sie anstandslos ohne weitere Hilfe in den Stall zurücktreiben. Den Begriff hat es damals zwar noch nicht gegeben, aber Rinderwahn wäre der passende Ausdruck dafür gewesen.

Michl, unser Melker, führte einen Jungbullen auf die Wiese am Bach. Das Tier sollte daran gewöhnt werden, am Strick geführt zu werden. Denn es war geplant, es zur Versteigerung zu bringen. Und eine Versteigerung war immer damit verbunden, dass man das jeweilige Tier durch die Arena oder über den Platz führte, während der Auktionator Preise aufrief und die Interessenten ihre Hand oder ein Schild hoben und sich damit im Preis hochschaukelten. Wichtige Faktoren für den Preis waren die Anlagen und der Zustand des Tieres, aber auch das Verhalten und die Umgänglichkeit. Das Tier sollte dann bei der Auktion in Günzburg am besten souverän und ruhig dem Halter hinterhertrotten. Bei der Versteigerung mussten sich die Tiere ja im Ring gegen den Wettbewerb behaupten, aber gleichzeitig lammfromm den Platz mit den Artgenossen teilen. Zwar wurde jeder Bulle einzeln zur Auktion vorgeführt, aber beim Transport, in einem fremden Stall und in der Auktionshalle wurde doch zusammengewürfelt, oder fremde Tiere liefen in die Quere. Und die Besucher einer Auktion taten Ihres dazu, dass es für die Tiere schnell zu Stress ausartete. Michl und der Jungbulle übten also auf unserem Hof gemeinsam für den großen Auftritt. Michl hatte gerade noch von den guten Fortschritten mit seinem Hansi in punkto Beweglichkeit und Eleganz berichtet. Aber wer schon mal mit einem Pferd ausgeritten ist, der weiß, dass Tiere auf jede Änderung unerwartet reagieren können, zum Beispiel auf einen Busch, der am Wegesrand austreibt, auf eine neue Ente am Bach oder auf eine ungewohnte Wolke am Himmel. Ein paar Wildenten vergnügten sich jedenfalls am Bachufer. Der Jungbulle machte einen Satz zur Seite wie ein Känguru und stand im nächsten Moment mit den Hufen im Schlamm eingegraben und bis zum Bauch im Wasser in der Paar. Dann kehrte wieder Stille ein. Michl zog am Strick. Das half nicht. Ein paar merkwürdige Bewegungen des Tieres brachten auch nichts. Das sah aus, wie wenn wir den Bullen mit den Hufen einzementiert hätten. Aber passiert ist nichts. Michl organisierte schnell einen kleinen Rettungstrupp mit Zugmaschine, Seilwinde und Spanntüchern. Das Textil ging unter dem Bauch durch, wurde oben wieder zugeknotet, an der Seilwinde eingehängt. Dann zogen die Retter abwechselnd mit Zugmaschine und an der Seilwinde. Das Rind streckte sich ein paar Zentimeter. Auch die Augen traten jetzt angststarrend hervor, aber zum Brüllen blieb dem gestreckten Vieh keine Luft mehr. Zwei Hufe rutschten ein paar Zentimeter aus dem Bachboden nach. Es keuchte einige Atemzüge, dann zogen die Helfer wieder an. Wieder ein paar Zentimeter und nochmal. Das Rind machte einen Satz und stand wieder auf festem Boden, etwas mitgenommen, aber augenscheinlich heil und in einem Stück. Das war schon vorteilhaft, denn man muss wissen, dass der Preis, den man mit einem lebenden Rind auf der Auktion verdienen kann, wesentlich höher ist der Schlachtpreis für ein gevierteiltes Rind. So. Das Leben geht weiter. Und die Übung von den Vortagen ging auch weiter. Und am nächsten Tag trotteten Michl und der Bulle wieder an der gleichen Stelle ohne besondere Vorkommnisse vorbei, wie wenn nie was gewesen wäre.

Die Flurbereinigung hatte sich in Merching zu einem großen Ärgernis für meine Eltern entwickelt. In den 50er Jahren waren die gesetzlichen Grundlagen gelegt worden. Dann tauschten Landwirte Grundstücksteile untereinander, um den kleinräumigen Flickenteppich zu vereinfachen und größere, zusammenhängende Flächen zu schaffen. Die Gemeinde mischte mit, um bestimmte Flächen für eigene und gemeinschaftliche Zwecke zu bekommen. Und natürlich waren neben der reinen Quadratmeterzahl auch die Qualität der Böden und die Zufahrtswege entscheidend. Nun waren meine Eltern im Grunde sehr sozial eingestellt und versuchten, überall zu helfen und zu unterstützen. Und sie waren der Meinung, dass sie von mehreren Mitbürgern, die im Gremium des Flurbereinigungsausschusses agierten, absichtlich hereingelegt worden sind. Lagepläne von Grundstücken verschwanden und tauchten nie mehr auf. Grundstücke, die wir vorher besessen und nun getauscht hatten, wurden bald zu Baugrundstücken umgewandelt und stiegen enorm im Wert, zugunsten der Neubesitzer.

Verfügungen wurden zu unseren Ungunsten getroffen. Auch die Gemeinde samt Bürgermeister stellte sich auf die Seite der Gewinner in diesem Verfahren. Meine Eltern versenkten dann zusätzlich Geld, weil sie gegen das Ergebnis der Umverteilung prozessierten. So deprimiert hatte ich meine Eltern nie erlebt. Dieses Gefühl des Ausgenutztwerdens schien sich bei ihnen nicht mehr legen zu wollen und sie hörten nicht auf, von dieser Niederlage zu sprechen. Ich glaube, für sie war ein fragiles Gleichgewicht im Kräfteverhältnis und sozialen Gefüge im Dorf zerbrochen, und ein Grundvertrauen in die Dorfhonoratioren verloren gegangen. Gottfried und ich konnten nicht umhin, bestimmten Leuten mit mehr Misstrauen zu begegnen und eine Distanz zu ihnen aufzubauen und überhaupt Teile des dörflichen Lebens mit größerer Nüchternheit zu betrachten.
Ironischerweise lehnten die größten Nutznießer dieser Flurbereinigung eine später geplante Flurbereinigung auf dem Lechfeld kategorisch ab und versuchten sie ganz zu verhindern. Ich muss annehmen, dass sie befürchteten, dieses Mal nicht mehr ganz so gut wegzukommen. Auf dem Lechfeld fanden die Besitzer stattdessen eine für alle zufriedenstellende Lösung darin, privat zu tauschen. Denn man redete hier zurecht von Handtuchwiesen, so klein und ungünstig geschnitten waren sie. Der private Tausch klappte mal zwischen zwei oder auch zwischen drei Landwirten über die Jahre hinweg geräuschlos im gegenseitigen Einvernehmen. Auch die späteren Pächter waren froh über die größeren zusammenhängenden Parzellen und, dass man den Bulldog nicht 50-mal wenden musste.

Apropos Versprechungen: „Wir werden weiterhin bei Dir unser Mehl holen," so hatten die Augsburger Bäcker und die vom Landkreis es uns nach dem Krieg versprochen, denn wir hatten zuverlässig und unter den widrigsten Umständen geliefert, was in unserer Macht stand. Mehl hatte es lange Zeit nur direkt beim Müller gegeben, also bei uns. Aber all diese Versprechen unserer Kundschaft waren längst vergessen. Viele Menschen verdienten

nun ordentlich und konnten einfach in den Laden zum Einkaufen gehen. In gefüllten Regalen lagen nicht nur alle Lebensmittel zum Verkauf aus; auch fertige Brotzeiten, Speisen und Torten von dort zu holen war nun kein Jahrhundertereignis mehr. Die Brotlaibe mussten längst nicht mehr mit der Schubkarre zum Bäcker geschoben werden, um sie dort auszubacken. Die Zeit der Ährennachlese auf den Feldern, des Nachklaubens auf den Kartoffeläckern und des Klauens der Krautköpfe war Vergangenheit. Es war die Zeit von Hülle und Fülle.
Die Mühlenstilllegung kam 1961 endgültig zu einem Ende, nachdem sie sich drei Jahre lang angekündigt hatte. Es gab keine andere Wahl, als den Betrieb einzustellen. Wir hätten wieder in die Mühle investieren müssen. Großmühlen konnten jetzt viel günstiger produzieren als wir kleinen. Und am Ende wurde die Stilllegung sogar subventioniert. An der Paar, vom Ursprung bei Kaltenberg bis zur Mündung in die Donau, hatte es rund hundert Mühlen gegeben. Ich glaube, dass heute noch drei übriggeblieben sind. Und die konnten auch nur überleben, weil sie sich auf Ausgefallenes spezialisierten, wie die Herstellung von Tierfutter oder Dinkelmehl. Gespenstisch sah es nun bei uns aus, denn es war ja noch alles da und staubte nun ein: die Siebe, die Antriebswelle durch das Mühlgebäude, die Transmissionsriemen, das Turbinenhaus mit der Turbine – wie aus der Zeit gefallen. Wir wussten noch nicht, dass es sich als Glücksfall erweisen sollte, dass wir gerade keine Zeit hatten, alles einfach abzureißen. Aber zumindest war es vorgeschrieben, dass die Maschinen, die zur Mehlherstellung am wichtigsten waren, auch wirklich ausgebaut wurden.

Es war deswegen keine Zeit, denn jetzt waren nur noch drei Personen für die ganze landwirtschaftliche Arbeit verantwortlich, Gottfried, Emil und Michael Breitsameter, der Melker, der den Stalldienst von unseren fleißigen Frauen übernommen hatte. Michael konnte sehr gut mit dem Vieh umgehen. Und er lag voll auf unserer Linie, die Herdebuchzucht weiter zum Erfolg zu führen.

Außer Emil und Michael waren alle anderen vom Personal in die Industrie abgewandert. Mit dem gleichen Schwund an Arbeitskraft mussten sämtliche landwirtschaftlichen Betriebe klarkommen. Natürlich wäre es unmöglich gewesen den Betrieb der 30er Jahre mit nur drei Personen zu stemmen. Aber zum großen Glück erkannte auch die Industrie die Möglichkeiten und brachte immer neue Maschinen und Geräte auf den Markt, die dabei halfen, mit kleiner Mannschaft zurechtzukommen. Nach der Währungsreform hatte es nochmal eineinhalb Jahrzehnte gedauert, bis ganz Merching über Zugmaschinen verfügte. Während die Anzahl von Traktoren von 6 auf 110 gestiegen war, ging es mit den Pferden gleichermaßen bergab. Zählte Merching nach dem Krieg 93 Gäule, waren es jetzt nur mehr sechs und zwei davon in unserem Stall. Drei Tankstellen am Ort versorgten Autos, Traktoren und Heizöltanks.

Früher war es auf den Höfen wie im sprichwörtlichen Streichelzoo gewesen. Wir hatten schier jede Tierart, die in unserem Klima gedieh. Die Arche Noah muss die Paar hinuntergefahren sein und hat dann an der Obermühle festgemacht: Rinder, Schweine, Schafe, Hühner, Ziegen, Enten, Hund und Katze, Schwalben, sogar ein Turmfalke siedelte sich an, Bienen, Tauben, Amsel, Drossel, Fink und Star; unser farbenfroher Pfau schlug elegant sein Rad.

Irgendwann scheint die Arche Noah wieder abgelegt zu haben und weitergefahren zu sein. Denn die Tiere wurden ab da immer weniger. Die Schafe waren 1937 verkauft worden, weil Onkel Toni tödlich verunglückt war. Unsere letzten Hühner hatte der Fuchs geholt, nachdem er sich unter dem Zaun zum Hühnerstall durchgegraben hatte. Die Zuchtenten mussten aufgrund einer Anordnung des Landratsamtes weichen. Die Enten, die für die Bruteierproduktion gehalten wurden, hätten gemäß der Verordnung für drei Monate im Jahr nicht mehr in die vorbei fließende Paar gedurft. Die Fischer hatten die Sperre über das Landratsamt durchgesetzt. Ach ja: Forellen hatte ich in der vorherigen Aufzählung vergessen. Aber die waren ja auch nicht mit der Arche Noah gekommen, sondern selber geschwommen. Jedenfalls hatte das

Forellenwohl Priorität gegenüber dem Wohl unserer Enten. Eine tier-ethische und zugleich bierernste Entscheidung. Aber was hätten wir mit der Entenschar auf dem Trockenen anfangen sollen? Die Ziegen waren schon zu einer Zeit abgeschafft worden, dass ich es nicht mehr zurückverfolgen kann. Aber wahrscheinlich wollten wir sie damals loswerden, weil sie den Teig und die Blumen gefressen hatten. Für die Schwalben gab es wegen der Auflagen für Lüftungen kaum mehr ein Schlupfloch, um in den Stall einzusegeln. Der Turmfalke nistete nur ein paar Jahre in der Getreidelagerhalle und zog dort seine Jungen groß, ging dann vielleicht in Rente und war jedenfalls weg. Der Pfau wurde Opfer unseres feuchtkalten Klimas am Bach. Die Bienen gab Mutti nach dem Tod meines Vaters in die Obhut eines anderen Imkers. Die Tauben verloren ihre Heimat beim Umbau des Hauses, weil sie oben im künftigen Getreideboden ihren Taubenschlag hatten. Von dort wurden sie aus Hygienegründen verbannt. Also alles aus gutem Grund, aber trotzdem schade.
Jetzt muss man wissen, dass wir ohne diesen ganzen Streichelzoo auch nicht arbeitslos wurden und dass Kühe, Rinder und Schweine auch genug Arbeit machen. Wenn ich nur daran denke, wie wir das Milchpulver im Heizkessel aufrührten, die Milch exakt temperierten, in 10-Liter-Eimer umfüllten und dann mit den Eimern den wackligen Kälbern im Kälberstall hinterherrannten, jedem einzelnen Kalb, bis es endlich seine Ration fertiggenuckelt hatte und matt ins Stroh sank. Derweil hatte mancher Arbeitnehmer am Feierabend im Feinripp auf dem Sofa schon sein zweites Bier aufgemacht.

Eigentlich war es ganz einfach. Denn wir mussten am Hof ja nur alles aufräumen, umbauen, abreißen und neu bauen, was offensichtlich unseren Vorstellungen nicht mehr genügte. Also eigentlich alles. Das hatte bereits zu mächtig Ärger mit Mutti und Stiefvater geführt. Aber es lag bestimmt nicht an unseren überzogenen Wünschen und Erfordernissen, sondern vielmehr daran, dass sich das Wissen so sprunghaft änderte. Mit welchen Maschinen ließen sich die Ackerflächen effizient bewirtschaften? Wie hoch war die genaue Düngermenge, womit der Boden über Jahrzehnte seine Qualität aufrechterhalten konnte? Welche Rinderrasse erbrachte bei sehr guter Fleischqualität den höchsten Ertrag? Welche Getreidesorte würde in dem Jahr den besten Marktpreis erzielen? Wie sollten die Gebäude im Hof gestaltet sein, damit man mit den immer größer werdenden Maschinen nicht zwanzigmal hin- und herrangieren musste? Was waren neue Ertragsquellen, sollten sich einmal die Rinder nicht mehr lohnen, oder gar die Schweinepreise zusammenbrechen, oder etwa das Holz aus unserem Wald nach einem Sturm gar nichts am Markt erlösen können. Das waren alles Entscheidungen, die sich direkt in unserem Geldbeutel niederschlugen.

Wir konnten uns nicht mal mehr ein einziges Jahr darauf ausruhen, was wir in unseren Schul- und Lehrzeiten gelernt hatten. Das waren höchstens noch die Grundlagen, um dauernd weiterzulernen und uns auf ständig neue Situationen einstellen zu können. Und von der Landwirtschaftsausstellung kamen wir mit wieder neuen Ideen zurück und verwirrter, als wir hingegangen waren: Jetzt haben wir die „Qual der Wahl“. Auch die Landwirtschaftskammer oder das Forstamt kam mit neuen Getreide- oder Baumsorten, die in unserem Klima nicht langfristig erprobt waren und sich als Sackgasse erweisen konnten, dann möglicherweise als ein teurer „Schuss in den Ofen.“ Jedenfalls erledigten wir sehr viele Aufräumarbeiten am Hof. Aber noch stand er, der Bachstadel, inzwischen ein Schandfleck, noch dazu direkt an der Zufahrt von der Straße rechts und gut für das ganze Dorf einsehbar. Am besten sollte er von selbst zusammenkrachen. Dann wäre es leichter gewesen, den Schutt wegzuschaffen. Aber der selbständige Zerfall zog sich leider wie Kaugummi.

Erst nachdem innen Wände eingestürzt waren und das Dach herunterkam, starteten wir die Planung für einen Neubau. Hinausgezögert wurde das Ganze auch dadurch, dass die neue Halle wieder zum Teil über den Bach reichen sollte. Die Mühlen der Behörden im Wasserwirtschaftsamt Donauwörth mahlten unwahrscheinlich langsam und mit der Planung und Genehmigung der neuen Maschinenhalle vergingen nicht nur Jahre. Das Projekt verschlang auch viel Geld. Dem Aufmöbeln fiel als nächstes eine uralte Holzhütte zum Opfer. Dort hatten wir wohl zwei Jahrzehnte ofengerecht gehacktes Holz gelagert, immer nur etwas vom großen Stapel genommen und bald wieder daraufgelegt. Keiner konnte sich erinnern, was eigentlich unter dem ganzen Haufen lag. Wir stapelten also zum Abriss der Hütte das gute Holz in einen Stadel um und fanden tatsächlich einen kostbaren Schatz unter dem Brennholz. Unsere erste Zugmaschine, der Lanz-Bulldog, den wir im Jahre 1940 erstanden hatten und der die Einlagerung zwanzig Jahre lang augenscheinlich gut überstanden hatte. Wer einmal auf einem Bulldog-Treffen gewesen ist und mit den stolzen Besitzern eines aufgemöbelten Lanz, Porsche-Bulldogs oder Hanomags gesprochen hat, der weiß, dass Teile der Bevölkerung ein solches Vehikel als die letzten Zeugen einer großen Kultur erachten.

Mutti zählte inzwischen 72 Jahre und mein Stiefvater 64. Mein Mann und ich führten unseren Betrieb nun schon seit zwölf Jahren mit aller Verantwortung. Bis dahin gehörte uns genau genommen aber nur der halbe Hof. Tatsächlich hatten wir immer wieder gemeckert und angemahnt, dass die Hofübergabe nun endlich zu Ende gebracht werden sollte. 1966 kam die Übergabe zum Abschluss.

31

Von meinen ersten Schritten beim Wintersport in Garmisch und in Oberstdorf ist mir die Begeisterung für die weiße Pracht geblieben. Ich erinnere mich, dass es in Wirklichkeit schon viel früher in unserem Garten losgegangen war. Der Garten bietet einen Höhenunterschied zwischen der höchsten Stelle links hinten und der tiefsten Stelle rechts vorne von vielleicht 50 Zentimetern. Von

Abfahrt konnte nicht die Rede sein, was wir dort Lächerliches betrieben hatten. Aber als Kind bin ich selbstverständlich den benachbarten Kasterberg runtergerast mit seinen 10 oder 15 Höhenmetern oder die berühmten drei Bingkalan (drei Buckel), Merchings Eldorado der Ski- und Schlittenfahrer. Einen Kilometer liegt es vom Dorf entfernt. Man startete oben und wurde dann auf dem zweiten und dritten Bingkala zusammengestaucht, wenn man die ganze Abfahrt von hoch geschätzten 100 Metern Strecke gut ausnützen wollte.

Wir waren schon so gespannt auf den in aller Skiwelt bekannten Ort Lech und fuhren einfach hin, wie zu der Zeit üblich ohne Vorausbuchung. Aufs Geratewohl hielten wir mitten im Ort an. Das erste Gebäude neben dem Auto war die Polizeidienststelle von Lech. Na ja: Die wenigen Unterkünfte dort waren bekanntermaßen eng, nur je ein Zimmer, und mit einer Zellentür davor. Also was anderes! Eine Frau, die davor mit Schneeschaufeln beschäftigt war, gab uns freundlich Auskunft. Wir suchten ein Quartier für die Familie und staunten mit offenem Mund, dass sie, die Frau des Polizeiwachtmeisters, in der Tat zwei Zimmer zu vermieten hatte. Da es schon dämmrig wurde und die Kinder im Auto quengelten, fiel uns ein Stein von Herzen. Wir lagen auch gleich toprichtig, zumal hinter dem Kinderzimmer die Station der Schlossbergbahn thronte. Am anderen Tage erzählte uns die Vermieterin, deren Bruder ein Lokal im Ort bewirtschaftete, dass sich die holländische Königsfamilie in seiner zünftigen Weinstube für den Abend angemeldet habe: „Geht doch ganz unauffällig hin, wir passen auf die Kinder auf. Und sagt bitte sonst niemandem etwas.“. Wie wir ins Lokal eintraten, schallte uns etwas klischeehaft die Melodie „Tulpen aus Amsterdam“ entgegen. Und tatsächlich: Wir kamen am Tisch neben der Königsfamilie zu sitzen. Ich fand es schwierig, einerseits einen guten Blick zu erheischen, aber andererseits nicht zu aufdringlich hinüberzuglotzen, wie Königs sich amüsierten. Eigentlich ganz ähnlich wie wir, nur einen Deut distinguierter.

Aber noch zum Skifahren: Die Pisten wurden dem hohen Anspruch an den Namen Lech gerecht. Wenn es bei uns manchmal nicht so rund aussah auf der Buckelpiste wie bei den Einheimischen, dann lag es zweifellos am Material, nicht an uns. Denn wir hatten unsere Lektion beim Skifahren immerhin an den drei Bingkalan mit Blick über das Lechtal bei Merching gelernt. Also quasi: vom Lech, nach Lech und zum Lech zurück.
Außer dem Skifahren trainierten wir mit den Kindern Sonntag für Sonntag Schwimmen im Augsburger Stadtbad. Nach dem obligatorischen Gottesdienst ging's los. Es zog sich mehrere Jahre hin, bis sich alle in einwandfreiem Stil und einigermaßen in Form im Wasser tummeln konnten. Jedenfalls hatten wir mit den guten Schwimmkenntnissen ein wesentlich ruhigeres Gefühl, was die Gefahren mit dem Bach unterm Haus betraf. Wenn sich eines der Kinder nun in die Paar verirrte, dann sollte es sich unter normalen Umständen auch wieder an den Bachrand retten können. Wenn man den Bach sieht, der an vielen Stellen nur fünf Meter breit ist und teils weniger als knietief, kann man sich kaum vorstellen, dass er eine Gefahr sein kann. Aber da gab es auch die Ausspülung hinter der Turbine und an der Entwässerungsleitung hinter der Brücke, die Stelle oberhalb der Turbine, wo sich das Wasser etwas vor dem Rost staute. Man darf nicht unterschätzen, wie der Bach die Kinder aus dem ganzen Dorf immer noch magisch anzog. Wie in den Dreißigern wurden Flöße aus Holzresten und Kanistern gebaut, der Bach an der Furt durchwatet. Aber jetzt betrieb man auch Fischerstechen als Kampfsport, saß beim Schwarzfischen zu nah am Strudel oder versuchte, mit dem Rad mit Vollgas die Rampe zur Furt runterzurasen, um wie immer im Kies mitten im Bach steckenzubleiben. Nach dem Schwimmtraining alles kein Problem mehr. Eines der Kinder hatte es sogar geschafft, mit dem Rad mit Speed um die Autogarage auf der anderen Bachseite zu kurven und im herunterhängenden Geländer einzuhaken. Das Rad blieb schlagartig hängen und der Bube flog ungebremst weiter und schlug in Falllinie im Bach ein. Im Parabelflug war er in Rückenlage geraten, als er die Wasseroberfläche durchbrach. Die

vierzig Zentimeter Wassertiefe waren genug, um seinen Absturz sanft abzubremsen. Aber ihm blieb kein Fetzen am Leib trocken. Er zog sich erschrocken wieder aus dem Bach, schlich sich im Haus die Treppe hoch, um sich trockene Klamotten anzuziehen. Was ihn verraten hat, waren die dunklen nassen Fußtapper auf dem Teppich auf der Treppe.

Mein Mann wollte partout, dass die Kinder Klavier spielen lernen. Er selbst hatte einige Jahre das Gymnasium Sankt Stephan in Augsburg und Neu-Ulm besucht und hatte dort – wie damals alle Schüler – ein Instrument spielen gelernt. Das stand auf einer Stufe mit Lesen, Schreiben, Rechnen. St. Stephan hatte auch ein Klavier; daher also das Faible meines Mannes für das Tasteninstrument. Wir kauften von Familie von Stetten aus Augsburg ein leicht granatsplittergeschädigtes Klavier, das die Kriegszeit sonst gut überstanden hatte. Maria meldeten wir gleich in der zweiten Klasse in der Musikschule Knittel in Mering an.
In Merching hatte es damals nur die Möglichkeit gegeben, bei Frau Oberin in unserem Franziskanerinnenkloster Unterricht im Zitherspiel zu nehmen. Für die Übungsstunden konnte man bei ihr Fleißpunkte sammeln, wofür die Schüler dann mit einem Bildchen belohnt wurden. Fünf Jahre hatte sich die Oberin leidenschaftlich bemüht, mir das Zitherspiel beizubringen. Zu einer großartigen Zitherspielerin habe ich es zwar nie gebracht; aber ich habe das sehr bedauert.
Und welches Mädchen würde nicht gerne Klavier spielen, so unsere etwas unbedarfte Schlussfolgerung aus unseren eigenen Erfahrungen. Widerwillig, mit viel Wenn und Aber, Nachdruck und Kämpfen mit dem Üben holperte Marias Klavierschule dahin. Ich hatte es wohl verdrängt, aber mir fiel wieder ein, wie wenig Interesse ich in Wirklichkeit am Zitherspiel gehabt hatte und vor allen Dingen, wie ich alles andere lieber mochte, als am Instrument die immer gleichen Tonleitern und Etüden zu üben. Und da sollte man der Tochter nun gut zureden: „Komm, jetzt bloß noch G-Dur, D-Dur, A-Dur und fis-Moll. Dann reicht's für heute".

Drängte ich es meiner Tochter jetzt auf, oder verhalf ich ihr zum Glück? Hinterher weiß man es besser. Jedenfalls zeigte Maria schon Interesse, aber die klassische Ausbildung mit den endlosen Tonleitern und den langweiligen Etüden konnte die Lust am Üben verderben. Ich tippte auf ein paar fetzige Schlager zur besseren Motivation, aber Maria bevorzugte die klassische Musik. Und mir schien, dass ihr daran gelegen war, dass es sich hier um „ihr Klavier" handelte. In einem Haushalt mit einer Menge von Leuten gehörte einem quasi ja nichts alleine. Außer vielleicht der Zahnbürste und der Unterwäsche war kaum etwas vor den Brüdern sicher. Aber aus dem Grund, dass nur Maria das Klavier spielte und es also als einzige in der Familie spielen konnte, war es ein wertvoller Gegenstand, der im Grunde nur ihr allein gehörte.

Mitte Dezember fuhren wir zum Möbelhaus Segmüller und suchten eine neue Wohnzimmergarnitur aus. Mein Schwangerschaftsbauch war beachtlich und die Möbelverkäufer sahen mich mit einem Misstrauen an, ob ich es noch unbeschadet wieder aus dem Möbelhaus schaffen oder direkt in der Bettenabteilung gebären würde. Aber so hatte ich ein gutes Gefühl dafür, wie hart die Polster sein mussten und wie gemütlich man auf den Sesseln wirklich saß. Alles verlief gut und wir wählten eine schlichte, 60er-Jahre-braune Sitzgruppe aus, auf der mindestens sechs Personen Platz hatten. Ein paar Stunden später, um dreivierteleins nachts, brachte mich mein Mann nach Mering ins Krankenhaus. Um 1.30 Uhr hielt ich das goldige Kerlchen namens Klaus im Arm. 1966 durfte dabei leider immer noch kein Mann am Bettrand Händchen halten. Wäre diese Generation von Männern überhaupt in der Lage gewesen, bei der Geburt zu unterstützen. Ich hatte die Geburt gut überstanden, aber was, wenn mein Mann dabei in Ohnmacht gefallen wäre? Unsere Kinder hatten meine Schwangerschaft unter ganz pragmatischen Gesichtspunkten betrachtet. Die Buben wollten einen weiteren Jungen für die Fußballmannschaft. Maria hätte ein Mädchen bevorzugt. Dann hätte es 2 zu 2 gestanden. Bloß gut, dass man sich's als Mutter nicht aussuchen kann.

III. 1967 – 1995

32

1966 wurden 700 Meter nordwestlich unserer Kirche Scherben und ein Walzenbeil gefunden, die belegten, dass sich im heutigen Ortsgebiet schon 2500 vor Christus, also in der Jungsteinzeit, Menschen angesiedelt hatten. Ein ganzes Moordorf war es gewesen. Weitere Funde aus der Zeit ließen den Schluss zu, dass die günstige Lage für eine Ansiedlung schon vor 4500 Jahren erkannt worden war. 15 nach Christus verlief hier die Römerstraße Via Teberia, die Augsburg mit Salzburg verband. Durch deren hiesige Kreuzung mit zwei Nebenstraßen darf man annehmen, dass zur Zeit Christi Geburt eine römische Ansiedlung oder eine Versorgungsstation auf Ortsgrund bestanden haben muss. Eine dieser Römerstraßen führte durch unseren heutigen Acker an der Bahn. Leider haben wir dort nie Spuren der verblichenen Durchreisenden von vor 2000 Jahren gefunden, egal wie tief der Pflug gegraben hat. Später wurde uns trotzdem untersagt, dort Bohrungen auf 1,40 Meter zu machen, wo exakt die Römerstraße lokalisiert wurde. Aber mit zwanzig Meter Abstand dazu waren unsere späteren Aushubarbeiten in Ordnung.
Wir haben ja schon gehört, dass der Name Merching nicht aus der Römerzeit stammt, sondern vom Bajuwaren-Führer Mandicho, der im sechsten Jahrhundert Maentichingen gegründet hatte, die Ortschaft „bei den Leuten des Mandicho". Der Name war zu kompliziert. So wurde aus Maentichingen für lange Zeit Mänching oder wegen der Lage drei Kilometer östlich des Lechs auch Bayer-Mänching. Erst seit 300 Jahren sprechen wir von Merching. Bis dieser Name sich herauskristallisiert hat, hat der Ort mindestens 30-mal den Namen verändert. Kein Wunder also, dass sich die Merchinger auf eine reichhaltige Geschichte berufen und sich als etwas Besonderes fühlen können: Schon die Kelten hatten ihr Moordorf hier gebaut und sich ständig nasse Füße geholt; dann stapften geschäftstüchtige Römer über unseren Acker; die streitbaren Bajuwaren hielten Station; Bischof Ulrich kämpfte in der Schlacht am Lechfeld gegen eine fremde Besatzung; Napoleons

Truppen fanden nicht mehr aus Merching hinaus, weil die Häuser nicht sinnvoll nummeriert waren und die Soldaten vielleicht bei dem Knoller, dem anderen Knoller oder auch dem dritten Knoller untergebracht waren. Oder doch woanders. Verwirrend jedenfalls, nicht nur für Napoleon und für Montgelas. Nicht zuletzt standen die Amerikaner auf ihrem „Race on Munich" auf unserem Hof. Also wer da alles durchgezogen ist, geht auf keine Kuhhaut.

33

Tante Ulrike, die Schwester meines Stiefvaters und leibhaftige Ordensschwester, kam zu uns zu Besuch. Ihr Besuch galt neben der Pflege der verwandtschaftlichen Beziehungen dem Ziel, eine merkwürdige Streitigkeit aus dem Weg zu räumen. Was war geschehen?

Vor langer Zeit hatte mein Vater einen Acker dazugekauft. Der Acker ging als Teil des Betriebs bei der Hofübertragung an uns über. Ein Verwandter meines Stiefvaters war gerade dabei, ein Haus zu bauen und benötigte Geld. Die Idee des Verwandten war, meinen Stiefvater um einen Acker anzuwanzen, dann den Acker zu verkaufen und sein neues Haus damit zu bezahlen. Jetzt muss man wissen, dass der Verwandte zuvor kaum bei uns vorbeigeschaut hatte, um einmal seinen potenziellen Geldgeber zu besuchen. Aber das ist bekanntermaßen einem Erbschleicher egal. Tatsächlich hatte er es bereits geschafft, meinen Stiefvater dazu zu bewegen, dass er ihm den Acker schenken sollte. Wie auf jedem Dorf bekannt, durchläuft eine typische Erbschleicherei mehrere aufeinander aufbauende Schritte. Und wir hatten diese unheilvollen Zeichen in der Alltagshektik wohl übersehen.

Die bayrische Kabarettistin Monika Gruber weist in ihrem Buch darauf hin, dass der Häuslschleicha, in unserem Fall der Erbschleicher oder genauer gesagt der Ackerschleicher, keineswegs längst der Vergangenheit angehört. Obwohl im Bauerntheater und in der dörflichen Überlieferung eine Fülle von Geschichten vermittelt haben, wie das Vorgehen eines gemeinen Erbschleichers ist, ist er wohl über die Zeit hinweg weiterhin aktiv und oft sogar allen bekannt. Zielobjekt könne dabei alles sein, von Bargeld über Häuser bis zu Grundstücken. Und das Vorgehen scheint sich zu ähneln. Während sich Frau Gruber bei der Erbschleicherei typischerweise auf familien- oder verwandtschaftsfremde Personen bezieht, hat das Ganze innerhalb der Verwandtschaft einen gravierenden Vorteil: Man muss sich nicht durch alle Phasen der Schleicherei durchplagen, sondern kann versuchen, den ganzen Prozess abzukürzen. Eigentlich müsste sich der Delinquent ja laut Frau Gruber durch folgende Phasen durchquälen: 1. Das Kuchenpräsent; 2. Der Kindertrumpf; 3. Gassigehen mit dem Opfer; 4. Das Wuiseln (Jammern); 5. Das Drohen. Ich will nicht alle Einzelheiten ausführen, da man es bei Frau Gruber nachlesen und im Bauerntheater recht häufig ansehen kann. Außerdem finde ich die Namen der Phasen selbsterklärend. Ich möchte stattdessen einen Idealfall der Erbschleicherei kurz exemplarisch durchspielen: Der Delinquent kündigt sich zum allerersten Mal zu einem Besuch an. Vorher hat ihn dieses ganze Verwandtschaftsgedöns eh wenig interessiert. Zum Kaffee bringt er selbstverständlich Kuchen mit (Phase 1), denn irgendein unverfängliches Gastgeschenk ist dringend notwendig; und ein Sack Mehl oder Zucker als Mitbringsel könnte schon von vornherein übergriffig wirken. Der Verwandte berichtet am Kaffeetisch von seinen heranwachsenden Kindern und dem Hausbau, dass alles eigentlich recht gut liefe, aber Unsummen von Geld verschlingen würde und das leider auch in Zukunft (Phase 2). Ein Besuch von Dorffesten oder anderen Veranstaltungen könnte bei entfernten Verwandten ein zu augenscheinlicher Fall von Erbschleicherei sein. Das halbe Dorf würde sich zuraunen: „Auf was hat er es denn abgesehen?“ Also lässt man das sicherheitshalber weg (Phase 3). Das Jammern (Phase 4) ist bereits in Phase 2 miterledigt worden und wird nun vielleicht noch so weit ausgebaut, dass man ihn wirklich für einen armen Hund hält, der aber wenigstens mit Ambitionen und viel Potential gesegnet ist. Denn keiner steckt sein Geld in ein Fass ohne Boden, will sagen, in einen Verwandten, der offensichtlich nicht mit Geld umgehen kann und das hart erarbeitete Geld nur sinnlos verplempern würde. Also darf man es mit dem Jammern auch nicht übertreiben. Mit viel Glück stecken wir also beim ersten oder zweiten Kaffeetermin bereits in der Phase fünf. Zur Erinnerung: Das war die Drohung. Nämlich, dass der Häuslgeber ja herzlos und rücksichtslos wäre, wenn er dem Verwandten nichts rausrücken würde. Und dass der eine Zweig der Verwandtschaft das bestimmt nicht gutheißen würde und vielleicht sogar die Freundschaft aufkündigt, den Kontakt ganz abbricht oder Schlimmeres. Wobei ich jetzt selbst nicht weiß, was das Schlimmere sein könnte. Vielleicht eine Madonnenfigur von der Wandnische im dritten Stock klauen. Nach der Phase fünf, der Drohung, würde jetzt also verhandelt, was der Erbschleicher bekommen soll und wie die Übertragung konkret abläuft. Während für einen Fremden eine gelungene Häuslschleicherei also monate- oder sogar jahrelang dauern kann, könnte es bei einem anderen vielleicht innerhalb von zwei oder drei Treffen ablaufen. Entgegen allen Beteuerungen, dass der Erbschleicher dann regelmäßig zum Kaffee kommen wird und sich rührend um die meist betagten Erbgeber kümmern wolle, wird er dann aber nie mehr gesehen und er ist auch nicht mehr erreichbar.

Zurück zu unserem konkreten Fall: Wir wurden nur dadurch aufmerksam, dass vor dem Austragshaus, wo jetzt meine Eltern wohnten, ein fremdes Auto stand, bei dem das Autokennzeichen darauf hinwies, dass es sich um Verwandtschaft meines Stiefvaters handeln musste. Ohne ein Wort der Einladung gehört zu haben, gingen wir natürlich auch nicht gleich zum Grüß-Gott-Sagen. Aber der Besuch auf dem Hof hinterließ bei uns einen Eindruck der Heimlichtuerei. Als nächstes kam dann ein Brief von einem Makler. Der Makler sollte einen Verkauf eines Ackers abwickeln, nämlich vom Verwandten meines Stiefvaters an uns. Nur hatten wir in dem Moment weder einen Verkauf noch einen Kauf eines Ackers in Planung. Offensichtlich hatte aber mein

Stiefvater seinem Verwandten einen Acker versprochen, ohne uns darüber zu benachrichtigen. Der Mann hatte seiner Ansicht nach den Acker also geerbt und könnte ihn gleich wieder versilbern. Und wir als Hoferben könnten doch gerne unseren Acker wieder zurückkaufen. Tatsächlich muss es dieser Verwandte mit wenigen Besuchen bei meinem Stiefvater geschafft haben, die fünf Phasen der talentierten Erbschleicherei zu durchlaufen.
Aber – wie sagt man so schön – „Mir sann au nedd auf der Brennsupp'n dahergeschwomma." Zum Glück fiel mir Tante Ulrike ein. Tante Ulrike war nämlich die Oberin in einem Kloster nahe von München. Sie hatte vermutlich Erfahrungen mit ähnlichen Fällen gemacht. Und nur sie konnte uns in dieser misslichen Lage zur Seite stehen. Also setzten wir uns gleich mit ihr in Verbindung, baten um Beistand und besuchten parallel den Makler, um ihm Bescheid zu geben, dass sich dieses Geschäft erübrige.
Nun saßen wir also mit Tante Ulrike zum Kriegsrat zusammen in unserem Wohnzimmer. Sie hörte sich alles nochmal geduldig an und sprach dann ein Machtwort: „Der Acker der ehemaligen Knollers darf nicht verkauft werden, sondern bleibt am Hof". Wer sollte das Wort einer Oberin, also quasi der Höheren Macht, in Zweifel ziehen? Wir konnten nur vermuten, dass Oberin Ulrike anschließend dem Erbschleicher in ihrer Verwandtschaft freundlich, aber bestimmt eine gehörige Standpauke erteilte. Denn wir sahen ihn danach nie wieder.
Kurze Zeit später fiel uns auf, dass die auf dem Boden in der Mühle deponierten Kuhglocken fehlten, die unser Vieh immer auf der Weide getragen hatte. Die Kuhglocken kamen auch nie mehr zum Vorschein. Hatte sie mein Stiefvater am Ende zum Bau seines Hauses dem Verwandten gespendet? Auch das ist bis heute ein ungelöstes Rätsel. Zuzutrauen wäre es ihm gewesen.

Walter hatte den Bach zum Lieblingsort auserkoren, denn dort fanden die Möglichkeiten zum Spielen keine Grenzen. Eines Tages schickte ich ihn wie immer aus dem Haus, damit er in den Kindergarten geht. Man bemerke: Die Kinder gingen nach einer kurzen, anfänglichen Eingewöhnung alleine zum Kindergarten zu Schwester Reinbalda. Ich wäre gar nicht daraufgekommen, den Buben zum Kindergarten zu begleiten oder gar noch das Auto dafür aus der Garage zu holen. Niemand im Dorf tat das. Nun war es gegen elf und ich stand im Wohnzimmer von der Buchführung auf. Beim zufälligen Blick durch das Wohnzimmerfenster sah ich, dass sich auf dem neu gepflanzten Baum am Bach etwas bewegte. Und tatsächlich war es Walter, der munter auf der noch sehr zarten Baumkrone herumkletterte, sich von nichts stören ließ und sich offensichtlich drei Stunden Auszeit vom Kindergarten genehmigt hatte.

1967 traf es Walter mit der Einschulung. Meine Vermutung war, dass auch er seine Schwierigkeiten mit dem nötigen Sitzfleisch hatte. Denn schon während der Kindergartenzeit war Walter öfter ausgebüchst. Und dann kam er aus der Schule und berichtete, er hätte sich freiwillig in die erste Bank gesetzt. Ist das das, was Eltern wirklich wollen? Vordergründig beglückwünschten wir ihn zu seiner mutigen Entscheidung. Gleichzeitig befürchteten wir schlimmes Strebertum oder eine frühe enge Freundschaft mit einer Banknachbarin, die auch in der ersten Reihe sitzen wollte. Aber er meinte, er könne einfach das Tafelbild nicht gut erkennen und er brauche jetzt eine Brille. Irgendwie waren wir erleichtert. Denn schlecht sehen ist schließlich keine Charakterschwäche. Und wir gingen umgehend mit ihm zum Augenarzt und zum Optiker, damit er sich wie jeder ordentliche Pennäler auch in die letzte Reihe hätte setzen können.
Die Übersicht über vier Kinder gestaltete sich weitaus schwieriger als mit drei, zumal uns die treusorgende Tamme-Oma sehr fehlte. Sie war zu ihrer Tochter nach Oberottmarshausen gezogen. Und Mutti hatte immer mehr Probleme damit, auf den Beinen zu stehen. Sie benötigte Hilfe.

Nun lernte ich zum ersten Mal den seelischen Schmerz einer Mutter kennen, die ihr Kind wegschicken muss. Wie mochte das

wohl vom Kind wahrgenommen werden? Sicher genauso fürchterlich, wie ich die Einsamkeit und das Heimweh bei meinem Schulwechsel nach Dießen 1943 kennengelernt hatte. Einfach traurig und schlimm. Maria war jedenfalls im Gymnasium in Augsburg nicht so gut aufgehoben. Im Winter musste sie sich in Zwischenstunden manchmal in Kaufhäusern aufwärmen. Dann hatte sie nicht die passende Unterstützung bei den Hausaufgaben gefunden, weder an der Schule noch bei uns zuhause. Die Noten entwickelten sich so schnell zum Schlechteren, dass irgendetwas geschehen musste. Grundsätzlich war ich auch aus meiner eigenen Erfahrung der Meinung, dass man die Kinder zur Selbständigkeit erziehen sollte. Aber dahin gibt es ganz verschiedene Wege. Ich selbst war in Dießen gefühlt sehr weit weg von zu Hause und bei einer fremden Familie. Aber ich bekam dort in der Schule gleich mit meinem ersten Aufsatz über die „Wegwarte" einen Einser. Das gab schon Selbstvertrauen und ich bekam vor allen Dingen von außen, von den Ordensschwestern und von der Hauptlehrerin, eine Wertschätzung für meinen Fleiß. Das half mir auch ein Stück weit über das Heimweh hinweg und darüber, dass ich meine 100 Hasen nicht mitnehmen hatte können.
Letztendlich dachte ich, dass es schlimmere Dinge im Leben gibt als ein Internat. Bei den Englischen Fräulein in Augsburg war kein Platz mehr frei. Aber in deren Internat in Mindelheim brachten wir Maria unter die Fittiche von Mater Paschalis. Und mit den Noten haute es dann auch wieder hin. In anderen Ländern oder noch einige Zeit früher war es bei uns üblich, dass die Internatsschüler zwischen den Ferien gar nicht nach Hause kamen. Nun war es immer noch so, dass die Schülerinnen nur alle vier Wochen nach Hause durften. Das änderte sich weiter über die kommenden Jahre. Denn dann war es alle zwei Wochen und zuletzt passierten alle am Sonntagabend ins Internat ein, um sich am Freitag nach der Schule mit dem Zug wieder auf den Heimweg zu machen. Letztendlich gab es keine Garantie, ob eine Internatsschülerin oder ein Internatsschüler von der vielen Disziplin profitierte – ich meine beides, notenmäßig und persönlich – oder doch mit den

hohen Anforderungen nicht zurechtkam. Aber in dem Moment stellten wir kaum in Frage, dass das Internat ein besserer Ort zum Lernen war als zuhause auf dem Hof.

34

Gottfried und ich waren bei Bekannten zum Kaffee eingeladen. Die älteren Kinder sollten auf die jüngeren aufpassen. Meine Eltern waren zwar im Haus, ließen aber die Kinder vor dem Fernseher in Ruhe. Aber ganz koscher war mir nicht bei dem Gedanken, alle mal kurz allein zu lassen. Als wir nach drei Stunden wieder zurückkamen, saßen die vier friedlich vereint auf dem Sofa. Dieses idyllische Bild hätte uns stutzig machen sollen.
Nichts deutete auf den ersten sahnetorten-getrübten Blick darauf hin, dass vorher eine raumübergreifende Sofakissenschlacht getobt hatte und die vier neuen Wohnzimmerlampen mitten in der Flugbahn hingen. Auf diese Leuchte waren wir stolz, denn vier Kabel hingen in einer akkuraten Reihe von der Decke und an den Kabeln hingen rauchbraune Glaszylinder mit einer schicken Reliefoberfläche, „dernier cri“. Monate später löste sich ohne weitere Vorwarnung ein Glasteil aus einem der Lampenzylinder. Bei genauem Hinsehen entdeckten wir mehrere Klebestellen und Uhureste, die aus den zusammengedrückten Bruchstücken herausgequollen waren. Wir mussten den Kindern neidlos Respekt zollen, dass sie die Lampe mit handwerklichem Geschick repariert hatten und uns gegenüber so eine lange Zeit dichtgehalten hatten. Unter feinfühligem Nachfragen räumten die Kinder ein, dass es in Summe wohl ein lustiger Sonntagnachmittag mit kleineren Kollateralschäden gewesen war. Ihnen würde das mit der geklebten Lampe auch gar nichts ausmachen.

Die Jahre und Jahrzehnte werden von den bayrischen Land- und Forstwirten unter anderem nach den Sturmkatastrophen eingeteilt. Bei dem Sturm 1968 lag der Schwerpunkt der Schäden im

Umkreis von 30 km, besonders in der Gegend von Geltendorf. Dann kam Wiebke Ende Februar 1990. Und am zweiten Weihnachtsfeiertag 1999 überraschte uns in Bayern das ungewöhnlich harte Sturmtief Lothar. Ich konnte mich in meinem Leben nicht an etwas in diesem Ausmaß erinnern. Stundenlang wütete der Sturm über Felder und Wälder, entwurzelte tausende von Bäumen und richtete einen Schaden an, dass es Jahre brauchte ihn wieder zu beheben. Auch in unserem Wald schlug der Sturm eine Schneise der Verwüstung. Eigentlich sah es aus, wie wenn ein Riese durch unser Holz getrampelt wäre. Die Bäume waren in alle Richtungen umgefallen und hatten sich hoffnungslos ineinander verkeilt. Wenn man vor diesem Riesenmikado steht, weiß man nicht, wo man zuerst die Säge ansetzen soll. Die Bäume lagen so übereinander, dass jederzeit etwas katapultartig hochschnalzen konnte oder ein Baum unvermutet abbrach. Also eine höchst gefährliche Situation. Es trieb einem die Tränen in die Augen, weil gutes Holz zerbrochen ist und so kaum mehr Geld brachte. Und hinterher durften wir wieder aufforsten und bibbern, dass die Bäume, die neben der Schneise stehengeblieben sind, im nächsten Sturm nicht doch noch umgeworfen werden. Noch heute erinnern die vielen neueren Anpflanzungen an das Unglück vor gut zwanzig Jahren. Man muss die Waldarbeit schon lieben. Sonst ist man vielleicht enttäuscht, wie viel Arbeit so ein Forst macht.
Aber tatsächlich hat die Waldarbeit im Winter etwas Mystisches. Vor allem dann, wenn Emil im tief verschneiten Wald dürres Holz auf einen Haufen legte und ein kleines Lagerfeuer anzündete. Für jeden von uns schnitzte er einen grünen Zweig mit einer Astgabel so, dass man dicke Brotscheiben über dem Feuer rösten konnte. Wenn die Brotscheiben etwas angeröstet waren, verrieben wir eine Knoblauchzehe darauf, schmierten vielleicht noch etwas Butter hinterher und schoben uns in andächtiger Stille im Schnee die duftenden und dampfenden Scheiben in den Mund. Und wenn wir an dem Tag auch noch den Christbaum aus unserem Wald holten, dann war die Idylle perfekt. Zumindest bis wir die Zehen nicht mehr spürten und die Nasen vor Kälte glühten.

Am 20.7.1969 erlebte die Menschheit ein unvorstellbares Ereignis. Und so empfanden auch wir die Mondlandung. Vorher war im Dorf diskutiert worden, ob das der Anlass sei, sich ein Fernsehgerät zu besorgen. Jemand hatte sich zu der Äußerung hinreißen lassen: „Ob sich das lohnt mit einem Fernseher? Da drin gibts eh kaum was zu Sehen." „Wer weiß, ob sich das durchsetzt? Nocher hamma was Naies. Dann kannst'n wiedar wegschmeiß'n, an Fernsehr." Mutti und mein Stiefvater hatten schon ein solches Gerät; und offensichtlich hatte es etliche Auseinandersetzungen gegeben zwischen ihnen und meiner Tochter, welches von den drei Programmen angeschaut werden sollte. Auch in unserer Familie bewegte sich etwas. Von jetzt auf gleich stand das Gerät in unserem Wohnzimmer, in der Nische in der Schrankwand mit Faltklappe, damit man den Fernseher komplett verschwinden lassen konnte und nicht ständig hinglotzen musste. Die Einzelsessel richteten wir auf den Fernseher aus, so dass mein Mann und ich in der ersten Reihe saßen, wie im Kino, er rechts, ich links. Dahinter kamen dann Tisch und Sofa, quasi die hinteren, billigen Plätze für die Kinder. Manchmal, wenn hinter uns kleine Prügeleien, Finger-auf-den-Tisch-Klopfen oder Kissenschlachten zur Tagesschau begannen, rief mein Mann die Sofaplätze zur Ordnung: „A Ruah jetz'. Do vaschtehsch ja gar nix." Besser hätten wir das Sofa wieder verkauft; dann hätte es nur noch Stehplätze gegeben und wir hätten in Ruhe fernsehen können.
Für mich zählt die Mondlandung noch heute zu den größten Ereignissen in meinem Leben. In unserer Kinderzeit pulsierten die Märchen vom Mann im Mond in den Köpfen. Plötzlich wurde es Wirklichkeit. Neil Armstrong, Buzz Aldrin und Michael Collins flogen zum Mond. Mehr als es vorher der Fall war, verband Merching irgendetwas mit der Welt. Und das war hoffentlich nicht nur der neue Fernseher.

35

Gottfried kam im Herbst 1970 in die Heilig-Kreuz-Schule nach Donauwörth. Nach der sechsten Klasse stand es eindeutig fest, dass er das größte Interesse aufbrachte, einmal unseren Betrieb fortzuführen. Da kamen mehrere Dinge günstig zusammen. Zum einen war es uns recht. Zum anderen nahm sich Emil seiner an. Ihm lag das Wohl des Betriebsnachfolgers besonders am Herzen. Emil selbst verkörperte das Bild eines Landwirts mit Leib und Seele. Seine leidenschaftliche Einstellung wirkte auf alle anstekkend. Und Gottfried interessierte sich sowieso mehr für Zugmaschinen, Mähdrescher und Äcker als für die Schule. Gerade weil mein Mann Gottfried sich den Besuch einer höheren Schule so hart erkämpfen musste und dies nicht nur für einen Landwirt als wichtig erachtete, führte auch für den Sohn kein Weg an dieser Entscheidung vorbei. Nun erwies sich die Auswahl an Mittelschulen als dürftig. Friedberg wäre die nächste Möglichkeit gewesen; dort hätte er Fahrschüler werden können. Aber wir kamen zu dem Entschluss, dass Gottfried von der nötigen Ruhe in einem Internat und von einem guten Lernumfeld profitieren könnte. Am Tag seiner Einschulung in Donauwörth kam noch Hektik auf, weil Gottfried nicht von der Zugmaschine runtersteigen wollte. Er hatte bloß noch schnell etwas fertig machen wollen. Dann heizten wir, was der Diesel hergab und schafften es gerade noch rechtzeitig zum Einführungstermin nach Donauwörth. Wie oft hörten wir aus seinem Mund „Wer Vater und Mutter nicht ehrt, kommt nach Donauwerth.“ Aber zum Glück war das ja nicht der Grund gewesen für die Schulwahl und ich würde dagegenhalten „Wer bloß noch Bulldog fährt, der muss halt nach Donauwerth.“

Die anderen Kinder spielten mit Schulkameraden im Bachstadel im Stroh. Es war zwar ein altes Gebäude, eigentlich inzwischen eine Bruchbude, aber ein beliebtes Refugium für Expeditionen der Kinder und als Spielplatz, auch weil es in unmittelbarer Nähe zum Wohnhaus stand. Hin und wieder tauchten also ein paar Zuschauer auf, die sich über die Streiche amüsierten und mit Aufmerksamkeit aufwarteten. Eines Tages wurde das laute Treiben durch plötzliche Totenstille unterbrochen. Walter war vom Strohboden drei Meter in die Tiefe gestürzt und zwischen Anbaugeräten auf hartem Beton gelandet. Er konnte aufstehen und laufen, soweit ein gutes Zeichen. Wir packten ihn schnellstens ins Auto, und ab ging's in die Hessingklinik nach Augsburg, nach unserem Hausarzt die wichtigste Anlaufstelle für orthopädische Fragestellungen; zu Deutsch: immer die erste Wahl, wenn es jemanden vierkant runtergepfeffert hatte, von der Leiter, über eine Brüstung, vom Apfelbaum oder eben vom Stroh. Der Notdienst in der Hessingklinik stellte am Röntgenbild fest, dass drei Brustwirbel angebrochen waren. So wurde für Walter vorsichtshalber eine Gipsschale speziell angefertigt. Für die nächsten vier Wochen blieb sie ganztags, später noch eine Weile nachts sein Zwangskostüm. Die Ärzte sagten, wenn er nicht ruhig läge, müsste er ein steifes Gipskorsett tragen. Kaum bot ihm der Arzt die schlechtere Alternative an, zeigte sich Walter ganz zufrieden mit seiner Gipsschale in Sonderedition.

Und wieder stand ein gefürchteter September an, einmal mehr die Zeit der Trennung. Es hatte sich herauskristallisiert, dass der Start des neuen Schuljahres in unserer Familie immer wieder mit sehr unsicheren Entscheidungen verbunden war. War ein Internat die bessere Alternative im Vergleich zum Heimschüler, wo mein Mann und ich doch mit dem Hof so eingespannt waren? Kamen die Kinder mit den Ordensschwestern und -brüdern klar, und mit deren Ansichten zum Thema Disziplin? Machte ein Internat die Kinder selbständiger oder nur angepasster? Und würden sie überhaupt bessere Noten haben und am Ende auch davon profitieren? Oder war alles nur rausgeschmissenes Geld für anschließend entwurzelte Kinder? Die letzte Frage stellten wir uns zu der Zeit noch nicht ernsthaft, denn das Internatsleben genoss unverändert einen guten Ruf, auch wenn es für den einzelnen Schüler natürlich nicht immer ein Gewinn war. Aber zuhause auf dem Hof gab es immer etwas zu tun, wenig Zeit, mit den Eltern zu lernen, und mit dem ganzen Hof den größten Spielplatz, den ein Kind haben konnte. Alles schlechte Voraussetzungen für gute schulische Leistungen. Also war es nicht so, dass uns das Internat als die bessere Schulform erschien, sondern es war uns eher klar, dass unser quirliges Zuhause mit viel zu viel Ablenkung vom Lernen verbunden war. Mit Walter versuchten wir es im Maristenkolleg in Mindelheim. Gerade er, der immer auf Achse war und in der Natur, am Wasser, in der Scheune, im Garten mit Merchinger Schulkameraden sein Revier ausgelotet hatte, wechselte nun ins Internat. Die Schule in Mindelheim hatte nämlich den Vorteil, dass Eltern und Schülern zwei Jahre Frist für die endgültige Entscheidung gegeben wurde ob Realschule oder Gymnasium. Der Ausdruck „Das Lernen lernen" drückte es hier passend aus. Innerhalb dieser zwei Jahre schätzten wir seinen Lerneifer so ein, dass Walter zweifelsfrei mit dem Gymnasium richtig lag. Und wie leicht unterschätzte man den Segen eines Lernrhythmus, mit dreieinhalb Stunden Studierzeit pro Tag, neben der Schule, den Gottesdiensten und Gebeten und diversen freiwilligen Zusatzkursen. Na ja, wenigstens litten alle gemeinsam. Und geteiltes Leid ist ja halbes Leid.

Nicht ahnend, was auf uns zukommen würde, holte ich die beiden Mädchen Maria und ihre Klassenkameradin Hanne nach einer Veranstaltung am Heilig-Drei-König-Tag von Mindelheim ab. Hinter Egling kam uns ein Unimog entgegen, der mit Christbäumen vollbeladen war. Ein paar Meter bevor der Unimog an uns vorbeibrauste, streifte ein Ast eines Alleebaumes die oberen Christbäume und beförderte sie mit einem Krachen auf die Straße. Einer wirbelte durch die Luft auf uns zu, durchbrach unsere Windschutzscheibe, flog wenige Zentimeter an mir vorbei und blieb genau zwischen Maria und Hanne in der Rücksitzbank stecken. Ich konnte das Auto zum Stehen bringen, ohne in den Graben zu fahren. Außer einem Schrecken haben die Kinder glücklicherweise anscheinend nur Kratzer abbekommen; sie konnten die hinteren Türen öffnen und sich vorsichtig befreien, obwohl es die Scherben von der Frontscheibe auch in die Ritzen der Rücksitzbank geschafft hatten. Ich selbst zog mir auch nur einen kleinen Schock zu und einige Kratzer im Gesicht und an den Händen. Der Fahrer des Unimog hatte den Vorfall gar nicht bemerkt. Ein Autofahrer eilte uns sofort zu Hilfe, sah, dass wir ohne größere Blessuren davongekommen waren und verfolgte gleich den Transporter. Der Unimogfahrer war komplett aus dem Häuschen und versicherte sich vielmals, ob es uns wirklich gut ging. Wir gaben dankend den Christbaum zurück, der noch im Auto steckte, ließen eine neue Frontscheibe einsetzen und klaubten noch eine ganze Weile Scherben der zerstörten Verbundglasscheibe aus dem Innenraum. Wieder mal hatten wir sämtliche Schutzengel bemüht.

Mutti war mit 75 Jahren im Gang ihrer Austragswohnung gestürzt. Sie war noch nicht mal über ein Hindernis gefallen. Aber die Diagnose lautete auf Oberschenkelhalsbruch. Wir grübelten, ob es die berühmt-berüchtigte Teppichkante war oder wie anscheinend typisch für ältere Herrschaften, eine Kreislaufschwäche oder eine kurze Unaufmerksamkeit. Leider war die Narkose- und OP-Technik in den 70ern noch nicht so weit gediehen. Als sie wieder aus dem Krankenhaus entlassen wurde, blieb ihr äußerlich nur eine gut verheilte Wunde am Oberschenkel. Dagegen hatte sie durch die OP einen Schub von Demenz erlitten. Und von dem Moment an mussten wir eine demenzkranke Mutti pflegen. Über eineinhalb Jahre gab es ein Auf und Ab bei ihrer Krankheit, aber sie kam nicht mehr auf die Beine. Mein Stiefvater, der ja mehr als zehn Jahre jünger war als sie, kümmerte sich rund um die Uhr um sie. Aber die Versorgung mit frischer Wäsche, das Umziehen und viele Pflegeaufgaben lagen in meiner und Marias Hand. Mit der Arbeit in Haus und Hof und der Pflege meiner Mutti blieb mir wenig Zeit für anderes. Das war immer schon eine Zwickmühle für mich gewesen und nun noch mal verschärft durch die Pflegearbeit: Wie sollten wir die Verantwortung für die Kinder ausfüllen, wenn keine Zeit dafür blieb? Wir hatten auf ein-

fachste Fragen keine gute Antwort parat: Wie hätten wir einen Ausflug am Wochenende mit der Pflege einer kranken Mutter in Einklang bringen können? Wie sollte ich mich auf die Kinder konzentrieren, wenn daneben jede kleinste Veränderung im Gesundheitszustand so viel Zeit in Anspruch nimmt? Diesen Spagat wird jeder anders lösen, wenn er selbst damit konfrontiert ist. Es bleibt aber immer ein Spagat. Und mir blieb nichts anderes übrig als mich täglich neu zu entscheiden, wie ich die Zeit und Aufmerksamkeit aufteilen sollte.
Zur selben Zeit besuchten wir immer, wenn es ging, unsere Frau Tamme, die ja zu ihrer Tochter Anni nach Oberottmarshausen gezogen war, nun aber selbst kränkelte und sichtlich gealtert war. Diese Besuche nahmen die Kinder mit großer Begeisterung auf, weil die beiden so kinderlieb und lustig wie eh und je waren und auch, weil Anni so gute Biskuitrouladen für uns zauberte. Und man darf nicht vergessen, dass die Familie Tamme für uns seit der Vertreibung nach dem Krieg, seit sie also zu uns gestoßen waren, ja als Familienmitglieder galten, dass sie mit uns gewohnt, gegessen und gearbeitet hatten. In Oberottmarshausen waren wir also quasi zu einem Familienbesuch.

Am 11.5.1971 starb mein leiblicher Vater im Krankenhaus in Mering. Er war gezeichnet von einer schweren Grippe des vorhergehenden Winters. Insgesamt hatte es mit seiner Gesundheit nicht zum Besten gestanden. Wir konnten dabei zusehen, so schnell baute sein Körper ab. Leider hatten auch die Ärzte kein Mittel zur Besserung zur Hand.
Ein paar Tage vor seinem Tod hatte ich eine kuriose Begegnung mit einem Besucher im Krankenhaus. Ich traf diesen Herrn zufällig im Flur auf dem Weg zum Krankenzimmer und grüßte ihn, weil ich ihn ja kannte. Mein Vater teilte das Zimmer mit einem weiteren Patienten. Und dieser berichtete mir, dass gerade Besuch bei meinem Vater gewesen sei und mit ihm über Grundstücksangelegenheiten gesprochen habe. Mein Vater war zu dem Zeitpunkt sicherlich nicht mehr in der Lage, Absprachen zu treffen,

respektive Verhandlungen über Grundstücke zu führen. Ich war jedenfalls empört, mit welcher offensichtlichen Unverfrorenheit der liebe Mitbürger mit Geschäftsbelangen noch auf einen Schwerkranken zuging. Der Schock saß mir noch lange in den Gliedern darüber, mit welch geschmacklosen Bandagen bis zum letzten Moment gekämpft wurde. Sogar bei einem sterbenden Menschen gab es keinen Halt. Ich schloss letztendlich für mich, dass man besser seine Angelegenheiten rechtzeitig und eindeutig regelte, solange man noch bei vollem Verstand war. Und man soll nichts zur Interpretation offen lassen, wenn die Geier kreisen.
Die leidvolle Seite dieses Jahres fand damit noch kein Ende. Meine Schwägerin, Gottfrieds Schwester Olga, starb im Herbst den Sekundentod bei der Arbeit auf dem Feld. Mit ihren 47 Jahren hinterließ sie ihren Gatten Josef mit dem 14-jährigen Seppi und der 12-jährigen Margot.

Wenige Monate danach machten wir uns immer mehr Sorgen um die Gesundheit meiner Mutti. Um Ostern musste sie ins Krankenhaus nach Mering. Ihr Zustand verschlechterte sich unaufhaltsam. Am 25. Mai 1972 schlief sie friedlich ein.

Keine zwei Jahre danach erlebten wir einen weiteren traurigen Anlass, der uns sehr zu Herzen ging. Frau Tamme, „unsere Tamme-Oma“, die wir als Heimatvertriebene in unsere Familie aufgenommen hatten und die fast zwanzig Jahre mit uns und den Kindern gelebt hatte, ist verstorben. Spätestens jetzt war ich versucht zu sagen: "Eine Ära geht zu Ende."

36

Die Zeit blieb nicht stehen. Zehn Jahre hatten wir die Herdebuchviehzucht aufgebaut. Nun stand die Frage im Raum, wie die Landwirtschaft in punkto Viehhaltung fortgeführt werden soll. Denn auch bei der Arbeit auf dem Hof verging nicht jedes Jahr

mit Friede, Freude, Eierkuchen, wie der Volksmund so schön sagt. Eines Tages im November brüllte das Vieh im Stall morgens unaufhörlich. Eigentlich war mein Mann auf dem Weg zum Schweinestall. Beunruhigt sah er bei den Kühen nach dem Rechten und was wohl der Grund für den Aufruhr war. Mein Mann traf den Melker dort nicht an. Damit war klar, weshalb das Brüllen kein Ende nahm. Aber auch weit und breit war von Michl nichts zu sehen. Wir befürchteten schon, dass unserem Melker etwas zugestoßen sein könnte. Jedenfalls musste das Vieh auf der Stelle gefüttert und gemolken werden, was wir dann auch taten. Wir forschten nach und fanden heraus, dass sich Michl sprichwörtlich vom Acker gemacht hatte. Ohne uns zu informieren war er aufgebrochen, um sein Glück woanders zu suchen. Für den Moment waren wir damit leider auf uns allein gestellt. Wir teilten uns die Arbeit im Stall. Für Michl fanden wir keinen Ersatz mehr. Etwas später tauchte er übrigens beim Metzgerbauern wieder auf, wo er bis zum Rentenalter beschäftigt war. Er hatte einfach das Lager gewechselt und ist zeitlebens in Merching geblieben.
Wir wollten nicht noch einmal mit solch einem Erlebnis konfrontiert werden, wie als der Melker über Nacht verschwand. So entschieden wir uns, die Zuchtviehherde mitsamt der gesamten Nachzucht zu versteigern. Wir trafen für den Betrieb große und schwerwiegende Entscheidungen, die sich auch nicht gut anfühlten. Wer konnte schon genau sagen, ob es nicht doch wieder mit den Kühen aufwärts geht oder ob der neue Traktor alles so mitmacht wie geplant. Aber gleichzeitig musste ich an unsere Vorfahren denken und die hatten es auch nicht leicht gehabt. Ich erinnere mich an Erzählungen, dass es meine Großmutter als dritte Frau des damaligen Hofbesitzers geschafft hatte, mit sieben Kindern aus drei Ehen (neben den eigenen auch den noch lebenden Kindern der verstorbenen Ehefrauen eins und zwei) und 15 Leuten Personal fertig zu werden. Ihr Mann war 1903 im Alter von 45 Jahren gestorben. Sie hatte dann 17 Jahre lang den Betrieb mit Mühle, Landwirtschaft und Sägewerk allein weitergeführt. Sie ließ an ihrem Fazit für diese harte Zeit keinen Zweifel: „Tun tät

ich’s nimmer. Ich hätte doch wieder heiraten sollen“. Ein Mann wäre halt damals recht gewesen, auf dem Betrieb und möglicherweise auch für sie persönlich. Der Kinderwunsch von Franziska Knoller, meiner Mutti und in Wirklichkeit meiner Tante, und ihrem kranken Mann war nicht in Erfüllung gegangen. Sie mussten 1930 hoffen mit mir einen Betriebsnachfolger gefunden zu haben. Für die beiden war es ein großes Risiko, ob ich als Mädchen einmal zur Führung eines Betriebes geeignet wäre. Außerdem war zu der Zeit die Kindersterblichkeit eben noch erheblich. Wer konnte schon wissen, ob ich es überhaupt ins Erwachsenenalter schaffen würde.
Jedenfalls ging es Gottfried und mir in den 1970er Jahren in vielerlei Hinsicht besser mit unseren Entscheidungen. Der Rückblick auf die vorherigen Generationen am Hof stellte unsere Situation in einem besseren Licht dar; die finanzielle Lage hatte sich in den vergangenen zwanzig Jahren deutlich verbessert; und wir konnten uns wesentlich einfacher über Innovationen in der Landwirtschaft informieren und bekamen für neue Vorhaben sogar Unterstützung von außen. Der Bayerische Bauernverband unterhält zum Beispiel ein Team von Finanz- und Steuerberatern und lädt zu Hofbesichtigungen ein; Dorfhelferinnen versorgen bei einer Krankheit der Hausfrau die Familie; und der Maschinenring federt Investitionsrisiken ab, indem er große Maschinen betreibt, die sich einzelne Landwirte nicht leisten könnten.

Immer, wenn wir im späten Sommer durch den Paartalweg nach Mering fuhren, grüßten wir die Frauen vor den kleinen Siedlerhäusern auf der linken Seite der engen Straße. Sie saßen vor riesigen Pyramiden von Paprika und anderem Gemüse, schnitten und entkernten Stunde über Stunde, was dann in Sponsels Konservenfabrik auf der anderen Seite des Dorfes in Dosen und Gläser eingemacht wurde. Übrigens hatten Augsburger Unternehmer 1926 eine gescheiterte Neugründung in Merching übernommen und während des Krieges die Merchinger Sauerkrautfabrik Sponsel mit 8 einheimischen und 51 auswärtigen Arbeitern und Angestellten aufgebaut. In den 50er und 60er Jahren waren es die Heimatvertriebenen, die es möglich machten, einen solch arbeitsintensiven Betrieb aufrechtzuerhalten. Also gehörten die Paprikaberge vor den Aussiedlerhäusern und die akkurat auf Anhänger aufgeschichteten Weißkrautköpfe zum Ortsbild, so wie die Semmeln vom Bäcker Bezeck zum Wochenende.

In den Sommerferien halfen die Kinder immer bei der Ernte. Wir hatten gerade den zweiten Ferientag und gegen Abend musste das Heu aufgeschwadet werden, damit es über Nacht einigermaßen trocken blieb. Mit Begeisterung ging es mit dem Schwadenrechen auf die Wiese. Was dort genau geschah, konnten wir vor lauter Aufregung nicht gleich rekonstruieren. Walter muss wohl von der Maschine abgesprungen oder abgerutscht sein. Als ihm das Gerät über das Bein rollte, brach er sich den Unterschenkel knapp über dem Fußgelenk. Wir brachten Walter schnellstens ins Krankenhaus in Augsburg, wieder einmal in die Hessingklinik. Der Fuß wurde eingegipst. Aber wir mussten 14 weitere Tage bangen, ob es doch noch nötig wurde, aufzuschneiden und einen Draht oder eine Schraube einzusetzen. Nach zwei Wochen kam endlich die Nachricht, dass der Bruch zwei Zentimeter über der Wachstumszone lag. Und das Bein konnte auch so ausheilen, ohne OP. Jetzt hätte man sagen können: „Das Gipsbein ist doch eine gute Sache. Da kannst‘ die Ferien genießen und musst nicht arbeiten." Aber das wäre gehässig gewesen. Und das waren wir ja nicht.

Im Betrieb lief alles seinen gewohnten Gang. Gottfried und unser treuer Mitarbeiter Emil kümmerten sich intensiv um den Hof und hielten alles in bestmöglichem Zustand. Die Kinder waren im Internat und das Kochen und der Haushalt beschränkte sich auf wenige Personen. Zum ersten Mal gewann ich etwas Freiraum und konnte dafür mehr in der Landwirtschaft einspringen. Die Zuckerrüben wurden zu dieser Zeit von Hand gehackt und wir verbrachten ganze Nachmittage damit, die unendlichen Reihen rauf- und runterzulaufen auf der Jagd nach Unkraut. Das Stroh bargen wir noch lose mit Gitterwägen. In dieser Variante nahmen die Gitterwägen das gehäckselte Stroh vom Feld auf. Zuhause wurde das lose Stroh an einem im Boden versenkten Gebläse abgeladen, das das Stroh über Rohre nach oben auf den Boden beförderte. Hier benötigte man drei Personen, aber es staubte gottserbärmlich und das lose Stroh ließ sich am Boden schlecht wieder zusammenschieben. Emil pendelte zwischen Acker und Stallgebäude und ich schob das Stroh ins Gebläse. Völlig eingestaubt fragte ich beiläufig nach, ob ich zum Acker fahren und das Stroh zum Hof zurückbringen könnte. Denn die Arbeit mit dem Bulldog war meiner Meinung nach weniger beschwerlich als die Arbeit am Gebläse. Was war ich erleichtert, als wir tauschten. Mir fielen langsam die Hände davon ab, die Strohgabel zu halten.

Das Stroh war auch immer eine heikle Sache. Gottfried Junior und Walter luden Stroh vom Ladewagen ab und schoben es in der Durchfahrt zwischen Bullen- und Kälberstall ins rote Gebläse. Dann schlugen Funken aus dem Gebläse und es fing an zu rauchen. „Es brennt. Wir brauchen Wasser“ schrie Gottfried Walter zu, während er schon an den Schalter hetzte, um das Gebläse abzustellen. Walter rannte los über den Hof und suchte einen Eimer und Wasser. Jetzt muss man zwei Dinge wissen: Erstens ist höchste Gefahr, dass die Funken vom Gebläse über das Rohr in den strohgefüllten Dachboden hochschlagen und die Scheune abbrennt. Und zweitens lag kaum zwei Meter von ihnen entfernt der Wasserschlauch für den Kälberstall. Aber wer denkt in der Hektik an so was? Gottfried kühlte mit dem Wasserschlauch das Gebläse herunter. Walters Eimer war dann zum Glück nicht mehr nötig.

Das lose Stroh brachten wir mit einem Wagen heim, der einen Holzrahmen hatte und mit Pressspanplatten rundum versehen war. Der Wagen hatte keinen Lenkkranz und keine Deichsel, sondern nur so etwas wie eine Abschleppstange, die mit einem Nagel am Wagen befestigt war. Mein Sonner-Vater hatte seinerzeit den Wagen hinter dem Bulldog her am Fußballplatz vorbeigeschleppt. Was er nicht gut beherrscht hatte, das war achtsames

Bulldogfahren. Er fuhr entweder Standgas oder Vollgas. Das eine Mal war Vollgas dran. Und so war er auf dem Feldweg mit den ausgewaschenen Löchern dahingerumpelt, was das Material hergab. Dabei sprang der Nagel an der Zugstange heraus und der Wagen kam langsam zum Stehen. Nur, mein Vater fuhr eine Weile Vollgas mit dem Bulldog weiter den Feldweg hinunter. Wie hätte er bei dem ganzen Lärm und Geholper merken sollen, dass er den Wagen verloren hatte?

Aber jetzt zeichnete sich die Umstellung auf die kleinen Strohballen ab, die zuerst leicht vom Feld aufgenommen werden konnten, später von der Ballenpresse direkt auf den Wagen befördert wurden. Wir stapelten die Ballen aber immer noch säuberlich auf dem Wagen, damit mehr Ballen Platz fanden. Der erste Ballen des Tages war leicht auf dem Wagen an seine Stelle gehoben. Aber beim 300sten brannten die Arme und die Finger schon gewaltig. Dann fuhr jemand den Wagen mit einem Samthändchen vom Feld nach Hause in den Stadel. Denn auf dem Weg sollten ja keine Ballen verlorengehen. Im Stadel hievten wir sie mühevoll auf das Transportband und vom Transportband in der oberen Etage über dem Stall wieder so, dass möglichst viele hinpassten. Also waren mit dem Stroh immer alle Kinder am Dorf mit im Einsatz.
Eigentlich hätte man schon am Personaleinsatz absehen können, wohin die Entwicklung gehen würde. Heute kann man bei den großen Rundballen nichts mehr per Handarbeit ausrichten. Es wird alles maschinell mit Ballenpressen und Frontlader erledigt. Noch einfacher war es, das beim Dreschen gehäckselte Stroh gleich auf dem Feld einzuarbeiten. Aber dann blieb kein Stroh für die Tiere und man musste es wieder anders organisieren. Der Landwirt wurde darüber immer mehr zum Manager, Projektleiter, Organisator, Arrangeur. Man musste es jetzt schaffen, den Betrieb ausschließlich mit der eigenen Familie zu stemmen, also bestenfalls mit Großeltern, Eltern und Kindern, kaum mehr mit Angestellten. Viele Frauen in der Landwirtschaft entscheiden sich offensichtlich heute für einen eigenen Beruf und ein eigenes

Einkommen. Das bedeutet aber auch, dass sie kaum mehr Zeit für die Arbeit auf dem Hof übrighaben. Qualifizierte Betriebe arbeiten je nach Anteil der Handarbeit auch mit Saisonarbeitern aus dem Ausland. Aber wenige Höfe scheinen noch Lehrlinge einzuarbeiten. Was mir heute besonders auffällt ist, dass es gute Beratung gibt zu allen landwirtschaftlichen Themen, inklusive der besseren Vermarktung eigener Produkte. Gut, weil Behörden und Firmen diese Beratung recht umfangreich anbieten können; aber problematisch, weil die Landwirte zunehmend in Abhängigkeit geraten. Wenn die Forstbehörde vor 15 Jahren die Anpflanzung von Eschen propagiert hat und sich dann die Bäume doch als ungeeignet für die Region entpuppten, dann bekam man vielleicht die Weißtannen für die Neuanpflanzung quasi als Schadenersatz gestellt. Aber der Ärger und der Aufwand blieb beim Landwirt hängen, in unserem Fall also die Neuanpflanzung der Bäume. Und die fünfzehn Jahre, die das Holz nicht gut gewachsen ist, fallen umsatzmäßig auch aus. Dafür gibt es natürlich keinen Ersatz. Ich sehe also mit Sorge, dass wir weiter in die Abhängigkeit von Staat und Industrie hineinschlittern.

Die Mühlen der Gesetze mahlen langsam. Gottfried hatte bereits 1951 in Landsberg/Lech in der Ackerbauschule seine Ingenieursprüfung mit Fachrichtung Landbau mit Erfolg beendet. Der Titel hierfür wurde den etwa 50 früheren Studierenden laut Prüfungsordnung vom 29.4.1970 nachträglich verliehen. Bei einem Klassentreffen der Ehemaligen erzählten die Geduldigen, dass sie ihre Ingenieursurkunde der Fachhochschule Weihenstephan vom Bayerischen Staatsminister für Ernährung, Landwirtschaft und Forsten, Dr. Hans Eisenmann, am 16. Mai 1974 erhalten hätten, also summa summarum 23 Jahre nach ihrem Abschluss. Wenn das mal keine Leistung war. Bei der Feierlichkeit für die Ehemaligen trafen lauter gestandene Mannsbilder aufeinander, die mit beiden Beinen im Berufsleben standen. Den ganzen Abend feixten sie sich zu: „Du, auf welch interessante Stellen kunnt I‘ mi jetza bewerben, mit dem Ingenieurs-Titel?“ „Was moanst, was ich jetz‘ für an Eindruck mach‘ auf alleinstehende Frauen?“ „Do heb I jetz‘ mein‘ Monatslohn um 50 Prozent! Obwohl: Is‘ des nedd linke Tasche, rechte Tasche – bei mei’m eigenen Betrieb?“ Aber in Wirklichkeit waren die Eisernen 50 alle auch ein bisschen stolz auf sich selbst. Ich hätte mir genauso gern vorstellen mögen, wie ich für meine Wirtschaftsschule oder für meine heiße Arbeit in der Hotelküche in Augsburg einen akademischen Grad einheimse und die Urkunde an die Wand in der Essnische nagele.

37

Die äußerst gesellige, illustre Kegelrunde traf sich in den Anfängen im Gasthaus Gunzenlee in Kissing. Jeder der Kegler hatte einen anderen Beruf, andere Vorlieben und eigene Interessen. Der eine war Landwirt, der andere Angestellter, die dritte Hausfrau und die vierte hatte ein Geschäft. Die einen reisten gerne möglichst weit weg. Die anderen blieben lieber in der Region, und kümmerten sich hier aufopferungsvoll um die Sahnetorten-Szene und kannten jedes noch so versteckt gelegene Café in Hintertupfing. Und vielleicht war es gerade wegen der unterschiedlichen Erfahrungen so spannend. Auf alle Fälle einte uns das Kegeln. Bei aller Verschiedenheit der Kegler räume ich ein, dass wir zu dieser Zeit das Thema Diversität noch anders verstehen müssen als heute. Unter Diversität fielen damals höchstens unsere Heimatvertriebenen und osteuropäischen Merchinger. Frauen und Männer waren aber ohne jede gesetzliche Regelung quotenmäßig unter uns 10 bis 14 Leutchen korrekt verteilt, also zu je rund 50 Prozent. Zwei Augsburger Ehepaare verliehen der Runde ein gewisses städtisches Flair. Einen Münchner hätten wir dagegen ungern aufgenommen, denn die erschienen uns zu dogmatisch. Was uns einte, war also nicht nur der Spaß am Neuner und an den Kellerbars mit Kegelparkett. Es gab in der Runde auch keine halsstarrigen Debatten über das manchmal frustrierende Berufsleben. Jeder tolerierte des Anderen Rang und Stand. Und eine bedeutende und strategisch wichtige Person durfte nie fehlen, denn die Kegel mussten von Hand wieder aufgestellt werden: Bernd Aumiller verdiente sich als „Kegelbua“ ein paar Mark dazu. Ich kann mich nicht daran erinnern, dass wir anfangs feste Kegelzeiten eintragen mussten. Es hatte sich wohl eingebürgert, dass unsere Gruppe die Kegelbahn am Donnerstagabend übernahm. Über die Jahre machte uns diesen Termin niemand mehr streitig. Außerdem stellten wir in der Kegelrunde sicher, dass alle Geburtstage, Ernennungen, Jubiläen im Trachtenverein und Geburten von Enkelkindern angemessen gefeiert wurden, selbst wenn anderorts die Feiertradition langsam abhandenkam. Am lustigsten war's aber dann, wenn einem unserer Kegler etwas Peinliches passierte. Denn diese Geschichten wurden prämiert wie der schönste Hund beim Jahrestreffen des örtlichen Dackelzuchtvereins. So wurde der Donnerstagabend zu einem Fixpunkt im Kalender.

Auch bei unseren Familienausflügen am Sonntag hatte jede einzelne Fahrt etwas Besonderes an sich. Die Fahrt nach Berchtesgaden lohnte sich allein schon des Blickes wegen, wenn wir auf die schneebedeckten Gipfel zurollten. Dann fuhren wir ein ins Salzbergwerk und ließen für einen Nachmittag alles Über- und Allzu-Irdische hinter uns. Unsere ganze Familie sprang in die Bergmannsklamotten und saß auf dem zweiten Boggerl des Zugs auf. Wir freuten uns auf die Stollen-Sause, die ja anmutete wie ein riesiger unterirdischer Spielplatz mit Bähnchen, Rutsche, Kopf-runter und über den See. Nur Klaus konnte seine Abneigung gegen die düstere Grubenkluft und die dunkle Höhle nicht verbergen. Schon vor dem Ankleiden kullerten dicke Tränen. Er zischte verärgert: „Nein, ich verkleide mich nicht.“ Selbst beim obligatorischen Touristenfoto blieb er hartnäckig miesepetrisch mit den Mundwinkeln Richtung Boden. Bei dem ersten Kind hätte ich vielleicht noch gesagt: Dann bleiben wir halt draußen. Warten wir, bis die anderen wiederkommen. Nur, beim vierten Kind kannte man sich schon aus. Gemeinsam brachten wir den Vor-

schlag: „Klaus, setz Du Dich auf eine Bank und warte auf uns." In Wirklichkeit hätten wir ihn nie allein gelassen. Spontan schoss er heraus: „Nein, das will ich nicht, ich fahre lieber mit." Puh; wieder mal gutgegangen. Und wem hat es natürlich am meisten gefallen? Bloß aus dem Augenwinkel erkannte ich seine zuckenden Mundwinkel, wenn wir wieder in voller Fahrt um die Ecke bretterten. Zur Ehrenrettung: Klaus hielt es sehr lange durch und versuchte, seine schlechte Laune im Stollen nicht aus Versehen abzulegen. Überhaupt zeichneten sich die Familienausflüge dadurch aus, dass immer irgendwer unzufrieden war – zu lang, zu kurz, zu heiß, zu kalt, zu anstrengend, zu langweilig. Selbst bei der Fahrt gab es Ärger mit Gottfrieds Lieblingsmusik. Mein Mann schob nämlich eine schöne Volksmusikkassette in den Kassetten-Schlitz. Ernst Mosch und seine Egerländer kollidierten selbstverständlich fundamental mit den Präferenzen der hinteren Sitzreihe. Jesus Christ Superstar oder Uriah Heep: Wie spricht man das überhaupt korrekt aus? Jetzt fällt mir doch etwas ein, worauf wir uns alle einigen konnten: der Münchner im Himmel. Aber nach ungefähr dem 500sten „Zefix Halleluja" und „Dei Manna koo'st sölba sauffa!" schwenkten wir wieder zu unserem liebgewonnenen Streit um den Musikantenstadel zurück.
München baute für die Olympiade. Die Fortschritte beim monumentalen Olympiadach erlebten wir live mit. Als das Dach 1972 fertig war, wollten wir unbedingt die olympischen Spiele in den neuen Stätten verfolgen. So mischten wir uns unter die Zuschauer und sahen dem Kurzstreckenlauf zu, den Schwimmern, den Radfahrern und den Reitern. Es war für mich schon ein gewaltiger Unterschied, ob wir die Olympischen Spiele vor dem Fernseher oder unmittelbar vor Ort selbst erlebten. Außerdem war Olympia viel spannender als die Fußballspiele, wo 44 Fußballbeine nur immer hin und her rennen und die Zusammenfassung elend kurz lautete: „Das Runde muss ins Eckige." Der Leser wird besser wissen als ich, von wem dieser Spruch stammt.

Im Winter waren dagegen zwei Wochen Weihnachtsferien das Höchste der Gefühle. Eine Woche hielten wir es zuhause aus. Zumindest die zweite Woche war aber für das Skifahren reserviert. Wir hielten uns weiterhin an die selbstverordnete Regel „Wenn schon, denn schon“ und beackerten möglichst eindrucksvolle Skigebiete. „Stänten“, St. Anton, war der Ausgangspunkt für die gigantische Seilbahn von einem Berg über ein weites Tal auf den anderen Berg. Der Anblick war furchterregend und faszinierend zugleich, die Bahn ein Nonplusultra für unsere Jugend. Wir hatten uns mittlerweile so an die verschneiten Berge im Winter gewöhnt, dass uns die grünen Hänge und abweisenden Felsen im Sommer keinen Anreiz mehr boten. Im Gegenteil, ich hatte immer das Gefühl, die dunklen Berge im Sommer könnten mich erdrücken. Das passte gut zu dem Umstand, dass wir als Landwirte im Sommer gar keine ganze Woche am Stück wegfahren konnten. Ganz anders die Stimmungslage bei den strahlend weißen Hängen im Januar. Diese Freiheit, die oben am Hang unendlich weit reicht, ließ mein Herz schon höherschlagen, wenn die Skier noch keinen Meter gefahren waren.

Und um dem noch die Krone aufzusetzen, gönnten wir uns einen Skiurlaub in den französischen Alpen. Méribel und die drei Täler zogen uns magisch an. Kaum hatten wir zum ersten Mal von einer Busfahrt dahin gehört, hatten wir uns schon eingebucht. Allen war zwar klar: „Unser Klaus musste mit.“ Aber ob er eine Woche Skifahren durchhalten würde, wo er doch der Kleinste war? Im Endeffekt: Er biss sich durch. Kleine Schwierigkeiten ließen sich nicht vermeiden. So reichte sein Minigewicht nicht für die französischen Tellerlifte. Die Federspannung riss ihn beim Start einfach in die Luft. Mit erschrockenem Ausdruck unter der Skibrille klatschte er quer wieder auf die Spur und ließ sich noch ein paar Meter mitschleifen, bevor er losließ. Nächster Versuch. Tief in die Knie, vorsichtig ausgefedert, gebetet, dass er am Boden bleibt. Dann abends so viel gegessen wie möglich, um sein Kampfgewicht zu erhöhen. Diese Gewichtskontrolle funktionierte jeden

Tag besser. In einer Ziehstrecke schaffte er es mit den untaillierten Skiern nicht um die Kurve, fuhr einfach geradeaus und stürzte einen Latschenhang hinunter. Dann zog er sich an den Ästen wieder hoch, was im Overall und mit bleischweren Skiern nicht einfach war. Und wir feuerten ihn von der Hangkante mit „hopp, hopp, hopp“ an, bis wir ihn wieder auf die Piste ziehen konnten. Na ja: Nur die Harten kommen in den Garten. Die Skitage waren sonst geprägt von einer ungewöhnlichen Leichtigkeit: Pulverschnee, der nicht enden wollte; Abfahrten in Expeditionslänge; der letzte Schwung des Tages direkt auf den Balkon unseres Apartments; abends ein Weinchen zum Essen und morgens wieder vor der Haustür die Skier angeschnallt und durch die tiefverschneiten Vorgärten zum Lift. Am einen Nachmittag brach einem Miturlauber ein Bindungskopf am Ski ab. Bezeichnend, dass das dort passierte, wo wir in den drei Tälern am weitesten von unserer Unterkunft entfernt waren. Sohn Gottfried testete mit dem Kollegen aus der Gruppe, ob sie die Skier tauschen konnten. Er traute sich nämlich zu, auf nur einem Ski zurück ins Quartier zu fahren. Wie es der Zufall wollte, passte die Bindung. Gottfried machte sich also mit uns auf den Weg, ein Bein auf dem heilen Ski, den anderen Skischuh in der Luft. Die 16 Kilometer heim forderten ihren Tribut. Er legte sich nachmittags ins Bett, verschlief das Abendessen und war zum Frühstück wieder wie fast neu – ein Konditionswunder.
Mit der großen Gruppe gab es „den Lacher des Tages“ so zuverlässig wie das Amen in der Kirche und die Tagesschau im Ersten Programm. An einer Zwischenstation eines Sesselliftes fuchtelte ein Franzose wie wild mit den Armen und schrie etwas Unverständliches. Zu spät realisierte unser Skifreund, dass seine Stöcke unter dem Sessel herabhingen und an der Aussteige-Rampe hängenbleiben würden. Knack. Dann hatte er nur noch zwei halbe Stöcke.
Am Abend erklärte sich Gottfried freundlicherweise bereit, einem aus unserer Gruppe beim abendlichen Bad den Rücken zu schrubben und verwendete statt der normalen Badebürste einen Putz-

schrubber, den ihm die Zimmergenossen aus der Besenkammer besorgt hatten. Das Geschrei des Gepeinigten war den ganzen Gang hinunter zu hören.
Einer der Skifahrer raste auf der gut einsehbaren Piste in eine Absperrung. Mit der Absperrschnur um die Beine riss er die Begrenzungspflöcke aus dem Schnee. Schnur und Pflöcke pfiffen dreimal um seine Hüfte herum und er blieb gefesselt wie ein Schwerverbrecher im nächsten Schneehaufen stecken.
Auf dem Weg ins Restaurant „Kiki“ bewunderte Klaus die rustikale Dekoration, vor allem die Puppe eines kanadischen Trappers mit Biberfellmütze oben an der Treppe, die hinunter ins Restaurant führte. Am Treppenabsatz drehte die vermeintliche Puppe den Kopf, grinste Klaus breit an und wünschte in sonorer Stimme „Bonsoir“. Kein Wunder, dass Klaus einen Satz machte und vor Schreck fast die Treppe hinuntergestürzt wäre.
Wenn man gemütlich eingeklemmt beim Essen sitzt und den Rotwein im kleinen Glas nachgeschenkt bekommt, dann macht Kleinvieh auch Mist. Als mein Mann nämlich nach zwei Stunden wieder vom Essen aufstehen wollte, war es vorbei mit dem Gleichgewicht. Die eh schon schmale Treppe zum Ausgang entpuppte sich für ihn als Nadelöhr. Der erste Anlauf schlug im Geländer fehl. Beim zweiten Anlauf schaffte er es die Treppe hinauf.

38

Maria absolvierte nach ihrem Abitur ein dreieinhalb-monatiges Praktikum bei der Kreisbäuerin Therese Tremmel in Rieden und besuchte dann einen Monat die Hauswirtschaftsschule in Friedberg, bis sie die Zusage für einen Studienplatz der Ökotrophologie in Weihenstephan erhielt. Nach dem Studium zog sie nach Hessen. Sohn Gottfried durchlief nach dem Internat in Donauwörth einen Teil seiner Ausbildung bis 1976 auf dem Lehrbetrieb Reichertsweilerhof bei Familie Strehle. Und damit hatte das Lernen für seinen Beruf noch lange kein Ende. Von 1976 bis ´78

besuchte er die Landwirtschaftsschule in Friedberg. Nach Strehles war er zum Glück wieder ganz auf unserem Hof und übernahm auch die Arbeiten, die mein Mann gar so gerne an Handwerker vergab. Ich meine, dass das schon sehr praktisch war, weil Sohn Gottfried außer allem Landwirtschaftlichen auch noch schweißen konnte, Wasserleitungen verlegen, Mechanik und Elektrik ein- und umbauen und Häuser renovieren. Aber da kann ich jetzt wirklich nicht alles aufzählen. Das glaubt mir ja kaum einer. Und nicht zuletzt saß er sogar sechs Jahre im Gemeinderat. So etwas nennt sich heute Serienunternehmer. Ich selbst scheute keine Arbeit und sprang überall auf dem Hof ein, wo sprichwörtlich Not am Mann war. Die schwere Arbeit blieb für Gottfried Senior, Gottfried Junior und Emil, die leichtere zum Glück für mich.
Klaus äußerte sich in der vierten Klasse sehr klar, was er sich für seinen weiteren Schulwerdegang wünschte. Nach den Ferien ging er nach Mindelheim ins Maristenkolleg. Das war wieder mal ein deprimierender Tag. Jetzt zog auch er vom warmen Nest fort in die Ferne. Ganz unerwartet war dieser Entschluss nicht. Denn bei uns in der Familie gab es schon über einige Jahre am Sonntagnachmittag einen Abreiseverkehr. Am Freitagnachmittag trudelten dann alle wieder zuhause ein. Dieses Wegfahren und Wiederankommen war zu einem gewissen Ritual geworden. Auch Klaus schien das als eine Normalität zu betrachten. Manchmal fuhren wir sogar zweimal pro Woche nach Mindelheim, eine Stunde einfacher Weg, um Kinder abzuliefern oder wieder abzuholen. Im einfachsten Fall kamen die Kinder per Bahn, liefen die paar Meter vom Bahnhof die Obermühlstraße entlang, traten mit Hallo durch die Tür und schmissen ihre schmutzige Wäsche in die Waschküche. Damit war für mich das Wochenend-Programm festgelegt: Wäsche waschen, bügeln, ausbessern, alles wieder für die nächsten fünf Tage in Ordnung bringen. Wenigstens kann ich mich nicht an Elternabende oder ähnliche Veranstaltungen erinnern. Hatten wir dazu nur keine Zeit? Oder gab es die damals im Internat nicht? Als Helikoptereltern hätten wir kaum getaugt.

Während Walter mit seinen 18 Jahren zuletzt sogar ein eigenes Zimmer außerhalb des Internats anmietete, kam Klaus in der achten Klasse eines Tages nonchalant zu mir und kündigte an: „Das reicht jetzt mit dem Internat. Ich gehe nach den Ferien nach Augsburg in die Schule". Und ich sollte das jetzt bitte organisieren. Was man einem Nesthäkchen alles durchgehen ließ! Also setzte ich mich ins Auto und fuhr zum Rudolf-Diesel-Gymnasium in Augsburg-Hochzoll. Vor der Tür des Direktors war ich etwas angespannt. Denn meine Aufgabe war es, den Herrn zu überreden, Klaus als Schüler aufzunehmen, obwohl in diesem Schuljahr überhaupt kein Schüler aus dem Landkreis Aichach-Friedberg auf die Augsburger Schule durfte. Das war wieder mal eine dieser Aufgaben, bei denen ich eigentlich nur verlieren konnte und irgendjemanden unglücklich machte. Ein äußerst sympathischer älterer Herr öffnete mir die Tür und mir fiel der erste Stein vom Herzen. Er hörte sich mein Anliegen aufmerksam an. Er reagierte sogar mit wohlwollendem Verständnis, denn ich übertrieb die Geschichte mit der ach so harten Internatszeit von Klaus ein wenig. Der Bub sollte doch nicht auch noch die Härten einer langen Anfahrt ins Gymnasium im Landkreis auferlegt bekommen. Quasi: Tränendrüse; und das arme Kind und so weiter. Dabei hatte er es von allen Kindern im Internat am leichtesten gehabt. Gymnasium in Hochzoll hieß, einmal Zug ohne Umsteigen mit einem nur kurzen Fußweg und dann auch noch nahe zur attraktiven Augsburger Innenstadt. Der Direktor rang mir das Versprechen ab, dass weder Klaus noch ich bis zu seinem Abitur ein Wörtchen verlieren durften über die unerlaubte Schulwahl. Das versprach ich selbstverständlich und daran hielten wir uns auch. Ein schöner Nebeneffekt: Ab September lebte Klaus wieder unter unserem Dach. Aber als ein typisch überbeschäftigter Teenager bekamen wir ihn trotzdem kaum zu Gesicht, weil er immer unterwegs war. Und sein Notenschnitt stürzte auch gleich ab. Hätte ich ihm den Noten-Tauchgang vorher prophezeit, hätte er das als „Schmarrn" abgetan und den Gedanken an Schulprobleme wie eine lästige Fliege verjagt. Ein bisschen durfte ich mich dabei schon wie das Familienorakel fühlen. Beim letzten Kind muss man nicht mehr alles auskämpfen. Und außerdem hieß es ja: „Wer nix wird, wird Wirt. Und wer gar nix wird, wird Wirt in Fürth“.

„Jede gute Party endet in der Küche.“ „Stopp. Das stimmt nicht“ möchte ich dagegenhalten. Bei uns war es nämlich die Speisekammer. Ich würde gerne eine Studie über bayrische Speisekammern anfertigen lassen, aber ich kenne das Ergebnis schon vorneweg. Die bayrische Speisekammer liegt idealerweise hinter dicken Mauern auf der Nordseite des Gebäudes mit einem kleinen Rauchglasfenster und direkt neben der Küche. Die bayrische Speisekammer ist vielleicht Teil der früheren Milchküche, wurde räumlich in den `50ern oder `60ern abgetrennt und ist schlauchartig mit vier bis acht Quadratmetern Grundfläche. Sie hat rechts und links Holzregale bis unter die Decke. Die Grundausstattung waren Weckgläser mit den roten Weckgummis, ein Kühlschrank, eine zuerst handbetriebene, dann elektrische Brotschneidemaschine und unten links auf dem kalten Fließenboden zwei Kästen Bier, ein Kasten gelbe Limo und ein Kasten weiße Limo für das Radler.
Die Weinflaschen standen oben auf dem mannshohen Kühlschrank, von wo sie Klaus im Grundschulalter herunterfischte und die Reste austrank. Das bekam ihm nicht gut. Direkt rechts daneben bekam er seinen Finger in die Brotschneidemaschine und schnitt ihn halb durch, natürlich trotz genauer Einweisung. Maria hat dann die Brotschneidemaschine demontiert und den Finger gerettet, wie man es sonst von der Feuerwehr in der Zeitung las, wenn sie jemand aus dem Auto schneiden musste. Die Speisekammer war auch der Platz, wo die meisten Scherben im ganzen Haushalt produziert wurden. Wenn es die kristallene Kuchenplatte von hier ohne Bruch aus dem Regal schaffte, dann klappte der restliche Weg bis zum Wohnzimmertisch meistens genauso. Manchmal halt nicht. Wett-Essen hatten in der Speis‘ ihren Ausgangspunkt genommen, wenn Zwetschenknödel im mittleren zweistelligen Bereich verdrückt wurden. Oder wenn ein

ganzer Kuchen am Sonntag gerade für Gottfried und Walter reichte und alle anderen sich ein Stück vom zweiten Kuchen nehmen mussten. In der Speisekammer lagerten auch die großen Eierkartons. Lag eine kleine Wochenend-Zusammenkunft oder gar eine Feier vor uns, dann zählten wir die Eier „dreißig aufwärts“. Unter dreißig Eiern brauchten wir mit dem Backen kaum anfangen. Eine Sechser-Schachtel Eier wäre mit einem Schulterzucken bedacht worden: „Was soll ′mer jetzt damit?“ Also musste in der Speisekammer auch Platz sein, um mindestens fünf Kuchen zwischenzuparken. Nur für den Fall, dass spontan jemand vorbeischaute oder der Nachbar heiratete. Zwei Bleche Zwetschgendatschi waren allein schon nötig, wenn sich eine Exkursion der Gymnasiastinnen von den Englischen Fräulein in Augsburg angekündigt hatte. Oder wenn Klaus ein paar Freunde mitbrachte. Er wäre nie auf die Idee gekommen, Besuch anzukündigen. Weshalb auch? Es gab ja immer etwas zu Essen. So war das mit der bayrischen Gastfreundschaft und der dazugehörigen Speisekammer. Zuletzt stand in der Abizeitung von Klaus unter seinem Profil ein großes Kompliment an ihn und an mich: „Super-Bauer mit wohlgefüllter Speisekammer.“ Oder war das doch nur ein Kompliment an mich?

39

Über das Jahr 1978, in dem Walter seinen Führerschein erwarb, und über die darauffolgenden Jahre gibt es einiges zu berichten. Wir waren anfangs der Meinung, nun, da die Kinder erwachsen werden, kümmern sie sich um ihre eigenen Belange und bei meinem Mann und mir kehrt wieder Ruhe ein. Aber so war das leider nicht. Walter bestand den Führerschein für Auto und Motorrad in Mindelheim am Anfang einer Woche im November. Für ihn war die Prüfung eine leichte Sache, denn wir hatten auf den Feldwegen zwischen unseren Feldern alles geübt, was zum Überleben im Straßenverkehr notwendig war. Zu dieser Zeit war noch kein

Fahrlehrer überrascht, wenn ein neuer Fahrschüler zum ersten Mal in sein Auto stieg, ohne weitere Erläuterung den Wagen startete, den ersten Gang einlegte, blinkte und vom Hof auf die Straße fuhr. Denn viele waren vorher jahrelang zur Ernte Bulldog gefahren und hatten auf den Feldwegen Auto- und Mopedfahren gelernt. Die Prüfung war also bestanden, doch der Schein konnte erst am Freitag in unserem Heimatkreis abgeholt werden, also in Friedberg. Ich bekam daher den Auftrag, den Führerschein unbedingt noch in der gleichen Woche abzuholen. Er würde dringend gebraucht werden. Ich hatte den Eindruck, dass die Hütte brennt und der Führerschein zum Löschen nötig war. Was hätten andere Mütter in meiner Situation gemacht? Dasselbe wie ich. Ich hetzte nach Friedberg, erreichte fünf Minuten vor Büroschluss die Zulassungsstelle und übergab ein paar Stunden später das Dokument einem freudestrahlenden Jungen. Er fasste das Papier mit einer Ehrfurcht an, wie wenn er einen Flugschein für einen Jumbojet in Händen hielte. Mein Stiefvater entschloss sich zur gleichen Zeit im Alter von 72 Jahren mit dem Autofahren aufzuhören und schenkte seinem Enkel seinen VW Käfer.

Zwei Tage darauf starteten Walter und Klaus zur ersten eigenen Autofahrt nach Mindelheim ins Internat. Kaum war eine Stunde verstrichen, meldete sich der Präfekt: „Wo sind denn die Buben von Familie Wecker? …jedenfalls nicht im Internat.“ Das ging ja gleich gut los! Ach Gott, hatte ich ein schlechtes Gewissen! Hätte ich doch den Führerschein nicht gleich besorgt! Schlimme Gedanken schwirrten durch meinen Kopf. Da kam endlich der Anruf: „Uns geht es gut. Beim Auto ist die Lichtmaschine defekt. Wir haben es bei Buchloe von der Straße geschoben.“

Wo wir grade beim Thema Aufregung sind, muss ich kurz erzählen, was dieser Käfer zuvor alles mitgemacht hatte. Mein Stiefvater hatte nämlich nicht nur eine merkwürdige Art Bulldog zu fahren, sondern auch Auto, vor allen Dingen nach Augsburg hinein. Auf dem Hof fuhr er eigentlich ganz normal los. In Merching bog er auf die B2 Richtung Augsburg. Auf freier Bundesstraße zwischen den Ortschaften hielt er penetrant 50 Stundenkilometer ein und wurde dafür von quasi jedem mit Flüchen bedacht, der ihn überholte. Und wirklich jeder überholte ihn; außer vielleicht einem Pferdefuhrwerk oder einem alten Traktor mit Anhänger. Sobald er in Hochzoll das Ortsschild von Augsburg passierte, gab er Gas und fuhr dann die Friedberger Straße mit 70 Sachen Richtung Zentrum, überholte auf der vierspurigen Straße links oder rechts, so dass er auf keinen Fall bremsen musste. Und beim Vorbeifahren beschimpfte er nun jedes Auto, das vorschriftsmäßig 50 fuhr. Als Beifahrerin brauchte ich bei diesem Spektakel eine halbe Stunde lang kein Wort zu sagen. Die Fahrt war mit Beschimpftwerden und Zurückmotzen völlig ausgefüllt. Retour das Gleiche.

Walter durfte mit seinem Motorradführerschein gleich alle Motorräder fahren, also auch schweres Gerät. Sein Bruder Gottfried besaß diese Höllenmaschine, eine 1000er BMW. Der Reiz, dieses Ding einmal fahren zu dürfen, steigerte sich ins Unermessliche. So schielte Walter von Wochenende zu Wochenende mehr auf die Maschine. Ein Klassenkamerad aus dem Maristenkolleg war mitgekommen, um das Gefährt mit klassischem Boxermotor zu besichtigen. Eine kleine Runde in der näheren Umgebung war bald drin. Auf dem Weg mit dem Motorrad zum Internat nahm ihnen in Mindelheim ein Auto die Vorfahrt. Die erste Nachricht war: Es kam offensichtlich zu einem folgenschweren Unfall. Wir erfuhren erst Details, als vom Krankenhaus Mindelheim telefonisch die schreckliche Nachricht eines Arztes kam: Walter war mit einem angebrochenen Lendenwirbel eingeliefert worden. Ich empfand das als furchtbaren Schock. So viele kleinere und größere Unfälle waren auf dem Hof am Ende gut ausgegangen. Und nun wurde ich an den Motorradunfall meines Vaters erinnert. Mein Vater hatte rund ein Jahr lang herumlaboriert, bis er einigermaßen wiederhergestellt war. So schön Motorräder waren und so gern ich mitgefahren war auf der Horex meines Mannes und auf jedem neuen Zweirad unserer Kinder, so wenig Knautschzone hatten sie. Erst nach Wochen im Krankenhaus wurde bei Walter zweifelsfrei eine Querschnittlähmung ausgeschlossen. Allein die Vorstellung, dass er zeitlebens an den Rollstuhl gefesselt sein könnte, schnürte mir die Luft ab. Dann kamen weitere Wochen voller Hoffen und Bangen, bis endlich klar war: Er hatte es geschafft. Das war selbst noch schlimm anzusehen, als ihn nach Wochen der Bettruhe im Krankenhaus seine Beine nicht mehr trugen und er wegen des Muskelabbaus das Laufen wieder lernen musste. Wieder einmal hatte er sich als körperliche Kämpfernatur erwiesen.

Die Jugend lernt und paukt heute, was das Zeug hält. Überall werden Mittelschulen und Gymnasien gebaut oder wenigstens erweitert. In vielen bayrischen Städten hat die Innovationsinitiative dazu geführt, dass neue Lehrstühle, Universitäten und FHs gegründet wurden. Und die Erwachsenenbildung ist zu neuen Rekorden gelangt. Die jungen Leute sind zielstrebig wie lange nicht mehr. Aus heutiger Sicht liegt die berühmt-berüchtigte Null-Bock-Generation lange zurück. Aber in den ´80ern empfand ich das vielleicht als eine unangenehme und anstrengende Zeit für uns Eltern. Mit einem Bein standen wir voll in der antiautoritären Erziehung, mit dem anderen Bein noch in unserer eigenen Erfahrungswelt mit Disziplin, Anstand und Gehorsam. Ich möchte sagen: Die beiden Beine machten einen Spagat. Und dann wurden sie weiter auseinandergezogen, wie auf der sprichwörtlichen Streckbank. In den ´80ern wurden noch zweierlei Bücher zum Thema Erziehung verkauft, welche, die noch Prinzipien aus der Mitte des Jahrhunderts propagierten und im gleichen Regal solche, die die neuesten Erziehungsmethoden aus Flower-Power-Amerika anpriesen. Zum Glück lasen wir keines dieser Bücher. Ich bezweifelte, dass unsere Erziehungsmethoden dadurch besser geworden wären. Na ja, alles eine Frage der Perspektive, dachten mein Mann und ich. Während er sich aber über die Langhaarfrisuren der Jüngeren in der Kirche aufrichtig ärgerte, dachte ich nur: „Wer ko‘, der ko‘." Mit einer Glatze wie der meines Mannes konnte man als Mann mittleren Alters schon neidisch werden auf die schulterlangen, gewellten Haarmatten der jüngeren Mannsbilder. Aber auch die werden von selbst älter, und das Haupthaar lichtete sich auch bei ihnen: quasi ausgleichende Gerechtigkeit. Walter machte sein Abitur. Die Zeugnisverleihung und Abifeier stand an. Wir ahnten Schlimmes, machten dennoch den Vorstoß: Anzug kaufen, natürlich mit Krawatte. „Ja von wegen: Ich will keinen Anzug und erst recht keine Krawatte“, war seine zeitgemäße Antwort. Zu unser aller Ehrenrettung muss ich gestehen, dass wir doch noch einen Cordanzug gefunden haben, allerdings ohne Krawatte. Wir handelten das als kleinsten gemeinsamen Nenner aus. Ob es ihm im Cord wohl war, war eine andere Frage. Denn zwischen angesagt und spießig verlief nur eine hauchdünne Grenzlinie. Oder auch nicht; denn dann war man mit der gleichen Kleidung für die einen hipp und für die anderen flopp. Wie konnte man sich in Erwartung von Schlabberanzügen und „Langhoaradden“ (Langhaarige) überhaupt auf eine Abiturfeier freuen? Zuhause war eine Abstimmung zwischen Vater und Sohn im Gange, die man nicht harmonisch nennen konnte. Der Knüller kam aber erst in der Kirche in Mindelheim. Wir hatten unseren Sohn doch aus gutem Grund in eine kirchlich geprägte Schule geschickt, nämlich damit die Kerle Anstand lernten und eine aufrechte Haltung – körperlich wie mental. Und nun lümmelten die Abiturienten mit Jeans in den Kirchenbänken, schräg, fast liegend. So kauerten sie teilnahmslos in der Messe, wie wenn vor lauter Langeweile die Zeit stehengeblieben wäre. Für einen Großteil der Eltern ein trauriger Anblick: Was war nur schiefgelaufen? So hatten wir uns die antiautoritäre Erziehung nicht vorgestellt. Am liebsten wäre uns gewesen, wir erziehen antiautoritär und die Kinder machen danach alles genau so, wie wir uns das wünschten, also wie früher. Man erkennt hier leicht unseren damaligen Denkfehler. Jedenfalls hing Walters Anzug lange Zeit nach dem feierlichen Anlass noch wie neu im Schrank. Es gab dann nämlich keine Gelegenheit mehr, ihn zu tragen.

Statt mit seinem Cordanzug zu gediegenen Tanzveranstaltungen zu gehen, überraschte uns Walter nach den anstrengenden Feiern

zum Abitur mit einem ambitionierten Vorhaben. Er verreiste mit Rucksack für ein Vierteljahr nach Indien. Bis 1980 war es an uns vorübergegangen, dass man neuerdings einen Riesen-Rucksack mit Reiseausstattung von Därr oder Lauche & Maas packte, damit irgendwo auf einem fremden Kontinent untertauchte und seine Freiheit inmitten unbekannter Kulturen genoss. Mein Mann und ich schauten uns etwas hilflos an, beschlossen aber, momentan keinen Kommentar zu seinem Plan abzugeben. Walter war ja volljährig und selbständig, so dass man ihn kaum umstimmen hätte können. Als wir auf der Aussichtsterrasse in Riem standen und der Lufthansamaschine nachwinkten, fühlten wir uns alleingelassen. In Wirklichkeit war doch Walter einsam unterwegs und nicht wir. Jedes Mal, wenn Gottfried und ich später eine Reise ab München Riem buchten, kam uns die Erinnerung an Walters Alleintrip nach Indien ins Gedächtnis. Später berichtete er, dass die Maschine in München noch nicht mal abgehoben hatte, da hatte er schon ein paar andere Reisespezialisten in der Maschine kennengelernt und sich keine Minute allein gefühlt. Erst als uns exotische Kartengrüße erreichten, ließ unsere Anspannung nach, und wir konnten wieder aufatmen. Ich konnte nicht recht begreifen, dass es ihm dort einfach gutging. Mir selbst fehlte noch jegliche Vorstellung davon, wie man in Indien herumreisen und durch das Tadj Mahal spazieren konnte. Aber klar: Ich brauchte nur jemanden, der mir zeigte, dass es geht. Und inzwischen waren es die Kinder, die uns zeigten, wie es funktionierte. Vielleicht würde ich so eine Reise irgendwann selbst unternehmen.
Nochmal zum Thema Einsamkeit in der Ferne: In Indien gab es zu der Zeit rund 700 Millionen Menschen. Oder waren es doch bereits 900. Allein war Walter dort vermutlich nie. Außerdem traf er in einem Zug in der indischen Provinz zufällig einen Bekannten aus unserem Ort, einen von Blanks Buben, der ebenfalls allein durch die Gegend zog.

Am 1. Januar 1979 feierten wir den 50. Geburtstag meines Mannes. Zu dieser Zeit fingen die runden und größeren Geburtstagsfeiern erst mit dem 50. an. Ein 30er oder 40er war eine kleinere Angelegenheit gewesen, vielleicht weil es von früher her unüblich war und weil man sich ein bayerisches Gelage mit Braten, Blasmusik und Sahnetorte aushäusig noch nicht hat leisten können. Das Datum war gesetzt. Der Ort war klar bei uns zuhause. Die Gästeliste umfasste streng nach Feierfreudigkeit alle Freunde unseres Kegelklubs. Das Essen, ein Fondue nach französischer Art, wussten die Gourmetbrüder und –schwestern zu schätzen. Wir hatten Fondue kurz zuvor beim Skifahren in Frankreich kennengelernt. Bei uns wurden nun Soßen verfeinert, neue Rezepte angemischt, die wir uns selbst ausgedacht hatten, von Amaretto über Knoblauch, Dill bis zur Walnusssoße. Am meisten war übrigens die Knoblauchsoße gefragt. Augenscheinlich gab es damit für niemanden ein Problem. Wir knofelten ja gottserbärmlich. Die Polizei hätte uns alle verhaftet, so beißend war der Dunst in unserer Essnische und so eng ging es zu wie in einer Sardinenbüchse mit Jesus am Kreuz.

Fleischfondue (für 4 Personen)

Zutaten:

1 l Sonnenblumenöl

1200 g Fonduefleisch vom Metzger in Würfel von ca. 2 x 2 cm schneiden lassen oder das Fleisch ohne Haut selbst schneiden

Grundrezept für die Soßen

2 Becher Schmand oder Sauerrahm

1 kleines Glas Mayonnaise

1 TL Zucker

¼ - ½ TL Salz

2 TL Essig

Grundsoße verfeinern mit
Knoblauchzehen sehr fein gehobelt
Senf, Essiggürkchen, 1 hartgekochtes Ei
gemahlene Nüsse, Marmelade (z. B. Preiselbeermarmelade)
Kokosraspel oder Kokosmilch
<u>als Beilage</u>
2 Baguettes
1 Glas Perlzwiebel, Oliven, Essiggurken, Cornichons, Paprika, Mixed Pickles, Sauerkirschen
Birnen, Melonen, Ananas, Mandarinen, Aprikosen, Pfirsiche aus dem Glas

<u>Zubereitung:</u>
1 l Sonnenblumenöl kommt in den Fonduetopf. Zur Geschmacksverbesserung kann man in ein Teeei etwas Lorbeer, Rosmarin, Basilikum und Thymian geben. Das Öl wird am Herd erhitzt, die Gewürze entfernt. Den vorbereiteten Rechaud anzünden und den Fonduetopf mit dem heißen Öl draufstellen.
Das geschnittene Fleisch auf Fonduegabeln in das heiße Fett halten, dabei den Gargrad selbst bestimmen. Es ist ratsam, nicht zu viele Stücke in das Öl zu halten, da es sonst abkühlt und der Saft aus dem Fleisch tritt.

Zubereitung der Soße:
Sauerrahm schaumig rühren. Alle anderen Zutaten zugeben und abschmecken. Die Grundsauce in verschiedenen Geschmacksrichtungen verwenden. Auf verschiedene Schälchen verteilen.
Knoblauchsoße
Für die Knoblauchsauce Knoblauch durch die Presse drücken, fein raspeln oder fein würfeln und mit einer Gabel nochmals zerdrücken. In die Grundsoße rühren. Keine Termine für den nächsten Tag planen.
Meerrettichsoße
Fein geriebenen Meerrettich in die Grundsoße einrühren.

Eiersoße
Ein fest gekochtes Ei und Essiggürkchen in sehr kleine Würfelchen schneiden, etwas Senf dazugeben und 1 Prise Suppenwürze. Alles in die Grundsoße einrühren.
Nusssoße
In die Grundsoße gemahlene Walnüsse und Preiselbeermarmelade mischen.
Kokossoße
In die Grundsoße Kokosraspel oder Kokosmilch und Johannisbeermarmelade einrühren.
Currysoße
Die Grundsoße mit 2 TL Currypulver und etwas geriebenem Apfel anreichern.
Kunterbunte Soße
Grundsoße, 150 g Kräuterfrischkäse, 1 hart gekochtes Ei, Essiggürkchen und 1 Paprikaschote würfeln, Dill, Petersilie, Schnittlauch klein schneiden. Alles zusammenmischen und pikant abschmecken.

Am nächsten Tag gibt es mit allen übrig gebliebenen Resten ein Fleischgericht mit heißer Allerleisoße; schmeckt prima. Dazu werden als Beilage Reis, Salzkartoffeln oder die übrig gebliebenen Baguettescheiben gereicht.

40

Im Alter von 47 Jahren, eine Weile vor meiner Gallenoperation, hatte mich unser Orthopäde zum ersten Mal zur Kur nach Bad Füssing geschickt. Damals hieß es bei der Krankenkasse noch: Ein guter Kurerfolg ergibt sich erst nach vier Wochen; ansonsten ist kein anhaltendes Resultat gewährleistet. In Abständen von je drei Jahren sollte es eine Wiederholung für mich geben. Probieren wir es halt mal. Tatsächlich hat es mir richtig viel gebracht. Eigentlich gehörte die schwere Arbeit in der Landwirtschaft langsam der Vergangenheit an. Wir Landwirte waren in der glücklichen Lage, dass zwischenzeitlich Dorf- und Betriebshelferinnen immer unkompliziert erbeten werden konnten. Was hatte sich Mutti noch Sorgen gemacht, wenn eine Person am Hof ausgefallen war und die Arbeit auf Andere verteilt werden musste, vorausgesetzt die Arbeit konnte überhaupt jemand anderer sinnvoll erledigen. Nach einer ersten Skepsis – man denkt ja, man sei zuhause unersetzlich – erlebte ich die Kur recht unbeschwert. Na hoffentlich waren die Dorfhelferinnen nicht zu gut, denn ich wollte mir anschließend auch kein Gemecker über meine Kochkünste anhören müssen. Bekamen die jungen Damen dafür eigentlich auch ein Seminar, wie man die Bäuerin nicht übertrumpfte? Jedenfalls beschränkte sich die Unterstützung ja nicht nur auf die Dorfhelferinnen. Ein Landwirt auf Kur konnte sich vorübergehend von einem anderen Landwirt vertreten lassen.

Neben den Dorfhelfern galt beim Maschinenring auch der Grundgedanke, sich Maschinen zu teilen. Das waren unter anderem Mähdrescher, in der Nachkriegszeit eine Attraktion wie das Riesenrad auf dem Jahrmarkt, oder Rübenvollernter. Am Schluss lief von der Ernte bis zum Abtransport in die Zuckerrübenfabrik alles wie am Schnürchen. Eine exakte Planung leitete die Fahrer zum richtigen Zeitpunkt an den richtigen Ort. Die Schwierigkeit lag dabei darin, dass sich alles in der freien Natur abspielt, also vom Wetter abhängt. Früher zog sich die Zuckerrübenernte von September bis zum Dezember und in Ausnahmefällen sogar bis Januar, wenn es eine gute Ernte gab. Der Arbeitseinsatz hat sich für den einzelnen Landwirt bis heute rapide reduziert; wir reden bei der Ernte von Tagen statt von Monaten.

Nach langer Vorrede: Für meine Kur baten wir also um eine Dorfhelferin. Das wurde uns auch gleich genehmigt. Und im Kurheim Diana in Bad Füssing tummelte ich mich unter Landwirten, denn die sind im Winter die Hauptklientel. Bis zur Therme war es zu Fuß nur ein Katzensprung. Das gestaltete sich alles sehr einfach. Und schon ging es los mit einem Anwendungsplan, der prall gefüllt war. Die Wasser-, Luft-, Schlamm- und Salzanwendungen gönnten mir bald keine Verschnaufpause mehr.

Wie schnell es von Freud auf Leid umschwenken konnte, musste auch ich erfahren. Nach etlichen Arztbesuchen stellten die Mediziner fest, dass eine Entfernung der Gallenblase ratsam war. Doktor Littich in Mering, ein Arzt mit viel Erfahrung in diesem Bereich, riet mir ebenfalls zu diesem Eingriff. Aber wie soll ich sagen: Was waren die Risiken für einen solchen Eingriff? Und waren die medizinischen Erfahrungen schon so weit gediehen? Dagegen stand, dass die Gallenblase in Bälde ohne Vorwarnung durchbrechen konnte. Dann wäre ich ein echter Notfall gewesen. Eine punktgenaue Zertrümmerung der Steine war damals noch kein Thema. Also musste ich mich entscheiden. Ich erinnere mich genau an den Ort, an dem ich gestanden bin, als ich mich zur Operation durchgerungen habe, draußen in der freien Natur mit den Feldern um mich herum. Wenn schon, dann möglichst schnell. Ich bekam auch gleich einen Termin und legte mich unter das Messer, wie man so schön sagt. Wie bei einem Kind, dem man den ausgefallenen Zahn in einem Säckchen zum Aufbewahren gibt, so bekam ich nach der OP meinen hübschen Gallenstein überreicht. In gelöster Stimmung alberte ich nach der OP mit meinem Mann herum, überlegte den Stein fassen zu lassen. So schön hat er geglänzt. Auf diese Weise konnte man sehr persönliche Schmuckstücke kreieren, die es wirklich nur einmal auf der Welt gibt. Dieses glitzernde Requisit von Gallenstein habe ich tatsächlich lange Zeit aufgehoben. Eines Tages fiel es doch einem Wegwerfanfall zum Opfer, nachdem ich mich mental davon verabschiedet hatte. Von der OP noch etwas geschwächt, empfahl mir der Arzt einen vierwöchigen Kuraufenthalt in Bad Bocklett. Das Kurheim lag sehr idyllisch und einsam am steilen Hang. So fand ich hier genug Ruhe und gleichzeitig drüben in Bad Kissingen alle Annehmlichkeiten des städtischen Schaufenster-Shopping. Unwillkürlich kam mir Mutti wieder in den Sinn. Sie hatte zwanzig Jahre zuvor bei ihrer ersten Kur endlich Zeit für sich gefunden, mit einem gewissen Abstand auf ihr bisheriges Leben zurückzuschauen und sich von den Strapazen zu erholen.

Manches Mal fiel es mir schwer, mit einer schleichenden Veränderung zurechtzukommen. Da findet man den besten Zeitpunkt nicht, wann man eine klare Entscheidung treffen und etwas ändern muss. Und selbst wenn wir ein Gespür dafür hatten, dann verloren die Belange von uns Eltern zunehmend an Bedeutung bei den eigenen Entscheidungen der Kinder. Ich hatte den Eindruck, ich müsste mich in Zurückhaltung üben, wo es vorher auf meine klare Meinung und unsere schnelle Entscheidung angekommen war. Allzu gut konnte ich mich noch daran erinnern, wie mein Mann und ich meine Eltern mit dem Umbau vor den Kopf gestoßen hatten. Auch wir waren gut ausgebildet und ambitioniert und wollten mit dem Kopf durch die Wand. Und auch wir hatten in jungen Jahren unsere Fehler gemacht mangels Erfahrung, und hatten unser Lehrgeld bezahlt. Dabei waren in den 80ern die Rollen in der älteren Generation noch sehr klar zwischen Haushalt und Landwirtschaft aufgeteilt. Manchen Fehler im Haushalt und bei der Kindererziehung machte ich also noch ganz allein. Mit dem Ärger durfte ich dann auch allein wieder zurechtkommen. Da wäre es leichter gewesen, wenn mein Mann hin und wieder ein Machtwort gesprochen hätte. Im Gegenzug hatte er wiederum seine eigenen Problemchen auf dem Hof. Zum Glück wird die heutige Männergeneration mehr in die Erziehungsrolle eingebunden. Und auch schön, dass die Frauen heutzutage die Arbeitswelt besser verstehen und ihre eigenen Erfahrungen einbringen. Da muss keiner mehr mit seinen Entscheidungen allein dastehen. Jedenfalls war ich sehr dankbar dafür, dass keines der Kinder auf die schiefe Bahn geraten ist, sondern dass alle zu rechtschaffenen und fleißigen Menschen gerieten.

Das war jetzt vielleicht ein ernsthafter Ausflug in meine Gefühlswelt! Daher schlage ich vor, dass alle Eltern zur Geburt des ersten Kindes ein Qualitätszertifikat bekommen, das für alle Zeiten zusichert, dass aus den Kindern was g'scheits wird. Dann würde es sich für die Eltern gleich viel unbeschwerter anfühlen, Fehler zu machen. Denn: Am Ende ist eh alles gut.

41

Nach der Ernte 1979 unternahmen wir zum ersten Mal im Leben eine längere Reise während der Sommermonate. Wir fuhren mit dem Bus über den rumpeligen Autoput drei Tage zwischen endlosen Sonnenblumen- und Maisfeldern durch Jugoslawien nach Griechenland und klapperten voller Wissensdurst die antiken Stätten in der Wiege unserer Kultur ab. Zwischen vielen alten Steinen und dem tiefen Atem der Geschichte besuchten wir auch einen Friedhof in der Nähe der Meteoraklöster. Den Friedhof zierten aufwendige schmiedeeiserne Kreuze und reich gearbeitete Grabeinfassungen. Zwei stämmige Frauen marschierten unbeeindruckt von der Aufmerksamkeit einer deutschen Touristenherde an unserer Reisegruppe vorbei. Sie steuerten auf ein Grab zu, rüttelten heftig an der Einfassung, solange, bis sie sich lockerte. Dann hoben sie die Einfassung problemlos ab. Mit dem Spaten brachen sie nun die Erde auf und setzten unter mäßiger Beachtung unseres wachsenden Interesses ihre Buddelei fort, bis sie – nicht zu übersehen – fleischige Knochen an die Oberfläche beförderten. Die Überreste des Verblichenen schichteten die Frauen sorgsam in bereitgestellte Tongefäße. Die nahmen sie dann mit auf ihrem Weg durch das Friedhofstor. Nach kurzer Zeit verließen auch wir etwas geschockt ob des morbiden Charmes dieser düsteren Begebenheit und mit wohligem Gruseln den Friedhof, wanderten schweigend zum Bus und erlebten gleich das nächste Grausen. Direkt neben dem Busparkplatz stand ein kleines Häuschen und davor lagerten jetzt die Tongefäße mit den Knochen. In dem Häuschen wohnte eine Frau, die gegen fünf Mark Schmiergeld unsere Reiseleiterin vor ihre Türe gelockt hatte. Sie öffnete uns die Pforte und gab uns den Blick frei auf einen winzigen Raum mit einem Ofen, in dem sie auf finalen Auftrag hin die Knochen verbrannte. Hatten die Griechen Ende der 70er Jahre Platznot auf ihren Friedhöfen, so wie es in Deutschland Jahrzehnte davor schon gewesen war? Anscheinend griffen sie dem späteren Trend zur Urnenbestattung voraus, ohne die schönen und würdigen

Begräbnisse aufgeben zu müssen. Eigentlich gefiel mir diese aufwendige Vorgehensweise gut. Aber in Deutschland hat sie sich nie durchgesetzt, auch wenn Walter bei der Grabpflege auf unserem Friedhof einmal versehentlich einen Knochen eines unserer Vorfahren mit dem Spaten ausgrub. Der Schreck fuhr ihm dabei genauso ins Gebälk, wie unserer kleinen Reisegruppe jetzt auf dem griechischen Friedhof vor der Mittagspause.

Dieses Kapitel will ich mit einer Anekdote von einigen Jahren vor Stiefvaters Tod beginnen. Denn mit ihm konnte es schon sehr aufregend sein. Er lag einmal längere Zeit im Krankenhaus wegen seiner Schmerzen am Bein. Nach seiner Entlassung kam eine eifrige Krankenschwester vom Krankenhaus alle paar Tage in seine Austragswohnung und versorgte ihn, indem sie seinen offenen Fuß verband. Ich frage mich gerade, ob das damals so üblich war, dass nicht der Pflegedienst kam, sondern eine Schwester aus dem Krankenhaus. Ich glaube nicht. Jedenfalls eröffnete uns mein Stiefvater bald seinen neuen Wunsch. Wir mögen ihm doch im Garten ein schönes neues Haus bauen. Gottfried und ich fielen aus allen Wolken; was war denn so schlecht am Austragshäusl, das er momentan bewohnte? Sicher hinderte uns auch unsere noch etwas enge Finanzsituation daran, ernsthaft über einen Neubau nachzudenken. Gleichzeitig befürchteten wir, dass mein Stiefvater etwas mit der Krankenschwester angebandelt hatte und sich durch ein neues Haus freie Bahn versprach – für was auch immer. Hoffentlich bildeten wir uns das alles nur ein. Aber ein Neubau war wirklich nicht zu verantworten.
Mein Stiefvater Josef Sonner verstarb am 23.7.1983 zwei Wochen vor seinem 78. Geburtstag. Das Wasser in den Beinen hatte ihm große Schwierigkeiten bereitet. Deshalb hatte Dr. Balács, sein Hausarzt, dazu gedrängt, ihn in das Krankenhaus in Mering einzuliefern. Ich vergleiche den Stand der Medizin von damals mit heute, wo eine halbe Tablette genügt, um das Wasser in den Griff zu bekommen. Aber meinem Stiefvater half es nicht mehr.

Zu seiner Beerdigung kam die ganze bucklige Verwandtschaft, so sagt man liebevoll in Bayern, aus seinem Heimatort. Ich vermute, dass es längst ausgemachte Sache war, da sie alle mit Musikinstrument erschienen waren. Sie seien in ihrer Heimat Spezialisten für Trauerbegleitung. So wurde mein Stiefvater mit Pauken und Trompeten ins Jenseits hinüberbegleitet. Am Ende des Leichenmahles verabschiedete sich eine lustige Gesellschaft und ließ sich mit dem Bus zurückchauffieren.

Dann erreichten uns über das Nachlassgericht von verschiedenen seiner Anverwandten, die ihn nur hin und wieder oder eher gar nie besucht hatten, Forderungen an das Erbe. Unter anderem ging es ums Geld und auch um Wohnzimmermöbel, die wir zu unserer Hochzeit für uns selbst hatten anfertigen lassen. In einem Brief an uns waren penibel alle Gegenstände aufgelistet, die man zu erben wünschte. Erstmal grübelten wir tagelang, was mit den einzelnen Bezeichnungen genau gemeint war. Schrank und Ecksofa waren ja einfach. Wobei das Ecksofa wohl der „Eggautsch" (Eck-Couch) im Testament entsprach. Aber die stammte eben von unserer Hochzeit und wurde später nur in der Wohnung der Eltern aufgestellt. Auf der Liste fand sich auch diverses Kleinzeug und selbst eine Keramikvase. Tante Ulrike hatte vorher beim Acker bereits konsequent entschieden, dass der unser Eigentum sei. Und nun konnten die vermeintlichen Erben ihren Bedarf doch auch günstig auf dem Flohmarkt decken. Drei Briefe kamen nacheinander an, drei Briefe, die mit bedeutenden Geldforderungen mit der Bitte um Überweisung nachlegten.

Aber die größte Geschmacklosigkeit ereilte uns auf dem Weg zum Rosenkranz. Eine Frau lief unserer kleinen Gesellschaft mit dem Fahrrad hinterher und behauptete, dass sie eine bestimmte Summe vom Verstorbenen versprochen bekommen hätte, die wir ihr nun bitte auszahlen sollten. Da weiß man gleich gar nicht, wie man reagieren soll: sie bedauern oder selbst in Rage geraten. Hätte ich nur damals schon die Geschichten über die typisch bayrischen Erbschleicher gekannt, dann hätte ich gelassener darauf reagiert.

Mein Stiefvater hatte sich bis zur Mühlenstilllegung überwiegend um die Mühle gekümmert und Emil freie Bahn in der Landwirtschaft gelassen. Zu dieser Zeit hatten wir zwei Pferde, die für den eingefleischten Pferdeliebhaber Emil einen echten Glückstreffer bedeuteten. Bobbi, Fritzi und Emil waren ein ideales Dreigespann. Die Pferde marschierten gehegt, gepflegt und geschmückt bei Festumzügen mit, brillierten vor Hochzeitskutschen oder bewiesen ihr Können bei historischen Umzügen. Emil war im Kissinger Reitverein ein gefragter Tier- und Kutschenspezialist, hatte dort sein eigenes Pferd stehen und wurde bei allen Veranstaltungen als Helfer und Berater hinzugezogen. Er kümmerte sich um Kutschen und Reitzubehör auf Gut Mergenthau bei Familie Ehnle sowie auf Gut Lindenau bei Frau Höchstätter. Damit hatten wir als Familie laufend Anlass zu einem Turnier oder zu einem Umzug zu gehen. Selbst ein Auftritt mit Gespann in einer Aufführung der Freilichtbühne in Augsburg war dabei. Zu gerne hätte Emil erlebt, dass wenigstens eines unserer Kinder eine Leidenschaft für seinen geliebten Pferdesport entwickelte. Aber das war wohl wegen des Internats, Zeitmangels und anderer Interessen nicht der Fall. Erst eine Enkelin von Emil hatte die Liebe zum Pferdesport doch von ihrem Opa geerbt und widmete ihre Freizeit ganz diesem anspruchsvollen Sport.
Unsere vier Kinder nannten Emil immer „Onkel Emil". Und keiner fragte jemals nach, wo er als Onkel überhaupt herkam. Er war als Heimatvertriebener einfach immer ihr Onkel gewesen. Zu ihm gingen sie mit Freud und Leid, wenn es etwas zum Basteln gab oder irgendwo der Schuh drückte. Emil half überall, ob als Nikolaus und mit seiner Tochter Sieglinde als Christkindl. Er bastelte für die Buben einen Spielzeug-Bauernhof, ein Wasserrad, eine Windmühle. Für Maria ergänzte er die Einrichtung der Puppenküche. Mit Sicherheit würde noch die übernächste Generation mit der Puppenküche und dem Bauernhof spielen. Erst im fortgeschrittenen Alter, als die Zeit der Führerscheine kam, die Phase der Autoreparaturen (aus alt mach fahrbar) einsetzte, wurde den Kindern so richtig bewusst, dass Emils eigentliches Heimatland

Tschechien war. Emil selbst besuchte nach dem Fall der Mauer einmal den neuen Besitzer seines ehemaligen böhmischen Hofes. Und unsere Familie wollte es auch nachfühlen und besuchte die Ortschaft und seinen Hof in der Nähe von Böhmisch Leipa. Danach schwärmten auch wir mit Begeisterung von Emils schöner Heimat, die lange Zeit nicht zugänglich war.

42

Wenn wir wieder einmal etwas Neues lernten, dann fragte ich mich, zu was das jetzt wieder gut sein sollte und wohin das Ganze führen würde. Als ich in die Wirtschaftsschule ging oder in die Lehrbetriebe, dann war ja alles ganz klar gewesen: Wirtschaftsschule für unsere Betriebsführung, Bäcker- und Hotelküchenausbildung für meinen späteren Job im Haushalt. Skifahren hatte ich dann erst mit 25 gelernt. Zumindest waren die Aussichten, von Merching aus nach Garmisch oder Oberstdorf auf die Piste zu kommen, damals schon sehr gut. Aber dass meine Brettlversuche einmal für Lech, St. Anton und den Ski-Himalaya im französischen Méribel gut sein sollten, war mir anfangs natürlich nicht klar. Skifahren lernen hatte sich also auf jeden Fall gelohnt, selbst wenn es mit Holzlatten ohne Kanten, mit Seilzugbindung, lapprigen Schuhen und zu Fuß die Piste hinauf anfangs eine harte Tour war, eine Tortur sozusagen. Aber auch das Tanzen hatte ich ja irgendwann lernen müssen, wobei „müssen“ nicht der rechte Ausdruck ist. Was hätte man auf früheren Feiern auch machen sollen – allein auf der Bank sitzen bleiben? Hätte ich eine Ahnung davon gehabt, wie wichtig das Tanzen in meinem Leben noch werden würde, hätte ich mir wohl schon viel früher einen Kurs gegönnt. Und dann das Reisen: Na ja, zum Glück musste man dafür keinen Kurs machen, sondern einfach losfahren. Ich hatte ganz klein angefangen, mit Radtouren um Oberammergau und um den Chiemsee, dann weitere Kreise gezogen mit Österreich, Italien und der Schweiz und Schritt für Schritt in die ganze Welt.

Und hier wurden mir nun schlagartig gleich mehrere Dinge bewusst. Erstens: Man weiß nie, wozu es noch gut sein wird. Zweitens: Eins führt zum anderen. Und drittens: Bayrisch spricht man überall auf der Welt.
Jetzt muss ich das vielleicht genauer erklären. Zum ersten Punkt: In dem Moment, in dem man etwas Neues lernt, ist es meist mühsam. Ich verweise da auf meine Radfahrversuche auf der Bahnhofstraße circa 1934, wo ich zigmal auf halbem Weg in den Baum rechts gekracht bin, bis ich es endlich die ganzen einhundert Meter zum Bahnhof geschafft habe. Aber später war ich auf Radreisen am Chiemsee unterwegs. Ich verweise auch auf die fliegenden Töpfe und Pfannen in der Hotelküche in Augsburg und die cholerischen Ausbrüche der Chefköchin bei meiner Kurzlehre. Aber Kochen ging mir später wirklich gut von der Hand. Ein weiteres Beispiel: Wie kommt jemand auf die Idee, noch mit 25 Jahren Skifahren zu lernen, wo man doch im Alter von fünf viel weniger hart auf die Piste aufschlägt? Was habe ich mich nicht jedes Mal mühselig wieder hochwuchten müssen, bis ich vom Hinfallen und Aufstehen blaue Flecken und einen fiesen Muskelkater hatte. Aber später wetteiferten wir mit Rosi Mittermeyer, natürlich nicht im direkten Duell, aber auf der gleichen haarsträubenden Kandahar mit einem kleinen Nachteil bei den Zwischenzeiten unsererseits. Was schloss ich nun aus dem Ganzen? Ich konnte gar nicht genug lernen; und man probierte einfach viel aus. Denn wenn man's nicht gelernt hatte, konnte man auch auf nichts aufbauen.
Zum zweiten Punkt: Wenn ich sage „Eins führt zum anderen", dann meine ich, dass manches mit der Zeit immer leichter fällt und sich immer neue Chancen und Möglichkeiten eröffnen. Beim Kochen machte man halt vielleicht zuerst nur Wasser auf dem Holzherd heiß; dann probierte man einen Hefeteig zu machen; und später wurde es vielleicht ein Schweinsbraten mit Spätzle und Soße. Und wenn die Jugend beim Tanzen mit dem Anfängerkurs loslegte, ging's auch mal zu Bronze, Silber, Gold, dann vielleicht in einen Tanzturnierclub oder wenigstens einen Einzelunterricht. Und selbst in der Kegelrunde entwickelte es sich weiter, vom un-

beleckten Nuller, der mit viel Gelächter bedacht wurde, dann schon über ambitionierte Turniere in unserer Keglertruppe mit Siegerpreisen, hin zu etwas ganz anderem, nämlich aufwendigen Theateraufführungen, weil wieder mal eine Kegelschwester runden Geburtstag feierte. Will sagen: Man treibt es immer weiter und bunter, bis es größer nimmer geht. So führt eines zum anderen.

Und jetzt zu meinem dritten und letzten Punkt: Bayrisch red't man überall! Das mag überraschend klingen. Aber ich will meine Erkenntnis anhand unserer Reise nach Thailand näher erklären. In Chang Mai waren wir in einem recht noblen Hotel untergebracht. Abends hörten wir Musik vom Pool herüberwehen, die so gar nicht thailändisch anmutete, sondern nach gediegener Tanzmusik klang. Wir folgten unseren Ohren, trafen auf eine opulente Thai-Hochzeit und suchten einen unauffälligen Platz gleich neben dem Eingang, wo wir vermeintlich unbemerkt das Tanzbein schwingen konnten. Keine zehn Minuten später war das zu den Brauteltern durchgedrungen und sie forderten uns zu einem Cha-Cha-Cha auf. Wir unterhielten uns auf englisch-thai-bayrisch so angeregt, dass wir nun reihum von den Hochzeitsgästen aufgefordert wurden und drei Stunden durchtanzten. Was brannten mir die Füße, als die Feier um Punkt 23 Uhr mit der königlichen Hymne zu Ende ging! Ich glaube, ich hatte mit absolut jedem männlichen Hochzeitsgast getanzt und bayrisch-thailändisch geplaudert und Gottfried stand mir mit den Damen der Gesellschaft in nichts nach.

In Pattaya wird es niemanden überraschen, dass wir Damen wie vom Magneten angezogen in einem Verkaufsraum mit Seidenballen landeten, die Stoffe vom Boden bis zur Decke gestapelt. Mit kurzer anfänglicher Unterstützung durch die Herren handelten wir den Preis mit der Schneiderin aus und ließen für ein paar farbenfrohe Seidenkleider Maß nehmen. Hier genügten der geschäftstüchtige Wille und ein paar Anweisungen: „A nedd gar so kurz“ (ein wenig länger), „gib no a bissla an Stoff aus, damit's nach der Reise a‘ no bassd“ (ich nehme auf dieser Reise zu und

brauche das Kleid an der Hüfte etwas weiter), „etz duasch no 10 Prozent ra‘, dann isch's reacht“ (10 Prozent Nachlass, dann Deal). Okay, die wollten ja was verkaufen; also sprechen die zur Not auch bayrisch.
Aber am kommenden Tag musste ich die Kleider auch abholen und schlenderte von der Hotelanlage zur Bushaltestelle. Zwei Mädchen auf einem Moped winkten mir freundlich zu und hielten neben mir an. Ich versuchte ihnen mit Händen, Füßen und – man ahnt es – auf bayrisch klarzumachen, dass ich ins Zentrum müsste, um meine Kleider abzuholen. Egal, ob sie es wirklich verstanden oder nicht, jedenfalls verfrachteten sie mich in ihre Mitte, die Fahrerin gab Gas und eine Viertelstunde später stand ich vor meinem Laden: „Vergelt's Gott!“ Ja gibt's denn sowas?
Mit zwei Kleidern und einem Stapel Stoff in der Hand stand ich dann an der Bushaltestelle neben dem Laden. Aber weit und breit war kein Bus zu sehen; Herr je, es war Sonntag. Endlich näherte sich ein Krankenwagen und hielt neben mir. Nach Patientin und Bedürftigkeit sah ich nun wirklich nicht aus. Der Arzt am Steuer erklärte mir, er fahre gerade in unser Hotel zu einer Patientin und ich solle doch einfach mitkommen. Die Situation war so bizarr, dass ich noch mit einer gewissen Skepsis in den Krankenwagen einstieg. Aber auf dem Weg lachten und alberten wir im beliebten Sprach-Mischmasch: Sicherer als in einem Krankenwagen hätte ich doch nie ins Hotel zurückgelangen können.
Thailändisch ist übrigens zum Lernen eine schwere Sprache. Gut, dass man mit Bayrisch überall durchkommt. Nicht nur in Thailand.

Gottfried und ich gönnten uns alle zwei bis drei Monate einen Abstecher nach München. Die Reiterakademie lag uns lange schon am Herzen. Und zu dieser Zeit hielt sich das englische Prinzenpaar an der Isar auf und besuchte auch Reitveranstaltungen. Während des ganzen Tages zeigten die verschiedenen Gruppen ihr Können, angefangen vom kleinen Fohlen, über den präzisen Einsatz trainierter Arbeitspferde in Wald und Flur, bis zum edlen

Pferd auf der Galopp- und Trabrennbahn. Die Tiere konnte man teils sogar ersteigern. Stunde um Stunde kam mehr Leben und Treiben in die schlussendlich vollbesetzte Halle. Um die Mittagszeit erschienen dann Prinzessin Diana mit ihrem unverkennbaren und gut einstudierten Augenaufschlag und Prinz Charles. Die englische Nationalhymne spielte zum Einzug; und wir saßen ihnen direkt gegenüber. Nicht, dass wir nun gleich ein britisches Fähnchen geschwungen hätten; aber spannend war das schon für mich, wie sie von Bodyguards umringt die Darbietungen honorierten.

Dieser besonderen Eindrücke noch nicht überdrüssig, gingen wir zum nächsten Abenteuer über. Wir hatten zuvor Eintrittskarten für den Gala-Abend mit Reiterball im Bayrischen Hof per Post erhalten. Die prominente Musikband von Heidi Brühl sollte zum Tanz spielen und die Münchner Hautevolée tummelte sich zwischen Tanzfläche und Buffet. Nichts wie rein ins Vergnügen! Wer uns diese Karten zugeschickt hat, blieb übrigens ein Rätsel. Es klingt mysteriös, aber wir haben tatsächlich nie erfahren, wer der Gönner war.

43

1989 widerfuhr Merching eine kleine Sensation. Die Schützengesellschaft feierte ihr Gründungsjubiläum mit einem prachtvollen Schützenumzug. Es war mir eine Ehre, als Fahnenmutter mitzuwirken, zumal ich wusste, dass drei unserer Vorfahren aus der Obermühle der 1888 gegründeten „Zimmerstutzen-Schützengesellschaft Merching“ beigetreten waren, nämlich Josef, Anton und Franz Knoller. In den drei Generationen vor uns dürfte bereits eine schießbegeisterte Obermüller-Männerrunde existiert haben. Denn zwischen den Bierhumpen und Auszeichnungen steht auf dem Schrank im Wohnzimmer ein Pokal „Siebentes Deutsches Bundesschiessen in München im Juli 1881“.

So ein Gründungsfest mit Fahnenweihe wurde meistens erst eine Weile nach der Einrichtung des Vereins abgehalten. Merching

feierte nun zum 100. Jubiläum erneut ein Fest und ließ auch die neue Vereinsfahne weihen. Jetzt gab der geräumige Schulhof in Merching unter einem tiefblauen wolkenlosen Himmel die Kulisse für die kirchliche Feier. Ab Mittag fanden dann die vielen Gastvereine mit ihren Fahnenabordnungen im standesgemäßen Bierzelt Rast und Stärkung für das leibliche Wohl. Da konnte sich der Einsatz der Dorfgemeinschaft wirklich sehen lassen. Gottfried und ich entschlossen uns, dem Schützenverein beizutreten. Künftig war der Besuch des Schützenheimes fester Bestandteil unserer Freitagabende und wir hätten auch keinen der geselligen Abende missen wollen – trotz der bleihaltigen Luft auf der Schießbahn. Mein Mann profilierte sich als Pistolenschütze und erarbeitete sich eine Reihe glänzender Pokale, die seither unseren Wohnzimmerschrank zierten. Als Fahnenmutter musste ich zumindest mein Geschick beweisen und nahm an den Sonderveranstaltungen teil, die auf solche Namen lauteten wie „Christbaumkugelschießen", „Spaßscheibe" oder „Osterschießen".
Aber das war ja nicht alles an Hobbys. Denn wer jetzt denkt, es wäre langweilig in der schwäbisch-bayrischen Provinz, der trauert vielleicht heute auch noch der abgerissenen Wirtschaft beim Bräu hinterher und sitzt ganz allein zuhause auf seinem Bierkasten. Denn in Merching passierte ja viel mehr, zumindest was meine Hobbys betraf:

1. Turnen: In da Schuaü was i gar it so gera gwaüt hau, wenn mir zum Leawagorta mit dar Lehrerin ½ km marschiera ham miassa.
2. Rodeln: Am Lefinbarg und Huawarbarg mitta z' Marching drin und am Jaufenpass, der für uns Schifahrer eigens g'schparrt war und Axamer Lizum auf dar aüta Eisbah bei Nacht.
3. Schwimmen: In da eiskaüta Paar, eikreist von Katzaweel in Massen.
4. Radfahren: Damit i z'Mering für d' Männer Neigl und Schraufa häua hob kinna.

5. Schlittschuhlaufen: Mit die Buawa in dar Untara Mü – deis war a schiana Zeit.
6. Tanzen: In der Tanzschuaü Trautz, 15 Johr lang, a tolle Zeit.
7. Skifahren: Alpin und Langlauf, je heacher um so liawar.
8. Wasserskifahren: Leidar nur uamö im Leiwa.
9. Reiten: 10 Schtund und dann nimmar. Dar Fritzi hot mi kopfüber abgseitst.
10. Kegeln: Ab 25 Johr aüawaü nau.
11. Gymnastik: Ab 1968, meischtn's, bis heind.
12. Fallschirm-Tandem-Springen: Am 5.+7.5.1992, schad, dass is it eiftar's g'macht hou.
13. Schießen: Nuar ab und zua, net dass i beisser wer wia d'r Vat'r. Deis wär a' Katastrophe gweis.
14. Boccia: Seit 10 Johr a nett's Plaesier im Aütar
15. Kartln: Is für mi o a Sport, es gibt füh z'Lacha.

Zum Jahresende suchte mein Mann nach einem neuen Abenteuer. Wie heißt es so spannend: Er wollte sich verwirklichen. Besser gesagt, er wollte testen, was er sich im Alter von 63 körperlich noch zutrauen konnte. Meinem Spürsinn ist es nicht entgangen, dass etwas im Kopf meines Mannes herumschwirrte. Mich schickte er nach Bad Füssing zum Kuren; und er wollte einen Abstecher nach Ampfing machen, um dort den Fallschirmspringern zuzuschauen. Als er sich verabschiedet hatte, dauerte es nur ein paar Stunden, dann war das Rätsel gelöst. Gottfried hatte sich, weil das Wetter zu verlockend schien, einen Tandem-Fallschirmsprung aus 2500 m Höhe geleistet. Nun war der Anfang getan. Er wollte mit dem Springen weitermachen. Und ich dachte nur: nicht ohne mich. Gottfried erzählte überall herum, wieviel Mut nötig wäre und dass man sich diesen gefährlichen Sport schon zutrauen müsse. Ein paar Monate später plante er den nächsten Anlauf zu machen, dann in Abständen immer wieder. Jetzt war ich also dabei in Ampfing. Mir gefiel die Atmosphäre in der großen Halle gleich, wo jeder Springer seinen Fallschirm selbst zu packen hatte und wo die Besucher pausenlos zur Besichtigung oder zum Tan-

demspringen kamen und gingen. Einmal erschien sogar eine junge Mutter mit einem Baby im Kinderwagen. Bekannte passten auf das Kind auf und die Mama saß gleich im nächsten Flugzeug zu einem Tandemsprung.
Mit diesem guten Vorbild verkündete ich gleich meinem Mann: „Ich habe mich zu einem Tandemsprung angemeldet.“ Schon saß ich kleinlaut in der Cessna und wurde auf 2500 m befördert. Wir saßen zusammengekauert am Boden der Maschine, zwischen uns das Personal, das sich besonders um die kümmerte, die den allerersten Sprung wagten. Wir wurden immer wieder aus dem Zähneklappern gerissen und gefragt, wie es uns ginge, ob keine Nervosität aufkäme. Gleichzeitig checkten die Springer, wie blass wir aussahen und wie unruhig wir uns anstellten. Die Zeit aufwärts verging ja wie im Flug und ehe wir uns versahen, sprang die Türe auf. Im Nu stand mein Mann draußen auf dem Absprungbrett und fragte noch: „Traust Dich zu springen?“, und weg war er. Ihm folgten noch zehn Leute. Als letzte robbten mein Tandemlehrer und ich behutsam auf dem Hintern zur Türe. Mit einem Gefühl, wie wenn es mich durch ein Staubsaugerrohr saugen würde, ging es abwärts, erst 1.000 m im freien Fall, der Erde entgegen. Das war unbeschreiblich. Eine Wolkenschicht schob sich ein und als sich der Fallschirm öffnete, glitten wir in Dunst und Nebel wie in Watte gehüllt langsam dahin. Ziemlich weit unten kamen wir wieder in freie Sicht. Auf der Erde schlitterten und liefen wir ein kurzes Stück mit. Willkommen fester Boden. Wer sich das Fallschirmspringen ausgedacht hat, gehört doch geküsst. Stattdessen gab ich meinem Mann einen dicken Schmatz. Dann sank auch mein Adrenalinspiegel wieder in den Normalbereich.
Gottfried und ich waren inzwischen eingefleischte Bad-Füssing-Fans. Der erste Kuraufenthalt lag immerhin schon zehn Jahre zurück. Seitdem zog es uns mindestens zwei Mal im Jahr für je fünf Tage nach Niederbayern. Das Schwefelwasser tat gut für die Gelenke und abends gingen wir schwofen, natürlich im Haslingerhof. Wir konnten den Werdegang des Landwirtes Haslinger hautnah verfolgen. Er hatte ursprünglich den Hof erweitern wollen,

wofür er Pläne bei der Gemeindeverwaltung einreichte. Aber der Bau größerer Schweineställe wurde von den Ratsherren nicht genehmigt, obwohl sein Hof allein liegt, fernab von Bad Füssing. Haslinger, ein cleverer und geschickter Bauer, wie wir neidlos zugestehen, besann sich gleich auf andere Möglichkeiten, seinen Hof aus dem Dornröschenschlaf zu wecken. Als erstes stand neben seinem angestammten Bauernhaus ein irgendwo in Niederbayern abgebauter alter Holzstadel mitsamt Einrichtung, also Tische, Bänke, einem alten Heuwagen, vielen nostalgischen Geräten und allem, was in der Landwirtschaft vor hundert Jahren Verwendung fand. Von Egge bis Pflug, von Melkeimer bis Zentrifuge steht, hängt oder pendelt alles auf und zwischen den Balken als Dekoration. Die Gäste waren begeistert von der urigen Atmosphäre. Vor allen Dingen der alte Heuwagen hatte seine besondere Bedeutung. Darauf saß Reiner, ein Vollblutmusiker, und spielte Abend für Abend zum Tanz. Die Scheune füllte sich nach den Anstrengungen des Kurtages bis zum letzten Platz mit Gästen. Zum Essen gab`s Leberkäse und ein delikates Haslinger Surbratl. Das Bier dazu stammte bald aus der hofeigenen Brauerei. Ab 22 Uhr, als die kasernierten Kurgäste sich verabschieden mussten, schlug die Stunde für uns. Die Tanzfläche war dann fast leer und wir fegten nach Herzenslust herum. In der Tanzschule Trautz hatten wir zwischenzeitlich in Einzeltrainings Schrittfolgen gelernt, für die viel Platz nötig war. Erst wenn wir mit unserem Programm durch waren, fuhren wir zurück in die Pension. Denn am nächsten Tag war unser persönlicher Kurkalender so gemütlich angelegt, dass wir abends wieder ausgeruht mit Tanzschuhen beim Haslinger aufkreuzen konnten.

An Silvester 1992 tanzten wir wieder einmal in der Kongresshalle in Augsburg ins Neue Jahr. Ich würde nicht so weit gehen zu sagen, dass es fast egal war wo, Hauptsache es gab eine schmissige Musik, einen guten Tanzboden und etwas zum Gucken für die Pausen. Hier wurde schon im Vorfeld mit Stars und Sternchen geworben und mit bekannten Conferenciers und Moderatoren.

Theo Waigel und Dieter Thomas Heck standen auf der Bühne oder auf dem Parkett; Prominenz aus Politik und Industrie gesellte sich auf ein Stelldichein. Vielleicht war es statt am Silvester doch auf dem Presseball. Jedenfalls war die Kleidung der Gäste ausgesucht und wir sahen uns das Treiben mit einem süffisanten Lächeln und insgeheim einer zurückhaltenden Bewunderung an, aber auch mit einem gewissen Vergleich, ob unsere und deren Frisuren und Kleidung den Anforderungen standhielten oder aus dem Rahmen fielen. Bloß nicht, dass wir am nächsten Tag mit Foto in der Augsburger Zeitung auftauchten mit der Untertitelung: „Unglaublich, wer sich dieses Jahr alles wieder zum Presseball in die Kongresshalle getraut hat." Zum Glück haben die AZ-Reporter nur Fotoplätze für die Prominenz, nicht für das Fußvolk. Fazit: auch wieder gut, dass das nur ein Abend pro Jahr war und man solche Anlässe nicht jeden Tag hatte. Aber die Leute, mit denen wir dort ins Gespräch kamen, waren ausnahmslos nette und gesellige Leute. Und mit anderen wären wir gar nicht ins Gespräch gekommen.
So schön es in der Kongresshalle auch war: da lobte ich mir Merching, wo jeder jeden kennt und wo die Bälle von Vereinen ausgerichtet wurden. Da ging es immer leger und zwanglos zu, die Kleidung fiel gediegener aus, der Schmuck weniger aufgemotzt und die Atmosphäre und Stimmung herzlicher. Grade der Bürgerball fand großen Anklang. Denn er wurde als gesellschaftliches Ereignis eingeführt und kam für Merching sehr elegant und nobel daher. Die Eintrittskarten waren schnell vergriffen und von Jahr zu Jahr legte er noch an Beliebtheit zu. Und nicht zuletzt bat uns die Bürgermeisterin Brigitte Meyer, die Polonaise anzuführen. Unklar, ob wir damit zur lokalen Prominenz zählten. Im ersten Moment freuten wir uns sehr über diese Ehre; im nächsten Augenblick schauten wir uns etwas verunsichert an, wie man das Anführen einer Polonaise eigentlich trainieren sollte. Na ja, das ist jetzt eine ernsthafte Frage; weil: Das ist schon eine große Verantwortung. Wenn das schiefgeht, dann bricht in der Dreifachturnhalle ein Chaos aus. Die Polonaisen-Schlange könnte sich

verheddern, die Freiwillige Feuerwehr müsste eingreifen, um etwaige Kontrahenten zu trennen, und die Bürgermeisterin würde ob der Verwüstungen nicht mehr wiedergewählt werden. Oder schlimmer. Das Ende der Polonaise könnte es nicht mehr bis zum Buffet schaffen und müsste von der Caritas mit Notpaketen versorgt werden. In Anbetracht dieser Risiken übten wir gewissenhaft unseren Einsatz, wie übrigens auch alle anderen. Und ich muss sagen: Es ging gut, sehr gut sogar. Aber wir waren später auch gleich versöhnt damit, dass der Polonaisen-Job wie ein Wanderpokal weitergereicht wurde und wir diese gefahrvolle Verantwortung wieder loswurden. „Alles bleibt in der Familie“ heißt es; diese Aufgabe haben heute unser Sohn Gottfried und seine Frau Paula.

44

Der Orden der Englischen Fräulein in Augsburg besaß einen Einsiedlerhof mit ca. 50 Hektar in Rettenbach, 14 Kilometer von unserem Hof entfernt. Als die Fräulein, die den Hof bewirtschafteten, selbst nicht mehr im jugendlichen Alter waren und teils zu gebrechlich wurden für die schwere Arbeit auf dem Acker und im Garten, hatten wir die Felder gepachtet. Das Hauptgebäude funktionierten die Schwestern zu einem Landschulheim um; im Nebengebäude wohnte Familie Flierl, so dass der Hof durchgehend bewohnt und damit beaufsichtigt war. Als mein Mann und ich zum ersten Mal mit der Schwester Oberin und den Schwestern Bonaventura und Margitta zusammen über die Pachtmodalitäten sprachen, glaubte mein Mann mit einer mehrmaligen Geste mit „Hand aufs Herz“ eine Vertrauensposition aufzubauen und den Ordensschwestern zu vermitteln, dass wir die richtigen wären, um ihren idyllisch gelegenen Hof zu führen. Schwester Bonaventura deutete diese Geste meines Mannes aber ganz irdisch, zog mich nach dem Gespräch beiseite und fragte, ob er denn Probleme mit dem Herzen hätte. Sollte heißen: Ja wenn er es jetzt schon mit

dem Herzen hat und dann kommt noch der Stress mit einem weiteren Betrieb dazu – ob das mal gut geht? Ich antwortete vorsichtig „nicht, dass ich wüsste“ und dachte mir: „Die Pumpe ist so fit, die hält noch ewig. Eher geht die Firma Deutz pleite.“ Na ja, die Pumpe meines Mannes sollte noch lange halten.
Ab dann waren die fidelen Schwestern bei allen unseren größeren Feiern dabei, göttlicher Segen quasi inklusive. Man muss jetzt wissen, dass vor jedem Mittagstisch oder Abendessen auf einem runden Geburtstag das Tischgebet gesprochen wurde: „Komm Herr Jesu, sei unser Gast“ mit allen 80 Gästen. Die Schwestern waren unser direkter Kanal nach oben. Aber während die Höhere Macht unser Essen segnete und auch sonst nichts anbrennen lassen sollte, stand in dem Moment der Braten ja schon auf dem Tisch. Die Küche hatte wieder eine beachtliche Leistung geliefert und Spätzle wie für zwei Dörfer auf unsere Teller drapiert. Sagen wir mal, wir vertrauten gerne gleichzeitig den vielen hilfreichen Freunden, Bekannten und Familienmitgliedern, den dienstbaren Geistern (und das mag nicht despektierlich aufgefasst sein) und dem unmittelbaren Segen des Allmächtigen. Damit konnte nichts mehr schief gehen.
In Sachen Humor ließen es die Ordensschwestern nie fehlen. Dachte hier jemand an vergeistigte, mit gefalteten Händen über den Boden schwebende, knorrige Gebetsvertreterinnen wie aus dem Fernsehen, so lag er grundfalsch. Wir hatten es hier mit hart arbeitenden, feste feiernden, feixenden und schallend lachenden selbstbewussten Frauen zu tun, denen aber auch nichts zu weltlich erschien, als dass man nicht noch einen zweideutigen Spruch hinterherjagen hätte können. Da liefen schon eher unsere Wangen rot an, als dass den Schwestern etwas peinlich gewesen wäre.
Und dass die Familie Flierl auf dem Hof in Rettenbach ihre Funktion als Hofbewacherin tadellos versah, ließ sich später an folgender Szene festmachen: Am Gärtchen links am Weg kurz vor der Hofeinfahrt stand ein üppiger Geranienbusch. Ich dachte mir, dass ich gut ein paar Geranientriebe für zuhause mitnehmen könnte. Das würde man der Pracht ja gar nicht anmerken. Wie ich

damit anfing, ein paar Triebe vorsichtig abzuzwicken, klappte am Wohnhaus daneben mit Knarzen das erste Fenster auf, dann das zweite und dritte und schon fing Frau Flierl an, betont geschäftig die Fenster zu putzen, mit einem unverstellten Blick über das Gärtchen und den Eindringling, der sich in diesem Moment über die Geranien der Ordensgemeinschaft hermachte. Bloß gut, dass ich eh nichts Schlimmes im Sinn hatte. Aber jedem anderen wäre wahrscheinlich der Putzfeudel und das Fensterputzwasser hinterhergeflogen und er hätte sich mit nassen Klamotten vom Acker machen dürfen. Im besten Fall.

Besonderen Anlass zur Erheiterung gaben manchmal ganze Schulklassen mit Zwölftklässlerinnen, die für eine Woche Landluft im Schullandheim schnupperten und dann für ein paar Stunden einen informativen Ausflug auf unseren Hof in Merching machten. Für einen solchen Trupp Siebzehnjähriger hatte ich Apfeldatschi gebacken. Die sollten ja nicht Hunger leiden, während sie Basiswissen über die Landwirtschaft eingetrichtert bekamen. Fragte mich eine der jungen Damen: „Frau Wecker, wieso machen Sie das für uns mit dem Apfeldatschi?“ „Weil das bei uns üblich ist, etwas anzubieten“, antwortete ich verdutzt und dachte, ein wenig aus der Fassung geraten, an das Stichwort „Gastfreundschaft auf dem Lande“. Stadtkinder, oder? Gastfreundschaft ist doch selbstverständlich. Nein, im Ernst: Die jungen Damen waren allesamt sehr aufgeschlossen, umsichtig, und – hungrig.

In einer anderen Mädchenklasse fragte uns eine der jungen Damen: „Essen Sie eigentlich das Fleisch Ihrer eigenen Tiere?“, worauf mein Mann, knapp und ohne den Hauch eines Zweifels zuzulassen, antwortete „Ja sicher“. Wir gingen dann weiter mit der Gruppe am Schweinestall entlang und kamen an der Bretterbucht vorbei, wo wir den massigen Eber hielten, der bei uns auf den Namen Hansi hörte. Oder genauer gesagt, hört ein Trumm Eber ja eh auf gar keinen Namen. Aber wir nannten ihn halt Hansi. Und ein Eber tut alles, außer auf einen Menschen zu hören. Man hatte besser Respekt vor ihm und vor seinen ausgewachsenen Hauern und kam ihm nicht zu nahe. „Ah, das ist so fett, das Schwein. Das ist bestimmt die Sau, die Sie für sich selbst schlachten". Im Prinzip gefiel mir, wie das Mädchen dachte. Aber jetzt wusste jeder auf dem Land seit seiner Kindheit, was der Unterschied zwischen einem weiblichen Schwein und einem Eber war, dass ein Eber üblicherweise etwas kräftiger ausfällt und dass Eber zu einem anderen Zweck da sind als zum Schlachten. Und außerdem ist Fleisch vom Eber eher ungenießbar. Mein Mann antwortete geduldig: „Der ist grade in Quarantäne, weil er von einer Auktion kommt. Er wird anders gefüttert und er schmeckt wirklich nicht." Unser Hansi auf unserem Mittagstisch – ich mag's mir nicht ausdenken.

Ich finde ja, dass das öffentliche Bild des Landwirts manchmal irreführend ist. Manche vermuten, dass Landwirte robuste, etwas einfach gestrickte Lackel sind. Aber die lange Ausbildung, oft von Kindesbeinen an, und die lebenslange, tägliche Weiterbildung am lebenden Objekt – sei es neugeborenes Ferkel, ausgewachsenes Charolaisrind, wogender Weizen oder Weißtanne im Wald – machen den gemeinen Landwirt zu einem gleichzeitigen Experten für alles und Generalisten für jedes; und es genügt einfach, neidisch zu sein auf sein respektables Wissen und seine Erfahrung, und ihn ansonsten in Ruhe und möglichst unbehelligt arbeiten zu lassen. Denn das ist meistens das, was der Landwirt will: Einfach mal arbeiten.
Selbst Johann Strauß Jun. und Ignaz Schnitzer hatten die Leidenschaft des Landwirts in der Operette „Der Zigeunerbaron" aufgegriffen, legten gleich ein paar Klischees hinein, und Ivan Rebroff sang die Rolle des Schweinezüchters Kalman Zsupan.
Jedenfalls hält einen die Schweinezucht und -mast ganz schön auf Trab. Der Maststall war 1983 gebaut, der Abferkelstall in den 90ern auf Flüssigmist umgestellt worden. Was wir uns an Arbeit durch die Aufgabe der Rindermast 1991 sparten, steckten wir umgehend in neue Projekte. Auf der anderen Seite des Baches betonierte Gottfried Junior eine Güllegrube, um die Kapazität zu erweitern.

Später, 2006 und `07 sollte wieder ein Stall neu gebaut werden. Aber erstmal wurde 1990 und `91 das letzte große Projekt meines Mannes umgesetzt, die Neuauflage des Wasserkraftwerkes.
Blicken wir kurz um ein Jahrhundert zurück: 1874 wird beim Bau des Hauses das Wasserrad für die Mühle gleich mit eingebaut worden sein.
Von Zeit zu Zeit mussten dann die Holzzähne des Antriebs am Mühlrad ausgewechselt werden. Dazu trafen der hektische Mühlenbauer von außerhalb und die Ruhe in Person, der hiesige Schreiner Johann Lindmair, aufeinander. Sie beharkten sich jedes Mal, weil der eine dem anderen zu schnell und haspelig und der andere dem einen zu trutschelig vorging. Statt zusammenzuarbeiten, tauschte also der Mühlenbauer die Zähne auf der einen Seite, der Schreiner die auf der anderen Seite aus. Jedes Mal ging der Punkt an den Schreiner, der in einer stoischen Ruhe und ohne unbedachte Bewegung die Zähne chirurgisch exakt an ihrer Stelle positionierte.
Möglicherweise waren es ursprünglich sogar drei Wasserräder, die bis in die 30er Jahre die Energie für verschiedene Zwecke lieferten: Am wichtigsten war der Mühlbetrieb. Um 1938 reichte das Wasser im Bach nicht mehr aus, um Mühle und Säge zu betreiben. Deswegen hatten meine Eltern den 38-PS-Dieselmotor angeschafft.
Im Mühlgebäude werden die Stockwerke auch durch einen Aufzug verbunden, über den die schweren Getreidesäcke hinauf- und hinuntertransportiert wurden. Dieser Aufzug musste ebenfalls über Riemen und Riemenscheiben durch Wasserkraft angetrieben werden, denn die Alternative war, die 50 kg schweren Säcke auf der Schulter über die schmale Stiege zu schleppen. Jeder Müller kannte das Problem, nicht straucheln und stolpern zu dürfen, weil man sonst unter dem Sack begraben wurde. Erst 1964 statteten wir den Aufzug mit einem Elektromotor aus. Jetzt funktionierte er endlich unabhängig von der Jahreszeit und der Regenmenge.
Als zweites versorgte ein Schöpfwerk das Vieh bei uns und beim Bergbauer mit Trinkwasser. Bei wenig Wasser und wenn der

Bergbauer viel Zeit hatte, dann kam er und beschwerte sich, dass das Vieh zu wenig Wasser bekam. So warteten wir an Sonn- und Feiertagen, an Weihnachten und Ostern darauf, dass es an der Tür klopfte: „Mi hawa z`wiani Wasser für de Küa. Dei hawa Durschd und gewa z`wiani Mühi.“ Ob er uns damit nur auf ungewöhnliche Weise ein frohes Fest wünschen wollte oder ob der Erlös vom Milchverkauf wieder nicht für ordentliche Geschenke für die Kinder gereicht hatte, war selbstredend unerheblich. Wir sorgten umgehend für einen Schwapp mehr in der Wasserleitung, obwohl wir annehmen durften, dass seine Kühe damit in der Lage waren, ein Wellnesswochenende abzuhalten.
Und als drittes wurde ein Generator angetrieben, der unseren Hof mit Strom versorgen sollte. Ursprünglich stand er auf einem betonierten Podest in der alten Werkstatt, die man auch aus dem Mühlgebäude betrat, gleich neben der Tür links. Der alte Generator war noch ein Ungetüm mit offenen Schleifkohlen gewesen, so dass es immer wieder funkte und dass man hoffen musste, dass es nicht zu einer Mehlstaubexplosion kam. Auf diese Weise hatte nämlich früher manche Mühle ihr Leben ausgehaucht. Vielleicht schaffte der Generator im günstigen Fall drei bis vier kW. Das hatte für ein paar elektrische Funzeln genügt und dafür, dass man im Haus und im Stall bei Dunkelheit weiterarbeiten konnte. Auch eine Melkanlage konnte damit betrieben werden. Damit waren wir unserer komplett stromlosen Nachbarschaft in den technischen Möglichkeiten weit voraus. Man darf aber nicht vergessen, dass das Wasser der Paar nicht reguliert war, also bei Regen und in der Schneeschmelze stark anschwoll und im Sommer immer mehr zu einem Rinnsal geriet. Von Spannungsregelung war erst recht nicht die Rede. Bei Regen schien die Glühbirne in der Küche heller und bei längerer Trockenheit blieb es funzelig. Der Volksempfänger war jedenfalls ein so robustes Modell, dass er unsere Spannungsschwankungen aushielt.
Mit dem Umstieg von einem Wasserrad auf eine Francis-Turbine war auch der Stromgenerator umgezogen worden, in den ersten Stock gleich neben dem Turbinenhaus. Bereits mit seinem Ein-

stieg in der Obermühle hatte mein Mann begonnen darüber nachzudenken, wie man die Wasserkraft bestmöglich ausnützt, wiederholte aber ganz in Unternehmer-Manier: „Eine Investition muss überschaubar bleiben.“ Und damit passierte erst einmal gar nichts. Bei der Mühlenstilllegung ging mit dem Ende der Mühle auch die Turbine außer Betrieb. Die Räder standen still. Und das blieb so, bis sich die Finanzlage derart verbessert hatte, dass das Geld für die Renovierung auf dem Konto lag, wir langsam auf die Rente zusteuerten und mein Mann das Wasserkraftwerk als sein letztes großes Projekt seiner aktiven Zeit und als Kür beim Aufmöbeln des Hofes auf den Weg brachte. Als etwas, was hoffentlich wieder für mindestens eine Generation in die Zukunft wirken sollte.

Rund vierzig Jahre, nachdem mein Mann und ich nach der Hochzeit auf dem Hof losgelegt hatten, kam kurz vor Weihnachten 1995 der große Tag, der Tag der Hofübergabe. Uns sollte damit der Abschied von unserem Lebenswerk gelingen. Das ist ja ganz anders, als wenn man als Angestellter in einer Firma gearbeitet hat, nun in Rente geht und die früheren Kollegen bloß noch zum Weihnachtsessen oder vielleicht auf einen Kaffee trifft. Man bekommt dann keinen Einblick mehr in seine frühere Wirkungsstätte: Firmengeheimnis. Die Verantwortlichkeiten ändern sich und die Personen: Personalwechsel und Umstrukturierung. Und schnell löst sich die ehemals enge Bindung. Aber in der Landwirtschaft ist das ganz anders. Wir wohnten im Austragshaus mitten auf dem Hof. Bei Spaziergängen oder -fahrten sahen wir, wie sich die Felder über die Jahreszeiten so machten. Das Wasserkraftwerk brachte die Lampen zu jeder Tageszeit in der Wohnung zum Leuchten. Und wenn der Bulldog vorbeifuhr, dann war meist klar, welche Arbeiten grade auf dem Hof anstanden. Wir lebten weiterhin inmitten des eigenen Lebenswerks. Das war für mich wie mit einem eigenen Baby. Jeden Tag war ich da und kümmerte mich. Irgendwann war ich stolz, als es laufen und sprechen lernte. Dann war es plötzlich erwachsen geworden. Und so ging es uns mit dem

Betrieb. Ich freute mich „umbandig“ mit jeder weiteren guten Ernte und guten Fleischverkäufen. Und ich litt mit, wenn der Sturm eine Schneise durch den Wald geschlagen hatte, wenn am Mähdrescher wieder ein Teil kaputt ging und Gottfried Junior auf ein Ersatzteil warten musste. Wenn man von einem Traumberuf sprechen kann, dann war das für meinen Mann die Landwirtschaft und für mich der Betrieb und der Haushalt. Gottfried war Landwirt mit Leib und Seele, wie man so schön sagt. Der Beruf hatte ihn immer gefesselt. Er konnte sein Leben so gestalten, wie er es für einen modernen Landwirt für richtig hielt. Und dann halfen nurmehr viel Fleiß im Beruf, ein gutes Händchen bei Entscheidungen, alles Wichtige zu seiner Zeit und schöne Erlebnisse in der kurz bemessenen Freizeit. Gottfried hatte viele Neuerungen befürwortet, war aber gleichzeitig äußerst umsichtig und hat bei allen Anschaffungen die Vor- und Nachteile reiflich überdacht. Solange es sein Gesundheitszustand zuließ, entdeckte er immer mehr die Liebe zum Wald. Und der Wald nahm eine gewisse Sonderstellung ein, was seine Bedeutung für Kinder und Enkel betraf. Einen Baum pflanzte man nicht für das kommende Jahr, sondern für die kommende Generation.
Es war schon ein merkwürdiges, wehmütiges Gefühl, als wir im großen Bauernhaus im Kreis der Familie ein letztes Weihnachtsfest feierten. Ich hatte in dem Haus 60 Jahre meines Lebens verbringen dürfen und Gottfried dort mit mir und den Kindern 40. Bei allem Abschiednehmen lag ein Trost für mich darin, dass es nun wieder von einer jungen Familie übernommen wurde, es für die nächsten Jahrzehnte aufgemöbelt werden sollte und in jeden Winkel wieder Leben und Kindergeschrei einzog.

Am Haus ergaben sich große bauliche Veränderungen 1920 durch den Einbau eines Bades und den Ausbau eines offenen, mit Fließwasser gespeisten Brunnens, dessen Geplätscher man Tag und Nacht ertragen musste. Zusätzlich trennte man eine Milchkammer ab und baute eine Zentrifuge und ein Butterfass ein, also alles, was man zur Verarbeitung von Milch benötigte. Ich hatte die-

sen Raum gehasst, weil ich statt Haue zu bekommen meine zugedachte Strafe darin absitzen musste. Das kam zwar selten vor, aber es reichte, dass ich lange Zeit einen großen Bogen um den kalten, gekachelten Raum machte.
Nach der Knoller-Hochzeit 1920 waren kaum mehr Veränderungen im Innenleben vorgenommen worden. Aus Muttis Brief war hervorgegangen, dass sie andere Sorgen hatte; und Geld war auch keines für Umbauten da. Erst 34 Jahre später, zu unserer Hochzeit 1954, waren die Möbel aus der Zeit nach dem 1. Weltkrieg längst zum Austausch fällig. Wir legten Wert auf ein Näh- und Bügelzimmer. Ein großer Kühlraum schien praktisch. Und in der ehemaligen Milchkammer installierten wir eine Ölheizung. Zwei Toiletten im Haus genügten den Ansprüchen der Neuzeit. Die Riesenküche war nicht mehr erforderlich. Daher trennten wir eine Essnische ab. Statt 15 Leute inklusive der Angestellten war nur mehr die eigene Familie zu verköstigen. Die Fassade ließen wir im Sinne der Zeit modernisieren und dabei großflächige Fenster einsetzen.
Vielleicht waren aber zwei Arbeiten am besten gelungen. Wir ließen nämlich die Hauswand abschneiden und eine Isolierschicht einsetzen, so dass die Feuchtigkeit aus dem Boden nicht mehr die Wände hochsteigen konnte. Auch die Innenwände isolierten wir so mit Bedacht. Außerdem hatte es im großen Haus einen Kellerraum gegeben, in dem bei Hochwasser die Butterwecken und die Einmachgläser in der Brühe herumschwammen, bis das Wasser langsam wieder durch den Boden versickerte. Diesen Kellerraum entfernten wir komplett.
Nun, gut 40 Jahre nach unserer eigenen Hochzeit, wiederholte sich das Spiel. Die Räumlichkeiten wurden ganz anders angeordnet und die Fassade mit dem ursprünglichen Look mit regelmäßig angeordneten Sprossenfenstern renoviert. Mir tat es ein bisschen leid um die schönen großen Fenster von 1966, die viel Licht gaben und leicht zu putzen waren. Aber das ist ja erstens eine Geschmacksfrage und zweitens mussten wir neidlos anerkennen, dass die Merchinger der jungen Familie zur neuen klassischen

Fassade herzlich gratulierten. Was uns den Abschied vom Haus erleichterte war, dass wir zwischenzeitlich eine kleine Mietwohnung über der Sparkasse bezogen hatten und die ganzen Umbauten aus einer gewissen räumlichen Distanz betrachten konnten. Wir hatten es gar nicht eilig, wieder auf den Hof zurückzuziehen, und gingen ein halbes Jahr lang jeden Tag zum Austragshaus zum Herrichten, Weißeln, Putzen, Streichen und Werkeln. Die kleine neue Wohnung über den Räumen der Bank war schon sehr komfortabel während dieser Zeit. Außerdem war es ein sicheres und beruhigendes Gefühl „einmal im Leben auf so einer Menge Geld zu sitzen“, wie wir da über der Sparkasse residierten.

IV. 1996 – 2020

45

Die Kabarettistin Martina Schwarzmann erzählt über „Die Oma", dass sie manchmal daherkommt und über das Wetter redet, als ob es das Wetter nicht jeden Tag gäbe. Und dann braucht die Oma Beschäftigung. Frau Schwarzmann steckt dann von ihren Auftritten übriggebliebene Blumen in den Buchs, worauf die Oma lange darüber nachdenkt, warum der Buchs plötzlich blüht. Im Ernst: In der Rente läuft man anscheinend Gefahr, keine wichtigen Gesprächsthemen mehr zu haben, wenn die Verantwortung für den Hof weg ist. Also brauchte ich jetzt zwei Sachen: Gleichgesinnte. Und Hobbys.
Ein solcher Kreis von Gleichgesinnten waren meine Kaffeetanten. Ich finde, dass die bayrische Politik und große Werbeagenturen die Bedeutung der gesellschaftlichen Supermacht der „Kaffeetanten" nicht unterschätzen sollte. Der Kreis rekrutierte sich aus der Stammtischgruppe der ehemaligen Schüler der Ackerbauschule Landsberg. So unterschiedlich die Lebenswege deren Männer waren, so viel verband nun die Frauen. Reihum fand hier ein Art Gemeinderatssitzung oder Ausschusssitzung statt. Der Unterschied dazu war, dass wir es wenigstens so nennen durften, wie es war: Kaffeeklatsch. Um uns vielseitig zu bilden, tranken wir den Kaffee mal in Kissing, dann in Aichach, in Pöttmes und wieder in Merching. Das umfasste immerhin drei Landkreise bei maximal sieben Personen. Beschlüsse fassten wir ebenfalls: Die Eierlikörtorte müssen wir unbedingt wieder machen. Die nächste Sitzung, Pardon, der nächste Kaffeeklatsch findet bei Mari statt. Und jedes dritte Mal darf auch ein Mann mitkommen. Zum Thema Wirtschaft und Politik ging es um qualitativ hochwertige Tortenzutaten, neue Cafés in der Region und ob der renovierte Stadtplatz in Aichach ein gutes Ausflugsziel ist. Ich sag's ja: Wenn sich mal jemand die Mühe macht und alle Kaffeetanten-Kreise in Bayern zusammenzählt, dann erkennt man erst diesen wichtigen Meinungsbildner und Wirtschaftsfaktor.

Zum Thema Hobbys erzählte ich an anderer Stelle schon etwas. Jetzt in der Rente wurden die Hobbys erst so richtig wichtig. Zum Tanzen will ich noch einen Grund nennen, weshalb das für mich etwas ganz Besonderes war. Mein Vater gestand mir nämlich einmal, dass er zeitlebens seine große Liebe vermisst hatte, meine leibliche Mutter. Etwas später machte mir mein Vater ein Kompliment, das mich sehr bewegt hat. Beim Tanzen eröffnete er mir selig: „Du tanzt ganz so wie Deine Mama."
Aber ich war mir auch bewusst, dass im Tanzen eine große Gefahr liegen kann. Und das lag nicht nur an dem Vorfall, bei dem an einer Übungsstunde am Sonntagabend ein Tanzpartner auf dem Parkett – zum Glück nicht wir – dem anderen androhte: „Jetzt hau ich Dir eine runter." An einem Silvesterabend im Münchner Rathauskeller erzählte uns ein Ehepaar: „Hätten wir nicht in der Tanzschule aufgehört, dann wären wir jetzt geschieden." Ich plaudere hier nicht aus, welcher hohe Honoratior der Stadt München hinter diesem Spruch steht. Oder ein anderes Paar: „Von der Tanzstunde gingen wir getrennt heim; der eine auf der rechten Straßenseite, der andere auf der linken." Gottfried und ich mussten nur manchmal klären, wer die Führungsposition innehielt, vor allen Dingen, wenn wir neue Schritte einstudierten. Alles also unproblematisch. Und dabei legten wir mit dem Tanzen erst richtig los, nachdem wir mit dem Skifahren aufgehört hatten. Skifahren hatte uns 35 Jahre lang beschäftigt. Aber jetzt studierten wir von der ersten Tanzstunde weg neue Schritte ein. Und wir hatten mit den Privatstunden den Platz auf dem Parkett, den solche Schrittfolgen benötigen. Buchstäblich von dem Moment an sprachen uns bei jeder Veranstaltung Leute an. Einmal gerieten wir in der Karlstraße an eine Faschingsgesellschaft, tanzten ein paar Runden mit und wurden prompt zu ihrem Faschingsball in die Kongresshalle eingeladen. Gute Tänzer wurden überall gebraucht.

Dann klingelte unser Telefon und Waltraud Nowicki, die bei uns drei Wochen in der Kinderlandverschickung im Sommer verbracht hatte, meldete sich für einen Besuch an. Spätestens im Rentenalter beginnt man seine Lebensspuren zurückzuverfolgen. Und an dem Punkt war sie angelangt. Jetzt wollte sie wissen, was aus uns, aus den Kameraden und aus Merching geworden war. Sie kam mit ihrem Gatten vom Urlaub aus Österreich auf dem Rückweg bei uns vorbeigefahren. Wir hatten auch gleich die ehemaligen Kameraden eingeladen und verbrachten einen geselligen Nachmittag dicht gedrängt bei uns im Wohnzimmer. Jetzt war es doch so gewesen, dass die Kameraden folgendes Bild als letztes in ihre Erinnerung gebrannt hatten: wie sie ihr Floß im Bach in Badehosen verteidigten und wie ein paar feingliedrige junge Mädchen zum Entern auf sie zustürmten. In der Erinnerung steigerten sich ihr silberhelles Lachen und ihre straffen Mädchenwadeln noch über die Zeit in Glanz und Gloria. Ich persönlich erlaube mir den Eindruck, dass es für manchen Geneigten besser bei der Erinnerung geblieben wäre. Dieses Bild stimmte naturgemäß mit der Wirklichkeit vierzig Jahre später nicht mehr ganz überein, obwohl sich Waltraud ganz ordentlich gehalten hatte. Dennoch: Jeder zeigte sich bei ihrem Besuch von seiner besten Seite und wir kramten lange verschüttete Erinnerungen aus der Mottenkiste hervor, herrlich nostalgisch.

Über Merchinger Originale gibt es viele Geschichten. Stellvertretend für die vielen Persönlichkeiten im Dorf picke ich ein solches Original heraus. Viele Jahre zuvor kam nämlich ein Mann in aufgeregter Verfassung auf unseren Hof gelaufen und berichtete: Ich bin auf der glatten Straße mit dem Auto in einen Acker gerutscht. Können Sie mir bitte helfen und mich herausziehen? Mein Mann war bei derartigen Fällen genauso hilfsbereit wie geduldig und machte sich also mit Zugmaschine und dem Herrn Kreutle auf den Weg. Mit dem Abschleppseil fing unsere lebenslange Freundschaft mit dem Leiter der Merchinger Schule an. Helmut Kreutle zeichnete sich äußerlich durch einen unerschütterlichen jungenhaften Charm, durch einen aufpolierten Mercedes-Oldtimer und durch eine Reihe attraktiver Freundinnen aus. In der

Runde der Kegler fungierten wir als eine Art Jury, die diskret versuchte einzuschätzen, wie gut die neue Verbindung passte und wie lange die Beziehung wohl halten würde. Erst bei der Lehrerkollegin Barbara tippten wir auf eine längerfristige Angelegenheit. Die Keglerrunde erhielt tatsächlich in den Sommerferien eine Hochzeitskarte von deren Blitztrauung in Schweden.
Die Karte hatte uns zwar sehr gefreut, aber nun mussten wir eine Hochzeitsfeier organisieren. Denn das frisch getraute Paar machte keine Anstalten anderweitig einzuladen. Wir würden dazu das Gartenhaus in Rettenbach zur Verfügung stellen, wo sonst auf dem Einödhof die Schulklassen des Maria-Ward-Gymnasiums ihr Schullandheim veranstalteten. Die Hütte und der Garten sind nicht nur perfekte Idylle für Sommerfeste, sondern sie bieten auch Platz und ein Dach für alle Wetterlagen. Damit kann man sich an die Aufführung eines Bühnenstücks herantrauen. Und so fingen die Proben für das Weiße Rössl von Ralph Benatzky an. Die gesangsstarke Keglerrunde erwartete nach dem ganzen Probenaufwand einen Auftritt vor größerem Publikum in dem weitläufigen Obstgarten. Das Brautpaar würde bestimmt Freunde, Verwandte und Bekannte zu ihrer Hochzeitsfeier einladen. Doch als wir den Feldweg auf den Hof in Rettenbach hinunterfuhren, war kaum ein Auto zu sehen. Herr Kreutle hatte also kalte Füße bekommen und seinen Keglerfreunden etwas misstraut, eine anständige Aufführung auf die Beine zu stellen. Ganz die professionellen Künstler, stemmten wir unsere Operette nahezu ohne Publikum bei herrlichem Wetter zwischen den Obstbäumen.
Wo Herr Kreutle selbst bei jeder Feier mit Einfällen glänzte und bühnenreife Auftritte als Conferencier, Leierkasten-Spieler, Sänger oder Poet hinlegte und wir oft als Chor oder Statisten dienten, zollte er unserer Mannschaft jetzt Beifall für ein ganzes Bühnenstück. Er gestand uns, dass er gern mehr Gäste eingeladen hätte. Aber er hätte ja nicht wissen können, ob die Aufführung etwas taugt. Jedenfalls war für unsere kleine Gruppe reichlich zu Essen und Trinken übrig.

Als Schulrektor muss man etwas darstellen, so dachte Helmut Kreutle und setzte sich auf unser Pferd Bobbi. Denn wer das Reiten beherrscht, der dürfe schon als diszipliniert gelten. Bobbi stammte aus einer Achselschwanger Züchtung und galt als gut reittauglich. Über die Jahre hatte ihn Emil zugeritten und es war klar, dass selbst weniger erfahrene Reiter mit dem gutmütigen Tier zurechtkommen würden. Also traute sich Herr Kreutle ans Traben, Galoppieren, dann auch ans Springen. Ich kann mich nicht mehr entsinnen, ob die Hürden nennenswert hoch lagen, oder die Balken quasi sicherheitshalber am Boden liegen blieben. Und ich glaube, dass Bobbi zufrieden damit war, jetzt, nachdem er nicht mehr auf dem Acker gebraucht wurde, seine Bestimmung im Reitsport gefunden zu haben. Mit unserem anderen Pferd Fritzi hätten wir uns dagegen darüber freuen können, Herrn Kreutle ab und zu im Wassergraben, auf dem Ackerboden oder sogar in der Paar wiederzufinden. Fritzi verhielt sich nämlich eher eigensinnig. Das wollten wir unserem Freund besser nicht zumuten.
Beim gemeinsamen Kegeln war dagegen die Verletzungsgefahr deutlich geringer. Dafür blieb es aber auch nicht beim Kegeln. Denn unser Kegelfreund Sepp Aumiller kannte sich in Augsburg viel zu gut aus. So sprachen wir bei Bruno hinter dem Theater den Getränken gut zu, feierten wild im dreistöckigen Hotel am Hochablass zu Fasching oder in den Bunkerkellern der ehemaligen Messerschmidtwerke, wo Sepp in die Musikkapelle fiel, weil er meinte mitspielen zu wollen. Selbst in eine Nachtbar in der Nähe des Augsburger Plärrers schleppte er uns nach dem Kegeln im Gunzenlee in Kissing. Seinen Sohn Bernd, den Kegelbua, hatte er nach dem sportlichen Teil nach Hause ins Bett geschickt. Das war auch besser so, denn wir verließen die Nachtbar leicht zerknittert erst im Morgengrauen.

Ganz behutsam, wie bei einem zarten Blümchen, tastete ich mich 1998 an den Gedanken heran, aus unseren Dokumenten eine Forschung über unsere Ahnen und den Betrieb aufzubauen. Also versuchte ich, meinem Mann das Vorhaben näherzubringen. Wie wir anfingen, alles erstmal zusammenzutragen, plagten ihn die Zweifel. Ich glaube, das war erst recht der Anstoß dazu, dass ich beweisen wollte, dass es möglich ist. Genau drei Mal war Gottfried zur Forschung dann im Staatsarchiv München dabei; aber es war nicht seine Welt, denn man sitzt ja lange Stunden brav und breit auf seinem Hintern. Dann fanden wir nach einiger Suche ein Blatt zur Existenz des Aumillerhofes, der durch unsere Vorfahren um 1870 dazugekauft worden war. Gottfrieds Kommentar: „Brauch mar nicht." Damals ließ ich mir das Blatt durch die Lappen gehen; heute wurmt es mich. Wir passten in der Arbeitsweise nicht recht zusammen. Derweil wurde es für mich langsam ernst, weil ich Gefallen daran fand, morgens ein Salamibrot zu machen, Block und Stift und Geld für die Kopien einzupacken, zur Staatsbibliothek nach München zu fahren, dort durch die Tür zu den heiligen Hallen zu treten und dann stundenlang Vertrag auf Vertrag zu sichten. Für die Schrift und die Sprache des 13. bis 20. Jahrhunderts besuchte ich nebenbei einen Kurs, obwohl wir in der Grundschule noch die „deutsche Schrift" gelernt hatten. Für die Systematik der Dokumente musste ich hundert Mal die Bibliothekare fragen, weil die Obermühle dem damaligen Grundherrn und der dazugehörige Hof dem Kloster St. Ulrich und Afra in Augsburg unterstellt war und die Dokumente zu den gleichen Objekten an x verschiedenen Stellen untergebracht waren. Und dann waren die Namen der Ahnen verwirrend; das halbe Dorf schien die gleichen Namen zu tragen und ich verhedderte mich wochen- und monatelang in Seitenlinien, die ich gar nicht verfolgen wollte. Manchmal packte mich Zorn oder Resignation, wenn mir im letzten Satz eines kryptischen Dokumentes auffiel, dass es sich nicht um meine gesuchte Person handelte. Die Schriftstücke aus vor-napoleonischen Zeiten waren noch verwirrender, weil es weder Adressen noch eindeutige Hausnummerierungen gab. Im 30-jährigen Krieg war überhaupt fast alles Vorherige verloren gegangen. Manchmal kam ich völlig erschöpft von einem Tag im Archiv wieder, wo ich doch einen lauschigen

Tag mit gemütlichem Blättern im Sinn gehabt hatte. Der Kopf schwirrte mir noch tagelang von den sich überschneidenden Grundstücksnamen, von den immer gleichen Namen, der eine relevant, der andere überhaupt nicht, mit zehn Benennungen für das gleiche Objekt, aber über zwei Jahrhunderte verteilt, mit weichenden Erben und dritten Ehefrauen oder -männer, weil ja so früh gestorben wurde. Aber das Eigenartige an der Sache war: Wenn es einen mal gepackt hat, kommt man nicht mehr los. Bis dahin hatte ich in Wirklichkeit noch kein klares Ziel vor Augen, wohin mit den ganzen Informationen. Dann lief ich wieder einmal auf die Theke in der Bibliothek in Augsburg zu; aber vor mir stand eine Frau, die sich gerade mit dem Bibliothekar unterhielt. Diese Frau überreichte ein Buch an den Bibliothekar. Es sah aus, wie wenn sie ein Buch aus der Ausleihe zurückgab. Aber sie berichtete, dass es ihr eigenes Buch war, das sie zuvor von der Druckerei abgeholt hatte. Der Bibliothekar bedankte sich bei ihr für die Überlassung des Buches über ihre Ahnenforschung. So ein Buch wollte ich auch gerne haben, ein Buch über unsere Vorfahren. In der Bibliothek wurde ich bald morgens begrüßt mit „Grüß Gott, Frau Wecker. Welches Jahrhundert hätten's denn heute gerne?". Und in Merching bekam ich Zugriff auf Dokumente, die außer der Pfarrer seit vierzig Jahren überhaupt niemand mehr zu Gesicht bekommen hatte. Von den Alt-Merchingern bekam ich Fotos zum Scannen aus den letzten 120 Jahren und wenn ich zum Fotografieren von Alt-Merchinger Häusern im Dorf unterwegs war und an den Türen um Erlaubnis fragte, wurde ich schon erwartet mit „Ah Marie, do bisch ja." Viel einfacher fiel es mir, die Dokumente, Alben und Karten zu sichten und auszuwerten, die wir selbst zuhause aufbewahrt hatten. Angeregt durch das schöne Album meiner Mutti aus dem Jahr 1907 kam auch meine Sammelleidenschaft für Ansichtskarten in Schwung. Etwa 1910 hatte Mutti als 16-jährige die Idee, als Kochlehrling nach München zu übersiedeln. Sie hatte nämlich die Tante Magdalena, die Ordensschwester in einem Kloster in München war. Der Kontakt hatte mit einem regen Schriftverkehr angefangen. Die

Tante hat dann meine Mutti voller Begeisterung in der großen Klosterküche willkommen geheißen. Briefe und Karten hatten lange die größte Bedeutung und schilderten fast alle Details des Lebens, denn eine andere Möglichkeit, sich auszuheulen, sich zu beweihräuchern oder über die bucklige Verwandtschaft zu meckern bestand über die Ferne nicht. Die ersten Ansichtskarten in einem unserer Alben datieren aus dem Jahr 1907. Vorher stammte ja jede Information für die Ahnenforschung aus Texten. Mit den gezeichneten Bildern oder den Fotos gewann ich einen ganz anderen Eindruck, bildlich eben. Dafür fehlte wieder der Kontext oder die Beschreibung, wer überhaupt auf den Fotos zu sehen war. Die einstmals fröhlichen Kartengrüße wandelten sich sehr schnell in traurige Feldpostkarten aus Frankreich. Die Mitteilungen kamen eher spärlich, aber die Eltern wussten wenigstens, wo Muttis Bruder Anton gerade im Einsatz im 1. Weltkrieg war. Das bange Hoffen, ob er noch am Leben war, wollte kein Ende nehmen. 1918, als der Krieg schon als verloren und zu Ende galt, kam keine Feldpost mehr, sondern die traurige Nachricht: „Anton Mastaller, stud. phil., Leutnant der Reserve, Inhaber des Eisernen Kreuzes 2. Klasse und des Bayer. Militär-Verdienst-Kreuzes 3. Klasse ist am 9. Nov. 1918 im Englischen Gefangenenlager Kagworth verstorben.“ Ich versuchte nachzuvollziehen, wie es dem Schreiber beim Verfassen der wenigen Zeilen vor rund 80 Jahren wohl ergangen war, empfand mit der Ansichtskarte in der Hand die Verängstigung und tiefe Traurigkeit und durchlitt das Auf und Ab zwischen deren Verzweiflung und Hoffnung. In den Jahren des 2. Weltkrieges waren bei uns Ansichtskarten seltsamerweise überhaupt kein Thema. Erst 1946/47, als das Reisen zum Hobby aufstieg, trudelten die beliebten Kärtchen erneut ein. Dann kamen sie nicht mehr nur aus der näheren Umgebung, sondern auch aus Asien, Lateinamerika und Afrika. Die Reisen zeugten vom Wohlstand, vom Frieden und von der Freiheit in unserer Gesellschaft.

Die ganze Ahnenforschung und selbst die neueren Unterlagen entwickelten sich für mich wie ein tausendteiliges Puzzle, bei dem man das fertige Bild nicht kennt, drauflos bastelt und hofft, dass alles am Ende irgendwie Sinn macht. Manchmal verging ein halbes Jahr, ohne dass ich ein weiteres Fragment zuordnen hätte können. Plötzlich fiel wieder etwas an seinen richtigen Platz und es ging weiter, als wäre nichts gewesen und doch eh alles längst sonnenklar. Alles, was ich las oder erfuhr, schrieb ich mit der Schreibmaschine und später dem Computer auf. Die Verträge, Pläne, Dokumente, Bilder, Ansichtskarten, Fotos breiteten sich in der Wohnung aus wie ein Termitenhaufen. Unsere Tochter Maria übertrug alles mit einer für mich unglaublichen Systematik und Präzision in den Computer, für sich genommen schon eine Plackerei wie zwei Doktorarbeiten zusammen, mit der Geduld einer tektonischen Platte bei der Kontinentaldrift. Unser Sohn Klaus scannte die alten Dokumente und Fotos, fügte alles zusammen und gab die Bücher zum Druck. Es war wie ein kleines Unternehmen, so viel Hilfe benötigte ich, ein Unternehmen, das mich bereits zwölf Jahre beschäftigt hatte, als wir das erste Buch in der Hand hielten.

46

Emil ist am 26.5.1913 in Jestrebice im Sudetenland geboren worden. Mit Rat und Tat war er meinem Mann und meinen Kindern zur Seite gestanden. Unser zuverlässiger, treuer Freund hatte uns immer begleitet. Sein Leben bestand aus Fleiß, unermüdlicher Hingabe zu unserer Familie und dem landwirtschaftlichen Betrieb. Wir schätzten ihn als ruhigen, verständnisvollen Menschen, als einen ruhenden Pol und als ein Vorbild für unsere Kinder.
Als Emil zu uns auf den Hof kam, hatte er sofort einen Blick dafür, wie man die Arbeit einfacher und besser machen kann. In seinem ersten Sommer in Merching stellte er die Frage, weshalb bei der Getreideernte die Garben mitsamt Getreideähren zum Hof geschafft wurden und erst im Winter gedroschen werden sollten? Man könnte doch den Dreschwagen gleich auf das Feld stellen,

direkt dort dreschen und das Getreide anschließend in der Mühle lagern. Das sparte Zeit bei der Ernte. Und das Getreide konnte viel früher und genau nach Bedarf gemahlen und verkauft werden, was gleich wieder Geld für die Löhne der Erntehelfer in die Kasse schaffte.
Bis 1972 kümmerte er sich neben der Arbeit auch um unsere Pferde Bobbi und Fritzi. Am Reitverein Mergenthau lebte Emil seine Leidenschaft für Pferde und Kutschfahrten dann mit eigenem Pferd aus. Für Frau Ehnle und auch im Gut Lindenau hielt er auch die Kutschen in Schuss. Das führte ihn dazu, gelegentlich die Hochzeitskutsche oder bei Dorffesten zu fahren oder sogar in der Freilichtbühne in Augsburg mit Gespann aufzutreten.
Emil war an unserem Hof beschäftigt, bis er 1983 in Rente ging. Auch in seiner Rentenzeit war Emil ein gefragter Mann. In Rettenbach auf dem Hof der Englischen Fräulein pflegte er den Gemüsegarten, strich die Gebäude des Einödhofes, räumte auf und kümmerte sich um die Werkstatt. In Augsburg richtete er die Gräber der Klosterschwestern, schnitt Bäume und Hecken aus und ging bei Reparaturen und Umbauten zur Hand.
Emil starb am 13.7.1999 in Augsburg im Krankenhaus und wurde in Merching begraben. Er ging als ein Familienmitglied von uns. Immer wieder gibt es Anlässe, um an Emil zu denken und ihn zu vermissen.

Eine Einladung zu einem Jahrestag des Kriegsendes führte uns ins beschauliche Boxberg bei Bad Mergentheim. Dort war im März 1945 ein Soldat im Kampf gefallen, Anton, der Bruder meines Mannes, am buchstäblich letzten Tag des Krieges in der Region. Die Feier zum Jahrestag begann mit einer Messe und dem Gedenken an die Gefallenen.
Am 31.3.1945 waren die Alliierten auf dem Boden Richtung Osten vorgerückt und hatten eine Ortschaft nach der anderen auf ihrem Weg befreit. In Boxberg Wölchingen bei Bad Mergentheim liegt der idyllische Ort in einer leichten Senke. Die umgebenden Hügel sind teils bewaldet. Vom Waldrand in den verschiedenen

Himmelsrichtungen hatten die alliierten Soldaten an diesem Tag einen guten Blick über die Ortschaft. In Boxberg waren noch deutsche Soldaten abkommandiert, die Amerikaner aufzuhalten. Sie sollten das Dorf halten bis zum letzten Mann. Kindergesichter mit 17 oder 18 Jahren Alter verschanzten sich hinter Häuserecken, Barrikaden und in kleinen Gräben. Die alliierten Truppen kreisten den Ort ohne besonderen Widerstand über die Hügel ein, gut geschützt durch die Wälder. Einem besonderen Risiko wollten sie sich bei dieser Ortschaft nicht aussetzen.
Einige Bewohner von Boxberg fanden den jungen deutschen Soldaten bei einem Kontrollgang, zusammengekrümmt an einer Hauswand, mit Bauchschuss, aber lebend. Mit einer Schubkarre transportierten sie den schwer Blutenden so vorsichtig es ging zum Nachbarhaus, hoben ihn behutsam in das Schlafzimmer und legten ihn auf das Ehebett. Neben ihn legten sie auch einen weiteren schwer verletzten Soldaten. Beide starben noch am gleichen Tag. Und es stellte sich heraus, dass beide am gleichen Tag geboren worden waren, am 9.10.1927. Sie wurden nur 17 Jahre alt. Der erste der beiden war der Bruder meines Ehemanns. Sein Tod schuf einen dieser leeren Plätze wie in fast jeder Familie.
Zur Gedenkfeierlichkeit waren auch die damaligen Überlebenden von überall her angereist. Am Waldrand finden sich die vierzig Gräber der Opfer von damals. Der Rasen, die Hecken, die Gräber selbst in tadellosem Zustand und mit Akribie gepflegt. In einer bewegenden Zeremonie enthüllte der Bürgermeister des Ortes ein Gedenkmonument mit den Namen der Gefallenen. Die Trauer über den frühen Tod von Anton nahm in der Familie Wecker immer wieder Raum ein, wenn meine Schwiegermutter Zeit ihres restlichen Lebens über den sinnlosen Verlust ihres Sohnes klagte. Maria Schulze-Kroiher beschreibt in ihrer Familienchronik „Aus Böhmens Wäldern“: „Ich bin der Meinung, dass jedes einzelne Kind für seine Mutter einmalig und unersetzlich ist. […] So gesehen gab es viel Leid damals. Aber man ertrug es. Leben und Tod waren ja so nah und gehörten einfach zusammen.“ Und 50 Jahre danach ist die leere Stelle in der Familie nach wie vor greifbar.

Unsere Kinder haben ihren Onkel nie kennengelernt und haben nur den Ort seiner letzten Ruhe, eine Inschrift an einem Mahnmal und einen letzten Brief, den er wenige Wochen vor seinem Tod vom Felde an seine Eltern schrieb.
Mein Mann war im Gegensatz zu seinen Brüdern Georg und Anton bis zum Kriegsende nicht eingezogen worden, weil er genau einen Tag zu jung für den Dienst an der Waffe war. Und so war er als jüngstes Kind zum Hofnachfolger bestimmt worden. Erst als sein Bruder Georg mehrere Jahre nach dem Krieg aus russischer Gefangenschaft zurückkehrte und als ältester Sohn den Hof übernahm, musste sich Gottfried darauf einstellen, doch auf einen anderen Hof zu wechseln.

Über unsere Verbindung in den Bayrischen Wald will ich berichten, weil es aus mehreren Gründen bemerkenswert war. Zuerst hat mich nur gewundert, dass um die Zeit unserer Hochzeit immer wieder die Rede von der Bayrischwaldler Therese und der Bayrischwaldler Rosl war. Ich war jedenfalls bis zu unserer Hochzeit nie auf die Idee gekommen in den Bayrischen Wald zu fahren. Das war für uns kein Sehnsuchtsort. Außer Gottfrieds Mutter machte sich auch eine Reihe anderer Bayrischwaldler bei uns ansässig. Die erste Frau von Gottfrieds Vater in Eresried hatte der Pflege bedurft. Das leistete eine Ordensschwester aus Bad Wörishofen, Schwester Germara, die ursprünglich aus dem Bayrischen Wald stammte. Ihre Schwester Therese, selbst Oberschwester in einer Heil- und Pflegeanstalt bei München, stattete Besuche in Eresried ab und schien dort Eindruck zu hinterlassen. Vor ihrem Tod soll die pflegebedürftige Kathi Wecker noch vorgesorgt und ihrem Mann vorgeschlagen haben, er solle doch nach ihrem Ableben um Oberschwester Thereses Hand anhalten. Als sie dann im Dezember 1920 verstarb, hinterließ sie ihren Mann, ihre vierzehnjährige Tochter, 6 bis 8 Knechte und Mägde sowie einen Stall voller Tiere. Neun Monate nach der Beerdigung heiratete Gottfrieds Vater im September 1921 die Bayrischwaldler Therese. In ihrer Heimatregion war das Auskommen nicht ge-

sichert und bei uns fehlten die fleißigen Hände. Deshalb kam im Zuge dieser Hochzeit auch eine andere Schwester der frischgebackenen Ehefrau, Rosl, mit nach Eresried und brachte gleich ihren Bruder Ludwig und zwei landwirtschaftliche Mägde mit. Bruder Max versuchte dagegen sein Glück sogar in Amerika als Metzger. Erst viel später siedelten sich im Bayrischen Wald größere Betriebe an. Und die neuen Straßen erlaubten das Pendeln zur Arbeit nach München. Aber zu der Zeit waren viele Bayrischwaldler längst weggegangen oder gleich ausgewandert.
Eine Weile nach unserer Hochzeit nahmen wir jedenfalls erste Verwandtschaftsbesuche ins Südostbayrische auf. Wir bewunderten immer, mit welchem Fleiß und mit welcher Hartnäckigkeit den Böden und Wäldern die Ernte abgerungen wurde. Wenn wir dachten wir hätten es schwer in Merching, dann kamen wir vom Besuch im Bayrischen Wald geläutert zurück und dankten Gott für unsere fruchtbaren Böden am Lech.

Schauen wir uns kurz an, wie sich die Rahmenbedingungen am Hof änderten, dann das, was die Kinder alles auf die Beine stellten. Die fahrbaren Untersätze hatten sich von Gigg, Leiterwägala, kombiniertem Ochs-und-Muli-Gespann und 20-PS-Lanz über Opel, Käfer und dem ewigen /8-er Mercedes (gesprochen: Strich-Achter) hin zu 100-PS-Jonny (John Deere), unzähligen Mopeds und Autos entwickelt. Mobilität war auf dem Land zugegebenermaßen entscheidend. Während Sohn Gottfried seinen gelben Opel Manta stilsicher mit einem Fuchsschwanz an der Antenne ausstattete, durfte Sohn Klaus stolz eine Runde mit dem geliehenen Bonanza-Rad auf der Insel in der Paar drehen. Walter nutzte den Flaschenzug in der Garage, um einen neuen alten 200er-Dieselmotor in Eigenarbeit in unseren roten /8-er Mercedes einzubauen und sein Leben damit zu verlängern. Jedes der Kinder bekam zur Volljährigkeit oder auch schon etwas vorher von uns einen Mobilitätszuschuss. Bei Walter war das besagter roter 200er Diesel. Bei Klaus lief das Zuschuss-Projekt etwas aus dem Ruder. Ich gab ihm das Geld für einen VW-Bus, der lange als

Lieferfahrzeug im Einsatz war. Sein Kumpel und er lackierten, schweißten und machten einen kleinen Ausbau in Holz, verkauften das Ungetüm aber bald wieder zum gleichen Preis. Das Geld gab mir Klaus zurück. Dann kam er mit einem uralten Mercedes an, den er als Neben-Job zum Tüv herrichtete und den er zusammen mit einem Freund während der Arbeiten ganz übernahm. Ich gab Klaus das Geld wieder. Nach ein paar Monaten strapazierte der enorme Benzindurst des Mercedes seinen Geldbeutel zu sehr und er verkaufte das Fahrzeug wieder. Man ahnt es: Ich bekam das Geld vom Verkauf wieder zurück. Bis hierher behielten wir den Überblick beim Mobilitäts-Budget leicht. Aber nun wird es kleinteilig. Klaus kaufte einen grasgrünen Passat, bekam von mir das Geld dazu, hatte vier Wochen später einen Unfall damit und nahm von der Versicherung des Unfallgegners den Zeitwert entgegen. Er gab mir das Geld zurück. Jetzt habe ich die Finanzierung von einer Handvoll Fahrzeugen, überwiegend Peugeot 504, dazwischen vergessen. Ich fuhr jedes Fahrzeug mutig Probe, verzweifelte einmal an dem zutiefst französischen Lichtschalter des Peugeot und schlug ihm nach ein paar Jahren und vermutlich zehn alten Autos vor, unseren Mobilitätszuschuss zu beenden. Den Überblick über das Budget hatten wir längst verloren. Aber verbraucht hat er das Geld bis dahin sicher nicht.
Gottfried Junior hatte Ende der `90er den ersten Landwirtschaftslehrling auf dem Hof aufgenommen und im Laufe der Jahre insgesamt acht junge Leute ausgebildet. Das Engagement war bemerkenswert, weil ein Auszubildender ja beschäftigt sein mag. In Summe hat Gottfried vielleicht mehr Arbeit investiert als zurückbekommen. Aber irgendwoher müssen die Junglandwirte doch kommen. Im Wald hatte mein Mann noch drei Stücke dazugekauft. Ich meine nicht Junglandwirte, sondern Waldstücke. Verzeihung für den Gedankensprung. Von rund vier auf gut 12 Hektar Wald hieß erstmal viel mehr Arbeit und von Sturm Wiebke 1990 hatte es Jahre gedauert, bis das Holz herausgeschnitten war und die Schneise der Verwüstung wieder angepflanzt war. Die Laubbäume, die dazu gepflanzt worden waren,

Linde, Bergahorn, Esche und Erle, mussten zweimal nachgepflanzt werden. Die Fichten vertrugen dagegen unser Klima einfach besser. Fazit: Mit einem Wald lernt man Geduld und Demut. Und Mindestlohn findet woanders statt.
Die Getreideanlage im Mühlgebäude musste mit den größeren Traktoren und Anhängern Schritt halten. In den `80ern bauten wir Getreidesilos ein, um selbst Getreide lagern zu können. Rundsilos für Getreide baute Gottfried Junior in den `90ern dort ein, wo ehemals die Säge stand und wo jetzt Garagen waren. 2000 kam eine überdachte Getreideannahme zwischen Mühlgebäude und Maschinenhalle dazu. Dadurch konnten beliebig große Anhänger im Innenhof abgeladen werden. Vorher mussten wir mit kleinstem Bulldog und kleinem Anhänger in das Mühlgebäude hineinfahren, nirgends hängenbleiben, beim Kippen nicht an der Decke anstoßen und dann staubte das Getreide beim Abladen, dass die Berufsgenossenschaft jaulte.
2003 übernahm Gottfried Junior an der Hauptstraße in Merching das Gebäude der ehemaligen Bäckerei Riedelberger, wo wir früher gerne die Semmeln geholt hatten. Die Renovierung in typisch bayrischer Eigenleistung, also mit Freunden, Familie und Verwandtschaft, verwandelte die Backstube in drei Läden im Erdgeschoss und eine Wohnung darüber. Schwiegertochter Paula war derweil für sechs Jahre im Gemeinderat und bestimmte die Geschicke des Dorfes mit.
Jetzt habe ich etwas ganz Wichtiges übersprungen. Zurück in das Jahr 1986. Denn da nahm die nächste Generation in der Familie ihren Anfang. Gottfried heiratete Paula in einer wunderschönen Hochzeit mit blumengeschmückter Kirche und Kutsche und dreistöckiger Torte. Thomas heißt mein erster Enkel. Im gleichen Jahr brachte Maria ein Mädchen zur Welt, das Hanna getauft wurde. Bereits ein Jahr später kam Enkel Martin zur Welt. Er wurde in der Osternacht auf den Namen unseres Kirchenpatrons an dem Taufstein getauft, den unser Vorfahr Bernhard Knoller 1783 der Kirche gestiftet hatte. So geht das auf dem Dorf. Wieder ein Jahr später erblickte in Merching Enkelin Stefanie das Licht der Welt

und kaum drei Jahre danach Enkel Michael. Nur so viel: Mit den vielen Enkeln kommt man nicht mehr hinterher. Da bleibt kaum ein Jahr ohne Feier. Eine Taufe nach der anderen, Einschulungen, Erstkommunionen und Firmungen. Zum Glück hatte man sich von der früher üblichen Praxis gelöst, Säuglingen die Kommunion direkt nach der Taufe mitsamt Messwein zu reichen. Das bekam den Säuglingen oft nicht gut.
Inzwischen richtet man sich im Alter nach der Fähigkeit zum Gebrauch der Vernunft, als Voraussetzung für die Beichte. Aber da wäre selbst mancher 40-Jährige noch nicht so weit mit dem Thema Vernunft. So feierten wir also, was uns unter die Finger kam. 1997 durften wir uns zu einer opulenten Hochzeit nach Dresden und auf Schloss Albrechtsberg begeben, um die Trauung von Sohn Walter mit Lucia zu feiern. 1999 waren wir dann zur Hochzeit von Sohn Klaus und Dagmar in der Orangerie in Erlangen und auf dem Landschloss Wiesenthau. Die Sehenswürdigkeiten lernt man ja am besten kennen, wenn man direkt darin feiert. Noch im gleichen Jahr kam in Dresden Enkel Justus zur Welt. 2001 schloss sich der Kreis von sieben Enkeln, als Philipp in Dresden geboren wurde.
Mit den Enkeln verhielt es sich ja so, dass ich als Oma in eine ganz neue Rolle schlüpfte. Gerti, die Schwiegermutter von Klaus, würde das vielleicht so sagen: „Man macht alles mit. Und wenn's laut und anstrengend wird, dann gibt man sie einfach wieder ab." Das ist mal eine pragmatische Aussage. Mal ehrlich: Die Oma ist auf dem Lande doch eine Institution. Oder? Die Enkel lernen bei ihr das Radfahren, Skifahren, Eislaufen und Schlittenfahren, das 1x1, Kuchenbacken und alte, kuriose Geschichten über ihre Eltern. Und dafür erlebte ich als Oma meine eigene Kindheit wieder am kleinsten Skiberg mit Lift in Steinach, an den drei Bingkalan mit Blick zum Lech, beim Schlittschuhfahren in der Eislaufhalle und mit Kuchenteig überall in der Küche außer in der Schüssel. Was mich besonders freut ist, dass ich mit den Enkeln wieder ein williges Publikum für mein einfachstes Eisrezept fand: pürierte Erdbeeren aus der Tiefkühltruhe. Da braucht man nichts außer

Erdbeeren. Hinein in die Schüssel; einmal püriert; in Joghurtbecher gefüllt und ab in die Tiefkühltruhe. Fertig für den Rest des Jahres.
Und eine weitere Rolle in meinem Job als Oma lag bei mir darin, die Traditionen aufrecht zu erhalten. Ein Teil dieser Traditionen hängt am Kirchenjahr. An Ostern habe ich zusammen mit den Enkeln Ostereier gefärbt und dann die Nester hinter dem Hühnerstall mit Schokolade und Eiern drapiert. An Heiligabend habe ich Würstel und Kraut aufgetischt und anschließend das Glöcklein geläutet. Nach dem Singen und Schenken gab es dann Himbeerbowle und Plätzchen. Das Ritual zum ersten Weihnachtsfeiertag hatte sich eher zufällig ergeben. Irgendwann hatte ich nämlich keine Lust mehr auf die umfangreiche Kocherei und schlug vor, auf Fondue umzustellen. Da konnte nämlich jeder mithelfen und Soßen in einem Topf rühren und ein pyromanisch Veranlagter in der Familie den Rechaud entzünden. Also jeder, wie er es am besten konnte. Das ist eh besser, als wie wenn zwei am Herd stehen und zehn andere nur schlaue Kommentare geben. Als zentrale Komponente beim Fondue hat sich schnell die Knoblauchsoße herauskristallisiert. Davon rührten wir so viel an wie für alle zehn anderen Soßen zusammen. Wenn wir dann mit einem guten Dutzend Personen am großen Tisch saßen und jeder seine Dosis Knoblauchsoße intus hatte, brannte die Luft. Nach einer Stunde dieser Völlerei blieb nurmehr einer von drei Fondue-Töpfen am Kochen und die letzten Versprengten hängten ihre Spieße mit gelben oder blauen Griffen bis weit in den Nachmittag in das heiße Öl. Quasi tagesfüllende Angelegenheit. Außer zu den Kirchenfesten hatte sich eingespielt, dass am Tag des Herrn, also am Sonntag, immer Tochter Maria und Enkelin Hanna zu uns kamen und wir für ein oder zwei Wochen im Jahr die Fahrt nach Dresden unternahmen und uns zeitweise auch um die Dresdner Enkel Justus und Philipp kümmern durften. Wahrscheinlich war es andersherum: Die Enkel haben sich um Oma und Opa gekümmert und haben die Großeltern wieder in Merching abgegeben, wenn sie zu laut wurden. Und so hatte ich Philipp in sehr jungem

Alter einmal in Dresden gebeten, mir als Stadtführer die Stadt nahezubringen. Was hatte ich damit bloß angerichtet? Philipp legte generalstabsmäßig los, recherchierte stundenlang und schrieb Karteikarten mit Daten, Namen und Ereignissen. Dann zogen wir los. Und es wurde eine lange Führung, sehr detailreich, faktenbasiert, professionell. Den Stadtrundgang habe ich selbstverständlich bezahlt, an Philipp.
Und in meiner dritten Rolle war ich noch als Kultur- und Reisebegleitung tätig. Mit Maria und Hanna bin ich auf einer dieser schwimmenden Städte von Aida unterwegs gewesen, einmal von Venedig nach Mallorca, im westlichen Mittelmeer oder auch von Montréal nach New York oder mit Maria in der Ostsee. Da gingen mir schon die Augen über: Man schläft wie in einem schönen Hotel immer im gleichen Bett, sieht Sehenswürdigkeiten wie auf einer riesigen Busreise und bekommt eine Unterhaltung am Abend im Bordtheater wie in einer Handvoll von Varietés in der Heimatstadt. Und über das Essen nur so viel: Da biegen sich die Balken mit Köstlichkeiten, bis die Schwarte knackt. Und wenn wir nicht so weit verreisten, dann ging ich in Damenmannschaft mit einem Herrn, also zwei Enkelinnen, meiner Tochter und ihrem Partner Werner in Augsburg in die Freilichtbühne am Roten Tor. Das Musical Fugger und ein „Best of“ haben uns sehr zugesagt. „Jesus Christ Superstar“ ist für mich schon recht progressiv gewesen. Ich habe aber nicht viele Omas gesehen, die wie ich zur „Rocky Horror Show“ gegangen sind, wo der außerirdische Wissenschaftler Dr. Frank N. Furter mit seinen Mitbewohnern in einem mittelalterlichen Schloss versucht, ein frischverlobtes Pärchen zu verführen, das sich mit dem Auto dorthin verirrt hatte. Gut, dass ich die Handlung vorher nicht kannte. Die Musik war fetzig. Leider durften wir wegen der historischen Spielstätte weder Reis noch Klopapierrollen werfen, wie sonst üblich. So hatten mir das zumindest meine Kinder erklärt. Und die haben mich bei so etwas Wichtigem noch nie auf den Arm genommen.

47

Über das gesamte Rentenalter hinweg habe ich mich immer wieder gefragt, was ich im Leben so erreicht habe und wie ich das einschätzen sollte. Da fiel es mir erstmal schwer, nicht gleich in die üblichen Schubladenkategorien zu verfallen: „Das war aber eine Gaudi. Und das andere war eine ungute Situation"; „Damit haben wir gutes Geld verdient. Und das andere war leider rausgeschmissenes Geld". Überhaupt ist man schnell dabei zu sagen: „Das war gut. Das hat mir gefallen. Und jenes war schlecht. Das war vielleicht unangenehm." Aber mit dieser Bewerterei macht man sich leicht unglücklich. Genauso gut konnte ich jetzt auch meinen Frieden schließen mit den Schwierigkeiten, Entbehrungen und Herausforderungen.

Natürlich hatten wir auch unangenehme Begegnungen mit Menschen gehabt, die ernsthaft böse Absichten im Schilde führten. Das gehört wohl dazu, wenn man einen Betrieb führt, was Neues schaffen und etwas erreichen will. Nicht zu vergessen: Unsere Ausgangsposition war nach Krieg und Währungsreform nicht gerade einfach. Rückschläge gab es wie das Amen in der Kirche. Vermutlich hatten alle in unserer Situation die gleichen einfachen Ziele, nämlich unseren Kindern eine gute Ausbildung zu finanzieren, den Hof einmal in gutem Zustand übergeben zu können und nicht zuletzt für uns selbst zu sorgen.

Also fragte ich mich immer wieder: Habe ich mich genug um die Kinder gesorgt? Habe ich das vorgelebt, was ich halt für wichtig hielt: Zielstrebigkeit, Aufrichtigkeit und Selbständigkeit? Ich meine, dass Fleiß immer hilft. Und das Motto „Halte durch!" hatte mich selbst durch viele schwierige Momente gebracht. „Da'rappeln!" heißt es so schön bei uns. Und Ausdauer zu haben war am Betrieb sowieso selbstverständlich. Man kann die Kuh nicht halb melken und das Stroh nicht halb ernten. Aber nur weil mein Mann und ich eine Kondition wie die Ochsen mitgebracht hatten, brauchten die Kinder diese Eigenschaft noch lange nicht zu übernehmen, um glücklich zu werden.

Und eine weitere Frage: Hatten wir insgesamt genug getan? Als selbständiger Landwirt konnte man leider niemand anderem die Schuld geben, wenn's gerade nicht gut lief. Wir hätten leicht behaupten können, das Wetter sei schuld oder die Politik oder die Gesetze oder, oder, oder. Nur gebracht hätte es uns nichts.
Und eine letzte Frage: Haben wir genügend erarbeitet, um im Alter finanzielle Reserven zu haben? Selbst, wenn wir hofften, einmal zuhause gepflegt zu werden, so wie wir das wiederum mit meinen Eltern getan hatten, so konnten sich die Verhältnisse auch ändern. Dement in einem Pflegeheim zu sein ist kostspielig. Und wir wollten in solch einem Fall niemandem auf der Tasche liegen.
Diese Fragen haben wir uns also immer wieder gestellt. Und scheinbar änderten sich unsere Antworten darauf mit der Zeit oder vielmehr mit neuen Perspektiven. Zum Beispiel Finanzen: Finanziell wollten wir nie mehr so klamm dastehen wie 1945 nach dem Krieg oder noch 1954, als wir heirateten. Schulden machen kam für uns nicht in Frage. Diese Abhängigkeit war uns zutiefst zuwider: von Banken, von den hoffentlich guten Schlachtpreisen oder, dass kein Unwetter die Ernte verhagelte und der Umsatz ausfiel. Wir hatten mit der Zeit eine gewisse finanzielle Unabhängigkeit gewonnen. Und unsere Kinder sollten meiner Meinung nach ebenso Entscheidungsfreiheiten genießen dürfen. Daher freuten wir uns auch mit ganzem Herzen über deren gute Berufschancen und über ihren Erfolg. Während Gottfried den Hof übernahm, wurde Maria als Diplom-Ökotrophologin zur Marketing- und Zulassungsleiterin einer Firma für Kosmetik und Nahrungsergänzungsmittel in Augsburg. Walter bildete sich nach seinem Augsburger Jurastudium weiter zum Fachanwalt für Miet- und Wohnungseigentumsrecht mit eigener Kanzlei in Dresden. Und Klaus studierte Chemie-Ingenieurwesen und BWL, promovierte in Erlangen und arbeitete in verschiedenen Leitungsfunktionen bei einem dortigen Medizintechnikhersteller. Alle Kinder ergriffen Berufe mit guten langfristigen Verdienstmöglichkeiten. Als unser Jüngster erst mit 30 im Beruf einstieg, war ich zugegebenermaßen noch etwas besorgt. Aber mit jedem weiteren Jahr im Job

verstärkte sich mein Vertrauen darauf, dass er auch ohne unsere Unterstützung mit beiden Beinen fest im Leben stand. Und als er mit 50 sein zweites Sabbatical antrat, machte ich mir gar keine Sorgen mehr, dass ihn eine berufliche Auszeit finanziell überfordern könnte.

Mein Fazit: Diese Fragen um das eigene Lebenswerk beantwortete ich ständig anders. Das ist ja nicht schlimm. Man muss nur wissen, dass die Fragerei nie endet.

Und ich hatte einen Teil des Lebenswerkes, unseren Hof, jeden Tag vor meiner Haustür. So schaute ich in der Früh, wenn ich die Zeitung aus dem Briefkasten fischte, zur Tür hinaus nach links auf den Saustall, wo morgens und abends die Schweine wie immer penetrant grunzten. Als wäre jemals die Fütterung ausgefallen und die Tiere hätten hungern müssen! Halb rechts schaute ich auf die Durchfahrt, den Bullenstall und die Scheune, wo wir jahrelang Stroh mühevoll über den Kälberstall befördert hatten. Und aus dem Küchenfenster sah ich direkt auf den Apfelbaum, wo ich immer wieder zweifelte, ob der Baum dieses Jahr ordentlich Äpfel trug oder nach dem Rückschnitt wieder für ein Jahr eingeschnappt den Dienst quittierte und lausige zehn kleine Äpfel brachte. Also: Es blieb schwierig für mich, die Hände in den Schoß zu legen. Ich wusste den Betrieb in guten Händen und plötzlich saß ich beim Haushalt nicht mehr im Fahrersitz, sondern bestenfalls noch auf dem Rücksitz, hinten links. Und in diesem Moment, als die Erkenntnis auf mich einprasselte „Ich bin jetzt in Rente“, sollte dann bitte alles zusammenpassen: gute Gesundheit, eine unternehmungslustige Clique, Reisefreude und der ungebremste Eifer, Neues zu entdecken, tagesfüllende Hobbys, ein Mann, der bei allem mitmachen will. Das ist ziemlich viel verlangt. In Summe hatte es für mich dann doch so gut gepasst, dass wir anfangs einige Monate gar nicht mehr erreichbar waren. Langeweile kam jedenfalls nicht auf. Aber was wusste ich schon, wieviel Jahre noch vor mir liegen würden. Also schoben wir sicherheitshalber nichts auf die lange Bank.

Was das Reisen betraf, so waren wir auf einem neuen Höhepunkt angelangt. Erstens hatten wir in unserer Rente plötzlich Zeit. Wenn man an diesem Punkt nicht aufpasst, dann ist man im Nu wieder eingespannt mit Enkelhüten, mit Kaffeeklatsch, mit Ehrenämtern, Sozialprojekten und seltsamen Dingen, die offensichtlich jahrzehntelang liegengeblieben waren und die man ungestraft weiterhin liegenlassen konnte. Jetzt durften wir nur nicht nervös werden und versuchen, den Druck und die enge Taktung ins Rentenleben zu übertragen. Neben der vielen Zeit war zweitens zwischenzeitlich jedes noch so exotische und abgelegene Reiseziel so erschlossen, dass man als Normalbürger mit vertretbarem Aufwand auf einem gewissen Versorgungsniveau überallhin reisen konnte. Und die Referenz auf gewisse Annehmlichkeiten mache ich bewusst, weil ich im Alter von 65 nicht mehr im eigenen Landcruiser am Ufer des Tschad-Sees entlangfahren, mit Hepatitis, Bilharziose und Amöbenruhr kämpfen wollte, um mir auf dem Benzinkocher im Alutopf das Milchpulver aufzurühren. Wobei: Teilweise haben sich unsere Reisen dann doch genau so angefühlt, zum Beispiel, als mir die Affen in Indien das durchfeuchtete Toastbrot vom altersschwachen Toaster klauten, der über teils freiliegende Kupferkabel in einer feuchten Steckdose ans wackelige Netz angesteckt war. Drittens muss ich lobend hervorheben, dass deutsche Bürger weltweit am wenigsten Visabeschränkungen unterlagen. So wurde uns das russische Visum zum Münchner Flughafen hinterhergetragen. Dort waren wir gerade in der Wartehalle zum letzten Mal zu unserem Abflug nach St. Petersburg aufgerufen worden, als uns ein Mitarbeiter endlich die Visa in die Hand drückte. Auf anderen Reisen entrichteten wir auch mal kleine Bakschischzahlungen, nicht zur Bestechung, nur zur Motivation. Aber das waren schon die größten Komplikationen bei dem sonst fast unbeschränkten Grenzverkehr. Und nicht zuletzt viertens war es mangels Krisen, Kriegen und Krawallen in den 80ern und 90ern außergewöhnlich ruhig und sicher weltweit zu reisen. Ich bin der festen Überzeugung, dass es im neuen Jahrtausend deutlich schwieriger geworden ist, in manche Weltregio-

nen zu kommen. Wo Klaus noch unbehelligt die Sahara durchquert hatte, marschierten bald Rebellen und Terroristen. Wo wir am Nil die Pharaonen besuchten, flogen anschließend Kugeln auf Touristendampfer und Busse. Und irgendwann später gab es eine Phase, da hätte ich mich nicht mal mehr nach Amerika getraut, ob der Waffengewalt und eines hetzerischen, orangefarbigen Präsidenten. Ich darf nicht fünftens vergessen: Wir waren zu versierten Reisenden geworden, mit weltweit anerkannten bayrischen Sprachkenntnissen. Warum das wichtig war, habe ich ja schon erzählt. Fazit aus diesen ganzen Ausführungen: Wir reisten los, was das Zeug hielt, waren wochenlang ohne Handy unterwegs und planten auf der einen Reise bereits die zwei nächsten. Manche Reisen ergaben sich gleich, wenn ich in die Runde erzählte: „Ich hätte jetzt mal Zeit. Bevor ich mich langweile….“
Lange Zeit hatte es für Außenstehende so ausgesehen, als wären wir jede freie Minute auf Reisen gewesen. Aber das stimmte so gar nicht. Bald vierzig Jahre lang, seit wir Kinder hatten bis zur Rente, waren wir im Winter eine Woche beim Skifahren und noch ein paar einzelne Tage pro Saison auf der Piste, vier oder fünf Tage mit dem Club der Landwirte pro Jahr auf Besichtigungstour zu anderen landwirtschaftlichen Betrieben und in späteren Jahren ein paar Tage zum Kuren in Bad Füssing. Summa summarum zwei, höchstens drei Wochen pro Jahr empfand ich nicht gerade als verschwenderischen Umgang mit unserer Zeit. Aber für meinen Mann war das häufig schon zu viel und er behielt sich vor, bis eine Stunde vor der Abfahrt des Busses doch noch abzusagen, weil eine Sau ferkelte, ein Gerät kaputtging oder sich die Zuckerrüben zu lange hinauszögerten. Manchmal nur nervenaufreibend, manchmal dachte ich: „Steig mir doch an Huat nauf. I‘ bin jetzt weg“. Es war ja auch ein Schmarren, wenn er jeden Tag aus dem Skigebiet zuhause anrief und fast drauf hoffte, dass etwas schief gegangen war und er wieder unabkömmlich schien. Wenn die Welt schon unterging, doch nicht ausgerechnet dann, wenn wir auf der Piste im Pulverschnee wedelten.

Jedenfalls waren wir reisetechnisch bald 40 Jahre beschäftigt, unsere Kinder durch die Zoos, über die bayrischen Seen und auf die alpinen Pisten zu schleifen, die Verwandtschaft zu besuchen und mit dem Club der Landwirte alle Neuigkeiten in der europäischen Agrarwirtschaft abzuklappern. Irgendwann war es dann soweit: Die Kinder brauchten uns nicht mehr für die Reisen, die Verwandtschaft war in Rente gegangen und selbst unterwegs, und unser Engagement beim Club der Landwirte reichten wir an Gottfried Junior weiter. Diese Reisephase ging unwiederbringlich zu Ende. Wir waren uns überhaupt nicht bewusst, welche Bedeutung das Reisen für uns in der Rentenzeit noch bekommen sollte. Und wer weiß mit 65 schon, wie lange es die Beine und überhaupt die Gesundheit mitmachen würden und wieviel Jahre noch übrig waren. Aber was wir wussten war, dass wir zumindest ein Mal im Leben nach Jerusalem pilgern mussten. Mir fiel auch die Randbemerkung von Mutti wieder ein, nach der Großmutter vor rund 100 Jahren im Gelobten Land gewesen sein soll. Ich bedauerte es sehr, dass ich zu deren Lebzeiten nie nachgefragt hatte wie, warum und mit welcher religiösen Erleuchtung.
Unser erster Eindruck vom Land Israel war leider der eines Hochsicherheitstraktes. Junge Frauen und Männer im Kampfanzug bewachten mit schweren Waffen den Hafen in Haifa, den Felsendom in Jerusalem, die Klagemauer, die Knesset, fast die ganze Stadt. Wir durften noch mit dem Bus durchs arabische Viertel fahren, aber nicht aussteigen. Zurück von der gewöhnungsbedürftigen Aussicht auf das Waffenarsenal von Zoll, Polizei und Militär zu unserem eigentlichen Ziel: In Jerusalem wandelten wir mit angehaltenem Atem und in Ehrfurcht durch den Felsendom und bewunderten seine in Gold glänzende Kuppel. An der Klagemauer versuchte ich mir auszumalen, welche schlimmen Schicksale sich mit den Besuchern verbanden, die ihre Wünsche auf ein Wunder, auf Heilung oder auf Segnung auf kleine Zettelchen schrieben, diese falteten, damit die Ritzen in der Mauer etwas weiter aufraspelten und die Zettel darin versenkten. Die Mauer musste jeden Tag eine unmenschliche Last tragen; das ganze Leid

der Menschheit, sozusagen. Aber auch die Anrufung um Vergebung und Gnade spiegelte sich an diesem monumentalen und sehr persönlichen Ort wider. Und dann pilgerten wir die Via Dolorosa bergan, auf den gleichen groben, unebenen Pflastersteinen, auf denen Jesus 2000 Jahre vor uns gelaufen war. Jedenfalls folgten wir damit dem traditionellen Leidensweg. Im Mittelalter entwikkelten Franziskanermönche die Tradition der Kreuzwegstationen entlang der Via Dolorosa von der Stätte der Burg Antonia bis zur Grabeskirche, was wahrscheinlich nicht genau Jesus‘ wirklichem Leidensweg entsprach. Aber wir waren hier ja im Glauben unterwegs und nicht auf einer wissenschaftlichen Erkundungstour. Daher waren wir vollauf zufrieden und beseelt von unserem Pilgergang die Via Dolorosa hinauf.
Diese bewegende Verbindung zum Ursprung unseres Glaubens, dieses Mitleiden mit dem schmerzensvollen Weg Jesu, und unser Ruhen im Göttlichen wurde anschließend etwas unromantisch mit einer Wallfahrtsurkunde honoriert. Man sehe das bitte nicht als Kitsch an; denn wir waren sehr stolz, als wir dieses Dokument als Beweis in Händen hielten. Der Geist der christlichen Geschichte wehte uns auch unnachahmlich in Bethlehem um die Seele, als wir in der Geburtskirche die ausgetretenen Stufen in die Katakomben hinunterstiegen, wo wir der Geburt Jesu gedachten.
Bei unseren Reisen in die Region fällt mir unweigerlich eine Begebenheit in Ägypten bei den Pyramiden von Gizeh ein. Wie fast jeder aus dem Fernseher weiß, bieten Einheimische dort am Busparkplatz Kamelritte an. Gottfried und ich wollten einen kleinen, wogenden Ausflug wagen. Kurz mit Händen und Füßen um den Preis gefeilscht, drehten wir etwas ungelenk im ungemütlichen Passgang des Kamels eine Runde im Gedenken an Lawrence von Arabien. Zurück am Parkplatz stellten wir fest, dass wir im Geldbeutel nur noch einen 50-DM-Schein hatten. Als Orient-Reisender ist man mit großen Geldscheinen immer im Nachteil, weil die nicht zum Feilschen taugen. Das gilt für orientalische Bazare genauso wie für Kamelritte. Bevor wir auf dumme Gedanken kommen konnten, ließ der Kamelführer den 50er in einer geschmei-

digen Handbewegung in seinem Kaftan verschwinden, drückte Gottfried die Zügel des friedlich malmenden Kamels in die Hand - und war verschwunden. „Braves Tier“; aber wenn das jetzt plötzlich bocken und auch abhauen sollte, konnte es richtig teuer werden für uns. Und jetzt mahnte der Busfahrer langsam zur Weiterfahrt. Kein Kameltreiber, kein Wechselgeld, wir zwei mit Kamel an der Leine vor dem Bus. Die Reisekollegen waren schon dabei, uns abzuschreiben: „Kommt halt mit dem Kamel nach“; der Chauffeur klopfte sehr ungeduldig auf seine Armbanduhr und wir zuckten noch intensiver mit den Schultern. Ja. Unser Kamelbesitzer kam angeeilt, was der Kaftan hergab, schnalzte 30 Mark Wechselgeld in unsere Hände und war mindestens genauso erleichtert wie wir, als er seine röhrende Einnahmequelle wieder in Händen hielt. Wir hüpften in den Bus, die Tür schloss, wir rollten davon. Unsere Reisegruppe hatte bereits ein paar Plätze hinter dem Fahrer für das Kamel freigehalten. „Inschallah“ sagt sogar der Duden.

Gehen wir noch einen Schritt weiter in der Entwicklung meines Reisehobbys. Oder besser: Springen wir zum exotischsten Reiseziel, das ich bis dato besucht hatte, nämlich Indien. Während auf allen anderen Reisen eben ein gewisser Komfort herrschte, während ich mich auf Bekanntes oder Vergleichbares zurückentsinnen konnte, und wo ich mich immer wieder einmal zurückziehen konnte, da ließ Indien keine solchen Fluchten mehr zu. Man wird buchstäblich hineingerissen und hat nur eine Wahl: Entweder man geht mit größter Neugier, Aufgeschlossenheit und Toleranz ans Werk oder man hasst das ganze Durcheinander, das Unverständliche und das alle Grenzen sprengende und will nur schnell wieder weg. Mich hat unsere Tour jedenfalls tief beeindruckt und man sehe es mir nach, wenn ich etwas mehr dazu erzähle. Außerdem war es auch ein Novum, weil ich weder mit meinem Mann noch mit den Kindern fuhr, sondern im Damentrio mit meiner Schwiegertochter Dagmar und ihrer Mutter Gerti. Einen gewissen Nervenkitzel sollte auch die rumpelige Fahrt im rollenden Hotel von Rotel-Tours mit Übernachtung in den Bienenwaben im

Schlafanhänger darstellen. Jedenfalls hatte ich sicherheitshalber vor dem Abflug keine Reiseunterlagen studiert, keine Reiseberichte gelesen und mir nicht vorgestellt, wie unsere Reise im verrückten Bus zwischen Elefanten, heiligen Kühen und anderen heiligen Lebenwesen ablaufen könnte. Erstens hat mir mal jemand gesagt, dass man sich vorbereiten kann, wie man will, es haut einen trotzdem um. Und zweitens wollte ich verhindern, dass ich vor lauter Aufregung die Reise wieder absage.

In Neu-Delhi stand unser URO (unbekanntes rotes Objekt) für unsere erste Rüttel-Tour zu einer Stadtrundfahrt in völlig versmogter Luft parat. Der Bettanhänger war zwischenzeitlich deponiert worden und ich war froh, dass ich wenigstens eine Seitenscheibe des Busses zwischen mir und der pulsierenden Großstadt hatte, bis wir zum Warmwerden einen Hindu- und Sikh-Tempel besichtigten. Uns wurde berichtet, die Sekte der Sikhs sei wohl die stolzeste, einst kriegerische Sekte und besteche durch ihren Reichtum. Wir hörten auch über die Priesterkaste der Ratschputen und über die Brahmanen. Soweit konnten wir uns noch eine gewisse Parallelität zu den westlichen Adels- und Priesterständen vorstellen, aber spätestens bei einer Gottheit mit Elefantenrüssel war es vorbei mit meiner westlichen Vorstellungskraft. Auf dem Weg nach Jaipur legten wir eine kurze Pause ein, mitten in der Wüste. Das hieß aussteigen, austreten, Füße vertreten. Aber in der Wüste ist ja typischerweise kein Busch und kein Strauch, wohinter man sich in die Hocke begeben hätte können. Für Außenstehende wäre das ein lustiges Bild gewesen, wie sich alle in der ebenen Landschaft mit Blick in verschiedene Himmelsrichtungen hinsetzten und versuchten möglichst unbeteiligt dreinzuschauen. Ein Rock wäre jedenfalls hilfreich gewesen. Der rote Bus und die rosarote Stadt Jaipur bildeten als nächstes eine schöne optische Einheit.

Wir erfuhren von der Heilkraft des Niembaumes, den die hiesige Pharmaindustrie für die Heilmedizin Ayurveda verwendet: ein ganz anderes Konzept als unsere westliche Schulmedizin.

Auf einem Hochplateau besuchten wir eine riesige Pilgerstätte der Jain-Sekte. Dieser Sekte war es verboten, Leder jedweder Art

zu verwenden. Kein Fleisch, kein Alkohol; von so etwas hatte ich zuvor gehört. Aber „kein Leder“ klang für mich eher wie ein Schlachtruf wildentschlossener Tierschützer vor einem bekannten Münchner Pelzgeschäft. Dauernd versuchte ich hier in Indien europäische Maßstäbe anzusetzen. Das kann aber nur schiefgehen. Das Gehirn versucht ständig, Vergleiche zu ziehen und verzweifelt dabei. Also ließ ich es einfach auf mich wirken und versuchte, mich mitreißen zu lassen. Jaipur glänzte mit dem Palast der Winde mit den 950 Erkern. Eigentlich war der Palast nur eine Fassadenmauer, die man auf der Rückseite im Freien hochsteigen kann. Für frühere Palastdamen war es seinerzeit ein Vergnügen, durch die Fenster die Feste in der Stadt beobachten zu können, ohne die Erlaubnis zu haben, selbst daran teilnehmen zu dürfen.
Der weitere Weg führte über Pushkar und Bikaner nach Jaisalmer, einer früheren Grenzstadt zu Pakistan, in der der Drogenhandel blühte. Die Blütezeit konnte man an den heute verfallenden prächtigen Bauten gut erkennen. Aber beherrscht wurde die Stadt jetzt sichtlich durch die heiligen Kühe. Beobachtete man über eine Weile eine frei gewählte Haustür, so trat mal ein Mensch hindurch, mal eine Kuh; ich hätte gesagt eine 50:50 Chance, dass als nächstes ein Tier durch die Haustür trottete.
Auf einem Kamel wollten wir die Sperrzone zu Pakistan etwas erkunden. Dagmar, meine Schwiegertochter, eine gute Reiterin, spürte die Folgen am Hintern nicht so lang wie ich.
Kurz vor Bikaner besuchten wir den Rattentempel, der hauptsächlich von 20.000 Ratten bewohnt wird. Plastiküberschuhe schützten uns bis zu den Knien vor den kreuz und quer krabbelnden Viechern in den heiligen Hallen. Ich glaube nicht, dass wir uns lange im Tempel aufhalten hätten können, wären die Ratten nicht so liebevoll gefüttert worden. Bei der Weiterfahrt ging es vorbei an unzähligen Verbrennungsstätten mit kleinen Tempelchen. Sie dienten derweil nurmehr als Wallfahrts- oder Kultstätten. Mimosen und Akazien säumten die Straßen nach Jodhpur und Ranakpur, nach Volaipur und Kota. Hier, in der Gegend der Marmorbrüche, bestanden Verzierungen gerne aus unsagbar aufwendigen

Marmorreliefs. In einer Kirche waren die vier Wände nicht geweißelt oder bemalt, sondern mit Marmorfiguren in Relieftechnik gearbeitet, so dass es der Capella Medici in Florenz Konkurrenz machte.
Mit dem Rotel-Bus standen wir nachts häufig so, dass in unmittelbarer Nähe ein oder zwei Zimmer mit Dusche angemietet waren, durch die abends die Busmannschaft durchgeschleust wurde. Mit Lagerkoller hätte man sogar dort übernachten können; aber diese Blöße wollten wir uns nicht geben. So kletterten wir bei Dunkelheit in unsere Bienenwaben, in denen zuvor alles bis zum kleinsten Ausrüstungsrequisit an seinem Stammplatz angeordnet worden war. So konnte nachts nämlich kein völliges Chaos ausbrechen, wenn man aufs Klo musste, dazu die Stirnlampe suchte, aus der Bettwabe robbte und dabei den halben Kleiderschrank mitriss, alles auf den engen Gang des Schlafanhängers kippte, sich dann vor lauter Schreck den Kopf an der Decke zur nächsten Schlafwabe anhaute, woraufhin die nächste Mitreisende aufwachte, versehentlich mit dem Knie gegen die Seitenwand bumperte und so weiter und so fort. Ordnung war also alles.
Bei der Übernachtung neben dem Maharadschapalast in Kota wurden wir sogar von gewehrgeschulterten Soldaten bewacht. Mir war nur unklar, ob ich mich damit sicherer fühlen sollte oder ob das eher ein Indiz für die unsichere Lage war, dass die Gendarmen uns verteidigen mussten. Der weitere Weg führte uns zu Palastanlagen mit filigransten Marmorarbeiten, fast wie Marmorvorhänge. Im Vergleich zur bisherigen Beschaulichkeit war Agra wirklich unangenehm, mit fast undurchdringlichem Smog und aufdringlichen Menschen. Aber das Taj Mahal entlohnte uns wieder voll. Ein Kaiser hatte die Anlage errichten lassen für seine geliebte Frau, die bei der Geburt des 14. Kindes verstorben war. Man kann die Pracht dieses Mausoleums nicht ermessen, wenn man es nicht selbst gesehen hat. Hat irgendein europäischer Herrscher je seiner Frau derart gedacht? Und da waren sie wieder, meine Versuche, das exotische Indien in unsere westlichen Maßstäbe zu quetschen; hier aber besonders erfolglos. Der Lotustem-

pel aus weißem Marmor in Neu Delhi bildete für uns den Schlussakkord dieser überbordenden Kultur und dieser exotischen Gesellschaft. Auf dem Rückflug berichtete mir Dagmar von ihrem Kulturschock, wie sie ein paar Tage zuvor in ein Internet-Café gegangen war. Nach ein paar Mails verließ sie das Café gedankenversunken. Auf dem Gehweg vor der Tür wäre sie um ein Haar unter einen Elefanten geraten und zermalmt worden. Der Elefant war lieber das Trottoir entlanggestampft, als sich die Straße mit Autos und heiligen Kühen teilen zu müssen.

Eher schleichend hatte sich der Reisemodus ins Gegenteil verkehrt. Ich habe schon von vielen Familien gehört, in denen Eltern und Kinder irgendwann getrennte Wege gehen, was das Reisen betrifft. Aber bei uns begann stattdessen etwas, was uns die Ausflüge und Reisen immer mehr erleichtert hat. Jetzt luden nämlich die Kinder uns ein. Und sie waren es, die die Fahrten organisierten.

Wir unternahmen Kreuzfahrten ins Mittelmeer, in den Arabischen Golf, nach Nordamerika und rund um die Ostsee. Wenn ich versuche alles aufzuzählen, dann wundere ich mich, dass ich es geschafft habe, zwischendrin auch mal zuhause die schmutzige Wäsche aus dem Koffer raus- und saubere Wäsche in den Koffer wieder einzuräumen. Zunehmend empfand ich das Alleine-Reisen als anstrengend. Ich war so froh und dankbar, dass Maria den Gang zum Reisebüro unternahm, sich um Visa kümmerte, die Fahrt zum Flughafen in München organisierte, und dann vor Ort alles im Blick behielt. Wo mir die Mühe besonders auffiel, war die Kreuzfahrt im Arabischen Golf. Die hatte ich zum 80. Geburtstag von den Kindern geschenkt bekommen. Mit dem Schiff steuerten wir Dubai, Abu Dhabi, Bahrein und Muskat an. Man denkt ja landläufig: „Eine Kreuzfahrt, die ist lustig“. Aber dabei vergisst man, dass man buchen, packen, an Einreisebestimmungen und Essenszeiten denken, Ausflüge reservieren, sich auf dem Schiff zurechtfinden und rechtzeitig am Bus sein muss. Und zudem wollte ich möglichst viel von Land und Leuten sehen.

Walter bat meinen Mann und mich über die Jahre immer wieder für ein paar Tage nach Dresden zu kommen, sandte uns Zugtickets, führte uns durch den Zwinger und das Grüne Gewölbe, am Fürstenzug vorbei in die Semperoper oder hinüber ins Elbsandsteingebirge. Jetzt zähle ich das auf, was man außerdem besichtigen sollte und was wir über die vielen Besuche in Dresden abklapperten: Die Lausitz, die Moritzburg, den Senftenberger See, den Spreewald, das Kloster St. Marienstern, Görlitz und über die Neiße den Polenmarkt, die Sächsische Schweiz, Meißen mit seiner Porzellanmanufaktur, die Augustusburg bei Chemnitz sowie Teplice und Decin in Tschechien. Walter erklärte uns auch, wie die Frauenkirche aus Trümmern wieder auferstehen sollte.
Und Klaus plante eine Dienstreise nach Thailand und Singapur, besorgte mir ein Flugticket und buchte mir ein Zimmer. Wenn es seine eng getaktete Agenda zuließ, bummelten wir durch Tempel und Klongs, fuhren Tuk-tuk und Wassertaxi. Als ich in Singapur allein im Nachtzoo bei einer geführten Tour teilnahm, war leider plötzlich die Gruppe verschwunden und das Licht ging aus. Zwischen den ganzen Tierchen fiel es nicht ins Gewicht, dass ich gar kein Englisch konnte. Etwas vereinsamt stolperte und tastete ich mich in die Richtung, in der ich den Ausgang vermutete. Die Gruppe hatte wohl am Ausgang nochmal zur Sicherheit durchgezählt und eine Person als vermisst gemeldet, worauf mir – Dankesgebet zum Himmel – der Guide wieder entgegenkam, mich aus dem Zoo begleitete und sogar noch einem Taxifahrer Instruktionen gab. Als Klaus spät nachts von seiner Konferenz zurückkam, lag ich bereits friedlich und behütet im Bett. Später einmal organisierte er, dass ich nach Mallorca nachreisen konnte, mein eigenes Zimmerchen in dem museumshaften Landhäuschen im Orangenhain bekam und mir am Cap Formentor meine Frisur vom stürmischen Wind zerzausen lassen konnte. Am Ende setzten mich Dagmar und Klaus noch auf eine Fähre, die mich von Palma auf die Party-Insel Ibiza bringen sollte. Sie selbst wollten dahin nicht mitkommen: Das wäre ihnen zu stressig, im Gegensatz zu mir Rentnerin.

Und dann etablierten sich die Familienausflüge. Eines der Kinder klärte mögliche Termine, schlug den Ort vor, reservierte eine Unterkunft und setzte eine Liste auf, was alles zur Besichtigung in Frage kam. Da ging es nach Dresden, Berlin, Nürnberg, Bamberg und Coburg, Erfurt, in die Goethestadt Weimar, den Freizeitpark Rust und nach Bad Gögging, nach Regensburg, Karlsbad und Marienbad. Mal hechelten wir durch die vielen Besichtigungen, wie in Regensburg, mal ließen wir uns im Thermalwasser treiben wie in Bad Gögging. Mal lag die Priorität auf Hochkultur wie in Dresden, mal auf Achterbahnen wie im Europapark. In Franken aßen wir Bratwurst, Schäufele und Käskuchen, in Karlsbad Gulasch, Knedliky und Palatschinken. Bis wir durch die am nächsten liegenden Orte durch waren, waren schon Jahre vergangen. Mir ging das Herz auf, wenn ich im Kreis der Familie sein konnte und das Neueste aus allen Himmelsrichtungen erfuhr. Daneben lernten wir etwas über die regionale Kultur und die Sehenswürdigkeiten. Ich war jetzt erstaunt, wie reibungslos das ging mit Online-Reservierungen, mit den Öffnungszeiten im Internet und mit der Wettervorhersage am Smartphone. Das habe ich ganz den Kindern überlassen.

Nun zu einer weiteren Phase in meinem Reiseleben, den späten Ausflügen als Paar. Bei diesen Fahrten mussten wir ernsthaft überlegen, was wir uns noch zutrauten und was nicht, welches Reiseziel gesundheitsförderlich war und welches eher gesundheitsgefährdend. War eine medizinische Versorgung in der Nähe oder wäre der nächste Arzt eine Tagesreise entfernt gewesen? Also Fragen derart, wie schnell man aufgeschmissen ist, wenn etwas schiefgeht und einer krank wird. Mit 75 war das mit dem Reisen noch ganz flüssig gegangen und ohne große Einschränkungen. Aber nun ging es meinem Mann gesundheitlich mal wieder nicht gut. Um seine Lungenerkrankung zu lindern, verschrieb ihm der Arzt eine dreiwöchige Kur auf der Insel Sylt. Wir glaubten: „Na ja, Sylt. Da fahren alle Rentner Deutschlands hin. Das sieht man doch laufend im Fernsehen. Das wird ein Kinderspiel für uns.“

Vorneweg zur Erklärung: Für die Bayern liegt das Mittelmeer näher als die Nordsee; wir essen mehr Pizza Vier Jahreszeiten als Scholle mit Remoulade; und wir sind das Bergauf- und Bergab-Gehen eher gewöhnt als flach am Deich entlang. Also Sylt quasi doch Kulturschock. „Isch des nedd a bissle weit?“ „Ah komm, des isch no vor Dänemark.“ „Ja aber was essen die do? Ham die an Schweinsbrodn?“ „Nedd Fisch, nedd Fleisch! Du gehsch doch zur Kur.“ „Brauch I außer ´ner Regenjacke no was anderes?“ „Jedenfalls koa Ledahosn. Und Grüaß Gott sagt ma au nedd. Do schaun’s di bleed an.“
Die Fahrt von Merching mit dem Zug dauerte fast einen ganzen Tag. Die rund fünf Stunden bis Hamburg-Altona funktionierten reibungslos, von Muh nach Mäh – so die Bahn. Weiter ging es bis Westerland mit arger Verspätung. Das Zügle hielt an jeder Milchkanne. An manchen Bahnhöfen sah man gar kein Licht mehr, eigentlich auch keinen Bahnhof oder überhaupt eine Behausung, weshalb jemand hätte aussteigen sollen. Es wurde spät und später. Vorsichtshalber wollten wir in unserem Apartmenthaus anrufen, damit die ja nicht unser Zimmer hergeben. Also Handy raus und Akku alle. Zu Hause hatten wir es nie gebraucht. Und brauchten wir es einmal, dann ging es nicht. Um Mitternacht trudelten wir in Westerland ein. Zu dieser Tageszeit war die Insel zwar stillgelegt, aber die Hausdame konnten wir noch rausklingeln: „Grüß Gott!“ „Aha.“ So machten wir Bayern uns gleich vom ersten Moment an beliebt.
Aus allen Ecken wehte uns beim ersten Rundgang der verlockende Duft von Sylter Fischspezialitäten entgegen. Was gab es Köstlicheres als bei Gosch oder Blum im Gourmetfenster auszuwählen, es zubereiten zu lassen, dann im Rucksäckle zu verstauen und im Apartment zu zweit zu verspeisen? Und das machten wir in den folgenden Tagen, bis der Appetit auf Fleisch doch wieder zu groß wurde – nur für einen Tag; danach ging es wieder weiter mit Fisch.
Am zweiten Tag begann für meinen Mann eine eng getaktete Kurzeit. Mein Mann war nie gerne allein zur Kur gefahren. Er legte

Wert darauf, dass er begleitet, bedient, bemuttert wird und sich jemand anderer um alles kümmerte. Zwischen den gemeinsamen Mahlzeiten blieben für mich einige Stunden Freizeit. Ich nahm den Inselbus. Der eine fuhr rechts, der andere links um Sylt, viel leichter zu verstehen als die Münchner U-Bahn. Außerdem hatte ich ein Fahrrad für die kurzen Touren, wobei ich immer die Windstärke und -richtung im Blick behielt. Wir hatten nämlich März/April und ein eisiger Wind fegte über die Insel. Wir quetschten uns zusammen in einen Strandkorb und schwelgten in Erinnerungen, bis die Nase und die Finger blau anliefen. Ich glaube, einmal haben wir es sogar eine ganze Stunde ausgehalten. Dann fielen 20 cm Schnee und eine Sylterin erzählte, das sei das erste Mal in 30 Jahren. Wir hatten eine geräucherte Makrele gekauft, nach Hause getragen und auf den Balkon gelegt. Kalt genug war es ja; und wir wollten den Kühlschrank nicht mit dem Räucherfisch verpesten. Während man ja überall auf Sylt vom Möwengeschrei verfolgt wurde und ich das langsam ganz ausblenden konnte, ging nun vor unserem Wohnzimmerfenster ein Radau los. Man frage nicht! Wir sahen entsetzt durch das Fenster eine Möwe auf uns zustürzen. Sie bremste am Geländer hart, wich kurz zurück und stürzte mit einem Geplärr wieder auf unseren Räucherfisch zu. Wir rissen die Balkontür auf, retteten unter vollem körperlichen Einsatz unser Mittagessen und verspeisten gleich im Warmen den Fisch, so dass uns die Möwe durch die Scheibe gut beim Essen beobachten konnte. Gut hat er geschmeckt. Der Möwe ließen wir anschließend den Kopf der Makrele übrig. Nennen wir es „artgerechte Ernährung“. Mein Essen hatte ich vorher selten verteidigen müssen, vielleicht früher mal am Tisch mit den Kindern, wenn es Zwetschenknödel gab, oder als mir in Indien der Affe mein Brot vom Toaster geklaut hat.
Und schon standen wir wieder am Bahnhof für die Heimreise. Es war kalt und kein Zug weit und breit zu sehen. Wieder mit einiger Verspätung stampfte das Zügle ein. Wie es vor uns kreischend zum Stehen kam, fegte ein Windstoß den Bahnsteig hinunter und riss meinen Hut weg. Der Hut flog in schöner ballistischer Kurve

genau unter die Räder der Lok. Jetzt muss ich mal ausholen und sagen, dass derjenige, der den Hut erfunden hat, heute noch bestraft gehört. Will man einen Hut kaufen, dauert es erst ewig, bis man einen passenden findet. Dann muss man ihn so anziehen, dass er bloß nicht die Frisur ruiniert. Ist es kalt, dann frieren die Ohren immer noch, selbst wenn man den wärmsten Hut aufhat. Ablegen lässt er sich auch schlecht: Vom Haken fällt er herunter und auf dem Tisch bekommt er Flecken. Und ganz am Ende wird er noch weggeweht. Jedenfalls standen wir hier zwar an einer Endhaltestelle, aber ich traute mich nicht auf die Gleise zu kriechen oder den Lokführer zu fragen, ob er nicht mal 20 Meter vor- und zurückfahren kann. Meinen Hut musste ich also zurücklassen. Vielleicht hat sich noch jemand anderer daran erfreut. Ich saß also traurig im Zug. Da gestand mir Gottfried, dass er den Hut sowieso nie hatte leiden können.

Ein Ereignis fiel vom Himmel: unsere Goldene Hochzeit. 50 Jahre verheiratet. Wo waren sie hin, diese 50 Jahre? Ein strahlend blauer Himmel empfing die ersten Hochzeitsgäste vor unserem Haus. Wir ließen uns schnell in ein Auto bugsieren, durften aber nicht erfahren, wohin die Fahrt gegen sollte. Die Feierlichkeit begann jedenfalls an der Gastwirtschaft Huber in Steinach. Dort wartete schon eine Pferdekutsche, die aufwendig mit Blumen geschmückt war. Josef Wurmser aus Hochdorf fuhr das Gespann auch bei Festumzügen, für Hochzeiten und Jubiläen. Und nun saß er mit Frack und Zylinder auf dem Kutschbock, brachte uns wieder zum Hof zurück, wo sich der Festzug mit uns an der Spitze Richtung Kirche in Bewegung setzte. Vor dem Altar war bereits alles für das Erntedankfest vorbereitet worden. Deswegen prangten die Früchte von Feld und Garten in allen Farben. Wie sich unsere Mesnerin Emma Teifelhard wieder um jedes Detail gekümmert hatte! Ich will hier auch an alle denken, die mitgeholfen hatten ein Gesamtkunstwerk zu zaubern. Da bumperte mein Herz fast wie damals zu unserer Hochzeit 1954. Nur mein Mann hatte inzwischen ein paar Fältchen mehr um die Augen.

Unerwartet bahnte sich eine weitere Spielart von Reisen an, die man so vermutlich nur versteht, wenn man in der selben Situation steckt wie wir. Ein paar der Keglerinnen, der Kartlerinnen und andere Dazugesellte hatten sich zu einem Tagesausflug verabredet. Denn mehr war nicht drin, wenn zuhause ein pflegebedürftiger Mann wartete oder die Männer zumindest bekocht werden wollten. Für manche war das Kapitel größere Reisen schon abgeschlossen. Und manchen war auch langweilig und sie mussten einfach mal unter Leute. Hier kam etwas zum Tragen, worauf ich vorher nie besonders Wert gelegt hatte: Wir waren ganz unter uns Frauen. Aber so dogmatisch hielten wir es nicht; manchmal kam ein Herr mit und durfte sich gerne wie der Hahn im Korb fühlen. Und wir suchten uns als Ausflugsziele etwas genau nach unserem Gusto aus. Zum Beispiel bevölkerten wir die Landesgartenschauen, wo wir recht pragmatisch und ohne Männer über Blütenmeere, Blumenbeete und Blasentee ratschen konnten, nahmen nachmittags gepflegt Kaffee und Sahnetorte zu uns und lachten und alberten ausgelassen wie die Teenager. Und dabei waren wir schon auf unseren ersten Touren alle 70 bis 80 Jahre alt. Sieben Jahre lang organisierten wir jeden Monat eine solche Fahrt. Zu meinem 80. Geburtstag waren alle da zum Feiern, die noch gehen oder hinken konnten und es irgendwie durch die Tür schafften. Dabeisein war alles! Unser Kegler Hans verlieh mir im Namen der ganzen Damen-Reise-Mannschaft ein Geschenk, das sich an unsere Fahrten durch ganz Bayern mit der Bahn anlehnte, ein Züglein im Modellmaßstab mit modellierter Landschaft drumherum, mit dem klingenden Namen „Lady-Express“.
Die ersten Fahrten liefen so ab, dass zwei oder drei Fahrerinnen ihre Kolleginnen mit dem Auto zusammenklaubten und dann in Kolonne zum Besichtigungsziel fuhren. Dann hat die Bahn das Bayern-Ticket eingeführt. Sprunghaft ging damit die Auslastung von Bimmelzügen mit uns marodierenden Rentnergruppen in die Höhe. Hannelore, ehemals aus der Nähe von Dresden und über Berlin rübergemacht, kannte mit Abstand die meisten Wirtschaften und die besten bayrischen Ausflugsziele. Für uns galt dage-

gen: „Man kennt sich auf fremden Kontinenten besser aus als vor der eigenen Haustür." Sie hatte als „Zua'groaste" mit ihrem Mann alles in Bayern schon abgeklappert, was wir anderen auf später verschoben hatten. Im allereinfachsten Fall fielen wir nach der Zugfahrt beim C&A in Augsburg ein, probierten eine Stunde lang ein Kleidungsstück nach dem anderen an, blockierten die ganzen Umkleiden, und kauften – sage und schreibe – nichts. Am Christkindlmarkt in Nürnberg entdeckte ich als Erste einen Kartoffelstand. Dafür fährt man doch nicht nach Nürnberg. Kartoffeln gibt's auch bei uns. Meine Brille hatte ich schon ein paar Jahre nicht mehr anpassen lassen. Aber etwas näher dran sahen die Marzipankartoffeln doch ganz appetitlich aus. Auf dem Alternativen Christkindlesmarkt bei Gloria in Regensburg war unser Wille zum Investieren schnell zu Ende: Unser Budget war begrenzt. Wir mussten uns zwischen Geschenken und Essen entscheiden. Da haben wir uns fürs Essen entschieden. Eine Mitreisende kaufte doch Ochs und Esel, mit echtem Fell überzogen. Dann fehlte ihr leider das Geld zum Essen. Und einmal kamen wir am Münchner Hauptbahnhof am FC Bayern-Fanshop vorbei. Da platzten alle Knoten. Die ganze Gruppe räumte den Laden halb leer, um für die Enkel Geschenke zu kaufen. Mit den Fan-Sachen konnte man wirklich nichts falsch machen. Es würde zu lange dauern, alle Reiseziele aufzuzählen, aber die Rückfahrt war manchmal auch noch ein Aufreger. In Ingolstadt lief die ganze Gruppe ins Gespräch vertieft von der Altstadt Richtung Hauptbahnhof, Hannelore und ich mit etwas Abstand hinterher. An der Brücke bogen alle links ab und waren plötzlich verschwunden. „Macht ja nix. Die kommen schon wieder." Hannelore und ich schlenderten gerade über die Brücke weiter zum Bahnhof, setzten uns hin und warteten. Und warteten. Unser Zug fuhr weg. Nach über einer Stunde kam der Trupp angehumpelt: „Verlaufen." Das waren so Spezialisten: Es wäre eigentlich nur geradeaus gegangen! Egal. Den letzten Zug haben wir jedenfalls erwischt. Und ein andermal standen wir spät abends am Augsburger Bahnhof für den letzten Zug Richtung Weilheim. Nur tat sich nichts auf unserem Gleis. In letzter Minute hetzten wir dahin, wo der Zug neuerdings abfuhr. Das hat den Zugführer gefreut, dass ihm eine Gruppe Damen hinterherrannte. Und wir waren die einzigen Gäste. Deswegen bekamen wir an jeder Station über den Zug-Lautsprecher unsere höchst-persönliche Ansage: „Meine Damen, das freut mich sehr, dass Sie mit mir gefahren sind. Es ist ja sonst etwas langweilig. Jetzt kommt Merching und Sie müssen aussteigen. Kommen Sie die paar Meter noch gut nach Hause. Gut‘ Nacht und beehren Sie mich bald wieder.“ Diese gute Betreuung war uns ein paar Tafeln Schokolade für den freundlichen Schaffner wert.

48

Gottfried war schon über ein Jahr lang bettlägerig. Für mich stellte die Pflege schon eine gehörige Anstrengung dar, aber ohne Maria wäre es gänzlich unmöglich gewesen, meinen Mann zuhause zu pflegen. Dann kam die traurigste Erfahrung in meinem Leben. Am 28. Oktober 2013 ist Gottfried im Alter von 84 Jahren verstorben. Ich hatte mir eingeredet, dass die Bettlägerigkeit für ihn unerträglich gewesen war und dass dieses Gepflegtwerden genau das war, was er nie gewollt hatte. Mir war auch klar, dass keine Aussicht mehr auf Besserung bestand. Ein kleiner Trost lag darin, dass sein Leiden ein Ende hatte. Und trotzdem war es für mich ein Schock, etwas Endgültiges. Ich fühlte mich erschöpft und seltsam erleichtert, wie wenn man zu lange auf eine schwere Prüfung gewartet hat und nun bloß erleichtert ist, dass sie endlich da ist. Aber konnte es Trost dafür geben, dass er nicht mehr da war? War es jetzt bloß mehr ein Weiterleben? Oder sogar nur der erste Schritt zu einem gemeinsamen Ende? War es jetzt auch für mich vorbei?
Wie ein Film liefen meine Gefühle vor mir ab: Ich war dankbar dafür, dass wir so lange in Zufriedenheit und Frieden das Leben teilen durften. Aber 59 Jahre in Freud‘ und Leid zusammenzu-

stehen, das hatte nicht nur Fröhlichkeit bedeutet. Wir hatten viele Hürden mit Toleranz und Nachsicht gemeistert. Achtung und Respekt vor dem Partner sollten meiner Meinung nach nie enden, damit die Ehe funktioniert. Dafür hatte es sich auch gelohnt zu kämpfen. Die vielen Einflüsse im Leben, die Kinder, der Beruf, die Umgebung, alles lieferte Gründe dafür, dass der Zusammenhalt manchmal auf die Probe gestellt wurde. Wir hatten nachdenken müssen, abwägen, nichts überstürzen, um die richtigen Entscheidungen zu treffen, Und selbst dann kam es noch zu Prüfungen, deren Ausgang nicht abzusehen war. Unsere vielen gemeinsamen Interessen hatten Gottfried und mich eng zusammengeschweißt. Beide liebten wir den Beruf, eine große Familie, das Leben auf dem Dorf, die Geselligkeit bei den Keglern, Stammtischfreunden, Vereinen, dem Club der Landwirte und nicht zu vergessen beim Sport. Vielleicht war es mir auch wegen der vielen Gemeinsamkeiten im Leben so wichtig gewesen, dass Gott mir die Kraft schenkte, meinen Mann bis zum Ende zu Hause pflegen zu können.
Gottfrieds und meine Pläne waren immer etwas gewesen, was uns als Paar getragen und geleitet hat. Diese Pläne hatten nun geendet. Die Kinder waren alle bei mir, organisierten die Beerdigung, erzählten dem Pfarrer über Gottfrieds Leben. In großer Würde und inniger Anteilnahme, so würde ich es nennen, verabschiedeten sich mit uns so viele Menschen, dass man fast den Überblick verlieren konnte. Wir waren in so viele Kreisen eingebunden, die hier noch einmal zusammenführten. Meine Familie, die Menschen um mich, die Anteilnahme, die Liebe, die Verneigung vor einem Lebenswerk, das alles versöhnte mich ein wenig mit der schmerzhaften Leerstelle in meinem Leben. Zutiefst anrührend, die Erinnerungen in so vielen Herzen und Seelen zu wissen.
Knapp eine Woche nach seinem Tod saß ich zum ersten Mal wirklich allein in unserer Wohnung. In einem Moment wollte ich alles hinschmeißen und es gut sein lassen. Jede Entscheidung fühlte sich an wie ohne großen Sinn, wie irgendeine Pflichterfüllung. Das Wohnzimmer, in dem ich Gottfried gepflegt hatte,

konnte ich gar nicht mehr betreten. Vor der Terrasse ging mein Pflanzenbeet in Winterschlaf und das Wetter nahm ein typisches Novembergrau an. Aber drinnen war noch einiges zu erledigen.

Mir war schon bewusst, dass ein forderndes und zugleich entscheidendes Jahr vor mir stehen würde. Fordernd, weil ich nach der anstrengenden Arbeit, meinen Mann zu pflegen, raus musste aus den vier Wänden und Abstand suchen wollte von den immer gleichen Tagen der Pflege und von dem Alltag, der eingekehrt war. Als mir die Anzeige einer Chinareise unter die Finger kam, dachte ich unwillkürlich: Den Weg, den Gottfried und ich vor zwanzig Jahren gemacht hatten, den möchte ich nochmal erleben. Klar, dass eine solche Reise kein Kinderspiel mehr sein würde, zudem als Frau allein unter Fremden in einer Gruppe. Ich habe mich entschieden, teilzunehmen. Und hatte ich einmal gebucht, dann konnte ich nicht mehr zurück. Gerade dort angekommen, nahm uns unser Reiseleiter Herr Li in Empfang. Er stellte sich vor und berichtete unter anderem von seinem 20-jährigen Sohn. Irgendwie erinnerte ich mich, dass bei der China-Reise vor zwanzig Jahren die Frau des damaligen Reiseleiters namens Li, welch Zufall, gerade Nachwuchs erwartete. Das konnte doch nicht der gleiche Reiseleiter wie vor zwanzig Jahren sein. Immerhin ist Li unter den zwanzig häufigsten Familiennamen in China und rund fünfzig Millionen Chinesen dürften diesen Familiennamen tragen. Aber doch: Herr Li erinnerte sich an Gottfried und mich, und erzählte sogar ein paar Anekdoten von unserer vorhergehenden Reise. Selbstverständlich hat dann auch meine jetzige Reise gut geklappt. Wie wenn die Gruppe sich untereinander abgesprochen hätte, hielt mir beim Essen immer jemand einen Platz am Tisch frei. Gerade dieser Abstand von zu Hause mit der fremden Kultur und diese verordnete Selbständigkeit taten mir gut. Genauso gut hätte ich mich zuhause verkriechen können. Aber hätte ich mich dann in eine Depression manövriert, in ein Tief, aus dem es kein Zurück mehr gab? Was nützte es, wenn ich anderen Menschen mein Leid klagte, die davon keine Ahnung hatten, wie es einem innerlich zumute sein kann? Auf der Reise besann ich mich wieder auf meine Erfahrung von früher: Habe immer ein Ziel vor Augen, das du erreichen möchtest und das dir Freude und Zuversicht gibt.

Jetzt kam ein gesundheitliches Problem dazwischen. Ich sollte mich einer Augenoperation unterziehen und neue Linsen einsetzen lassen. Bei dem einen Auge funktionierte das reibungslos. Nur beim anderen Auge kratzte und juckte es eine ganze Weile unverschämt. Jetzt konnte ich am eigenen Leib spüren, wie ungewohnt das ist, wenn man sich bei der Hand nehmen lassen musste, zum Arzt begleiten lassen darf, sich abholen lassen und zuhause helfen lassen musste. Im Abstand von vierzehn Tagen bekam ich jetzt eine Spritze. Erst nach knapp einem halben Jahr war die Wunde abgeheilt, das Auge tränte nicht mehr. Es ging wieder aufwärts.

Die Beziehung zwischen Mutter und Tochter ist ja etwas Besonderes. Das sagten alle. Ich auch. Bei meinen Söhnen hatte ich manchmal keinen rechten Zugang zu dem, was sie gerade anstellten. Wenn Gottfried das Moped im hinteren Hof um das Vorderrad kreisen ließ, während das Hinterrad Schotter und Dreck Richtung Saustall spritzte oder über welche Sprungschanze Walter seine 80er jagte oder auch welche schwer identifizierbare Rostlaube, vermutlich ehemals ein Auto, Klaus nun wieder zusammenschweißte, in der Hoffnung, mit der Karre jemals wieder vom Hof herunterrollen zu können, dann konnte ich mich zutiefst amüsieren. Aber es war ja irgendwie auch immer das gleiche Chaos bei den Knaben. Was mich noch am meisten daran interessierte, war nachher selbst eine Runde mit dem zwei- oder vierrädrigen Phönix aus der Asche zu drehen. Praktisch war es auch, wenn ich zum Grab musste und sich gleich jemand anbot mich zu fahren; das hatte schon ein besonderes Vertrauen meinerseits in Mann und marodem Material vorausgesetzt. Aber machen wir uns nichts vor: Es bleibt Männerkram – mit den motorisierten Schüs-

seln. Von manchen Aktivitäten sollte ich besser gar nichts mitbekommen, weil ich mir bloß Sorgen gemacht hätte. Das war zum Beispiel der Fall, wenn die Söhne mit alten VW Käfern auf dem Acker am Bach um Strohballen kurvten, die Fahrzeuge mit angezogener Handbremse driften und umfallen ließen. Nach dem dritten Überschlag entsorgten sie dann den Käfer sicherheitshalber, weil ein Dachholm gebrochen war, um anschließend das gleiche müllproduzierende Prozedere mit dem nächsten armen, schrottreifen Gerät zu wiederholen. Später erzählte mir dann der Freund von Walter, wie lustig es bei uns auf dem Acker eigentlich zuging. Ja Himmel: Hatten die denn nichts Besseres zu tun!
Während es also hier viel Anlass zu Sorgen gab, es mich aber oft doch nicht persönlich betraf, so ging mir Vieles näher, was mit meiner Tochter zu tun hatte. Sei es, wenn es um ein Musikinstrument ging oder wie sie in der Schule vorankam, beim Einkaufen, beim Haushalt, genauso wenn es um das richtige Maß von Strenge und Disziplin ging oder was bei uns Gehorsam oder Widerspruch in der Familie betraf. Es blieb kein Lebensbereich ausgespart.
Ein Blick zurück: Mein Mann und ich waren ja genauso unvorbereitet in das Familienleben eingestiegen wie die meisten anderen auch; wir hatten dennoch recht festgefasste Vorstellungen zu Werten und zur richtigen Erziehung. Und wie andere Eltern auch, träumten wir davon, dass die Kinder brav sind und den Eltern aufs Wort folgen. Ein schöner Traum, etwas unrealistisch. Eher wahrscheinlich, dass durch die Kinder alles hinterfragt wird und dass Meinungen aufeinanderprallen. Daneben änderten sich die Anschauungen nicht nur bei uns, sondern im Dorf und in der ganzen Gesellschaft mit der antiautoritären Erziehung. Schwer erkennbar für uns: Es gab eben keinen bestimmten Zeitpunkt, an dem man genau sagen konnte, bis heute, Dienstag, ist autoritär, ab morgen, Mittwoch, dagegen antiautoritär. Und von Dienstag auf Mittwoch gilt nicht mehr „gehorsam alle-in-einem-Strom“, sondern es zählt die eigene Persönlichkeit. Wann kippten genau die ganzen Regeln, Normen und das „normale“ Verhalten in unserer Nach-

kriegszeit? Schlager wollte plötzlich auch keiner mehr hören. Die Welt wurde nicht an einem Tag erschaffen; und die Werte änderten sich auch nicht in einem Tag. In diesem in Wirklichkeit jahrzehntelangen, schleichenden Prozess hätten wir genau wissen sollen, was beim nächsten wutentbrannten Türschlagen zuhause zu tun war? Auch unrealistisch. Was ich eigentlich sagen will: Maria hatte als das Älteste unserer Kinder die unliebsame und undankbare Aufgabe diesen Kampf mit uns zu führen. Dabei konnten wir uns kaum vorstellen, wo das noch alles hinführen würde: lange Haare, Rockmusik, Emanzipation.
Bei den Unterschieden, die uns auszeichnen, meine ich nicht nur, dass ich zu Kriegszeiten aufgewachsen bin und meine Tochter um die `68er. Dass ich erwachsen wurde, als man nicht diskutierte über „Wer Vater und Mutter nicht ehrt…“, sondern man tat es, ohne es zu hinterfragen. Dass ich durch und durch ein Kind aus der Landwirtschaft war, während meine Kinder viel welterfahrener und unabhängiger lebten. Dass ich in einer Zeit aufgewachsen bin, in der Gefühle verschwiegen, unterdrückt, nur vorsichtig geäußert wurden, denn das hätte gefährlich werden können. Und ich hatte noch nicht mal Geschwister, mit denen ich es hätte lernen können, Konflikte auszutragen und auszuhalten. Mein Bruder in Mering war in meiner Kindheit viel zu weit weg gewesen dazu. Aber wenn ich im Stress war zwischen Kochen, Erntearbeit, Haushalt, gesundheitlichen Sorgen und um Kinder kümmern, dann war die Chance in einer Landwirtschaft sehr hoch, dass die Kinder zu kurz kamen. Im günstigen Fall liefen sie irgendwo mit. Da konnte man froh sein, wenn's nicht schieflief und keines verloren ging.
Bei all dem kam noch mein Mann dazu, äußerte seine unerschütterlichen Ansichten zur Kindererziehung, überließ es aber dann mir, dass ich mich darum kümmerte und war wieder in den unergründlichen Tiefen unseres Betriebes verschwunden. Darin war er wie ein talentierter Politiker: Mit voller Inbrunst eine Forderung stellen und die Umsetzung anderen überlassen.

49

Pfarrer Graf war eher ein akademischer und analytischer Pfarrherr gewesen. Er hatte uns zum 300-jährigen Geburtstag der Altarbilder in unserer Martins-Kirche dem damaligen theologischen Fundament nähergebracht: „Unglück bleibt immer Unglück; doch mitunter entsteht daraus Neues, Größeres, Schöneres." „Die beim großen Dorfbrand 1704 zerstörte Kirche sei wieder aufgebaut worden … nobilior quam antea, edler als zuvor", hatte Pfarrer Eyrl 1707 festgehalten, und dabei auch auf die drei Altarbilder abgezielt, die Johann Georg Bergmüller gemalt hatte. Sie stellen einen Bilderzyklus dar, der für eine Dorfkirche damals ganz ungewöhnlich war. Auf allen drei Merchinger Altären nimmt die Muttergottes die Mitte ein. Maria bleibt als demütige Magd dargestellt, nicht als barocke gekrönte Himmelskönigin. Bei all ihrem Leid wird Maria aber vom Engel gestützt, denn 1700 blüht die Engel-Verehrung auf, mit dem Engel als Sinnbild des göttlichen Beistands. Der Globus ist auf den Altarbildern sehr präsent. Bereits 1700 forderte der Glaube dazu auf, dass wir uns öffnen und an andere mitdenken. Und das sollte nicht nur den nächsten Nachbarn einschließen, sondern alle Menschen. Das Hochaltarbild in Merching ist sogar mit „Sanctus Martinus" überschrieben und zeigt, wie der Heilige Martin seinen Mantel teilt.

Der heutige Pfarrer Xavier wurde anfangs von Graf-Anhängern zwar freundlich empfangen, aber anfangs weniger unterstützt. Denn er repräsentiert wieder eine völlig andere Art und einen ganz anderen Zugang zur Kirche. Der Vorwurf der Graf-Anhänger lautete unter vorgehaltener Hand, dass heutige Pfarrer wohl nicht mehr so aufopferungsvoll für die Gemeinde da seien; früher hätte doch vom Pfarrer alles selbst gemacht werden müssen. Worin äußert sich heute bei uns die enge Beziehung zwischen Pfarrer und Gemeinde? Der Pfarrer liest viele Messen für die Verstorbenen, und deren Familienmitglieder sind dann auch alle da am Sonntag. Das ist fast wie bei einem runden Geburtstag; da müssen auch alle hin. Die Merchinger Kinder spielen in der Messe das Krippenspiel, stehen mit am Altar und haben ihre kleinen Aufgaben im liturgischen Geschehen. Da ist die Aufregung manchmal groß. Mal hakt ein Einsatz. Und mal läuft jemand in die falsche Richtung los. Die Kinder wachsen wieder in die Glaubensgeschichte hinein, ähnlich wie es in meiner Kindheit mit den Primizen und den Ministranten gewesen ist. Dabei wirkt der Pfarrer heute mehr wie einer aus der Gemeinde und weniger als die distanzierte Respektsperson aus der Mitte des letzten Jahrhunderts. Am meisten habe ich mich gefreut, wenn er einmal zu mir zum Mittagessen kam. Dann haben wir nämlich über Gott und die Welt geredet. Und das war sehr amüsant.

Manchmal könnte man glatt den Eindruck gewinnen, der Glaube fände heute nurmehr in der Kirche statt. Das ist ja auf dem bayrisch-schwäbischen Dorf noch ganz anders. Die Kirchglocke schallt die Uhrzeit eh überall hin. Heiligenstatuen zieren Gebäudenischen und Wohnzimmer. Messen und Prozessionen finden im Freien statt. Und neue Maschinenhallen lässt man mit Weihwasser segnen. Man bräuchte da schon viel Wurschtigkeit, um zu fragen: Was hat jetzt bitte die Photovoltaikanlage mit Glauben zu tun? Und wieso sollten wir die neue Häusersiedlung segnen lassen? Lieber einmal zu viel gesegnet.
Um das zu verdeutlichen, dass Religion überall eine Rolle spielt, erzähle ich kurz über das Fronleichnamsfest am 20. Juni 2019. Die Messe fand im Freien statt, unter einem blauen Himmel wie gemalt, auf unserem Schulhof. Sieben Vereine beteiligten sich dieses Mal an dem farbenfrohen Festzug. Seit jeher zogen hunderte von Menschen im einen Jahr durch das Oberdorf; im nächsten Jahr war das Unterdorf an der Reihe. Der Zug bewegte sich wie immer vorbei an vier Altären, die von Privatpersonen liebevoll errichtet worden waren. Auf dem Weg zur Kirche sangen und beteten wir gemeinsam. Beim letzten Altar überraschte uns doch noch ein Regenschauer. Jetzt könnte man meinen, dass alle schnell auseinanderliefen wie ein Hühnerhaufen, um unter den

Vordächern in Sicherheit zu hechten. Aber keiner zeigte eine Regung zur Flucht; wir nahmen es als Wink des Himmels; und dann war der Schauer auch schon wieder vorbei. Bei der Rückkehr zur Kirche nach zwei Stunden Prozession stimmten wir ein „Großer Gott, wir loben Dich“ an.
Dabei wurden wir von der Merchinger Musikkapelle sowie von unserem rührigen Kirchenchor begleitet. Unser umtriebiger Burschenverein sorgte für Ordnung im Dorf, kümmerte sich um die Umleitung für Autos und die Abkürzung für Rollatorfahrer und sorgte anschließend für das leibliche Wohl und geistige Getränke in unserem Pfarrgarten. Und weil Merching eine äußerst rührige Gemeinde ist, feierten wir zehn Tage später schon das nächste kirchliche Fest, das jährliche Pfarrfest. Jetzt haben wir das große Glück, mit Pfarrer Xavier, Pfarrer Thomas und neuerdings Pfarrer Joschi so sympathische Pfarrer aus Indien am Ort zu haben. Sie betreuen sieben Gemeinden mit neun Kirchen. Das ist eine solche Aufgabe, die nur klappen kann, weil sie ein starkes Team an Laien und Helfern hinter sich wissen. Und wie es sich seit Don Camillo und Peppone gehört, zogen sich der Bürgermeister und Pfarrer Xavier beim Kaffeekränzchen zu meinem 90. Geburtstag gegenseitig auf, erzählten sich Witze und unterhielten die ganze Runde mit Geschichten über meine besten Kochrezepte.

50

Nun erzählte mir gefühlt jeder dritte: „Bloß nicht ins Krankenhaus in der Corona-Zeit.“ Und ich stürzte ausgerechnet am Muttertag im Mai unglücklich und fiel mit dem Arm ungebremst auf den Boden. Im ersten Moment machte mir die ziemliche Blutspur durch mein Schlafzimmer am meisten Sorgen und natürlich der Schmerz. Die meisten brechen sich in meinem Alter den Oberschenkelhals. Ich brach mir aber den Ellenbogen. Zum Glück ist es der linke, dachte ich. Aber erstmal musste ich mit dem Krankenwagen ins Krankenhaus. Maria trug sich als Kontaktperson ein. Zum Glück war in dem Moment überhaupt noch Besuch zugelassen, sonst hätte ich mich sehr verlassen gefühlt, als ich entscheiden sollte ob OP oder nicht. Ich wollte aber nicht und wurde nach ein paar Tagen wieder entlassen. Stattdessen volles Programm mit Schiene und kontrollierten Bewegungen, anschliessend Krankengymnastik und Übungen, Anträgen und Lernen, welchen Topf ich heben kann und welchen nicht. Jetzt war ich plötzlich selbst ein Pflegefall. Das frustrierte ganz schön. Und die Gefahr war bestimmt da, dass ich vor Langeweile in der gespenstischen Coronakrise ins Grübeln versinke. Klein anfangen, das Naheliegende machen; da muss doch etwas liegengeblieben sein, so dachte ich. Aber mein Keller war längst aufgeräumt bis auf zwei Säcke Klamotten, die ich im Herbst zur Kleidersammlung an die Diözese weiterreichen wollte. Und hoffentlich war bis dahin die Annahme bei den Sammelstellen wieder möglich. Denn Millionen Mitbürger waren auf die gleiche Idee gekommen wie ich, nämlich aufzuräumen. Jedenfalls habe ich die Schubladen im Wohnzimmer wiederentdeckt, die ich so lange nicht angefasst habe, mit einem Durcheinander von Unterlagen, das älteste Papier von 1950. Aber es war nicht irgendein Papier, sondern es stammte vom Beginn meiner großen Liebe. Tatsächlich versteckten sich hier Liebesbriefe von meinem Mann, als wir uns gerade kennengelernt hatten. Ich schaute also in die Schublade und geriet ins Schwärmen wie damals, einfach romantisch. Da wir beide ausbildungsmäßig und beruflich voll eingespannt waren, hatten wir uns jahrelang nur am Wochenende treffen können. Das tat unserer Beziehung keinen Abbruch. Sie wurde im Gegenteil Monat für Monat stärker und stabiler. Vier Jahre waren wir liiert, bevor wir uns das Ja-Wort gaben. Das hatte nicht deswegen so lange gedauert, weil wir uns nicht sicher gewesen wären, sondern weil wir unsere Ausbildungen zu Ende bringen wollten. Vor allem die Hochzeitsbilder hatten in den Schubladen geschlummert. Und in den nächsten Tagen fand ich Glückwunschkarten zu diversen Geburts- und Namenstagen, Bilder von den Kindern. Das sortierte ich in Alben ein. Das Sortieren ist ja eine Beschäftigung, die man schnell nebenbei erledigen oder mit der man sich ein paar Monate herumplagen kann. Und ich hatte ja viel Zeit. Der größte Wunsch hatte sich in meinem Leben erfüllt. Mutter zu sein war für mich der wertvollste Schatz meines Lebens. Und ich darf sogar erleben, wie sich meine Urenkelin Emma und meine Urenkel Kilian und Max an die ersten Schritte machen und die ersten Wörter brabbeln und mir mit Grinsen die Zehnerschnitte vom Teller klauen. Ich hielt die Erinnerungen fest wie ein vertrautes Schmuckstück, drehte Fotos und Briefe zehn Mal hin und her. Dann lag ein Stapel Gedichte, Verse, Karten, Briefe, selbst gemalte Zeichnungen vor mir, liebevolle, aber auch traurige Schriftstücke, wo es mir vielleicht nicht gelungen war, als Mutter die richtigen Worte des Trostes zu finden. Wertvolle Erinnerungen, eins wie das andere, die ich wie einen Edelstein bis zu meinem Lebensende sorgfältig aufbewahren werde.

Was hätte nicht alles schiefgehen können? Hätte meine leibliche Mama nicht bis zu meiner Geburt durchgehalten, dann hätte ich es nicht gesund auf die Welt geschafft. Gottfried war buchstäblich um einen Tag zu spät geboren worden, sonst wäre auch er in den letzten Kriegstagen eingezogen und im Kampf verheizt worden. Man muss ja nicht gleich so weit gehen zu fragen, was alles grundsätzlich schiefgehen hätte können. Nun war die Familie zwar gesund und munter, aber dann gab es immer noch genug Gefahren für die Familiengeschichte. Ich blende die Unfälle aus. Aber dann machten sich drei Kinder auf den Weg ins Hessische, nach Sachsen und nach Franken. Beim Jüngsten machte ich mir am meisten Sorgen, als er wegzog. Denn Franken und Bayern sind für ihr Dauer-Gezanke bekannt. Ob Klaus je wieder ohne fränkischen Dialekt würde sprechen können? Zumindest trinkt er seither dunkles Bier. Das ist bei uns in Bayern ja nicht gern gesehen. Und bei Maria machte ich mir Gedanken, ob der Langener Äbbelwoi förderlich für die Arbeitsmotivation ist und Babynahrung im Glas immer ein guter Brötchengeber sein könnte. Dagegen fragte ich mich bei Walter, ob er im Dresdner „Wilden Osten“

direkt nach der Wende jemals wieder auf eine funktionierende Telefonleitung stoßen würde. Der Grenzübertritt durch den Todeszaun war zwar möglich geworden. Aber dann kamen die Schlaglöcher des Todes. Das Gerücht sagt: Ganze Fahrzeuge seien in der Dresdner Innenstadt bis zur Dachreling mitten in der Straße versunken und nicht mehr aufgetaucht.

Bei den Enkelinnen und Enkeln wusste ich irgendwann nicht mehr, was ich ihnen schenken soll. Das, was sie brauchten, hatten sie eh schon. Und das, was sie nicht brauchten – na ja, das brauchten sie auch nicht an Weihnachten. Aber da kam mir wieder eines meiner Hobbys zugute: das Flohmarktgehen. Das ist zwar teurer als „Window Shopping" (Schaufenster-Angucken), aber billiger als Einkaufen. Und da fand ich Sachen: Die gibt's gar nicht. Während ich also in stunden- und tagelangen Exkursionen über den Flohmarkt schlenderte, liefen mir die Weihnachtsgeschenke buchstäblich hinterher: „Okay, okay. Sie kriegen dieses wunderschöne und so praktische xyz für noch fünf Euro billiger. Aber jetzt laufen Sie doch nicht weg." Meine Enkelin Stefanie musste mich daran erinnern, welche Schätzchen ich von dort weggeschleppt hatte und was an Weihnachten viel Heiterkeit ausgelöst hat. Als Enkel Martin gerade Kurzhaarschnitt mit einem Zentimeter Haarlänge trug, bekam er von mir einen Föhn mit Lockenstab. Enkel Thomas hatte kurz vor dem Umzug in seine neue Wohnung alles im Kopf, nur nicht, dass er in dem Moment noch einen kniehohen Porzellanclown als Deko braucht. Wer den funktionsfähigen Minibackofen letztendlich bekam, weiß ich nicht mehr. Aber gebraucht hat ihn anscheinend niemand. Sonst hätte ich doch nachher ein Dankeschön bekommen. Für Enkelin Stefanie hatte ich über Jahre zu Weihnachten gut erhaltene Barbie-Puppen, selbst als sie die im Alter von 16 Jahren längst abgelegt hatte. Egal. Ein Kilo Bohnenkaffee für die Jungs hat wieder nicht gepasst, weil sie zu dem Zeitpunkt alle schon eine Nespresso-Maschine mit Kapseln hatten. Und bevor ich den Rasierapparat meines Mannes zum Flohmarkt trug, habe ich ihn an Weihnachten lieber Enkel Michael geschenkt. Der hat sich genauso gefreut wie als ich eine Tüte Kassetten verschenkt habe. Die Kassetten waren dann wenigstens noch eine Weile im Merchinger Burschenraum gelegen, bevor sie endgültig verschwanden, bestimmt in eine Merchinger Privatsammlung.

Zum Ausgleich habe ich mit jedem der Enkel zusammen gesportelt wie bei Neureuthers. Mit Stefanie und Thomas fuhr ich am Steinacher Skilift meine Bögen. Ja: Es gab einen Skilift im Nachbarort. Mit Enkel Michael war ich Kegeln, mit Enkel Martin beim Schießen, mit Stefanie zum Shoppen, wenn man das als Sport bezeichnen möchte. Mit den Dresdner Enkeln Justus und Philipp bin ich die Treppen aller Sehenswürdigkeiten der Region rauf- und runtergerannt. Und mit Enkelin Hanna habe ich bei ihren Auftritten mit der Faschingsgarde so intensiv Beifall geklatscht, dass es unter Krafttraining zählt. Sie war es auch, die einmal einen Ausflug mit dem Bus in den Europa-Park in Rust reserviert hatte und vom Reiseveranstalter einen hektischen Anruf bekam: „Du hast da aus Versehen eine Person zu viel angemeldet. Da ist noch ein Platz auf den Namen Wecker reserviert.“ Das war reiner Zufall, dass ich am selben Tag auch dahin wollte. Also saßen Enkelin und Oma im gleichen Bus und mittags gemeinsam in der Achterbahn. Hier bitte ich um Nachsicht. Ich glaube, dass ich beim wildesten Fahrgeschäft nicht mehr mitgefahren bin.

Jedenfalls war wieder einiges geboten und ich war phasenweise sehr gefordert gewesen. Tiefkühltruhenweise Mittagessen, Hosen hochnähen im Akkord, am besten gleichzeitig in drei Achterbahnen im Europapark Rust Enkel bespaßen, die vielen neuen fahrbaren Untersätze am Hof und in der Familie selbst rumkutschieren und an Weihnachten die Klopperei um die Lieblingsplätzchen in Grenzen halten. Alles also ein höchst fragiles Gleichgewicht, wenn sich an Weihnachten die Verwandtschaft die Hirschknöpf‘ (Plätzchen) gegenseitig vom Teller klaute und wenn ich vergessen hatte, rechtzeitig für Walter die Vanillekipferl zu backen.

Wozu erzähle ich das eigentlich alles? Meine These ist ja, dass die Familienrituale und die gemeinsamen Aufgaben den ganzen

Laden beisammenhalten. Was meine ich damit? In meiner Kinderzeit war an Ostern und Weihnachten, genauer gesagt über das ganze Kirchenjahr verteilt, die ganze Familie mitsamt den Beschäftigten eingespannt. Es war immer klar gewesen, wer was zu tun hatte. So war es als Kind mein Job gewesen, das Osternest zu suchen und an den Nikolaus und an das Christkind zu glauben. Und das tat ich dann auch, selbst wenn ich furchtbare Angst vor dem ersten gruseligen Nikolaus mit Knecht Ruprecht hatte. Einerseits war das Korsett aus „bravem Mella", Kirchgang und schulischem Fleiß sehr eng geschnürt gewesen, andererseits konnte ich mich drauf verlassen, was als nächstes kommen würde. Und das machte es mir und den Klassenkameraden wiederum leicht. Zum Glück gibt es heute noch viele dieser Selbstverständlichkeiten, die Messe an Allerheiligen und an Weihnachten, das Glückwünschen am Geburtstag und der Beistand, wenn Not am Mann oder an der Frau ist. Viele Gewohnheiten sind aber über die Zeit weggefallen, wie die Namenstage feiern oder die vielen Kirchgänge an Ostern. Darum sind mir die neuen Rituale in der Familie sehr ans Herz gewachsen, die vielen Familienausflüge – etwa nach Erfurt, Regensburg oder Karlsbad, die langjährigen Sonntagsausflüge mit Maria und Werner, die Schwätzchen mit Gottfried über den Hof, der sonntägliche Anruf von Walter oder auch die regelmäßigen, äußerst lustigen Enkelessen.
Ein früheres Ritual war für meinen Papi ja der Stammtisch und mit ihm das Krügle gewesen, das uns Frau Kopp nach Papis Tod zurückgegeben hatte. Vor ein paar Tagen erst überreichte ich das Erinnerungsstück unserem Enkel Martin als Reminiszenz an seinen Uropa. 100 Jahre ist es alt, dieses Krügerl. Wenn man sein Ohr hinhält und genau zuhört, dann hört man es die schlimmsten Lausbubengeschichten berichten, von Raufereien, vom Schwadronieren und von Ziegelsteinen, die gerne Bügeleisen gewesen wären.
Familie scheint also ein ständiges Kommen und Gehen zu sein. Oder eher ein Gehen und Kommen, weil: Man muss doch zuerst gehen, damit man dann wiederkommen kann. Jeder muss irgend-

wann aus dem Haus, eine neue und vielleicht fernere Schule besuchen, woanders lernen oder studieren, weit weg arbeiten, reisen, Neues aufnehmen. Und dann kommt er oder sie wieder, bringt neue Eindrücke und Erfahrungen mit und kann dann mithelfen, dass die Familie „die Familie bleibt". Oder ganz ohne politischen Hintergedanken: „Mia san mia!" Von dem Rausgehen-aus-dem-Hof habe ich viel gelernt. Heute würde man sagen: „meine Komfortzone verlassen". Unseren Kindern hatte ich damit manchmal arg viel zugemutet und sie machen sich heute noch ab und an darüber lustig, in welchen Internats-Katakomben sie vegetieren mussten und wie dünn die Suppe im Speisesaal ausfiel. Aber schon die nächste Generation hat jede Kontaktscheu abgelegt, geht in New York shoppen, krault in Japan als Studienleistung ordnungsgemäß Wagyu-Rinder, repariert gegen Kost und Logis Dächer in Australien oder reist nach dem Abi einmal um den Globus. Also mir wird da nicht bang um neue Ideen.

Was hatten wir im Betrieb nicht alles erlebt? Was mühselig und in langen Jahren in akribischer und endloser Arbeit aufgebaut? Und was irgendwann wieder aufgegeben, eingestellt und wieder umgebaut? Die Säge war abgebrannt. Ein Wiederaufbau hätte sich nicht gelohnt. Der Krautanbau musste in der Region der Zuckerrübe weichen. Die Mühle hatten wir stilllegen müssen, womit mein Mann den Beruf nicht mehr fortführen konnte, den er noch eilig gelernt hatte, bevor wir heirateten. Die Kühe hatten wir abgeschafft, nachdem uns der Melker davongelaufen war. Unsere hundert Rinder waren als Herde irgendwann einfach zu wenig und der Hof nicht darauf eingerichtet, so zu expandieren, dass sich die Mast wieder lohnen würde. Und die Jahrzehnte mit der Schweinezucht und -mast endete erst neulich, als die Restaurants kein Fleisch mehr abnehmen konnten, die Schlachthöfe die Tiere nicht mehr rechtzeitig abholen wollten und chinesische Fleischgenießer wegen Virensorgen nichts mehr importierten. Aber der Preisverfall war auch nur ein letzter Schritt, nachdem schon vorher Gülleverordnungen, Dokumentationsauflagen und verordnete Investitionsmaßnahmen im Stall bei den Schweinemästern für Sternfahrten mit dem Traktor zum Demonstrieren und für grüne Protestkreuze an Feldrändern gesorgt hatten. Man darf sich getrost vorstellen, wie es wäre, wenn ich mein bescheidenes eigenes Häuschen hochgemauert, eingerichtet und weihnachtlich dekoriert hätte und ich nun aufgefordert würde, es binnen sechs Monaten bitte wieder abzureißen. Was ich sagen will: Wir hatten unsere Aufgaben über lange Zeit und mit viel Aufwand gelernt, das Geschäft erfolgreich umgesetzt, die notwendigen Tätigkeiten nach einer ganzen Weile recht gut verstanden und konnten alles leidlich gut managen. Und dann durften wir es wieder einstampfen. Das kann man sich kaum vorstellen, wenn ein erlernter Beruf plötzlich nicht mehr gefragt war: Gemüsebauer, Milchproduzent, Müller, Schweinezüchter.

So: Das klang jetzt ausgesprochen negativ. In Wirklichkeit ist es andersherum: die Ausbildung ist so vielfältig und die Landwirtschaft so dynamisch, dass wir eine gewisse Übung darin hatten, vom Weißkraut zur Zuckerrübe zu wechseln, von Kühen zu Rindern und dann zu nurmehr Schweinen, in der Waldwirtschaft von Fichten zu Eschen und weiter zu Weißtannen und als Energielieferant von einem funzeligen kleinen Generator über die Nahwärmeversorgung mit Hackschnitzelheizung zur modernen Photovoltaikanlage. Und von der ausschließlichen Arbeit auf dem eigenen Hof bis zur Mitarbeit für den Maschinenring und für andere Landwirte. Welcher talentierte Mitbürger hat schon drei oder fünf, geschweige denn sieben oder neun verschiedene Ausbildungen und Jobs in seinem Leben hinter sich gebracht? Oder besser gesagt, gleichzeitig gemacht? Ich sage nicht zu viel, wenn ich behaupte, dass ein Landwirt gleichzeitig Tierhalter, Tierarzt/-pfleger, Ackerbau- und Pflanzenschutzbeauftragter, Bauhandwerker, Landmaschinentechniker, Energieversorger, Betriebswirtschaftler und nicht zuletzt Kommunikationswissenschaftler ist. Das waren jetzt neun. Ich finde jedenfalls, man hat sich den gut gepolsterten Ruhestand als Landwirt verdient und sich gleichzeitig mit einem enormen Qualitätsanspruch und außergewöhn-

lich guter Ausbildung um die Versorgung der Bevölkerung verdient gemacht. Das kann man ruhig mal anerkennen.
Und noch eines: Ein Landwirt bleibt ja immer irgendwie Landwirt. Selbst wenn jemand von Vollzeit auf Teilzeit- oder sogar Hobbyagronom umsteigt, steckt es weiter im Blut und in den Knochen. Wenn ich mit meinem Kleinwagen mit dem Stern über die Felder fahre, zuckt die Hand, mit der ich damals Stunde um Stunde Rüben gehackt habe oder freut sich das Auge, wenn der Weizen im Wind wogt. Also seht es mir bitte nach, wenn ich es immer noch nicht lassen kann, mit der Landwirtschaft zu leben, zu leiden, zu hoffen, und die kleinen und großen Erfolge mitfeiern zu wollen. Genauso hoffe ich, dass ich nie mit dem Kochen oder dem Haushalt aufhören muss. Und ebenso wünsche ich mir, dass ich von den Kindern, Enkeln und Urenkeln immer neue Geschichten vom Beruf und von der Familie erfahre und weiß, wie es weitergegangen ist – mit Wohl und Wehe.

Die 10 Gebote der Katholiken sind Vielen wenigstens in den Grundzügen bekannt. Mir war lange nicht bewusst, dass andere Versionen von „10 Geboten“ formuliert worden sind. Das ist kein Sakrileg, weil wohl selbst Papst Johannes XXIII. die „10 Gebote der Gelassenheit“ verfasst hat, die übrigens auch außerhalb der Kirche verwendet werden. Und weil es eh schon viele alternative „10 Gebote“ gibt, traue ich mich, auch eine solche Sammlung zu formulieren.

„Die 10 Gebote eines schwäbisch dörflichen Lebens“

1. Geh am Sonntag in die Kirche.
2. Hege und pflege den Pfarrherrn und den Bürgermeister sorgfältig.
3. Wer Vater und Mutter nicht ehrt, der kommt nach Donauwerth.
4. Sage „Grüaß Gott“ und „Pfüa Gott“ oder „Pfiati“.
5. Habe immer eine gefüllte Speisekammer.

6. Gestalte Stammtisch und Vereinsleben aktiv mit.
7. Eine Hand wäscht die andere.
8. Tue Gutes und lass es alle wissen.
9. Bier ist kein Alkohol. Und Weißwürscht' dürfen das 12-Uhr-Läuten nicht hören.
10. Glaube nicht jeder Bauernweisheit und nimm die Gebote nicht immer wörtlich.

Nummer 1, 8 und 9 muss man in Bayern niemandem erklären. Und wer meine Geschichte aufmerksam gelesen hat, den wundern Nummer 2, 3, 5 und 6 auch gar nicht. Ein paar der Gebote möchte ich doch noch weiter ausführen, damit man versteht, dass sie nicht vom Himmel gefallen sind. Außerdem versuche ich damit einigermaßen ernsthaft, einen Beitrag zu einem harmonischen Dorfleben zu leisten.

Zu 2.: Hege und pflege den Pfarrherrn und den Bürgermeister sorgfältig.
Auf dem Dorf kommen der Pfarrer und der Bürgermeister ganz häufig im Leben ins Spiel. Der Pfarrer gestaltet die Taufe, Kommunion, die Beichte Firmung, die Trauung, die Messen und die letzte Ölung nicht nur für einen selbst, sondern auch für die Kinder und die Enkel. Und da ist es schön, wenn der Pfarrer einen gut kennt und der Segen recht persönlich ausfällt. Weil ich weiß, dass unser Pfarrer einen anstrengenden Job und einen engen Terminkalender hat, habe ich ihn manchmal zum Essen eingeladen. Dabei haben wir uns zwanglos über Gott und die Welt ausgetauscht; er bekam etwas zwischen die Rippen und ich bringe etwas religiösen Glamour in meine Hütte. Und das gefällt mir schon, wenn der Pfarrer in unserem Dorf nicht nur seine Schäfchen hat, sondern auch für sich eine Heimat findet.
Unser langjähriger Bürgermeister hatte immer tausend Details im Dorf im Blick gehabt und versucht, es allen möglichst recht zu machen. Das ist ein aufreibender und gesundheitsgefährdender Job. Vor allen Dingen, wenn den Leuten „das Hemd näher als die

Hose“ ist. Wenn er bei unseren Feiern also immer wieder dabei war, dann brachte das nicht nur den Glanz der Gemeindeprominenz in unser Heim, sondern er wusste auch genau, über was man mit uns reden konnte und über was besser nicht. Jeder, der etwas Neues im Dorf machen will und eine Genehmigung braucht oder auch nur den guten Leumund, der weiß, worüber ich spreche. Und irgendwann braucht jeder einen neuen Zaun, ein neues Dachfenster oder eine Maschinenhalle.

Zu 3.: Wer Vater und Mutter nicht ehrt, der kommt nach Donauwerth.
Ich habe schon darüber erzählt, dass Gottfried Junior ins Internat nach Donauwörth gegangen ist und dort wenigstens in Ruhe lernen konnte. Außer meinem Sohn Klaus ist vermutlich nie ein anderes Kind freiwillig in ein Internat gegangen. Egal: Profitiert haben viele davon, selbst wenn es heute etwas aus der Mode gekommen ist. Was ich mit dem Gebot eigentlich ausdrücken möchte: Die Älteren sind im Dorf Respektspersonen. Wer das nicht beachtet, kommt nach Donauwörth oder „kriegt a Trumm Schell'n“. Mit diesen Möglichkeiten im Nacken stellen die Jüngeren viel für die Älteren auf die Beine. Zwischen Seniorennachmittagen, Pizzaessen und Vereinsleben brachten auch Kirchenveranstaltungen meinen Terminkalender so durcheinander, dass ich oft von meiner Rentenregel „maximal einen Termin pro Tag“ abweichen musste. So gehört man nie ernsthaft zum „Alten Eisen“. Frau Glas hat sich ihre rüstige Gymnastikgruppe geschnappt und ist jedes Jahr zum Auftritt zur Seniorenmesse nach München gefahren. Einmal war ich nicht gut in Form. Dann durfte ich trotzdem mit. Ich habe auf die Straßenkleidung und die Wertsachen aufgepasst und den peppigen Auftritt meiner hochmotivierten Sportgruppe bewundert.

Zu 4.: Sage „Grüaß Gott“ und „Pfüa Gott“ oder „Pfiati“.
Monika Gruber hat das im Detail beschrieben, dass man im Dorf besser jedem Grüß Gott sagt, wenn er einen nur länger als eine

halbe Sekunde anschaut. Aber wo gibt's auf dem Dorf jemanden, der bloß so kurz hinschaut? Ich kenne doch alle von hier. Wenn ich vor dem Bäcker auf einen anderen Merchinger zutrabe, dann bin ich nicht so schnell, dass ich ihm nicht mindestens fünf Sekunden in die Augen schauen könnte, dann stehenbleiben, ein Schwätzchen über Frau und Kinder halten und dann wieder weitergehen. Und wenn ich sie oder ihn nicht kenne, dann schaue ich noch mehr hin, wer das jetzt wieder sein könnte: der Oberottmarshauser Schwager vom Aichacher Wirt, dessen Mutter in Merching… und so weiter. „Woasch nimmer, wer i' bin?" Und dann braucht's unbedingt ein „Grüaß Gott". Wenn das also geklappt hat, darf man auch bei der Verabschiedung keinen Fehler machen. Mein Neffe Georg sagt, dass „servus" bei uns gar nicht geht, weil wir ja im Regierungsbezirk Schwaben sind. Das heißt bei uns „Pfiati" oder „Pfüa Gott". Woher kommt der Begriff? „Behüte Dich Gott" wird zu „Pfüa Gott". Bayrische Effizienz, oder?

Zu 5.: Habe immer eine gefüllte Speisekammer.
Über unsere gut sortierte Speisekammer habe ich ausführlich berichtet. „Mit Speck fängt man Mäuse, und mit Kuchen alles Mögliche." Bei Klaus war es mit seinen Klassenkameraden aus zwei Gründen immer klar, wo die Vespa lackiert, der VW-Bus geschweißt und die Elektrik im Boot eingebaut wird: nämlich bei uns. Erstens gab's alle Schraubenschlüssel, eine Auffahrtrampe und einen abgeschlossenen Raum zum Lackieren. Wobei das nicht gut hingehauen hat, als sie zu zweit den VW-Bus im Stadel neben dem Lüfter für den Kälberstall lackiert haben und dann auf der ganzen rechten Seite feines Stroh aus der Abluft einlackiert war. Jedenfalls hatte ich zweitens für die Bastler, Schrauber, Lackierer, Elektriker, Fußballer, Freunde und Freundinnen genug Kuchen parat. Und auch für andere. Der Betrieb war gesichert.

Zu 6.: Gestalte Stammtisch und Vereinsleben aktiv mit.
Mein Merchinger Vater hatte einen Teil seiner aktiven Zeit beim Stammtisch in Merching verbracht. Das muss man jetzt nicht mit

dem gleichen hohen Aufwand betreiben. Aber mein Mann wollte ebenfalls am Sonntag nach der Kirche unbedingt zum Stammtisch gehen. Eine Weile waren wir nämlich nach der Kirche mit Zoobesuchen, Schwimmkursen oder unserem sonntäglichen Tanzkurs beschäftigt gewesen und zwischenzeitlich wollte Gottfried den Anschluss im Dorf nicht verpassen. Nach seinem Bier auf leeren Magen kam er reif für den Mittagsschlaf nach Hause und wollte nur noch schnell eine Kleinigkeit essen. Das hat mich über viele Jahre vom sonntäglichen Kochen entlastet. Unter diesen Umständen ist ein Stammtisch nicht nur für den Teilnehmer, sondern auch für sein Ehegespons eine praktische Sache.
Zum Thema Vereinsleben: Früher traf sich die Dorfjugend mit dem Bonanza-Rad auf der zugigen Insel in der Paar und versuchte mit Anlauf durch die Furt zu radeln, was bekanntermaßen nie geklappt hat. Irgendwann brauchte der Burschenverein ein wind- und wettergeschütztes Domizil. Ein klappriger Bauwagen kam also auf unsere Wiese neben den Bach. Stereoanlage, Bierkühler und Lampen schlossen wir kurzerhand an unsere Stromversorgung an. Und neuerdings gab es eine Gruppe von Burschen, die im Bauwagen sehr professionell Stubenmusik spielte und nebenher am Oktoberfest auftrat. Wie also die Merchinger Jugend so einen Anlaufpunkt mit Campingflair bekam, wurde ich zu Spanferkel und zur Weißbierzapfstation eingeladen und könnte jederzeit ein Fläschchen Bier mit einem Schwätzchen vor dem Bauwagen verbinden. Das Vereinsleben klappt sogar, wenn man nicht selbst Mitglied ist. Im Burschenverein würde ich gleich aus zwei Gründen nicht aufgenommen werden: falsches Alter und falsches Geschlecht. Aber ein Bier und eine nette Unterhaltung bekomme ich trotzdem immer. Und manchmal kommt sogar der Bürgermeister vorbei.

Zu 7.: Eine Hand wäscht die andere.
Das soll jetzt gar nicht negativ klingen. Stattdessen ist es doch so, dass auf dem Lande jeder mit etwas aushilft, was er kann oder was er hat. „Ich fahr‘ Dir mit dem Bagger die Erde raus. Dafür

schneid'st Du mir das Holz z'samm." „Ich backe den Kuchen. Dafür trinke ich auf Eurer Feier einen Kaffee mit." Ich lade den Pfarrer zum Essen ein. Dafür schließt er mich in sein Gebet ein. Das nenne ich ein ländliches Ökosystem; und ein effizientes dazu. Da hilft es, wenn man ein Handwerk gelernt hat oder ein Baufahrzeug im Vorgarten stehen hat. Vielleicht ist ein Astrophysiker, der bei der bayrischen Raumfahrtgesellschaft arbeitet, nicht die optimale Besetzung für dieses Gebot. Außer er hat einen Aufsitzrasenmäher, den er auch verleiht.

Zu 10: Glaube nicht jeder Bauernweisheit und nimm die Gebote nicht immer wörtlich.
Zuletzt will ich eine Lanze dafür brechen die Kirche im Dorf zu lassen. Wir hatten einmal einen Wandkalender geschenkt bekommen mit alten Bauernweisheiten, die sich nicht zu bewahrheiten schienen. Sehr unzuverlässig waren die mit dem Wetter, die einen Ausblick auf einen heißen und trockenen Sommer gaben oder auf einen Winter mit viel Schnee. Vielleicht gab es vor hundert Jahren kein besseres Instrumentarium für ein bayrisches Orakel. Mein Sonner-Vater wurde oft gefragt, wie das Wetter wird. Er sei doch Landwirt. Er antwortete: „Lies halt die Zeitung". Mein Mann und ich haben sogar befürchtet, dass die Bauernweisheiten einem den Blick verstellen und einen Vorwand dafür liefern, nichts zu tun. Was soll ich erntemäßig machen, wenn es ein Jahrhundertsommer wird und eh alle Pflanzen leiden? Da hatte Sohn Gottfried einen sehr klaren Blick für die wenigen noch sinnvollen Bauernweisheiten: „Ist's an Silvester kalt und klar, ist's am nächsten Tag Neujahr".
Im Vergleich dazu sind die Gebote aus meiner Sicht sehr hilfreich, weil sie im Dorf selbst von einem Neuankömmling beachtet werden können. Wenn jeder mitspielt, erleichtert es das Zusammenleben ungemein. Die Kunst ist es mit den Geboten weder zu übertreiben noch zu wenig zu machen. Der allzu Dogmatische wird dann schnell einmal als „Münchner" (die wissen es sehr genau) bezeichnet, der Nachlässige als „Muhhagel" (der will sich

gar nicht einbringen). Ich selbst mache mir noch mit gut 90 Jahren jeden Tag Gedanken darüber, ob mein Ruf im Dorf einigermaßen passabel ist. Aber vielleicht übertreibe ich es damit, wenn ich mir vor dem Seniorennachmittag sorgfältig die Haare färbe. Da weiß ich nicht mal, wie Haarefärben und schön Anziehen in die gerade erwähnten zehn Gebote eines schwäbisch dörflichen Lebens passen.

Ein besonderer Ort im Dorf ist der Friedhof. Merching hat gleich zwei davon. Rund um die Kirche liegt irgendwie idyllisch der zur Pfarrgemeinde gehörige. Unmittelbar daneben hat Merching eine zweite Fläche geschaffen, die noch erweiterbar ist, offensichtlich, um für künftige Zeiten vorzusorgen. Aber die Bestattungszeremonie ist ja gegenüber den Tagen, als Onkel Toni oder Papi gestorben sind, vollkommen verändert. Die meisten Menschen werden nun eingeäschert und in Urnen begraben. Stelen zeugen auf den Friedhöfen von der Veränderung. Dafür fällt ein Grab nach dem anderen der Einebnung zum Opfer. Gleichzeitig wird unsere wunderschöne Barockkirche für ca. 1,5 Mio. Euro denkmalschutzgerecht generalsaniert. Vom Fundament bis über unsere drei berühmten Kirchturmkugeln und dem Gipfelkreuz sind Spezialfirmen beauftragt, den weithin sichtbaren Kirchturm in neuem Glanz erstehen zu lassen. Gerüchte besagen übrigens, dass es die Anordnung mit drei Kirchturmkugeln nur zweimal auf Dörfern in ganz Deutschland gibt. Für mich sind die Kirche und die gepflegten Friedhöfe die schönste Visitenkarte unseres Heimatdorfes.
Und dabei hatte uns eines Tages der liebe Gott Anfang Juni ein fürchterliches Gewitter mit einer Masse dicker Hagelkörner geschickt. Der Schaden auf den Feldern ließ uns schier die Tränen in die Augen treten. Aber die Versicherung ersetzte uns einen Teil des Verlustes. Wo es auch schlimm aussah, war auf dem Friedhof und auf unserem Familiengrab, in dem ja auch mein Mann liegt. Die nach den Eisheiligen Ende Mai angepflanzten Gräber sahen verheerend aus. Die fleißigen Grabpfleger gingen deswegen schon am nächsten Tag ans Aufräumen und Neuanpflanzen. Ich

sprach insgeheim zum Allmächtigen: „Herr und Gott, wenn Du uns schon so eine Bescherung auferlegst, dann rühre ich jetzt erstmal keinen Finger.“ So ganz habe ich das keinen-Finger-rühren nicht wahrgemacht; habe doch die am Boden zerdrückten Reste zusammengekratzt, aber die erbärmlich kleinen Wurzelstücke einfach stehen lassen. Und siehe da: Innerhalb meiner kurzen Schmollzeit sind die schönsten Begonienblüten gewachsen und die üppigsten, die überhaupt je auf dem Grab standen. Dazu muss man wissen, dass unser Grab sehr wenig Sonne abbekommt. Der Kirchturm steht nämlich im Weg und deswegen gedeihen nicht alle Blumen. Mutti hatte deswegen schon vor einem halben Jahrhundert die selbst gezogenen Salvien eingepflanzt, die sich auf dem schattigen Platz bewährt hatten. Und da kommt mir nun in den Sinn, dass mir eigentlich irgendwann in der Zukunft Begonien und ein paar leicht zu pflegende Sträucher gut gefallen würden.

- Ende -

Epilog

Im Monat März 2020 ereilte uns offiziell die Nachricht, dass sich eine Infektionswelle aus China über die ganze Welt verbreitet. Die ersten Berichte nahm kein Land ernst genug, um vor den schlimmen Folgen frühzeitig zu warnen. Am 16. März 2020 rief die Bundesregierung auf die Geschäfte, Restaurants und Kneipen, dann große Betriebe und Schulen zu schließen. Die Gefahr, dass große Menschenansammlungen die Weiterverbreitung des tödlichen Virus fördern könnten, wollte man auf diese Weise eindämmen. Ich bin überzeugt, dass diese Entscheidung unserer Politiker zwar riskant war, aber richtig. Im Sommer freuten wir uns über Lockerungen in der Pandemie, doch die verheerenden Folgen werden noch viele Jahre der Aufarbeitung erfordern. Wie lässt sich die Coronazeit in unserer Familie schildern? Die Verbindung zur Außenwelt, zu Freunden, Bekannten, Verwandten, ja sogar zu engsten Familienangehörigen, die in Heimen lebten oder gerade im Krankenhaus waren, galt als gestrichen oder auf das Minimum beschränkt. Die Verbindung blieb über Telefon oder Handy aufrecht. Enkel Philipp durfte sein Abi genau in dieser unsicheren Zeit absolvieren und wurde um die ganzen schönen Abifeiern gebracht. Justus ging im Studium ganz in den Digitalmodus über. Jetzt war nur zu hoffen, dass uns dieses Übel auf Dauer verlässt. Ich hatte ähnliche Einschränkungen schon einmal erlebt, mit 15.

Wie gingen Verwandte mit den Einschränkungen in der Pandemie um? Am Telefon kam oft dieselbe Antwort: Wir stöbern im Keller; wir entrümpeln den Dachboden; wir streichen die Räume; wir pflegen den Garten; wir schaffen Zeug aus den Hütten; wir legen Böden; wir machen dieses und jenes, was schon jahrelang auf Erneuerung wartete. Alle, die ich kenne, waren plötzlich mit Entrümpeln, Räumen und Renovieren beschäftigt, während ich meine Schubladen und mein Leben mit drei Müttern, drei Vätern, vier Kindern, sieben Enkelinnen und Enkeln sowie drei Urenkeln einsortierte.

Disclaimer

Heutzutage kann man ja kaum mehr ein Wort sagen oder schreiben, ohne dass irgendjemand meckert. Vielleicht hatte ja früher auch schon immer einer gemeckert. Aber das hat dann keiner erfahren, so ohne Social Media, YouTube und Skype. Selbst Behörden, Finanzämter und echte oder künstlich intelligente Mitarbeiter von Firmen gehen schon auf die Suche nach vermeintlichen Fakten im Netz oder in Büchern. Deswegen rät mir mein Sohn zu einem Disclaimer, also dazu, dass ich hiermit Folgendes erkläre: Alle Geschehnisse und Personen in diesem Buch sind frei erfunden. Soweit Ähnlichkeiten mit real existierenden Personen oder Ereignissen auftreten sollten oder aufgetreten sind, so ist dies rein dem Zufall geschuldet. Dagegen gibt es mich, die Autorin, wirklich und meine Erinnerungen auch. Selbst die Erinnerungen täuschen manchmal und manche verblassen auch mit der Zeit.